Titre courant

3

DU MÊME AUTEUR

Ouvrages

Esthétique de l'identité dans le théâtre français (1550-1680) : le déguisement et ses avatars, Genève, Droz, 1988

Molière, Paris, Bordas, 1990

Introduction à l'analyse des textes classiques. Éléments de rhétorique et de poétique du XVIIe siècle, Paris, Nathan, 1993

Essai de génétique théâtrale : Corneille à l'œuvre, Paris, Klincksieck, 1996

Éditions de textes

Brosse, *Les Songes des hommes esveillez,* comédie (1646) : édition critique, Paris, Société des Textes Français Modernes, 1984

Aspects du théâtre dans le théâtre au XVIIe siècle. Recueil de pièces : Publications du Centre de Recherche « Idées, thèmes et formes 1580 -1660 », Université de Toulouse-Le Mirail, 1986

Boyer, *Oropaste ou le faux Tonaxare,* tragédie, édition critique en collaboration avec Chr. Delmas, Genève, Droz, 1990

Corneille, *Le Cid,* édition critique des textes de 1637 et de 1660, Paris, Société des Textes Français Modernes, 1992

Théophile de Viau, *Les Amours tragiques de Pyrame et Thisbé,* Collection du Répertoire, Paris, Cicero éditeur, 1992

Corneille, *Héraclius,* Collection du Répertoire, Paris, Cicero éditeur, 1995

Dans la collection du Livre de Poche classique

Corneille, *L'Illusion comique,* 1987

Racine, *Bérénice,* 1987

Racine, *Bajazet,* 1992

Corneille, *Suréna,* 1993

Dans la collection Folio-Théâtre

Corneille, *Cinna,* 1994

Racine, *Britannicus,* 1995

Racine, *Phèdre,* 1995 (en collaboration avec Chr. Delmas)

GEORGE FORESTIER

LE THÉÂTRE
DANS LE THÉÂTRE

SUR

LA SCÈNE FRANÇAISE
DU XVIIe SIÈCLE

LIBRAIRIE DROZ S.A.
11, rue Massot
GENÈVE
1996

Ce volume a d'abord paru en 1981
dans la collection

Histoire des idées et critique littéraire

2e édition augmentée

1002947852

T

ISBN: 2-600-00503-X / ISSN: 1420-5254

© 1996 by Librairie Droz S.A., 11, rue Massot, 1211 Geneva 12 (Switzerland)

Préface (1995)

L'heureux succès qu'a rencontré ce livre au cours des quinze dernières années, malgré le prix de vente très élevé de sa première édition, est dû paradoxalement à l'étroitesse de son sujet. Comme son titre l'indique, il étudie un simple procédé dramatique durant une courte période de l'histoire de la littérature française ; en outre, de la quarantaine de pièces de théâtre prises en compte, seules quelques-unes, de Corneille, Rotrou ou Molière, ont survécu jusqu'à nous. Il y avait de quoi susciter l'insatisfaction de tous les amateurs de littérature et de théâtre, qu'ils soient partisans de la diachronie — l'enquête pouvait être poursuivie jusqu'à Anouilh ou Genet — ou de la synchronie — Shakespeare et Calderón ont été laissés de côté —, et l'irritation de tous ceux qui préfèrent le genre de l'essai littéraire où les idées doivent s'appuyer sur une glane élégante d'exemples choisis dans le patrimoine reconnu de la littérature universelle. Il semble pourtant qu'au bout du compte, et sans que je l'eusse prémédité, l'avantage qu'il y avait à se concentrer sur un étroit objet d'étude l'ait emporté sur les inconvénients. Car la complexité des enjeux formels, thématiques et idéologiques de ce « simple procédé » et la richesse, longtemps ignorée, de l'ensemble de la production dramatique française du XVIIe siècle ont contribué à assurer à ce livre un public plus vaste que l'étroit cercle de spécialistes auquel il aurait pu être destiné. À vouloir prendre en compte *toutes* les pièces qui ont fait appel à cette technique d'enchâssement durant le *seul* XVIIe siècle (au vrai, quelques-unes ont été oubliées dont on trouvera la liste à la fin de cette préface), en me refusant ainsi à construire un *corpus* arbitraire en fonction de mes goûts ou de la notoriété des œuvres, je me suis trouvé nécessairement confronté à toutes les variétés de techniques d'inclusion, de la plus subtile à la plus fruste — celle-ci étant aussi porteuse d'enseignements que celle-là, notamment en ce qui concerne la gestation du procédé. Ainsi conduit à élaborer une typologie des modes d'inclusion, à en examiner les modalités de fonctionnement, indépendamment de la qualité, du sujet et des thèmes des œuvres concernées, j'ai sans le vouloir conféré une sorte d'universalité à ces analyses qui servent aujourd'hui de référence aux spécialistes du siècle d'or espagnol comme à ceux du théâtre contemporain. Ce qui ne devait être qu'une contribution à l'histoire du théâtre français du XVIIe siècle est devenu, partiellement, un ouvrage d'esthétique théâtrale. Vertus des œillères, ou, si l'on préfère, du microscope. De même, les longues réflexions sur les effets et les significations des jeux de dédoublement permis par ce procédé, qui figurent dans la troisième partie du livre, ont attiré l'attention des spécialistes et des amateurs de la littérature baroque européenne : les thèmes du théâtre du monde, de l'illusion, du rêve et de la folie sont, durant la première moitié du XVIIe siècle du moins, étroitement liés au procédé du théâtre dans le théâtre comme ils le sont en Angleterre et en Espagne. Ce livre est donc aussi une contribution aux études baroques des cinquante dernières années, même s'il relativise la dimension proprement baroque du procédé lui-même, aboutissant ainsi à un résultat opposé à ce qui avait été le projet initial de l'enquête, l'étude d'un phénomène baroque dans l'aire culturelle française : autre point sur lequel les enjeux de cet ouvrage ont échappé à son auteur.

Car c'est bien dans l'idée d'étudier ce qui paraissait être tout à la fois une technique et un thème baroques que j'avais commencé mon enquête à la fin des années 1970. Les lecteurs éblouis, d'hier et d'aujourd'hui, par les pages inspirées que Jean Rousset a consacrées à *La Littérature de l'âge baroque en France* (Corti, 1954) peuvent comprendre sans peine qu'un jeune chercheur, émerveillé parallèlement par quelques mises en scène réussies de *L'Illusion comique* de Corneille, ait décidé de creuser l'un des secteurs du vaste champ de fouilles qu'avait ouvert le grand critique suisse. À vrai dire, ce champ avait été passablement retourné au cours des vingt années précédentes, et même pour ce qui était de cet étrange jeu d'inclusion d'une pièce ou d'un fragment de pièce dans une autre, l'excavation paraissait profonde : les belles analyses sur « le théâtre dans le théâtre » que Jean Rousset avait dû se contenter d'esquisser avaient été rapidement approfondies par deux thèses américaines, par de nombreuses études ponctuelles, au premier rang desquelles les articles regroupés par Marc Fumaroli dans un numéro de la *Revue des Sciences Humaines* de 1972, ainsi que par plusieurs éditions critiques de pièces. Aucun de ces travaux pourtant, si développés fussent-ils, n'envisageait la question sous l'angle de la dramaturgie, perspective d'étude développée dès 1950 par Jacques Scherer dans son grand livre sur *La Dramaturgie classique en France* (Nizet), et qui était en train de s'enrichir de la transposition au domaine théâtral des acquis récents de la narratologie et de la sémiotique. L'enquête paraissait donc pouvoir être reprise sur nouveaux frais et sur la base d'un *corpus* autant que possible exhaustif, exhaustivité qui m'est rapidement apparu comme le moyen d'évaluer la nature baroque d'un procédé couramment utilisé bien au delà de 1660, c'est-à-dire au moment où deviennent dominants en France les codes esthétiques du classicisme.

Je dois bien avouer cependant que, sur ce point, je n'ai pas su tirer le meilleur parti des avantages que ce souci d'exhaustivité aurait dû me procurer : pour avoir relevé que le procédé du théâtre dans le théâtre a connu son plein succès dans la deuxième moitié du siècle, plus exactement durant la période 1660-1680, j'aurais pu tenter de sortir du cercle vicieux des catégories baroques ; force m'est de constater que j'y suis mieux parvenu sur le plan de la technique dramatique que sur les plans idéologique et thématique.

Ce cercle vicieux tient au fait que le procédé du théâtre dans le théâtre est massivement apparu sur les différentes scènes européennes entre la fin du XVI⁰ siècle et les trente premières années du XVII⁰ siècle, c'est-à-dire au cœur de ce qu'on appelle aujourd'hui l'« âge baroque ». De cette conjonction les incidences ont été de deux ordres. En premier lieu, Jean Rousset avait cité le théâtre dans le théâtre comme l'un des éléments révélateurs de l'esthétique baroque en France, et la critique postérieure lui a emboîté le pas. Et comme, sur les autres scènes européennes, les dramaturges de l'époque élisabéthaine, Shakespeare en tête, et du siècle d'or espagnol, Lope de Vega et Calderón, avaient eux aussi cultivé la formule, toute réflexion sur le baroque était devenue inséparable d'une référence au théâtre dans le théâtre. En second lieu, alors que Jean Rousset se contentait de considérer le succès simultané du procédé sur les diverses scènes européennes comme une illustration du goût pour la représentation théâtrale caractéristique du baroque, on en est venu à considérer le théâtre dans le théâtre comme un jeu dramatique baroque. L'extrême attention portée à *L'Illusion comique*, dans laquelle on a pu découvrir, outre sa structure dramatique, d'autres éléments dits « baroques » (héros picaresque, magicien de pastorale, mélange des genres, discours hyperbolique du capitan...), n'a pas peu contribué à cette perception. La conscience de ce cercle vicieux a déterminé l'orientation d'une partie de ce livre. Il m'a paru que, pour avoir la plus juste vision des choses, il convenait de dégager le procédé du théâtre dans le théâtre de sa gangue baroque, c'est-à-dire, plus largement, de mettre provisoirement entre parenthèses sa dimension idéologique et ses corrélations thématiques afin de le considérer pour ce qu'il est : un procédé, justement. Ce qui impliquait de chercher à comprendre les antécédents de cette technique, de tenter d'en saisir la naissance et de rechercher parallèlement ses modes de fonctionnement. C'était entrer dans le domaine des études de dramaturgie dont j'ai parlé en commençant.

Mais une bonne part de l'ambiguïté du livre tient à ce que si la dimension baroque du procédé n'était plus l'objet principal de la recherche, elle n'était pas écartée pour autant. Car il est indéniable que le théâtre dans le théâtre a été plus richement exploité par les dramaturges de l'époque Louis XIII : après avoir fleuri dans tous les

genres dramatiques et avoir été pratiqué par la plupart des dramaturges en renom durant la première moitié du siècle, au premier
rang desquels Corneille, Rotrou et Scudéry, il s'est replié ensuite sur
la seule comédie et n'a plus intéressé que les spécialistes de ce genre.
Et si les réalisations de la première moitié du siècle peuvent être
jugées plus intéressantes que celles de la période suivante, c'est à la
richesse de la thématique dont le procédé s'est vu le support qu'elles
le doivent. Les thèmes du *theatrum mundi*, du dédoublement, de
l'illusion, du rêve, de la folie, qui sont le plus souvent étroitement
imbriqués les uns dans les autres, sont absents de toutes les pièces
qui paraissent après 1650, sauf quelquefois chez Molière, qui, de
toute façon, se situe dans une perspective différente : aux jeux sur
les vertiges de l'illusion liés à la quête de la maîtrise des apparences
ont succédé la conscience des dangers de l'illusion et la
dénonciation de la vanité des apparences. Le procédé sert surtout
désormais à introduire des divertissements, au sens large du terme,
fonction étroitement instrumentale au service d'une dimension
purement décorative du théâtre, comme s'il s'agissait, pour un
théâtre contraint à la plus étroite unité d'action par la
réglementation classique, de sauvegarder une part de ce composite
dont il avait fait ses délices quelques années plus tôt. Ainsi, face à cet
appauvrissement, le fléau baroque de la balance me paraissait trop
richement chargé pour que je puisse songer à approfondir les
analyses des pièces de la deuxième moitié du siècle, hormis quelques
comédies de Molière. J'ai plaisir à signaler qu'une récente thèse de
doctorat, soutenue en 1994 à Lisbonne par Mme Graça Abreu —
Teatro no teatro sob Luís XIV (1660-1680) — a comblé cette
carence par l'étude des pièces à enchâssement parues entre 1660 et
1680 : grâce à une approche sociocritique et aux récents acquis de
l'érudition concernant l'esthétique galante, Graça Abreu a mis au
jour la richesse de l'arrière-plan idéologique que dissimule la
pauvreté thématique de ces œuvres.

Cette thèse, succédant à une autre thèse soutenue en 1989 à la
Sorbonne Nouvelle par un étudiant japonais, M. Tomotoshi Katagi
— *Comédies des comédiens et théâtre autoréflexif* — montre qu'en
chacune de ses parties l'enquête menée dans ce livre peut être poursuivie, c'est-à-dire approfondie, enrichie, et sur certains points
contestée. Les progrès récents de la recherche sur la scénographie
du XVIIe siècle, permis en particulier par les travaux de mes amis
Françoise Siguret et Pierre Pasquier, ouvrent des pistes prometteuses
dans lesquelles se sont engouffrés depuis peu de jeunes chercheurs,
qui ne tarderont pas à établir plus solidement que je l'ai fait les
conditions de réalisation du théâtre *sur* le théâtre. De même, je gage
que l'intérêt actuel pour les questions de musique au théâtre — qui
viennent de faire l'objet d'un beau numéro de la revue *Littératures
classiques* coordonné par Charles Mazouer, et auxquelles l'une de

mes élèves, Bénédicte Louvat, consacre sa thèse — aboutira bientôt à nuancer ou infirmer nombre de mes considérations sur la problématique de l'enchâssement au théâtre. Afin de contribuer moi-même à la mise en pièces progressive de mon travail (un ouvrage, dit-on, n'a vraiment prouvé sa valeur scientifique que lorsqu'il a été entièrement dépecé), je voudrais inviter à rouvrir deux chantiers.

L'idée du premier m'a été suggérée par la lecture d'une remarque malicieuse de Graça Abreu, dans l'introduction de sa thèse, sur la date de naissance « officielle » du procédé en Europe occidentale : c'est par ignorance de la littérature portugaise que l'on s'accordait jusqu'ici à considérer que *The Spanish Tragedy* (1589) était la première pièce (conservée) à mettre en œuvre le procédé. En fait, il faudrait remonter jusqu'en 1532, date de la création de *Lusitânia* par le grand poète dramatique portugais Gil Vicente, et tenir compte de deux autres pièces (*Le Roi Séleucus* de Camoëns et *L'Invention naturelle* de Chiado) largement antérieures elles aussi à l'œuvre de Thomas Kyd. Il conviendrait donc de se livrer désormais à une étude comparative approfondie de tous les théâtres européens du XVIe siècle, qui tiendrait compte des spécificités de certains genres nationaux — les pièces de Vicente et de Camoëns sont des *autos* — et qui prendrait en considération les connaissances nouvelles que nous possédons aujourd'hui sur la *Commedia dell'arte*, car je persiste à croire que les comédiens italiens, en dépit du très petit nombre de pièces à enchâssement figurant dans les canevas publiés au XVIIe siècle, ont joué un rôle déterminant dans la diffusion de certaines formes du procédé.

L'autre chantier, plus étroit géographiquement que cette vaste entreprise de dramaturgie historique européenne, puisqu'il ne concernerait que le théâtre français, n'en réclame pas moins un travail de grande ampleur, d'autant plus difficile à entreprendre que j'ai quelque peu contribué à stériliser ce champ de recherche en le scindant en deux. Il s'agit de la question de la *théâtralité*.

Ayant à cœur de poser rigoureusement mon objet d'étude — notamment dans l'espoir de stabiliser une notion si floue que certains sont allés jusqu'à voir du théâtre dans le théâtre dans le dialogue entre Junie et Britannicus observé par Néron —, je me suis astreint dans cet ouvrage à distinguer le théâtre dans le théâtre strictement entendu — interruption d'une action dramatique par l'insertion d'un élément autonome considéré comme « du théâtre » par les personnages —, de toutes les autres formes de jeux de théâtralité à l'œuvre dans tant de pièces du XVIIe siècle. Les avantages méthodologique et scientifique de cette démarche — il s'agissait d'étudier un procédé qui avait une histoire propre, possédait un caractère structurel extrêmement marqué, et offrait une typologie fondée sur des catégories stables — ne doivent pas masquer l'inconvénient qui les accompagnait et qui a consisté à isoler une étroite série d'une quarantaine de pièces d'un ensemble d'œuvres dix fois plus important. Car le théâtre dans le théâtre peut être considéré comme la forme aboutie et structurée, et, par là, contraignante, de la pénétration du théâtre par le théâtre dont les traces affleurent dans toute la production dramatique française du Grand Siècle. Un court extrait du *Menteur* de Corneille permettra de comprendre ce que nous entendons par pénétration du théâtre par le théâtre :

> CLITON : Mais, Monsieur, ce serait pour me bien divertir,
> Si comme vous Lucrèce excellait à mentir.
> Le divertissement serait rare, ou je meure,
> Et je voudrais qu'elle eût ce talent pour une heure,
> Qu'elle pût un moment vous piper en votre art,
> Rendre conte pour conte, et martre pour renard.
> D'un et d'autre côté j'en entendrais de bonnes.
>
> DORANTE : Le Ciel fait cette grâce à fort peu de personnes.
> Il y faut promptitude, esprit, mémoire, soins,
> Ne se brouiller jamais, et rougir encore moins.
> Mais la fenêtre s'ouvre, approchons.
> (CORNEILLE, *Le Menteur*, III, 4, v. 927-937)

Annonce d'un « divertissement », allusions du valet Cliton à l'art dramatique (« talent », « art », « conte »), énoncé par son maître de qualités qui sont celles du comédien, la préparation de la scène 5 de l'acte III du *Menteur* est digne d'un prologue théâtral. Au reste Cliton ne croit pas si bien dire : cette Lucrèce qu'il espère aussi menteuse que son maître, l'est à sa manière, puisqu'elle a cédé sa place à son amie Clarice, et que celle-ci va d'une certaine manière tenir son rôle. De tout cela le public est informé, et c'est à l'affrontement de deux « comédiens », qui se savent tels mais qui ne se percent pas mutuellement à jour, qu'il assiste. Et cet affrontement se fait sous les yeux de deux confidents-complices-spectateurs, Lucrèce d'un côté, Cliton de l'autre. À l'intérieur et dans la continuité de la comédie intitulée *Le Menteur*, c'est un véritable jeu de théâtre que Corneille, à la suite de son modèle espagnol, met sous nos yeux. Pour autant il ne s'agit pas de théâtre dans le théâtre, puisque l'action principale, loin d'être interrompue par le jeu des deux personnages, se poursuit à travers ce jeu et grâce à lui.

L'invite et le jeu peuvent être plus ou moins développés. Dans *Monsieur de Pourceaugnac*, la série de déguisements et autres super-cheries que Sbrigani, Nérine et Éraste vont dresser pour renvoyer le ridicule dans sa province est présentée par Éraste de la manière suivante : (à Julie)

> Ne nous demandez point tous les ressorts que nous ferons jouer : vous en aurez le divertissement ; et, comme aux comédies, il est bon de vous laisser

le plaisir de la surprise, et de ne vous avertir point de tout ce qu'on vous
fera voir. C'est assez de vous dire que nous avons en main divers
stratagèmes tous prêts à produire dans l'occasion, et que l'ingénieuse Nérine
et l'adroit Sbrigani entreprennent l'affaire. (I, 1)

Si l'on peut considérer *Monsieur de Pourceaugnac* comme une
série de jeux de théâtre filés dans une intrigue qui permet leur
enchaînement, assez proche en cela d'un scénario de *commedia
dell'arte*, et si c'est probablement chez Molière, et pas seulement
dans le genre des comédies-ballets, que nous voyons le théâtre
pénétrer le plus profondément le théâtre, les situations qui reposent
sur des effets de théâtralité abondent aussi chez ses prédécesseurs.
C'est par dizaines dans les comédies françaises, ainsi que dans les
tragi-comédies de la première moitié du siècle, qu'héroïnes et héros
se déguisent en invitant un complice — à défaut ils s'invitent eux-
mêmes — à se divertir de la « comédie » que leur jeu et la réaction
de la victime de la supercherie vont constituer.

Émanation de l'idéologie et de la conception théâtrale qui ont
présidé à la naissance de centaines d'autres, telle est donc cette étroite
série de quarante pièces qui ont fait l'objet de mon étude. Le défaut
de cette réduction des manifestations de la *théâtralité* à sa forme la
plus structurée saute aux yeux : elle appelait une seconde étude, plus
vaste, consacrée aux autres formes de la théâtralité, celles qui portent
non plus sur le dédoublement de la structure dramatique, mais sur le
dédoublement des personnages. Cette deuxième étude consacrée à
tous les jeux d'identité qui affectent les personnages (déguisements,
incognitos, masques, ignorances de sa propre identité) a paru sept
ans plus tard aux mêmes éditions Droz sous le titre : *Esthétique de
l'identité dans le théâtre français (1550-1680) : le déguisement et
ses avatars*. Mais si ambitieux soit-il, ce deuxième travail a pâti de
l'existence du précédent qui m'interdisait désormais de me livrer à
une étude globale des effets littéraires et artistiques de ce phénomène capital dans l'esthétique du XVIIe siècle, la théâtralité. Cette
carence a néanmoins un avantage : elle laisse la porte ouverte à cette
vaste étude que j'appelle de mes vœux, et qui porterait donc sur la
théâtralité, ou si l'on préfère, sur l'ensemble des dimensions
esthétiques de la dialectique de l'être et du paraître.

GEORGES FORESTIER
septembre 1995

COMPLÉMENT À LA LISTE DES PIÈCES ÉTUDIÉES

LE BERGER EXTRAVAGANT, pastorale burlesque de Thomas Corneille (1652)

L'ÉCOLE DES JALOUX ou LE COCU VOLONTAIRE, comédie en trois actes de Montfleury (1664)

L'APRES-SOUPÉ DES AUBERGES, comédie en un acte de Poisson (1664-65)

L'AMOUR SENTINELLE ou LE CADENAS FORCÉ, comédie en trois actes de Nanteuil (1668)

LA FÊTE DE VENUS, comédie (appelée aussi pastorale héroïque) de Boyer (1669)

INTRODUCTION

Le théâtre dans le théâtre est une technique dramatique dans laquelle se sont illustrés des auteurs aussi divers que Shakespeare, Corneille, Pirandello ou Anouilh. Elle ne paraît attachée à aucun pays particulier, non plus qu'à une période historique déterminée. Il est pourtant un moment de l'histoire du théâtre européen où elle a connu un succès considérable : l'époque baroque. En ce qui concerne le théâtre français, il suffit de considérer qu'entre 1628 (date où on l'utilise pour la première fois) et 1694 (sa dernière occurrence au XVIIe siècle) elle est présente dans une quarantaine d'oeuvres dramatiques de tous genres[1] pour se convaincre de l'ampleur du phénomène.

Or, jusqu'à ces dernières années, la méconnaissance d'une partie de la littérature française de cette époque a tenu la plupart de ces oeuvres dans l'ombre, et l'on affectait de penser que si Corneille et Molière s'étaient amusés dans des oeuvres de jeunesse ou secondaires à utiliser cette technique, elle était en fait le domaine réservé des dramaturges élizabéthains et jacobéens. Il est vrai que les plus grandes oeuvres de ce théâtre, de *La Tragédie espagnole* à *La Tragédie du Vengeur* en passant par *Hamlet* et *La Tempête,* sont associées au théâtre dans le théâtre, ce qui n'est pas le cas des chefs-d'oeuvres des Corneille, Molière, Racine. Mais il ne faut pas pour cette seule raison minimiser l'importance du rôle qu'a joué ce procédé dans la dramaturgie française.

Corneille l'a jugé assez fécond pour faire reposer sur lui sa plus brillante comédie — dont il s'enorgueillira encore vingt ans après —, Molière l'a introduit dans plusieurs de ses pièces, et notamment dans la quasi-totalité de ses comédies-ballets, et la plupart de leurs rivaux y ont recouru au moins une fois. C'est le cas de Scudéry, de Quinault, de Thomas Corneille, de Montfleury, de Poisson et même du plus fameux d'entre eux, Rotrou, qui l'a introduit dans une comédie avant d'en faire dix ans plus tard le pivot de l'un de ses chefs-d'oeuvre, *Le Véritable saint Genest*. Dès lors, on est en droit de penser que

---

[1] Tragédie, tragi-comédie, comédie, comédie-ballet.

9

s'il n'y a pas d'équivalent français de *Hamlet,* c'est que la dramaturgie classique, aux principes de laquelle ressortissent les plus grandes tragédies françaises et les meilleures comédies de Molière, est fondamentalement incompatible avec la duplicité d'action inhérente à la technique du théâtre dans le théâtre.

Ces quelques remarques laissent apparaître le double objectif de notre étude. D'une part, replacer la technique du théâtre dans le théâtre dans la perspective de l'époque et de la dramaturgie qui l'ont engendrée. D'autre part et surtout, analyser le fonctionnement et la thématique du procédé dans les pièces françaises du XVIIe siècle, dans le double but de mettre en valeur sa richesse et sa fécondité, et de démontrer que le théâtre français a su exploiter l'une et l'autre avec autant de bonheur que d'autres théâtres plus réputés en ce domaine.

Le théâtre dans le théâtre est une technique dont on peut trouver la lointaine origine dans le théâtre grec, dont la dramaturgie médiévale annonce certains aspects, mais c'est d'abord un procédé qui se relie à la mentalité et à l'esthétique de l'époque qui l'a vu naître. Et il est impossible d'expliquer les formes qu'il a revêtues au XVIIe siècle sans se référer à l'une et à l'autre. Les contourner aboutit à composer une suite de monographies sur les différentes oeuvres qui présentent le procédé, et, par là-même, à perdre de vue le fonctionnement et la thématique qui lui sont propres. En ce sens, le livre de R.J. Nelson, *Play within a Play. The Dramatist's Conception of His Art: Shakespeare to Anouilh,* est moins une étude sur le procédé du théâtre dans le théâtre en tant que tel, qu'une approche des conceptions de l'art dramatique qu'ont eues depuis le XVIIe siècle un certain nombre d'écrivains et qui se sont exprimées de manière privilégiée à travers une figure qui met le théâtre sur la scène. Un tel point de vue — et la deuxième partie du titre l'annonce clairement — obéit à une perspective thématique : ce n'est ni la forme ni la signification du procédé que l'auteur étudie ; il considère le procédé comme un thème et l'utilise comme le révélateur de la pensée de chacun des auteurs auxquels il s'intéresse.

Nous avons donc adopté une démarche opposée à celle du chercheur américain, en considérant le procédé du théâtre dans le théâtre pour lui-même et non comme un simple support. Nous sommes parti de la problématique suivante : ce qu'on appelle le théâtre dans le théâtre est un procédé qui consiste à inclure un spectacle dans un autre spectacle ; autrement dit, il s'agit avant tout d'une structure.

Et, en tant que structure déterminée au départ par l'esthétique qui l'a produite, elle a contraint les dramaturges qui ont voulu l'employer à se conformer à elle, tout en étant elle-même modifiée par le traitement spécifique qu'en ont fait les uns et les autres. Notre travail est pour une large part l'analyse de cette dialectique.

Mais qu'entend-on exactement par théâtre dans le théâtre? Car il ne suffit pas de parler d'introduction d'un spectacle dans un autre. Qu'est-ce, en effet, qu'un spectacle? Un ballet, un carnaval, un mimodrame suffisent-ils à faire naître le phénomène? Les spécialistes de Shakespeare et des élizabéthains ont répondu par l'affirmative. Pourtant la question se pose de savoir si tout «divertissement» contenu dans une oeuvre dramatique engendre le phénomène du théâtre dans le théâtre. Autrement dit, à partir de quel moment un divertissement cesse-t-il d'être un simple intermède pour devenir un *spectacle intérieur*? La seule constante qui permet de discerner l'apparition du procédé, c'est l'existence de «spectateurs intérieurs». Il y a théâtre dans le théâtre à partir du moment où un au moins des acteurs de la pièce-cadre se transforme en spectateur. Dès lors un quelconque divertissement intercalé dans une pièce ne peut être considéré comme un spectacle intérieur que s'il constitue un *spectacle pour les acteurs* de la pièce-cadre. Il y a là toute la différence entre le premier intermède du *Malade imaginaire* et le second: les «danses mêlées de chansons» des «Egyptiens vêtus en Mores» que Béralde fait goûter à son frère Argan (Second Intermède) constituent un spectacle intérieur, alors que la sérénade de Polichinelle qui n'est pas rattachée à l'action principale par le regard de l'un des acteurs, demeure un simple intermède. Quelquefois, *tous* les personnages de la pièce-cadre deviennent acteurs de la pièce intérieure: il n'y a donc pas de spectateurs fictifs sur la scène. Mais ils sont sous-entendus: l'action se déroulant sur un théâtre fictif qui occupe tout l'espace du théâtre réel, ils sont suppléés par le public véritable dont on sait qu'une partie était installée sur l'avant-scène.

On voit tout ce qui, sur le plan structurel, sépare les notions de *théâtre dans le théâtre* et de *jeu de rôle.*[2] Tandis que dans le *jeu de rôle,* s'il y a l'indication d'un rôle emprunté, ce rôle n'est pas nécessairement conçu comme un spectacle, dans le *théâtre dans le théâtre,*

[2] Il est évident que sur le plan symbolique les deux notions sont très proches :
cf. *infra*, Appendice I.

il faut que l'on sente un regard extérieur à l'action enchâssée, autrement dit que cette action ne soit pas une scène d'intrigue, mais, d'une manière ou d'une autre, un spectacle détaché. Ainsi, toutes les scènes de déguisement du théâtre comique sont des jeux de rôle, mais elles ressortissent rarement au théâtre dans le théâtre par le simple fait que, si gratuites soient-elles, elles se situent malgré tout sur le plan de l'action principale : malgré le regard complice de Béralde, Toinette jouant le médecin devant Argan,[3] ce n'est pas du théâtre dans le théâtre.

En bref, ce qui distingue le théâtre dans le théâtre de l'intermède aussi bien que du jeu de rôle, c'est qu'il y a continuité sur le plan de l'action dramatique, assurée par le regard des spectateurs intérieurs, mais en même temps *changement de niveau*. Cela correspond à ce que G. Genette appelle dans le domaine du récit une structure métadiégétique.[4] Intermèdes et jeux de rôle ne ressortissent donc pas au *métathéâtre,* dont seul relève le procédé du théâtre dans le théâtre.

Par ailleurs, si nous acceptons toutes les sortes de spectacles intérieurs — ballets, chansons, mimodrames, mascarades et «pièces de théâtre» —, pourvu qu'ils soient effectivement offerts aux personnages de l'action principale, ou qu'inversement ce soit eux qui les présentent à d'autres personnages, nous en restons à une acception beaucoup plus stricte de la notion d'oeuvre-cadre. Désirant nous en tenir exclusivement au domaine du théâtre au sens étroit du terme afin de ne comparer que des oeuvres qui reposent sur les mêmes principes dramatiques, nous avons envisagé seulement celles dont le cadre peut être considéré comme une pièce de théâtre ordinaire, c'est-à-dire une *action dramatique dialoguée.* Se trouvent donc exclus de notre champ d'investigation toute fête de cour,[5] tout ballet de cour,[6] mais aussi toute forme de prologue ou d'invocation à la Muse ou encore de ballet introducteur,[7] qui, appelant quelque épilogue ou ballet final, prétendrait enchâsser en spectacle intérieur.

---

[3] *Le Malade imaginaire*, acte III, scènes 8 et 10.

[4] *Figures III*, pp. 238-239.

[5] Comme *Les Plaisirs de l'île enchantée*, dont le « dessein », destiné à lier les trois journées de divertissement, était le suivant : « la magicienne Alcinne retenait dans un palais enchanté de vaillants chevaliers qui se distrayaient par une course de bague, une comédie, un ballet. » La comédie qui devait distraire le roi et les seigneurs travestis en chevaliers du *Roland furieux* était *La Princesse d'Elide* de Molière.

[6] Trois Ballets de cour introduisent des spectacles intérieurs : *Le Ballet royal de la Nuit* (1653), *Les Noces de Pélée et de Thétis* (1654) et *L'Amour malade* (1657).

[7] Nous pensons notamment au fameux Prologue introduisant *Les Fâcheux.*

Le caractère fondamental de la notion de regard légitime notre choix de l'expression «*théâtre dans le théâtre*» plutôt que «pièce dans la pièce»: étymologiquement il y a théâtre là où il y a regard. Ainsi «théâtre dans le théâtre» qui traduit à la fois une relation d'enchâssement et une relation de dépendance, correspond-il exactement à l'expression anglaise *play within a play* dans laquelle la préposition *within* exprime la double relation. Par ailleurs, on aura garde d'éviter la formule «*sur* le théâtre» qui est loin de rendre compte de la totalité du phénomène. *Théâtre sur le théâtre* peut, en effet, revêtir deux acceptions. D'une part l'expression peut désigner le fait de dresser effectivement un petit théâtre sur le grand théâtre. Outre la rareté d'une telle mise en scène, cela laisse de côté le caractère essentiellement structurel du procédé. D'autre part, théâtre sur le théâtre peut laisser entendre simplement que l'on présente au public le monde du théâtre (coulisses, vie des comédiens, etc...) sans qu'il soit nécessaire d'enchâsser une seconde action dramatique. En d'autres termes *théâtre sur le théâtre* recouvre un *thème* et non pas la structure. Il est rare que le premier aille sans la seconde; et pourtant, à la fin du siècle, malgré la longue tradition des «comédies des comédiens« qui alliaient le thème à la structure, on s'est avisé d'écrire une pièce de ce type dépourvue de pièce intérieure: aussi *Les Embarras du derrière du théâtre* de Brueys et Palaprat (1693) n'est-elle qu'une pièce ordinaire qui a pour sujet le théâtre.

La notion de théâtre dans le théâtre est aussi fréquemment confondue avec celle de *mise en abyme*. En fait la mise en abyme, qui suppose que l'oeuvre se mire dans l'oeuvre, est une figure littéraire qui ne ressortit pas exclusivement au domaine du théâtre, et qui, d'ailleurs, est fort à la mode dans la littérature romanesque du XXe siècle, et particulièrement dans le roman français des vingt dernières années. En outre, la mise en abyme proprement théâtrale est loin de correspondre exactement à la notion de théâtre dans le théâtre. Celle-ci désigne un *dédoublement structurel,* et la première un *dédoublement thématique,* c'est-à-dire une correspondance étroite entre le contenu de la pièce enchâssante et le contenu de la pièce enchâssée. Il va sans dire qu'un petit nombre de pièces seulement présentent un tel jeu de miroir, car sa complexité dépasse de beaucoup les moyens de la plupart des dramaturges. Et l'on ne s'étonnera pas de constater que les pièces les plus passionnantes de notre *corpus* associent cette figure à la structure du théâtre dans le théâtre.

Au demeurant, la présence ou l'absence de cette figure n'est pas liée seulement au savoir-faire des dramaturges. Le projet de certaines pièces est absolument incompatible avec ce redoublement thématique, au premier rang desquelles la plupart de celles que nous appelons les «comédies des comédiens», la pièce intérieure étant conçue comme le prolongement ou l'illustration de l'action de la pièce-cadre (la vie des comédiens) et non comme son reflet. Mais il y a aussi toutes les pièces dont le spectacle intérieur est conçu comme un divertissement ornemental, ballet, chanson, qui n'affecte pas le contenu de l'action principale.

Nous touchons là à un problème plus général lié à l'extrême diversité des spectacles enchâssés. Selon la définition que nous avons énoncée plus haut, tout enchâssement qui a lieu sous le regard des acteurs de l'action principale doit être considéré comme un spectacle intérieur. Mais tous les spectacles intérieurs sont-ils comparables? Peut-on mettre sur le même plan *L'Illusion comique* qui enchâsse une «évocation magique» de l'acte II à la fin de l'acte V, et une comédie-ballet de Molière comme *Monsieur de Pourceaugnac* où le divertissement est introduit à la dernière scène de la pièce en guise de *finale*? Les deux pièces ont pour point commun d'introduire le procédé du théâtre dans le théâtre, mais elles ne le mettent pas en oeuvre de la même manière. La première repose entièrement sur lui, tandis que l'autre n'y a recours qu'accessoirement.

On pourrait multiplier les oppositions de ce genre. Le plus souvent, l'on constaterait que la signification du procédé — c'est-à-dire du rapport entre la pièce-cadre et la pièce intérieure — est liée à l'importance accordée au spectacle enchâssé. Par importance, nous n'entendons pas seulement l'idée de dimension: mis à part le cas des courts divertissements, des pièces intérieures de quelques scènes sont quelquefois aussi essentielles à l'économie et à la signification de l'oeuvre tout entière que d'autres qui s'étendent sur plusieurs actes. Nous voulons dire que ce qui est déterminant, c'est la *fonction* de la pièce intérieure dans l'ensemble qui l'enchâsse. Selon qu'elle «sert à quelque chose» ou non, qu'elle fait avancer l'action principale ou bien se contente de la prolonger ou de l'illustrer, la signification n'est pas la même. Enfin, la fonction elle-même est affectée par le type de la structure, structure d'inclusion libre, structure de subordination rigoureuse, et ces différentes formes ne s'expliquent que par l'histoire de la formation du procédé.

Histoire, structures et fonctions, significations, tels sont donc les trois grands axes de notre étude. Dans un premier temps, recherchant les causes de l'apparition simultanée du procédé dans les différents théâtres européens à la fin de la Renaissance, nous essaierons de montrer que, du point de vue dramaturgique, le théâtre dans le théâtre est le résultat de la rencontre de deux conceptions théâtrales : celle qui provient du théâtre du Moyen-âge, et celle que les humanistes ont imposée vers le milieu du XVIe siècle. En même temps, nous verrons que les deux principales formes sous lesquelles se présente le procédé proviennent chacune plus particulièrement de l'un de ces deux théâtres. Mais l'évolution dramaturgique ne permet pas, à elle seule, de rendre compte de l'apparition du procédé : comme nous l'avons dit en commençant, ce jeu qui consiste à mettre du théâtre dans du théâtre doit sa naissance et son succès à la mentalité d'une époque, c'est-à-dire à la fois à une vision du monde qui s'exprime en termes de théâtre et à un goût exacerbé pour le dédoublement. Une fois dégagées les grandes lignes de la genèse du procédé sur le plan européen, nous nous tournerons vers le théâtre français dans lequel nous étudierons successivement les éventuelles influences étrangères, la mise au point de la technique, et son évolution à travers le XVIIe siècle.

La deuxième partie traite de la forme de la structure et de la fonction de l'action enchâssée dans l'ensemble de l'oeuvre. Le premier point concerne donc uniquement la question de la mise en oeuvre de la technique : l'utilisation des principales formes de la structure et les conséquences qui en résultent sur le plan de l'espace du jeu ainsi que sur celui de la temporalité de l'oeuvre ; et, pour finir, l'établissement des principaux types de pièces. Le second point envisage les rapports entretenus par le spectacle enchâssé avec l'action principale, non pour en dégager des significations, mais, sans quitter le strict point de vue de l'économie de la pièce, pour montrer qu'aucun des spectacles enchâssés n'est absolument gratuit et qu'ils ont été conçus pour embellir, illustrer, prolonger, ou faire avancer l'action principale.

L'étude des significations du théâtre dans le théâtre est abordée dans la troisième partie. L'accent est déplacé du procédé lui-même vers les pièces qui le mettent en oeuvre. Il ne s'agit plus de rechercher dans quelle finalité tel spectacle est inclus dans telle pièce, mais de dégager le sens que peut revêtir la totalité de la pièce dans laquelle il apparaît. Nous avons mis à jour quatre grandes significations qui correspondent aux différentes perceptions du théâtre que se faisaient les contemporains, et auxquelles la notion de *miroir* sert de dénominateur commun. Le théâtre dans le théâtre, c'est toujours le théâtre qui se dédouble. Il y a d'une part le miroir réfléchissant qui renvoie au public l'image du monde du théâtre. Il y a ensuite le miroir trompeur qui joue sur les ressemblances, fait hésiter entre la réalité et son double. Dédoublement de l'action, dédoublement de l'acteur, dédoublement du spectateur, dédoublement du personnage : on se perd vite dans les jeux de l'illusion qui, lorsqu'elle n'est pas fondée sur cette dramaturgie du dédoublement, s'exprime à travers la mise en scène du songe et de la folie, autre forme du miroir tendu aux hommes. Il y a d'autre part le miroir oblique, ou miroir convexe, ni reproduction, ni illusion, mais révélation : le théâtre se dédouble pour instruire les spectateurs. Leçon religieuse, leçon humaniste, leçon politique ou morale, ces trois types de révélation cultivés dans la première moitié du siècle laisseront vite la place à la « révélation interne » où la pièce intérieure ne renvoie plus qu'au spectacle lui-même. Et nous débouchons sur le quatrième miroir, pur miroir dans lequel le théâtre se contemple et s'amplifie tout à la fois : théâtre enchanté où se déploie la magnificence, la pompe, le spectaculaire (dans la beauté ou l'horreur), le théâtre de l'âge baroque devait en se dédoublant, jouer lui-même le rôle de décor magnifique afin de rajouter du spectacle au spectacle. Mais dans le mouvement qui lui fait renforcer son caractère spectaculaire, le théâtre est contraint de mettre à nu sa propre théâtralité, puisque mettre du spectacle dans le spectacle aboutit nécessairement à prendre le spectacle pour objet, et, partant, à dévoiler ses rouages.

Première partie

Genèse et évolution

Le théâtre dans le théâtre est une invention du monde moderne, lit-on çà et là.[1] La justesse de la formule ne doit pas nous dispenser d'aller au-delà. Car s'il est vrai que la naissance du procédé peut s'expliquer par une nouvelle manière de voir le monde, une nouvelle manière de l'exprimer dans l'art, et même de nouveaux moyens d'expression artistique, il n'en reste pas moins qu'il était déjà largement en gestation dans le théâtre médiéval, et aussi, pour une part, dans le théâtre antique : le choeur grec est un lointain ancêtre des spectateurs fictifs que suppose l'introduction d'un spectacle dans un autre spectacle ; certains jeux du théâtre médiéval profane annoncent la technique et laissent entrevoir comment elle s'est constituée ; quant au théâtre religieux, il connaissait la multiplication des actions dramatiques et certaines formes d'inclusion. Mais si le théâtre grec et le théâtre médiéval contenaient en germe la formule, il leur manquait les moyens conceptuels et, partant, dramaturgiques, de la mettre en oeuvre. Et c'est précisément la rencontre entre le théâtre antique, remis à l'honneur à la Renaissance, et les aspects les plus vivaces de celui du Moyen-âge qui explique l'apparition soudaine du procédé à la fin du XVIe siècle. Mais l'évolution dramaturgique seule n'y aurait peut-être pas suffi. Le théâtre dans le théâtre résulte de la conjonction entre cette évolution et la mentalité d'une époque qui vivait le monde comme on joue une comédie et qui s'exprimait en termes de dédoublement.

---

[1]   R.J. Nelson, *Play within a play*, p. 8 ; M. Grivelet, « Shakespeare et 'the play within the play' », *Revue des Sciences Humaines*, XXXVII, No 145, janv.-mars 1972, p. 36.

CHAPITRE PREMIER

Origines du procédé

I. GENÈSE : DU THÉÂTRE MÉDIÉVAL AU THÉÂTRE MODERNE

1. *De la participation au spectacle*

On établit volontiers un lien entre le triomphe de la scène d'illusion à l'italienne, et le succès du procédé du théâtre dans le théâtre. De fait, dans les deux cas, il y a remplacement d'une juxtaposition — des décors ou des actions dramatiques — par une mise en perspective. Le théâtre dans le théâtre, c'est, d'une certaine manière, présenter à des spectateurs une pièce dans laquelle des spectateurs regardent une pièce ; c'est une sorte de profondeur de champ abstraite. Nous répondrons plus loin à la question de savoir s'il existe un lien de causalité, ou seulement une relation effective, entre ces deux inventions de l'âge baroque. Pour le moment nous retiendrons qu'il existe entre elles un parallélisme certain, et qu'il est dû à leur commune origine : l'établissement d'une distance psychique entre celui qui joue et celui qui regarde. Révolution fondamentale qui a substitué un théâtre du *regard* à un théâtre de participation et qui, partant, contenait en germe le théâtre dans le théâtre, transposition sur la scène du regard séparant l'acteur du spectateur.

Car, contrairement à ce que l'on affirme quelquefois, la rupture entre le regardé et le regardant *précède* l'invention de la scène à l'italienne (XVIe siècle). Elle date du moment où le théâtre perd son caractère de communion sacrée. Ce phénomène fut général à la fin du Moyen-âge[1] et le succès du genre du mystère en France au XVe siècle n'est explicable que par la profonde religiosité qui continuait à

---

[1] En Italie même, on date la décadence de la « laude » ombrienne du moment où elle est sortie des oratoires des confréries laïques (XIVe siècle) : cf. S. d'Amico, « Le Théâtre italien », *Histoire des spectacles*, p. 628.

animer ce genre dramatique en garantissant un véritable sentiment d'unité entre tous les participants, acteurs et spectateurs. Car la participation du public au déroulement du mystère n'était pas seulement due à l'organisation de l'espace théâtral: celui-ci, selon qu'il était de plain-pied ou surélevé, ne déterminait que la participation *physique* du spectateur.[2] Bien plus importante était la participation psychologique: non seulement il avait conscience d'être engagé dans le spectacle en se voyant dédoublé sur scène par ses concitoyens ou même ses amis, acteurs bénévoles qui pouvaient représenter tout aussi bien leur propre rôle d'artisan ou de commerçant que, sans changer de statut, celui d'apôtre ou de saint,[3] mais surtout, dans cette transposition théâtrale de l'univers chrétien qu'était le mystère, il jouait son propre rôle de peuple de Dieu.[4] Vers le début du XVIe siècle, la diminution de la religiosité aidant, le mystère, en se figeant, a fini par devenir simple spectacle. Dès lors, il ne signifiait plus rien et ne pouvait résister à la concurrence des nouveaux genres dramatiques: la tragédie et la comédie antiques redécouvertes par l'intermédiaire de l'Italie, et les spectacles médiévaux profanes, la sottie et surtout la farce.

Au reste, le théâtre profane médiéval s'est lui-même constitué en se dégageant des rapports d'échange entre les acteurs et le public. Selon J.C. Aubailly, le «théâtre profane organisé» s'est constitué lorsqu'il a quitté le jeu fondé sur un «échange entre un récitant et un public-acteur» pour «présenter une action dramatique qui fait naître le rire par elle-même, en dehors de la participation d'un public devenu simple spectateur».[5] La révolution culturelle de la Renaissance, en «objectivant» le monde, et la découverte des lois de la perspective ne feront qu'accélérer le mouvement.

Les critiques formulées par les théoriciens et les metteurs en scène du XXe siècle contre le théâtre à l'italienne ont fait croire qu'il était l'unique responsable de la séparation du comédien et de son public. Or, les innovations contemporaines dans le lieu scénique n'ont rien changé à cet état de fait. Comme l'écrit A.Ubersfeld,[6] «le comédien serait-il assis sur les genoux du spectateur qu'une rampe invisible, un courant à cent mille volts l'en séparerait encore radicalement». La

---

[2]   Voir E. Koningson, *L'Espace théâtral médiéval*, pp. 293-294.
[3]   *Ibid.*
[4]   Voir H. Rey-Flaud, *Le Cercle magique,* pp. 287-295.
[5]   *Le théâtre médiéval profane et comique*, p. 200.
[6]   *Lire le théâtre*, pp. 46-47.

scène élizabéthaine avait beau être placée au milieu du public : contrairement à ce que l'on affirme d'ordinaire, il y avait peut-être émotion communicative, il n'y avait pas communion. C'était déjà un théâtre d'identification, donc d'illusion. De même, la permanence en France jusqu'au milieu du XVIIe siècle d'une «dramaturgie de l'enveloppement»[7] dans un certain nombre de spectacles (Ballets de Cour, «Combats à la barrière») ne nous paraît pas être la preuve d'une conception du spectacle encore fondée sur la participation.[8] Le théâtre de participation était une manifestation d'une société révolue, et la dramaturgie du XVIIe siècle, à l'image de la société qui la vit naître, était fondée sur la distance du regard. Dès lors, le jeu central n'est plus qu'une tradition, qui se maintient comme une souvenir de l'ancien contact entre l'acteur et le spectateur[9] : celui-ci est désormais absent du déroulement du spectacle, mais il est encore physiquement présent aux côtés de l'acteur. C'est ce que A. Villiers a appelé «la dialectique de la présence et de l'absence».[10] Elle seule peut expliquer que l'on ait permis aux spectateurs de s'installer sur l'avant-scène des théâtres parisiens, en dépit de l'incommodité, maintes fois soulignée par les contemporains, qui découlait de cette pratique.

Le théâtre dans le théâtre nous paraît aussi largement fondé sur cette dialectique. En effet, mettre sur la scène un acteur dont le rôle consiste à «jouer le spectateur», au moment même où il n'y a plus d'échange entre acteurs et spectateurs revient à prendre acte de ce divorce entre la scène et la salle et à l'assumer. Il s'agit d'une sorte d'intellectualisation de cette rupture.

Ce phénomène est particulièrement sensible si l'on considère la rapide évolution qu'ont subie les choeurs de la tragédie de la Renaissance. Que ce fût en Italie ou en France, les choeurs tragiques n'ont dû leur existence qu'à la fidélité des humanistes à l'égard des modèles antiques, et s'ils se sont maintenus pendant quelques années, c'est

---

[7]   Voir A. Villiers, « Illusion dramatique et dramaturgie classique », *XVIIe siècle*, oct.-déc. 1966, No 73, pp. 15 sq.

[8]   Il est vrai qu'il y avait dans le Ballet de cour un *cérémonial aristocratique* qui abolissait la distance entre regardants et regardés. Mais cela ne concernait que la noblesse.

[9]   Nous aboutissons ainsi à une conclusion opposée à celle de A. Villiers selon qui la permanence du jeu central était le signe d'une conception de la représentation encore fondée sur la participation.

[10]   *Ibid.*, p. 34.

que les parties lyriques qui leur étaient dévolues rehaussaient considérablement l'éclat du spectacle tout entier. Mais une telle fonction décorative était bien éloignée de la fonction primitive du choeur. Dans l'antiquité grecque il était tout d'abord la projection du public sur la scène dans le double rôle d'acteur-spectateur, ainsi que l'a montré Nietzsche.[11] Cette conception originelle du choeur n'était acceptable que dans un spectacle de participation, ce qu'était, au début de son histoire, la tragédie grecque. Dès que le spectacle n'a plus été conçu qu'en termes de représentation, le choeur ne pouvait plus fonctionner comme une métamorphose du public. D'où la réduction de son rôle, déjà, dans le théâtre d'Euripide.[12] A plus forte raison, à une époque où, comme on l'a vu, l'art dramatique n'était plus conçu qu'en termes de spectacle, sa présence n'était plus qu'ornementale.

C'est pourquoi, dès avant la fin du XVIe siècle, le choeur, beaucoup trop statique pour un théâtre qui avait préféré l'action et le mouvement à la «déploration» de la tragédie humaniste, avait disparu de la tragédie irrégulière. Et même dans la tragédie régulière, les acteurs ambulants étaient enclins à supprimer les parties chorales.[13] Cependant, au moment même où il disparaissait, le choeur se transformait en une forme plus moderne de la présence du public sur la scène: le public fictif d'un spectacle enchâssé. Dans la structure du théâtre dans le théâtre, les spectateurs intérieurs constituent la représentation scénique des spectateurs véritables.

C'est dans *The Spanish Tragedy* de Thomas Kyd, première pièce — conservée — incluant un spectacle intérieur, que l'on trouve la meilleure preuve de cette évolution. Vu la variété des enchâssements réalisés dans cette pièce (pantomime, «évocation magique», tragédie), il est douteux que Kyd soit l'inventeur de la formule; mais l'essentiel est que l'enchâssement principal, l'évocation magique, nous aide à saisir l'évolution qui a conduit du choeur au public intérieur d'un spectacle théâtral.

Sur le premier niveau de la représentation, en effet, on voit deux personnages surnaturels assister à une action à laquelle ils ne partici-

---

[11] *La Naissance de la tragédie*, coll. « Idées », p. 59.

[12] Cf. J. de Romilly, *La Tragédie grecque*, pp. 29-30.

[13] R. Lebègue (*La Tragédie française de la Renaissance*, p. 87) cite le témoignage du dramaturge Pierre Troterel qui, en 1615, affirmait avoir « vu représenter plus de mille tragédies en divers lieux, auxquelles (il n'avait) jamais vu déclamer ces choeurs ».

pent pas et dont ils commentent le déroulement à l'issue de chaque acte. Or, à la fin de la première scène de la tragédie, l'un des personnages, Revenge, avait invité l'autre à assister à l'évocation qu'il allait susciter pour lui:

> Here sit we down to see the mystery,
> And serve for Chorus in this tragedy.[14]

L'utilisation du terme de «choeur» pour désigner la fonction de ces deux personnages nous paraît tout à fait significative. Car si, tout comme un choeur, ils sont concernés par l'action qui se déroule devant eux, s'ils interviennent à la fin de chaque acte pour faire leurs commentaires, la *forme* de leurs interventions n'a rien à voir avec celles d'un choeur: aucune partie chantée ne leur est dévolue, et ils se livrent à un dialogue ordinaire, qui ne doit rien aux strophes habituellement récitées par le choeur. Altération d'autant plus significative que Kyd, traducteur très exact de la *Cornélie* de Robert Garnier, ne devait pas ignorer les huitains et les sizains octosyllabiques qui composaient la plupart des parties chorales de Garnier.[15]

Tout aussi significatif nous paraît le fait que, de nombreuses années plus tard, le rôle des spectateurs intérieurs sera encore senti comme une adaptation du rôle du choeur aux conditions modernes de la dramaturgie. Tel est le sens de la remarque qu'adresse Ophélia à Hamlet à propos des commentaires dont il ne cesse de parsemer la représentation du *Meurtre de Gonzague*:

> You are as good as a chorus, my lord.[16]

C'est aussi la raison pour laquelle, selon nous, Baro s'est cru obligé d'introduire, au moment de la représentation de la pièce intérieure de sa *Célinde,*[17] un «choeur d'assistants» qui vient ponctuer de ses réflexions le déroulement de la tragédie d'*Holopherne*.

Le théâtre dans le théâtre, invention du monde moderne? Retenons pour l'instant qu'il s'agit d'une invention de la dramaturgie nouvelle, fondée sur le regard silencieux d'un spectateur sur un acteur, mais soucieuse de conserver au public une place symbolique sur l'aire théâtrale, qu'il avait autrefois l'impression d'investir direc-

---

[14] Acte I, scène 1, v. 90-91.
[15] Cf. R. Lebègue, *op. cit.,* p. 61.
[16] Shakespeare, *Hamlet*, acte III, scène 2 ; coll. Bilingue, Paris, Aubier, 1973, l. 255, p. 198.
[17] Acte III, scène 1.

tement (dans le théâtre médiéval) ou indirectement (dans le théâtre grec).

2. *De la juxtaposition à l'inclusion*

a) L'héritage du Moyen-âge

Dans le théâtre religieux du Moyen-âge, deux éléments sont à prendre en considération: la *juxtaposition* des actions dramatiques et l'*enchâssement* d'un jeu dramatique dans le rite religieux ou, inversement, d'une cérémonie religieuse dans un ensemble dramatique plus vaste. M. Grivelet[18] rappelle que la pratique de l'inclusion «s'observe, en fait, dès les origines»:

> Le «Quem quaeritis», point de départ de l'art dramatique dans l'Europe chrétienne, est une action analogue au sein du rite plus fondamental de la liturgie de Pâques. De manière plus saisissante encore, on verra les grands cycles dramatiques des Corpus Christi englober des scènes familières de la vie contemporaine dans le déroulement des grands épisodes de l'Histoire Sainte.

La pratique inverse, intégrer la messe au drame, paraît avoir été cultivée dans plusieurs mystères.[19]

Mais il faut se garder de voir dans ces usages une parenté directe avec le théâtre dans le théâtre tel que nous l'entendons. Car s'il y a enchâssement, ce n'est pas d'une action dramatique dans une autre, mais d'une *réalité* sacrée, la messe, dans un drame, ce qui est bien différent. Quant aux inclusions de «scènes familières de la vie contemporaine» dans les mystères, elles relèvent de la technique de la *juxtaposition*, seule technique en usage au Moyen-âge. On sait, en effet, que le souci principal des auteurs de mystères était de rendre présente aux spectateurs la succession des différents tableaux de l'histoire de l'humanité chrétienne. Mais dans la mesure où la notion de «durée» n'existait pas pour l'homme du Moyen-âge,[20] cette succession était perçue non pas comme un déroulement dans le temps,

---

[18] *Art. cit.*, p. 37, n. 6.
[19] Cf. H. Rey-Flaud, *op. cit.*, p. 280.
[20] Pour lui, « la vie n'est que la juxtaposition de diverses étapes, qu'il parcourt sans en avoir conscience, vers le but ultime qu'est la mort. C'est le sens profond de l'allégorie des Divers Ages de l'Homme : l'homme ne se réalise jamais, il parcourt une route jalonnée à l'avance, ne prenant conscience de son état qu'à chaque jalon » (*ibid.*, p. 277).

mais comme la juxtaposition des différentes étapes qui marquaient l'histoire de l'humanité, de la Création au Jugement dernier. D'où la nécessité de rendre ces divers tableaux «tous ensemble présents et contemporains des spectateurs».[21]

Ainsi, pour les contemporains des XVe et XVIe siècles, le théâtre «noble» ne pouvait-il être perçu que comme un vaste ensemble comportant un très grand nombre d'actions dramatiques juxtaposées. En outre, de nombreux mystères de la fin du Moyen-âge présentaient une farce intercalée dans l'action principale. Cette farce ne présentait aucun lien avec l'action principale,[22] les acteurs du mystère n'en étaient point les spectateurs, mais, si l'on ne peut encore parler de théâtre dans le théâtre, on n'en est pas moins en présence d'une volonté d'inclusion d'un divertissement dans une action dramatique, qui n'est pas à négliger. Car s'il est vrai que les lettrés n'attendirent pas les condamnations des Parlements pour se détourner de ce genre dramatique suranné qu'était devenu le mystère au XVIe siècle, il serait faux de croire que son influence cessa du jour au lendemain, comme l'indiquent les emprunts que lui firent les auteurs de tragédies irrégulières.[23]

Si l'on accepte de croire que la tradition du mystère était restée assez vivace chez les dramaturges du XVIIe siècle pour qu'ils en retinssent même certaines techniques, l'on peut mentionner aussi un procédé perspectiviste[24] d'inclusion, dont G.R. Kernodle[25] a signalé la fréquence dans le théâtre médiéval du nord de l'Europe. Ce procédé consistait à faire paraître sur la scène, outre de véritables tableaux, des «tableaux vivants», sortes d'illustrations de l'histoire jouée, qui étaient simplement donnés à voir aux spectateurs. D'une certaine manière, la séquence de l'apparition dans *Le Jeu de la Feuillée* d'Adam de la Halle, qui paraît se situer sur un autre niveau de représentation, est à rapprocher de cette technique, et peut être considérée, avec précaution, comme un prodrome — même s'il ne faut

[21]   *Ibid.* Voir aussi E. Koningson, *op. cit.*, pp. 278-279.
[22]   Si ce n'est un lien tout à fait normal, le premier vers de la farce rimant avec le dernier vers de la première partie du mystère, et le premier vers de la seconde partie de celui-ci avec le dernier vers de la farce.
[23]   Selon R. Lebègue (*op. cit.*, p. 85), c'est la tradition des Mystères, des Moralités et des Histoires qui explique la désagrégation des principes de la tragédie de la Renaissance.
[24]   A une époque où la peinture sur toile était seulement en train d'accomplir sa révolution perspectiviste.
[25]   *From Art to theatre*, pp. 108, 123, 128 et *passim*.

pas, comme l'a fait G. Cohen, y voir une sorte de « Comédie des comédiens » avant la lettre.[26] Quoique de tels jeux nous paraissent beaucoup plus proches du procédé de surimpression cinématographique que de la technique du théâtre dans le théâtre où l'action enchâssée, même si elle est présentée comme une illustration, occupe toujours le premier plan *sous le regard* des personnages de l'action principale, il s'agit là de tentatives d'*inclusion* qui, en tant que telles, ont leur part dans l'évolution de la dramaturgie et ont pu jouer quelque rôle dans la formation de notre procédé.

Une telle éventualité est d'autant moins à négliger que l'on retrouve des apparitions du même type dans la dramaturgie française du XVIIe siècle. Dans *La Mort de Mithridate* de La Calprenède (1635), au moment où Pompée accueille Pharnace dans le but d'aller combattre ensemble le père de celui-ci, une didascalie signale qu'un rideau est tiré et que le vieux roi Mithridate paraît avec sa femme et ses deux filles. De même, l'abbé d'Aubignac réclamait dans une didascalie au début de sa *Pucelle d'Orléans* (1641) que l'on fît « paraître en perspective une femme dans un feu allumé, et une foule de peuple à l'entour d'elle ».[27] On sait ce qu'il advint de ce souhait : les comédiens se contentèrent de montrer un tableau.[28] En tout cas, retenons que nous sommes en présence d'une volonté d'inclusion qui, soit souvenir de la dramaturgie du Moyen-âge, soit reflet de la mentalité du XVIIe siècle,[29] est proche de celle qui a présidé à la naissance du théâtre dans le théâtre.

b) L'apport de la dramaturgie de la Renaissance

La principale innovation de la Renaissance au théâtre concerne le *temps dramatique*. La série de révolutions qui fait naître le monde moderne révèle aux hommes la notion de temps humain, inconnue au Moyen-âge. Parallèlement, les humanistes redécouvrent le théâtre antique et, par là-même, la notion de «durée» qui en est constitutive :

---

[26] *Le Théâtre en France au Moyen-âge*, I, p. 19.
[27] Acte I, scène 1.
[28] « Un méchant tableau sans art, sans raison et tout contraire au sujet » (*La Pucelle d'Orléans, Le libraire au lecteur*). J. Schérer, qui cite ce passage (*La Dramaturgie classique en France*, p. 153), explique, à la décharge des comédiens, que l'étroitesse des scènes de l'époque ainsi que le petit nombre d'acteurs ne permettaient pas les mouvements de foule.
[29] Sur ce point, voir *infra,* pp. 47 sq.

la tragédie antique, c'est l'homme se débattant contre un destin en marche. Le théâtre de la Renaissance a donc redécouvert la véritable *action* dramatique, puisque toute action se déroule nécessairement dans le temps (ce qui ne l'a pas empêché de privilégier récits, discours et lamentations aux dépens de l'action). Il n'est plus question de mettre en parallèle les différents tableaux — et leurs nombreux épisodes — qui représentent les étapes de l'humanité. On s'intéresse à l'homme et à son destin, même si ce destin n'est vu que sous l'angle d'un malheur frappant un héros qui se débat sans agir. Le malheur peut aussi frapper plusieurs personnages ; mais il s'agit toujours de la même action.

Passer d'une juxtaposition de tableaux à une action unique, à un temps unique et, souvent, à un lieu unique, c'était se priver de tout le caractère spectaculaire du théâtre religieux médiéval, ce que les parties chorales qui rythmaient le déroulement de la tragédie ne compensaient que faiblement. Un « beau spectacle », pour le gros du public, qui n'a pas oublié « l'amas d'effets scéniques et d'épisodes parasites » des mystères,[30] ne peut provenir que de la multiplication des actions, du charivari des batailles et d'un certain nombre d'événements macabres.[31] C'est assurément dans le but de dépasser le cercle restreint des lettrés que les dramaturges français de la fin du XVIe siècle ont pratiqué la *tragédie irrégulière,* qui a ainsi assumé l'héritage du mystère : outre l'étalage sur la scène de la violence et du macabre, c'était une quantité d'épisodes et d'actions secondaires, plus ou moins bien reliés à l'action principale. Et cette dégénérescence des principes de la tragédie humaniste s'est trouvée renforcée par la nouvelle perception de l'écoulement du temps qui a prévalu vers la fin du XVIe siècle : au sentiment d'un mouvement linéaire et stable, qui était celui du classicisme renaissant, a succédé celui d'un mouvement tumultueux et capricieux.

Mais, par rapport à ce genre dramatique qui allait donner naissance à la tragi-comédie,[32] la comédie et la pastorale avaient bien d'autres libertés. Les auteurs italiens qui ont cultivé la *Commedia erudita* ont intercalé entre les actes de leurs comédies des « intermèdes (*intermezzi*) pastoraux ou mythologiques, avec instruments,

---

[30]   R. Lebègue, *op. cit.,* p. 95.

[31]   *Ibid.,* pp. 88-90.

[32]   R. Lebègue (*ibid.,* p. 91) signale que H.C. Lancaster, dans sa thèse sur la tragi-comédie française, en a compté une quinzaine déjà dans la deuxième moitié du XVIe siècle.

chants et danses».[33] Leurs émules français n'y ont pas manqué non plus. R. Lebègue rappelle que la comédie de Baïf, *Le Brave*, adaptée de l'italien,[34] «fut représentée en 1657 avec des intermèdes».[35] On trouve des intermèdes mythologiques dans la pastorale de Montreux, *Arimène* (1597) et des «intermèdes Héroïques à l'honneur des Français» dans *Les Amantes ou La Grande Pastorale* de Chrétien des Croix (1613).

De telles interruptions de l'action dramatique n'étaient guère possibles que dans la pastorale, genre dramatique neuf, c'est-à-dire non influencé par les modèles du théâtre antique. Elles ne pouvaient en aucun cas être admises par le genre tragique, quelque contaminée par le mystère que fût la tragédie irrégulière. Celle-ci ne pouvait accepter des éléments décoratifs qu'à condition qu'ils fussent *en relation* avec l'action principale. Les dramaturges français n'ont trouvé qu'un moyen de contourner élégamment cet interdit : faire dépendre la seconde action dramatique qu'ils introduisaient de la première. Le procédé du théâtre dans le théâtre a donc représenté pour de nombreux auteurs de tragi-comédies, et même de tragédies, l'unique moyen d'enchâsser *plusieurs* actions dramatiques, quelques-uns n'hésitant pas à juxtaposer de cette manière quatre ou cinq spectacles différents à l'intérieur d'une même pièce.

Même la comédie, telle qu'elle s'est élaborée en France à partir de *Mélite* ne tolérait pas de rupture dans l'action dramatique. Il nous paraît, en effet, très révélateur que, à une exception près,[36] le genre de la *comédie à intermèdes,* si goûté au XVIIe siècle dans les autres pays, et particulièrement en Espagne, n'ait pas été porté à la scène par les dramaturges français. Les seules pièces qui s'en rapprochent[37] utilisent précisément la technique du théâtre dans le théâtre. Et nous verrons que Molière qui, avec ses comédies-ballets, a voulu créer un spectacle à intermèdes à la française, s'est efforcé, dans la mesure du possible, d'*enchâsser* ses intermèdes dans l'action de la pièce-cadre.

[33]   R. Lebègue, *Le théâtre comique en France*, p. 78.
[34]   Et inspirée du *Miles glorious* de Plaute ; éd. A. Masen, coll. « Textes Littéraires Français », Genève, Droz, 1979.
[35]   *Ibid.,* p. 83.
[36]   *L'Ambigu comique* de Montfleury (1673).
[37]   C'est le cas de l'*Hôpital des fous* et des *Illustres fous* de Beys.

3. *Evolution du prologue*

On cite généralement[38] comme « ancêtre » du procédé un inter-lude anglais de la fin du XVe siècle, *Fulgens and Lucrece*[39] de Henri Medwall, où l'on voit deux acteurs (simplement désignés par les let-tres A et B) — l'un issu de l'assistance, l'autre se présentant comme un simple introducteur du spectacle — feindre de ne pas se connaître et annoncer au cours de leur conversation le titre de la pièce qui va être représentée. Après que B a exposé l'argument, A se déclare en désaccord avec le dénouement et prêt à l'empêcher. Aussi, quoique retournés dans l'assistance quand la pièce commence, ne tardent-ils pas à venir se mêler aux acteurs, chacun se mettant au service du pré-tendant de Lucrèce qu'il veut favoriser. Mais leur participation au jeu ne les empêche pas de reprendre par moments leurs distances pour commenter l'action.

Il ne s'agit pas, à proprement parler, de théâtre dans le théâtre, puisque ce procédé réclame, selon nous, non seulement le regard d'un acteur sur un autre, mais aussi un processus d'*enchâssement* d'une action dramatique (ou d'un spectacle) dans un autre : dans cet interlude, bien vite le pseudo-spectateur vient se mêler aux acteurs, et son commentaire n'est qu'intermittent. Mais il suffit de laisser A et B en dehors de la totalité de l'interlude, et de leur faire ainsi assu-mer une fonction d'encadrement, pour que l'on puisse parler de jeu dans le jeu.

Cette absence de continuité du regard et du commentaire s'expli-que par le fait que *Fulgens and Lucrece* reflète la conception médié-vale d'un art dramatique fondé sur l'échange entre la scène et la salle : A et B (celui-ci pourtant remplissait la fonction d'un prolo-gueur) se défendent d'être des acteurs ; ils se font passer pour des spectateurs ordinaires qui se laissent entraîner dans le jeu. De fait, A. Brown a souligné fort à propos[40] qu'au moment où Medwall, chapelain de l'Archevêque de Cantorbéry, composait sa pièce, Tho-mas More faisait partie de la suite de celui-ci, et qu'il lui arrivait fré-quemment, lors de représentations de ce genre, de venir improviser

[38] R.J. Nelson, *op. cit.*, p. 8 ; A. Brown, « The Play within a play : An Eliza-bethan Dramatic Device », *Essays and Studies*, 1960 ; M. Grivelet, *art. cit.*, pp. 36-37.
[39] Daté par Nelson de 1497 et par Brown de 1513. Nelson a orthographié *Lucres*, conformément à la graphie originale.
[40] *Art. cit.*, p. 37.

un rôle au milieu des acteurs, à la grande joie de l'assistance qui le préférait même aux autres. Sans doute n'est-ce pas Thomas More qui a donné à Medwall l'idée de sa pièce. Celui-ci n'a fait que mettre en scène la conception du jeu théâtral qui avait cours en son temps. Mais, précisément, une telle transposition témoigne d'un certain recul, puisque dans cette oeuvre le jeu des spectateurs est déjà assumé par de véritables acteurs.

Fulgens and Lucrece annonce donc moins le procédé du théâtre dans le théâtre que celui de l'*induction* qui s'est maintenu sur la scène anglaise jusqu'à l'époque de Shakespeare. L'*induction* est un prologue élargi à deux ou trois acteurs, que les dramaturges anglais utilisaient pour présenter l'argument de leurs pièces. Mais elle ne se limitait pas à cela. Il s'agissait presque d'une véritable action dramatique mettant aux prises tantôt des acteurs entre eux,[41] tantôt un acteur et le prologueur,[42] tantôt des spectateurs supposés qui discourent sur la pièce à laquelle ils vont assister (et la critiquent par avance quelquefois)[43] ou qui interpellent des acteurs présents sur scène et les obligent à changer de pièce.[44]

Or, le théâtre élizabéthain offre un certain nombre d'exemples où l'on voit les personnages de l'*induction* rester en spectateurs sur la scène tout au long de la pièce pour commenter son déroulement et jouer ainsi le rôle de *choeur*.[45] Et, tout naturellement, le procédé en vient à se confondre tout à fait avec celui du théâtre dans le théâtre lorsque l'*induction,* ainsi étendue à toute la durée de la pièce, est suffisamment dramatisée pour jouer le rôle d'un cadre dans lequel vient s'enchâsser la pièce proprement dite. Tous ces exemples ont beau dater d'une période légèrement postérieure à la naissance du théâtre dans le théâtre,[46] ils n'en indiquent pas moins comment l'on

[41]   Cf. Munday, *The Downfall of Robert Earl of Huntingdon* (1598). Cité par M.T. Jones-Davies, Beaumont et Fletcher, *Le Chevalier de l'Ardent Pilon,* Introduction, p. 94. Toutes nos considérations sur l'*induction* s'inspirent largement de cette introduction.

[42]   Cf. *Wily Beguiled* (1596-1606). Cité par M.T. Jones-Davies, *ibid.*

[43]   Cf. Jonson, *Every Man out of his humour* (1599) ; *ibid.*

[44]   *Le Chevalier de l'Ardent Pilon.*

[45]   Dans *Summer's Last Will and Testament,* de Thomas Nashe, l'un des acteurs de l'*induction*, furieux du rôle qu'on lui a réservé dans la pièce, déclare : « Ile sit as *chorus,* and flowte the Actors and him (the autor) at the End of every Scaene. » (Cité par M.T. Jones-Davies. *ibid.,* p. 95. Nous soulignons.)

[46]   Comme ont été perdues les pièces qui ont dû inspirer Thomas Kyd, l'on est en droit de supposer qu'avant 1580 bon nombre de pièces ont comporté des *inductions*.

a pu passer progressivement, en un siècle, d'un jeu encore fondé sur la conception dramatique médiévale au procédé moderne du théâtre dans le théâtre: la technique de l'*induction* paraît se situer à mi-chemin entre le jeu de *Fulgens and Lucrece* et l'enchâssement de *The Spanish Tragedy*. Et, tandis que le procédé de la pièce dans la pièce sera de plus en plus utilisé par les écrivains anglais, celui de l'*induction* ira en régressant, certains dramaturges n'hésitant pas, au tout début du XVIIe siècle, à confier à leurs spectateurs qu'il s'agissait d'une technique *out of date*.[47]

Le théâtre français a dû évoluer de façon comparable. Nous n'avons conservé aucun équivalent de *Fulgens and Lucrece* qui puisse nous permettre de mesurer cette évolution depuis le XVe siècle, et un procédé comme l'*induction* est inconnu dans la dramaturgie française. Deux indices nous laissent cependant supposer que le prologue a joué dans la naissance du théâtre dans le théâtre un rôle fort proche de celui du prélude anglais.

Utilisant la technique de l'enchâssement dans son *Comédien poète* (1672), Montfleury a, curieusement, qualifié les deux scènes qui introduisent les deux pièces intérieures de sa comédie, l'une de *Prologue,* l'autre de *Suite du Prologue.* Dénomination anachronique à une époque où le procédé est largement répandu dans la dramaturgie française, elle rejoint le jugement qu'avait porté Corneille sur le premier acte de son *Illusion comique* (il «n'est qu'un Prologue »[48]) pour nous révéler que tout au long du XVIIe siècle, les scènes introduisant le spectacle intérieur (ou, du moins, un certain type de spectacle intérieur[49]) étaient perçues comme un prologue.

Pourtant, à la différence de l'*induction,* le prologue est toujours constitué par un monologue: c'est la règle aussi bien dans le théâtre français que dans le théâtre anglais, où l'on voit fréquemment un prologue accompagner une *induction*. Il est tout de même surprenant que les seules comédies françaises qui comportent un prologue dialogué soient celles où ce prologue est, en fait, partie intégrante de la pièce dont il constitue le cadre dans lequel vient s'enchâsser la seconde action dramatique. Il s'agit là, à n'en pas douter, d'un sou-

---

[47]   Prologue de *The Woman Hater* (1606) de Beaumont : « Gentlemen, inductions are out of date... » Cité par M.T. Jones-Davies, *ibid.,* p. 90.
[48]   *L'Illusion comique,* Dédicace ; éd. Garapon ; S.T.F.M., Paris, Didier, 1957, p. 3.
[49]   Celui des « comédies des comédiens » surtout.

venir de comédies qui comportaient des prologues dialogués et indépendants.

Il n'a été conservé qu'une seule pièce pouvant nous apporter la preuve d'un tel usage du prologue. C'est une comédie publiée en 1612, *Les Corrivaux* de Pierre Troterel, dont le Prologue présente un acteur qui, après avoir débité une suite de vingt-trois vers, est interrompu par «un des acteurs caché derrière la tapisserie».[50] L'essentiel du Prologue n'est donc qu'un dialogue burlesque entre ces deux acteurs désormais dénommés *Le Prologueur* et *Le Caché,* sans, pour autant, que le contact avec le public soit rompu, le Prologueur le prenant à témoin à deux reprises avant de lui dire adieu. Troterel avait-il lu *La Strega* de Grazzini (1582) où le *Prologo* discutait avec l'*Argomento*, comme l'a suggéré R. Lebègue ?[51] Ce détour nous paraît inutile et d'autant plus improbable que les seuls emprunts qu'a relevé le critique dans cette pièce, qui, ajoute-t-il, «tient plus de la farce que de la comédie»,[52] proviennent de la *Commedia dell'arte.*[53]

Nous préférons voir dans cette correspondance une inspiration commune: en Italie, en France, comme en Angleterre, l'élargissement du prologue à plus d'un récitant devait être, à la fin du XVIe siècle, une pratique assez fréquente; pas assez fréquente, cependant, pour que, étant donné le petit nombre de comédies imprimées dans notre pays avant 1630, nous disposions d'un autre témoignage que *Les Corrivaux.*

D'ailleurs la transformation du prologue en une «entrée» dialoguée nous paraît conforme à l'évolution de la dramaturgie entre le XVe et le XVIIe siècle. Cette transformation ne se serait peut-être pas produite si le prologue avait été introduit par le seul théâtre de la Renaissance: il serait resté, de manière immuable, l'instrument qu'avait forgé Plaute pour présenter le spectacle, expliquer les intentions de l'auteur, et, enfin, réclamer le silence. Mais ce prologue a été contaminé par celui qui existait déjà dans le théâtre médiéval; non point dans le théâtre profane, puisque farces et sotties étaient dépourvues de préambule, mais dans les grands genres religieux comme le mystère où le meneur de jeu paraissait au début et à la fin de chaque journée pour saluer le public ou lui dire adieu, l'encoura-

[50]   Didascalie.
[51]   *Le Théâtre comique en France,* p. 89.
[52]   *Ibid.,* p. 151.
[53]   *Ibid.,* p. 152.

ger au calme, et dégager, à travers son commentaire de l'action représentée, les éléments essentiels de l'«ystoire».[54] Mais, dans la mesure où, comme nous l'avons noté plus haut, le public se sentait engagé dans cette histoire, ce prologue n'était pas un simple monologue : entrecoupé des approbations, protestations et questions d'un public-acteur, il revêtait dans les faits les espèces d'un véritable dialogue.

La participation du public médiéval aux drames religieux ou aux jeux profanes était telle que toutes les formes de monologues se sont transformées en dialogues. En se penchant sur les origines de la farce, J.-C. Aubailly[55] a montré comment elle s'est dégagée peu à peu des jeux dramatiques à une voix qui constituaient jusqu'alors l'unique forme de théâtre populaire : les pièces «complexes» seraient nées de la prise en compte, par un second récitant, d'une part des apostrophes qui étaient destinées auparavant au seul public, d'autre part des protestations et des questions dont celui-ci entrecoupait le discours de l'acteur.[56] L'entrée en matière de *Fulgens and Lucrece,* que nous avons analysée, montre que les prologues ont pu, à leur tour, passer d'un discours à une voix à un dialogue entre deux personnes, l'un se faisant le porte-parole des comédiens, l'autre, celui du public (respectivement B et A dans la pièce en question).

Telle était donc la situation (nous devrions plutôt parler de virtualités) à la fin du Moyen-âge, quand apparaît la comédie à l'antique. Il est certain qu'à mesure qu'elle s'est éloignée du cercle restreint des lettrés, son prologue a subi les coups de boutoir d'un public que, selon la tradition, il interpelait. Nous pensons que, parallèlement, la persistance jusqu'au premier tiers du XVIIe siècle, d'un genre particulier de jeu théâtral, monologue fondé en partie sur le dialogue avec le public, le *Prologue,* a contribué à renforcer la tendance au dédoublement du prologueur des comédies. De fait, lorsque Troterel publie ses *Corrivaux,* cela fait trois ans déjà que Bruscambille a commencé à s'illustrer par ses *Prologues* dans la troupe des Comédiens du Roi.[57] *Les Prologues* sont peut-être avant tout une tradition italienne, comme le laisse entendre A. Adam[58] ; mais il

[54] Cf. H. Rey-Flaud, *op. cit.,* p. 288.
[55] *Le Théâtre médiéval,* pp. 98 sq., 101, 121, 200.
[56] *Ibid.,* p. 98.
[57] Voir A. Adam, *Histoire de la littérature française du XVIIe siècle,* I, p. 174.
[58] *Ibid.,* p. 502.

s'agit aussi de l'héritage du *monologue* du Moyen-âge, qui, quoique concurrencé avec succès par la farce, n'a jamais totalement disparu.

Toujours est-il que le prologue des *Corrivaux* marque un premier pas en France vers l'élargissement du prologue, et, de là, vers le théâtre dans le théâtre. Et nous verrons que ce prologue élargi apparaît encore de manière très nette dans l'oeuvre dont la structure est la plus imparfaite, *La Comédie des comédiens* de Gougenot, où il est en tous points comparable à certaines *inductions* anglaises. Mais contrairement à celles-ci, il n'a pas rencontré le choeur puisqu'aucun des acteurs du prologue ne reste en scène pour assister à la représentation proprement dite. De là, sans doute, la persistance, tout au long du XVIIe siècle, de deux structures parallèles qui ne se sont jamais rejointes : la structure « chorale » et la structure « prologale ».[59]

II. ESQUISSE D'UNE MENTALITÉ

Eu égard à la période où le procédé a fait son apparition dans les différents pays européens (1580-1630), nous devons le considérer, avons-nous dit en commençant, comme une invention de l'âge baroque. Sa fortune subite n'est explicable que parce qu'il s'agit d'une technique qui correspondait aux tendances artistiques de l'époque, à

[59] On aura remarqué que nous avons laissé de côté *La Nouvelle tragi-comique* de Marc Papillon (*alias* le Capitaine Lasphrise), qui, selon quelques critiques (E. Balmas, *Comédies du XVIe siècle*, Présentation, p. 10 et M. Lazard, *Le Théâtre en France au XVIe siècle*, p. 196) « inaugure » la technique du théâtre dans le théâtre. Rien dans cette courte pièce ne nous paraît autoriser pareille assertion. Contrairement à ce qu'affirme E. Balmas, cette oeuvre n'est pas constituée par « des scènes, des bouts de dialogue, des épisodes entiers » qui sont « insérés dans le récit principal » : il n'y a pas de récit principal, mais une action dramatique interrompue par quelques récits résumant les événements qui ne sont pas montrés sur la scène, et assurant la continuité de l'histoire représentée. Ce procédé a permis à Papillon de faire tenir dans l'étroit espace d'un acte une action qui s'étend sur plusieurs jours. Nous supposons que les récitants qui, à une exception près (le dénommé Arcquigue, sorti d'on ne sait où), participent à l'action, devaient se tourner vers le public pour résumer les épisodes qu'on ne lui montrait pas et assurer la transition avec l'épisode suivant (si tant est que la pièce ait été représentée). En tout cas, on n'y trouve pas trace du moindre enchâssement : rien n'est mis *sous les yeux* des personnages, ni épisode, ni « bout de dialogue ». L'intérêt de la pièce est ailleurs : affranchissement par rapport aux genres dramatiques traditionnels, rupture de la continuité dramatique, alacrité joyeuse qui n'est pas sans annoncer la verve des Scarron et Cyrano, mais dans laquelle on pourrait reconnaître aussi la tradition de la farce.

la volonté d'innovation des dramaturges et aux demandes d'un public avide de nouveautés; mais surtout, ce phénomène d'inclusion d'une oeuvre théâtrale dans une autre est dû au développement prodigieux qu'a connu le théâtre à cette époque: tout art ou toute technique qui devient le mode d'expression d'une époque finit par se prendre pour objet. Par ailleurs, la notion de *théâtralité* est l'une de celles qui définissent le mieux la mentalité et l'esthétique baroques: le théâtre pénétrant tous les domaines de la vie et de l'art, il était normal qu'il finît par pénétrer le théâtre lui-même.

1. *L'âge d'or du théâtre*

Dans tous les pays européens, la naissance du théâtre dans le théâtre se produit au moment où le théâtre dans son ensemble est devenu l'expression artistique la plus goûtée des contemporains. De fait, si le procédé a attendu le deuxième quart du XVIIe siècle pour éclore en France, c'est que le théâtre lui-même n'a pu prendre son véritable essor qu'à partir de cette période, c'est-à-dire à partir du moment où la société française a été stabilisée, après l'arrivée au pouvoir de Louis XIII, et, surtout, de Richelieu (1624). A la suite des autres souverains d'Europe, les chefs d'Etat français ont perçu l'intérêt qu'ils pouvaient retirer pour leur monarchie en favorisant ce nouveau mode d'expression qui, à une époque où le peuple ne savait pas lire, touchait presque toutes les couches de la société, et qui, de plus en plus, s'éloignait de la violence gratuite et de la grossièreté.

Ce n'est pas, évidemment, la seule raison: si Richelieu fait construire la plus belle salle de théâtre de Paris dans son propre palais, si les cours royales et princières d'Europe rivalisent de faste dans leurs représentations théâtrales officielles, c'est que le théâtre n'est pas seulement perçu comme une forme de langage artistique: il correspond exactement à la manière dont les contemporains appréhendent la vie humaine. Le monde est un théâtre sous le regard de Dieu, et la vie une comédie aux cent actes divers dont l'homme est l'acteur et le spectateur, ignorant le rôle véritable que Dieu lui a assigné. La vie est donc à la fois une comédie et un songe. Aucun autre moyen d'expression artistique ne pouvait, mieux que le théâtre, transformer cette éthique en esthétique.

Telles sont donc, très rapidement évoquées, les raisons de l'essor du théâtre à l'âge baroque: c'est un art, mais qui n'est plus seulement réservé aux lettrés et qui transpose, en les exagérant, les déformant ou les idéalisant, les mille facettes de la vie. En même temps, c'est un art qui transcende les autres arts puisqu'il permet de satisfaire à la fois la vue et l'ouïe, le goût du spectaculaire et l'imagigination. Comme, en outre, il correspond à l'éthique de l'époque, on comprend qu'il ait gagné à lui toutes les classes de la société et que tous les jeunes écrivains — en France à partir des années 1620-1630 — l'aient considéré comme le langage le plus apte à traduire leurs sentiments et leurs visions.[60]

L'aristocratie n'a pas peu contribué au développement du théâtre à cette époque, non seulement par le rôle de mécène qu'elle a joué auprès des troupes et des auteurs — avant d'être relayée par le pouvoir qui a pu ainsi les mettre sous tutelle —, mais surtout par son comportement. Le principal souci des nobles était de paraître, de jouer leur propre rôle, de montrer qu'ils étaient encore dignes d'euxmêmes, et ce souci est allé en grandissant à mesure que la monarchie absolue réduisait leurs prérogatives. Conscients d'être des acteurs que le peuple devait admirer, ils ont, en outre, été peu à peu amenés au rang de personnel décoratif tendant à mettre en valeur le seul souverain : le Versailles de Louis XIV n'était guère qu'un immense théâtre. Cette conviction qu'avait la noblesse, au début du XVIIe siècle, de *jouer un rôle* ne pouvait évidemment que se renforcer au contact du sentiment de la théâtralité de la vie.

Ces deux facteurs expliquent que la plus haute classe de la société se soit à ce point complue dans le théâtre. Toute fête était prétexte à représentation dramatique, et l'on ne se bornait pas à faire venir des troupes de comédiens : des Valois à Louis XIV, le Ballet de Cour n'a été si goûté que parce qu'il était possible d'y danser et d'y tenir des rôles. Comment expliquer autrement la familiarité qu'affectaient les nobles pour les comédiens — qui les représentaient sur la scène, ne l'oublions pas —, si ce n'est par la conscience de se trouver du même côté de la barrière par rapport au public?[61]

Que les éléments dramaturgiques que nous avons décrits précédemment aient pu être exploités par la mentalité de l'époque baro-

[60] J. Schérer (*Théâtre du XVIIe siècle,* I, Introduction, p. XVII) fait remarquer qu'« entre 1625 et 1630, Mairet, Auvray, Baro, Du Ryer, Pichou, Rotrou, Scudéry, Mareschal, Rampale, Rayssiguier et Corneille font jouer leur première pièce ».

[61] C'est la raison pour laquelle les sièges de la scène ont été recherchés par la noblesse, après *Le Cid* : il s'agissait autant de regarder le spectacle que d'être regardé.

que s'explique, dans une large mesure, par la corrélation du regain de faveur d'un lieu commun philosophique — le *theatrum mundi* — et de l'épanouissement de l'art théâtral. En effet, si le monde est théâtre, *le théâtre proprement dit s'exprime en termes de théâtre dans le théâtre* : le théâtre est inclus dans le théâtre du monde. On comprend qu'à un moment où l'inclusion d'une action dramatique dans une autre était, du point de vue technique, un problème à peu près résolu, la fortune de la conception philosophique du petit théâtre dans le grand théâtre ait pu influer fortement sur le rapide développement du procédé. Il est tout à fait significatif que l'inventeur espagnol du procédé, Lope de Vega, ait choisi de l'utiliser dans une pièce où il illustrait la version chrétienne du thème, *Lo Fingido verdadero* (l'histoire de saint Genest).

D'autre part, il est évident que le succès du théâtre l'amène à se mettre lui-même en scène. Selon J. Rousset, « il s'agit d'une prise de conscience ; le théâtre après 1630 atteint une sorte d'âge adulte ; il est naturel qu'il se regarde, se discute, se disculpe, se demande ce qu'il est ; c'est pourquoi le sujet de la comédie, c'est la comédie même ».[62] Les critiques américains lui ont emboîté le pas en créant la formule séduisante : « self-conscious theater ».[63] Mais il faut prendre garde à ne pas se laisser entraîner trop loin par cette formule. Selon nous, il ne s'agit pas tant pour le théâtre de dire quelque chose de lui-même, de réfléchir sur lui-même, que de *se montrer* et de se valoriser.[64] S'il est vrai qu'en se voulant le miroir du monde, le théâtre est amené à se faire le miroir de son propre univers, il le fait aussi par jeu, par souci de montrer sa maîtrise technique, par goût de l'effet théâtral, et parce que l'inclusion du même dans le même — nous le verrons plus loin — ressortit à la mentalité de l'époque.[65]

[62] *La Littérature de l'âge baroque en France,* p. 70.

[63] R.J. Nelson, *op. cit.,* p. 10 ; T.J. Reiss, *Toward dramatic illusion,* pp. 127 sq.

[64] R.J. Nelson écrit : « in a world in which all values are examined, it is inevitable that the instrument of evaluation be itself examined » (*ibid.*). C'est là, selon nous, une vision pirandellienne : le XVIIe siècle qui vient de découvrir le théâtre est loin de songer à examiner son système de valeurs.

[65] Il en va un peu différemment, nous le verrons, avec *L'Impromptu de Versailles,* écrite trente ans plus tard : oeuvre de combat, elle convoque effectivement le théâtre sur le théâtre pour le discuter (cf. J. Nichet, « La critique du théâtre au théâtre, Aristophane, Molière, Brecht », *Littérature,* No 9, février 1973, pp. 31-46).

2. *Assise philosophique*

A la différence du théâtre dans le théâtre, le lieu commun philosophique du *theatrum mundi* n'est pas une invention de l'âge baroque. Si les contemporains ont eu, plus qu'à tout autre moment de l'histoire de l'humanité, le sentiment que le monde est un théâtre sur lequel l'homme ne fait que passer, c'est à cause de la grande révolution culturelle de la Renaissance qui a remis en question tout le système de valeurs de l'époque précédente, et des troubles qui ont suivi : la seule impression de consistance que pouvaient ressentir les hommes était fournie par l'idée de Dieu ; tout le reste n'était perçu que comme irréalité, spectacle et apparence trompeuse.

On a montré[66] que ce *topos* remonte aux présocratiques et qu'il est parvenu au Moyen-âge à travers Platon, les Stoïciens, les néo-platoniciens (qui l'ont intégré dans une perspective providentialiste) et, enfin, les Pères de l'Eglise. Mais la simplicité de ce lieu commun ne doit pas nous faire croire que son acception n'a subi que de très faibles variations tout au long de son histoire. Ainsi, à la Renaissance, tandis que les humanistes reviennent à une idée plus proche de Platon et des stoïciens — Erasme, dans son *Eloge de la folie,* fait allusion au Mythe de la Caverne[67] —, on assiste à une rupture dans la conception de la *scena vitae* qui prévalait au Moyen-âge.

Nous avons insisté sur la rupture entre la scène et la salle, parce que la transformation du jeu théâtral en pur spectacle nous paraît correspondre à la sensation d'un éloignement de Dieu, l'une et l'autre se répercutant sur la conception du *theatrum mundi.*[68] Aussi,

[66] Voir E.R. Curtius, *La Littérature européenne et le Moyen-âge latin (Europaische Literatur und lateinisches Mittelalter),* pp. 170 sq. ; J. Jacquot, « Le Théâtre du Monde de Shakespeare à Calderón », *Revue de Littérature Comparée,* XXXI, No 3, juil.-sept. 1957 ; A. Vilanova, « El Tema del Gran Teatro del Mundo », *Boletín de la Real Academia de Buenas Letras de Barcelona*, vol. XXIII, 1950, pp. 153-188.

[67] Cf. M. Fumaroli, « Microcosme comique et macrocosme solaire », *Revue des Sciences Humaines,* XXXVII, No 145, janv.-mars 1972 ; p. 96.

[68] L'explosion du genre du mystère au XVe siècle ne nous paraît pas autre chose que la tentative — réussie — de revivifier la croyance en la présence divine. Le mystère est la transcription exacte de la conception médiévale du théâtre du monde : le monde est une grande pièce à laquelle Dieu participe par l'intermédiaire de son fils ou des saints, hommes-acteurs qu'il a choisis pour montrer la voie aux autres hommes. Aussi n'y avait-il pas de différence dans ce genre dramatique entre les acteurs et les spectateurs : c'était un spectacle de participation, comme on le dit, non seulement à cause des échanges entre l'aire scénique et le public, mais surtout parce que celui-ci, tout en regardant le spectacle, jouait un rôle, son propre rôle de peuple. (Voir notamment H. Rey-Flaud, *op. cit.,* pp. 287-295).

à la fin de la Renaissance, le courant sceptique de l'humanisme s'étant à son tour emparé de ce thème, le *theatrum mundi* reçoit-il deux acceptions, selon qu'il est envisagé d'un point de vue religieux ou sceptique : le monde est un théâtre sous le regard de Dieu qui joue le triple rôle d'auteur, de metteur en scène et de spectateur-juge, et qui, sans intervenir dans le spectacle, lui apporte, par son regard même, sa valeur et sa consistance ; ou bien le monde est un théâtre sur lequel s'agitent les hommes, acteurs d'un jeu absurde qui n'est dénoué que par la mort (point de vue qui prévaudra à la fin du XVIIe siècle).[69]

Au reste, le *topos* paraît avoir été si bien intégré par l'idéologie de l'époque baroque qu'il est devenu un thème de conversation finalement assez détaché de ces deux acceptions. De fait, quand au chapitre XII de la deuxième partie de son roman (1615), Cervantes fait prononcer par Don Quichotte l'éloge de la comédie, il ne manque pas de joindre une comparaison avec la comédie du monde, mettant en parallèle la fin du spectacle, où tous les comédiens se retrouvent égaux, et la mort, mais sans faire la moindre allusion à la divinité ; mais, surtout, il prolonge la réflexion de son héros par une remarque ironique de Sancho sur la « nouveauté » de cette « brave comparaison ».[70] Rien d'étonnant, donc, à ce que ce thème ait été largement traité au théâtre, moyen d'expression privilégié de l'époque.

Assurément, la difficulté n'est pas de montrer de quelle manière il a été intégré par les auteurs dramatiques,[71] mais de découvrir comment il a pu influencer la technique de la scène. Il n'apparaît, en effet, dans aucune des premières pièces qui utilisent le procédé du théâtre dans le théâtre. On notera que Calderón, qui présente le personnage du Monde dans une vingtaine de ses *autos*, n'a recours qu'une seule fois au procédé. Pourtant, le théâtre dans le théâtre, c'est simplement l'élévation à la deuxième puissance du rapport théâtre-théâtre du monde. Car, si l'on énonce le *topos* ainsi : le monde est un théâtre et les hommes en sont à la fois les acteurs et les spectateurs, sous le regard de Dieu, on constate que la technique du théâtre dans le théâtre — on présente un spectacle où les hommes sont d'abord acteurs, puis, sans cesser de l'être, deviennent spectateurs d'autres acteurs, le tout sous le regard du public véritable — en est l'exacte transposition.

[69] Cf., par exemple, La Bruyère, *Les Caractères,* « De la Cour », § 99.
[70] *Don Quichotte,* Bibliothèque de la Pléiade, Paris, Gallimard, 1949, p. 601.
[71] Voir *infra*, Troisième Partie, chapitre III : La Révélation.

Ce phénomène est particulièrement sensible dans les pièces qui ne contiennent pas de véritable pièce intérieure, comme *L'Hôpital des fous* de Beys. On laissera de côté les liens qui unissent cette comédie à *L'Eloge de la folie*,[72] pour ne considérer que la structure de cette oeuvre. Elle contient deux catégories de personnages : des gens sains d'esprit qui se promènent dans l'asile et se transforment en spectateurs chaque fois qu'ils rencontrent des aliénés ; et les fous, qui ne sont pas dénués de sagesse, mais sont aveugles sur eux-mêmes et ne se sentent pas sous le regard critique de gens plus sages qu'eux. Nous retrouvons donc ici le double statut de l'homme, acteur et spectateur des autres hommes, le public véritable jouant le rôle du spectateur et juge suprême qu'est Dieu.

Il en va un peu différemment dans les oeuvres qui contiennent une pièce dans la pièce, sans parler d'oeuvres allégoriques comme *El gran teatro del mundo*, qui est la dramatisation pure et simple du thème.[73] Dans la plupart des cas, le public se voit transposé sur la scène à travers les personnages qui regardent un spectacle théâtral : tout se passe comme si la pièce de théâtre à laquelle il assiste s'était convertie en un monde réel à l'intérieur duquel s'était introduite une fiction théâtrale. Cela signifie pour lui que son propre monde n'est pas plus vrai aux yeux de Dieu que celui qu'il voyait sur la scène. Outre le caractère symbolique que nous venons de mettre à jour, on peut remarquer aussi que ce type de pièce comprend une transposition pour ainsi dire *mécanique* : la pièce intérieure joue le même rôle par rapport aux spectateurs de la scène et, par dessus eux, au public véritable, que le théâtre par rapport aux hommes et à Dieu.

A côté de l'influence directe de ce lieu commun, il faut faire une part aussi à une influence indirecte, celle qui a été transmise par l'intermédiaire de l'humanisme d'Erasme et de Montaigne.[74] Si Erasme, dans son *Eloge*, a revêtu le masque de la Folie, c'est pour enseigner aux hommes à vivre sur le théâtre du monde.[75] Montaigne, dans ses *Essais*, met en oeuvre la même sagesse. Or, c'est le thème du théâtre qui, chez ces deux penseurs, sous-tend ceux de la folie, du

[72]   Voir M. Fumaroli, *art. cit.,* p. 96.
[73]   L'« Auteur », personnage principal, voulant se donner une fête, ne voit pas d'autre spectacle à se faire présenter que la vie humaine qui est un drame. Le Monde va l'y aider en se transformant en scène de théâtre, et six hommes vont représenter une pièce intérieure dans laquelle ils joueront leur propre rôle, et à l'issue de laquelle les meilleurs seront conviés à un banquet.
[74]   Sur ce point, voir M. Fumaroli, *art. cit.,* pp. 96-98.
[75]   *Ibid.,* p. 97.

songe et de l'illusion. D'où la faveur de ces trois thèmes sur la scène française au moment où le théâtre connaît le formidable développement dont nous avons parlé. M. Fumaroli voit là l'une des causes de la naissance du théâtre dans le théâtre:

> Il était inévitable que le thème du théâtre (...) devînt à son tour, comme intimement lié à la Folie, au Songe, à l'Erreur, le sujet de comédies. S'il est vrai que le théâtre de ces années fécondes tend à se faire psychagogie de la conscience passant de l'obscurité à la clarté, de la dépendance à la liberté, et initiation à la parole maîtrisée victorieuse de la parole à l'état sauvage, il était dans la logique profonde de son développement qu'il se fît spectacle de cette psychagogie elle-même.[76]

Le théâtre dans le théâtre, élément de la thématique humaniste? Sans doute; au même titre qu'il est le reflet d'une vision du monde plus large. Mais dans les deux cas, on trouve à la base le *theatrum mundi*, et la problématique du petit théâtre sur le grand théâtre.

3. *Le dédoublement: de la mentalité à l'esthétique*

a) Perspective et thématique du miroir

Nous voudrions mettre en garde contre un rapprochement hâtif entre le procédé du théâtre dans le théâtre et certains jeux picturaux fondés sur l'utilisation nouvelle de la perspective, comme les miroirs convexes des tableaux flamands du XVe siècle. Les réflexions de R.J. Nelson sur la naissance du procédé ne sont d'ailleurs pas exemptes d'ambiguïté: il estime que même si le procédé était en gestation dans le théâtre médiéval,[77] il ne pouvait éclore avant la Renaissance parce que le dramaturge, *comme le peintre*, ne connaissait que la juxtaposition des plans, et ne savait pas jouer de leur mise en perspective. Quoique l'auteur n'ait pas poussé son hypothèse jusqu'à affirmer que le procédé était né de l'invention de la perspective picturale — ce que le lecteur est pourtant presque contraint de déduire —, ses prémisses elles-mêmes nous paraissent sujettes à discussion.

Il est vrai que le théâtre est, au même titre que la peinture, un art de la reproduction, et qu'à la fin du Moyen-âge, théâtre et peinture avaient, dans une large mesure, partie liée puisque les plus grands

---

[76] *Ibid.*, p. 99.
[77] *Op. cit.*, pp. 7-8. Il se borne toutefois à insister sur l'inclusion originelle du drame dans le rite.

peintres du XVe siècle ont participé au mystère comme décorateurs. Pourtant, l'apogée du genre du mystère se produit précisément au moment où les lois de la perspective commencent à pénétrer la peinture (XVe siècle). Comme nous l'avons vu plus haut, la dramaturgie médiévale obéit à une vision du monde et à des lois qui lui sont propres. De fait, prenant le contrepied de la théorie fameuse de G.R. Kernodle[78] pour qui l'évolution des formes théâtrales ne peut pas être étudiée en dehors de celle des arts plastiques, E. Koningson a fait remarquer que «la réalité concrète des signes plastiques s'exprime par des techniques différentes sur la toile, dans la pierre et sur la scène».[79] Aussi l'attitude la plus sage nous paraît-elle être de n'envisager aucune relation d'influence (même conceptualisée, comme chez R.J. Nelson) entre les beaux-arts et le théâtre. Certes, bien des rapprochements sont à faire entre le procédé du théâtre dans le théâtre et des procédés d'inclusion qui étaient à l'honneur dans le domaine pictural. Il faut donc les envisager en termes non pas d'influences mais de correspondances.

De fait, la relation que l'on a souvent établie entre les jeux de miroir de certains tableaux flamands et la technique du théâtre dans le théâtre,[80] s'explique, dans une large mesure, par le dénominateur commun que constitue la notion de *miroir*: cette notion est au centre de la problématique du théâtre dans le théâtre,[81] comme elle est au coeur de la culture européenne des XVIe et XVIIe siècles. Objet de travaux scientifiques, le miroir est aussi l'objet de recherches picturales, en même temps qu'instrument magique et symbolique, qui s'exprime non seulement dans les beaux-arts mais aussi dans la littérature.

Symboliquement, il reçoit quantité de significations: sa fonction reproductive lui a fait conférer depuis longtemps le sens de vérité, et, partant, il est le symbole essentiel de la connaissance de soi-même. A côté de cela, le miroir a le sens de vanité et de son corollaire à l'époque baroque, le désabusement («desengaño»), particulièrement dans la peinture française du XVIIe siècle.[82] Il est aussi synonyme de révélation, puisqu'il permet de dévoiler la face cachée de la réalité, et

[78]   *From Art to Theatre.*
[79]   *Op. cit.,* p. 233.
[80]   Gide en a été l'initiateur (*Journal 1889-1939,* Bibliothèque de la Pléiade, Paris, Gallimard, 1948, p. 41).
[81]   Voir la Troisième Partie de cette étude : Significations.
[82]   « Un anonyme du Louvre représente la Vanité par un miroir, deux têtes de mort, quelques tulipes, des dés et des cartes à jouer. Georges de la Tour, dans sa

ce sont les fameuses *Vénus au miroir* (vue de dos) des Titien, Rubens, Vélasquez.[83] Mais il est surtout le symbole du *dédoublement* : l'homme contemple dans le miroir une image de lui-même, dont il ne sait si elle est plus vraie que la réalité ; on a plaisir, dans ce monde où il n'y a d'authenticité qu'en Dieu, à prendre le faux pour le vrai, l'image pour la réalité, l'apparence pour l'être, et, bien sûr, le théâtre pour la vie. A travers le dédoublement, on débouche sur l'illusion, thème majeur du théâtre de l'époque, qui rejoint celui du *theatrum mundi.*

On voit que, touchant au thème du miroir, les correspondances entre le théâtre, la littérature et les beaux-arts dépassent le simple reflet. Le théâtre dans le théâtre, c'est quelquefois l'oeuvre qui se reflète dans l'oeuvre, mais c'est avant tout et toujours le théâtre qui se dédouble.[84] En se dédoublant, il se reproduit, certes, il donne une image de lui-même, mais, surtout, il joue[85] à confondre le spectateur par l'illusion qui naît de la duplicité ainsi établie : où est le théâtre, où est la réalité (théâtrale) ? Qui sont les personnages qui paraissent sur scène ? les comédiens eux-mêmes ? des comédiens jouant le rôle de comédiens ?

b) Une métaphysique du dédoublement

Lorsque l'on étudie la mentalité de l'âge baroque, il n'est pas possible de laisser de côté l'explication épistémologique de M. Fou-

---

Madeleine au miroir a placé cet objet de façon qu'il reflète un crâne » (J. Gallego, *Visions et symboles dans la Peinture espagnole du Siècle d'Or*, p. 216, n. 82).

[83] Cf. J. Gallego, *op. cit.,* et « Le tableau à l'intérieur du tableau » in *La Sociologie de l'art et sa vocation interdisciplinaire,* Paris, Denoël/Gonthier, 1976, pp. 162-164.

[84] L'utilisation la plus étonnante de la formule du théâtre dans le théâtre — *La Comédie des deux théâtres* de Bernini, représentée au Carnaval de 1637 — repose exclusivement sur le principe du dédoublement. Quand le rideau se lève, le public découvre au-delà de la scène une autre scène et un autre public (des figurants et un décor en trompe-l'oeil) qui lui fait face. Le jeu de miroir se poursuit tout au long de la représentation, puisque l'action est elle-même dédoublée, ainsi que les personnages.

[85] Mais, au fond, rien n'est plus sérieux que ce jeu, comme le rappelle le *finale* de la comédie de Bernini, où la Mort paraît sur la scène suivie du directeur du théâtre qui annonce qu'elle frappera à l'issue du spectacle. Aussi le vrai public, ne sachant plus s'il était regardant ou regardé, spectateur ou acteur, devait-il être en proie au plus profond malaise ; d'autant que ce *finale* était destiné à lui rappeler que la comédie humaine n'a d'autre dénouement que la mort, et qu'il est vain d'espérer que celle-ci frappera toujours les autres.

cault, qui éclaire sous un jour particulier les causes du succès qu'a connu la notion-clé de dédoublement auprès des intellectuels de l'époque.[86] Le philosophe met en avant la cassure qui s'est produite, au début du XVIIe siècle, dans l'épistémè sur laquelle s'étaient bâtis les savoirs médiéval et «renaissant». Du Moyen-âge à la fin du XVIe siècle, le savoir occidental a été un savoir redondant: l'exégèse des textes et la connaissance des choses ont été permises par la « ressemblance». Tout ressemblait à tout, et la seule limite à cette longue spirale des similitudes était constituée par une autre ressemblance, celle du microcosme au macrocosme, qui fournissait la garantie de ce savoir. Connaître les choses de la nature, «c'était déceler le système des ressemblances qui les rendait proches et solidaires les unes des autres; mais on ne pouvait relever les similitudes que dans la mesure où un ensemble de signes à leur surface formaient le texte d'une indication péremptoire. Or ces signes eux-mêmes n'étaient qu'un jeu de ressemblances, et ils renvoyaient à la tâche infinie, nécessairement inachevée de connaître le similaire. »[87]

A la fin du XVIe siècle, pour des raisons que l'auteur n'explique pas, le monde des ressemblances se défait et la similitude cesse d'être la forme du savoir. Il ne s'agit plus désormais de mettre en regard, mais de discerner et de classer. «Mathesis» et taxinomie remplacent l'herméneutique: la science de l'ordre remplace celle de l'interprétation des signes, de l'élucidation des ressemblances. Bien plus: non seulement la ressemblance ne constitue plus l'assise de la pensée scientifique, mais elle est souvent perçue comme l'occasion de l'erreur:

> L'âge du semblable est en train de se refermer sur lui-même. Derrière lui, il ne laisse que des jeux. Des jeux dont les pouvoirs d'enchantement croissent de cette parenté nouvelle de la ressemblance et de l'illusion; partout se dessinent les chimères de la similitude, mais on sait que ce sont des chimères; c'est le temps privilégié du trompe-l'oeil, de l'illusion comique, du théâtre qui se dédouble et représente un théâtre, du quiproquo, des songes et visions.[88]

Telle serait donc l'un des fondements du goût pour le dédoublement. La ressemblance n'est plus signe, elle est illusion, plaisir du double, miroir trompeur: ce miroir ne renvoie plus qu'une image déformée,

[86] Cf. *Les Mots et les choses,* pp. 32-91.
[87] *Ibid.,* p. 56.
[88] *Ibid.,* p. 65.

illusoire, faussement ressemblante. Curieusement, M. Foucault ne fait pas allusion au miroir.[89] Cette notion se trouve à la charnière entre les deux «épistémaï», et elle est fondamentale.

c) Correspondances

Que ce goût pour le dédoublement du théâtre soit un phénomène de mentalité fondé sur les thèmes clés de l'imaginaire de l'époque, le théâtre du monde et le miroir, nous en voulons pour preuve le succès obtenu à la même époque par un procédé pictural qui en est l'équivalent exact : le tableau dans le tableau. Le tableau dans le tableau est, en effet, au miroir dans le tableau, ce que le théâtre dans le théâtre est à la mise en abyme : le passage de l'intérieur à l'extérieur, du contenu au contenant, du sujet à la structure même. D'ailleurs on débouche ici aussi sur l'illusion :

> *Le tableau dans le tableau* joue sur l'équivoque résultant de l'existence simultanée de deux espaces différents et opposés, bien que l'un soit incrusté pour ainsi dire dans l'autre : un petit monde avec ses lois, placé à l'intérieur d'un univers plus grand qui lui est contraire, car si le petit espace est vrai, il rend impossible la vérité du grand espace.[90]

Le procédé du tableau dans le tableau a été utilisé de diverses façons. Tantôt les peintres recherchaient un dédoublement décoratif : c'est le cas par exemple des portraits de cour des peintres français — Jean Garnier, Pierre Mignard, Antoine Mathieu[91] — où l'enchâssement relève d'une volonté d'apparat et de théâtralité.[92] Tantôt dominait un désir de foisonnement avec les représentations de galeries de tableaux ou les fameux ateliers du peintre dans lesquels toutes les écoles se sont complues. *Les Ménines* de Vélasquez n'est-il pas, au premier degré, un atelier du peintre ?

Mais beaucoup, parmi les plus grands, ont vu dans ce procédé un moyen de suggérer l'ambiguïté. Outre l'*Autoportrait* de Murillo, c'est *Le Christ chez Marthe* de Vélasquez où l'on ne sait si la scène

---

[89]   Il est vrai que sa perspective occulte beaucoup de choses. En situant la rupture épistémologique qu'il analyse aux alentours de Descartes, il passe sous silence (intentionnellement ?) l'apport capital de la pensée humaniste au renouvellement de la représentation du monde, comme il l'avait déjà négligée dans son étude sur l'histoire de la folie (M. Fumaroli a parlé à ce propos de « préjugé antihumaniste » : *art. cit.*, p. 99, n. 4).

[90]   J. Gallego, *art. cit.*, pp. 157-161 ; cf. aussi *op. cit.*, p. 250.

[91]   Cités par E. Orozco-Diaz, *El Teatro y la teatralidad del Barroco,* pp. 219-220.

[92]   Volonté soulignée par E. Orozco-Diaz, *ibid.*

enchâssée dans le coin droit du tableau est elle-même un tableau, une scène réelle reflétée dans un miroir ou vue à travers la fenêtre. C'est *La Famille du peintre* de Mazo qui montre, derrière la famille de Vélasquez, à côté d'un portrait du Roi, le maître lui-même en train de peindre le portrait de l'Infante Marguerite, sans qu'on sache s'il s'agit vraiment de l'atelier de Vélasquez ou d'une toile figurant cet atelier... L'on pourrait citer aussi, pour une recherche semblable de l'ambiguïté, les peintres hollandais contemporains, Vermeer, Hals, Gerard Dou.[93]

J. Gallego signale que « le plaisir que les intellectuels de l'époque trouvent dans ce flottement entre la réalité et la fiction est attestée par la répétition, chez tous les auteurs de traités de Peinture, des anecdotes qui montrent qu'on a pris des objets peints pour des objets réels ».[94] C'est le même plaisir que fait naître au théâtre l'illusion dramatique; et, comme au théâtre, l'illusion se voit approfondie par le dédoublement. Et nous rejoignons les conclusions de E. Orozco-Diaz qui voit dans l'exact parallélisme des deux procédés « la preuve de ce dédoublement de perspective dans lequel se complaît l'esthétique baroque ».[95]

Mais si ce parallélisme entre le théâtre et la peinture est particulièrement frappant, il faut remarquer que le phénomène du dédoublement n'a pas épargné non plus la littérature romanesque. Tous les genres, en effet, depuis le début du XVIIe siècle, ont sacrifié à la pratique du récit dans le récit : du roman de chevalerie au roman historique, en passant par le roman pastoral, le roman réaliste et le roman comique. Ce sont les récits intercalés de *L'Astrée* ou de *Francion*; ce sont les nouvelles, contes ou histoires qui parsèment les aventures de *Don Quichotte* ou, plus tard, celles des comédiens du *Roman comique*. Que ces récits intercalés concernent un personnage qui apparaît dans le roman, ou qu'il s'agisse d'histoires complètement autonomes, c'est, dans tous les cas, le roman qui se dédouble. Cette tendance était d'ailleurs si forte qu'elle ne disparut pas avec le roman baroque : *La Princesse de Clèves* contient encore quatre « épisodes ». Certes, vu l'économie rigoureuse de ce roman, ces épisodes jouent un rôle beaucoup plus important que les histoires intercalées de la période précédente, notamment sur le plan de la signification morale de l'oeuvre. Il n'empêche que comme dans le théâtre, comme dans la

---

[93]   Voir J. Gallego, *op. cit.,* p. 250.
[94]   *Ibid.,* p. 254, n. 34.
[95]   *Op. cit.,* p. 222. Nous traduisons.

peinture, ce dédoublement concourt à un effet de *déréalisation*, ainsi que l'a signalé A. Niderst.[96]

Il y aurait sans doute bien d'autres rapprochements à faire. Ainsi B. Beugnot, en se penchant sur la figure de la citation, suggère une parenté avec l'atelier du peintre et le théâtre dans le théâtre.[97] Mais nous ne pouvons ici nous pencher sur un tel rapprochement, d'une part à cause de la complexité de la figure de la citation, d'autre part parce qu'elle nous paraît plus proche de la figure de la mise en abyme (le texte se mire dans le texte) qui ne présente qu'une forme particulière de dédoublement; enfin en raison de la fonction d'«autorité» de la citation[98]: la citation est appel à un garant, et, partant, elle fait référence à un texte déjà écrit qu'elle extrait de son contexte. Le théâtre dans le théâtre, au XVIIe siècle, du moins,[99] se limite à enchâsser des fragments composés pour la circonstance.

4. *Une nouvelle génération de dramaturges*

J. Rousset, lorsqu'il tentait de définir l'esthétique du théâtre de l'âge baroque, parlait d'«esthétique du composite et du changement».[100] Pour une part, comme nous l'avons vu plus haut, le théâtre dans le théâtre se rattache à cette esthétique: par la subordination d'une action à une autre qu'il instaure, il est une tentative de conciliation des impératifs dramatiques issus de la Renaissance et de ce goût — largement hérité du Moyen-âge — pour la profusion, qui se manifeste dans tous les domaines de l'art de l'époque, et particulièrement dans la tragi-comédie. Au reste, si l'on en croit E. Orozco-Diaz, cette tentative est le propre même de l'esthétique baroque:

---

[96] *La Princesse de Clèves,* Paris, Larousse, 1973, pp. 141-142 : « En intercalant ces récits, qui s'assument comme récits, et en leur donnant la même valeur qu'à l'histoire centrale, la romancière nous fait comprendre que cette intrigue n'est aussi qu'une fiction. Mme de Lafayette elle-même n'a pas plus de poids que les narrateurs qu'elle suscite, Mme de Chartres ou la Dauphine. Le réalisme des fictions rend fictive la réalité. Ou plutôt il n'est plus de réalité. Il n'est que des fictions emboîtées les unes dans les autres. »

[97] « Un aspect textuel de la réception critique : la citation », *Oeuvres et Critiques,* I, 2, 1976, p. 12.

[98] B. Beugnot, (*ibid.,* bibliographie sélective, No 37) rappelle que l'on distingue quatre fonctions fondamentales de la citation : autorité, érudition, stimulation-amplification, ornement.

[99] De nos jours, un Jean Anouilh n'hésitera pas à composer certaines de ses pièces de fragments de pièces antérieures (*Cher Antoine, Ne réveillez pas Madame, Le Directeur de l'Opéra* ; cf. B. Beugnot, *ibid.,* p. 11).

[100] *Op. cit.,* p. 76.

> Cette complexité et ambivalence de perspective, quoiqu'il faille, en apparence, la mettre en relation avec l'accumulation de motifs que nous offrent la peinture et la poésie maniéristes, obéit cependant, dans la conception baroque, à une vision unitaire de la réalité, distincte du plurithématisme de caractère intellectuel qui s'impose dans la composition du Maniérisme.[101]

L'unité dans le composite, tel est, en effet, l'un des fondements de la tragi-comédie. Et l'on comprend pourquoi, jusqu'en 1640, la plupart des dramaturges français de la nouvelle génération[102] lui ont consacré l'essentiel de leurs efforts. A leurs yeux elle représente le genre le plus neuf, le plus ouvert — la pastorale s'était rapidement sclérosée, ou avait été absorbée par la tragi-comédie —, le plus susceptible de développements nouveaux. Aussi s'est-elle faite, en ce premier XVIIe siècle, le support de cette «esthétique du mélange, du changement et de la luxuriance»[103] qui dominait tous les arts. En 1631, parlant au nom de tous ses confrères, Mareschal écrivait :

> Nous autres prenons du lieu, du temps et de l'action, ce qu'il nous en faut pour le faire curieusement et pour le dénouer avecque grâce, en surprenant les esprits par des accidents qui sont hors d'attente et non point hors d'apparence.[104]

Retenons la fin de ce manifeste : tout peut arriver, à condition qu'il subsiste un fil conducteur. Le procédé du théâtre dans le théâtre permettait de satisfaire parfaitement à cette condition.

Et, en toute logique, c'est dans la tragi-comédie que l'on a commencé à utiliser ce procédé.[105] Jusqu'en 1645, on le rencontre dans huit pièces, parmi lesquelles on compte une seule comédie — les deux *Comédies des comédiens* ne sont, en effet, pas désignées comme telles[106] — et aucune tragédie. Encore *L'Illusion comique* n'a-t-elle de comédie que le nom : elle a toutes les caractéristiques de la tragi-comédie baroque, et il suffit de la comparer avec les autres comédies de Corneille pour se douter que le terme de comédie n'a dû

---

[101]   *Op. cit.,* p. 218. Nous traduisons.
[102]   Celle de Corneille, de Rotrou, de Scudéry
[103]   J. Rousset, *op. cit.,* p. 77.
[104]   Cité par A. Adam, *op. cit.,* I, p. 433.
[105]   Toutes ces réflexions concernent aussi le théâtre des autres pays européens. Nous avons été obligés de concentrer notre attention sur la tragi-comédie, car c'est seulement en France que les genres de la tragédie et de la comédie se sont constitués de façon si rigide qu'il a fallu créer un terme spécifique pour désigner un type de pièce que les Espagnols englobaient dans la *Comedia* et les Anglais dans la *Tragedy.*
[106]   Englobant une tragi-comédie, la pièce de Gougenot est désignée comme une tragi-comédie, et celle de Scudéry (qui inclut une tragi-comédie pastorale) est sous-titrée : « poème de nouvelle invention ».

être employé qu'au moment de la publication de la pièce, en 1639, afin que l'on ne la mît pas sur le même plan que la tragi-comédie du *Cid*.

S'il n'avait pas connu la technique du théâtre dans le théâtre, Corneille aurait-il osé « coudre » dans une même pièce des fragments de pastorale, de comédie, de tragi-comédie et de tragédie ? De fait, comme pour répondre trente ans plus tard à Mareschal, il n'oublie pas de faire remarquer dans son Examen que « le lieu (...) est assez régulier » et que « l'action (de sa Comédie) n'a pour durée que celle de sa représentation ».[107] Grâce au procédé du théâtre dans le théâtre, les apparences sont sauves. C'est à ce compte que le public français, plus rigoureux que ses voisins, tolérait les « caprices »[108] de ses dramaturges. De fait, quelques années plus tôt, lorsque Scudéry avait voulu offrir à Montdory un « capricçioso »,[109] il n'avait eu d'autre recours que de composer une pièce où il pût se servir du procédé.

Au reste, l'idée même d'introduire une pièce dans une autre nous paraît dans le droit fil de la volonté d'innovation des auteurs de tragi-comédies : réclamant toutes les libertés, plaçant leurs héros dans les situations les plus inouïes, imaginant les actions les plus extraordinaires, ne reculant même pas devant l'invraisemblance, pourquoi n'auraient-ils pas présenté à leurs héros (ou fait jouer par eux) une pièce de théâtre ? A une époque où la mentalité avait érigé le dédoublement en esthétique, il était *nécessaire* que l'on y arrivât.

---

[107] *L'Illusion comique,* Examen de *L'Illusion, éd. cit.,* pp. 123-124

[108] A deux reprises, Corneille utilise le terme de « caprice » pour désigner sa pièce : dans la Dédicace (« pièce capricieuse ») et dans l'Examen (« la nouveauté de ce caprice »).

[109] *La Comédie des comédiens,* Au lecteur, éd. J. Crow, University of Exeter, 1975, p. 5.

Histoire du procédé
dans le théâtre français

La naissance du procédé du théâtre dans le théâtre représente donc à la fois l'aboutissement d'une évolution et un phénomène de société. A la fin du XVIe siècle, dans les quatre pays européens qui étaient pourvus d'un puissant théâtre national, Angleterre, Espagne, France et Italie, il suffisait qu'un dramaturge ait l'idée d'enchâsser dans sa pièce principale une seconde action dramatique pour que le procédé naquît « officiellement ». Sans doute les acteurs de la *Commedia dell'arte* ont-ils été les premiers à s'y risquer : l'avance de leur théâtre national et, surtout, l'absence de contraintes qui caractérise leur dramaturgie ont dû les amener à se livrer à ce qui n'était pour eux qu'un jeu de scène, au cours de la deuxième moitié du XVIe siècle.

Mais quelle que soit l'influence qu'a pu exercer tel ou tel pays voisin sur la dramaturgie française, il apparaît très nettement que celle-ci s'est forgé ses propres techniques d'enchâssement à partir des formes dramatiques héritées du siècle précédent, le choeur, le prologue et les intermèdes.

Ainsi l'histoire du théâtre dans le théâtre sur la scène française du XVIIe siècle, n'est-elle pas une, mais triple, puisque le procédé n'a cessé de revêtir trois formes qui ont évolué parallèlement.

I. NAISSANCE DU PROCÉDÉ

Une quarantaine d'années séparent la naissance «officielle» du procédé dans le théâtre européen — *The Spanish Tragedy* de Thomas Kyd (1589) — de son apparition sur la scène française (1628). La date tardive à laquelle il apparaît en France s'explique, certainement, par le coup d'arrêt porté au développement de son théâtre par les troubles qui ont accompagné et suivi les guerres de religion. Mais, précisément, ce retard a pu permettre à des dramaturges français de connaître des pièces étrangères utilisant le procédé. Aussi, avant de nous pencher sur la mise au point de la technique du procédé dans le théâtre français, nous paraît-il nécessaire de rechercher d'éventuelles influences.

1. *La question des influences*

On sait que le théâtre espagnol a eu une influence extrêmement limitée sur les dramaturges français avant le deuxième tiers du XVIIe siècle. Et si *Lo Fingido Verdadero* de Lope de Vega est, pour une large part, à l'origine du *Véritable saint Genest* de Rotrou, il est difficile d'affirmer que cette *seule* pièce[1] a pu influencer un Baro qui écrivit sa *Célinde* bien avant la diffusion de ce théâtre.

En ce qui concerne l'influence anglaise, nous devons procéder avec beaucoup de précautions car nous serions tenté d'accorder à ce pays un rôle très important dans la divulgation en France du «play within a play», si les spécialistes n'avaient montré depuis longtemps que l'influence des dramaturges anglais sur leurs collègues français fut à peu près nulle.[2] Il est, en effet, très troublant de constater que deux des premières pièces contenant un spectacle intérieur lient le déroulement de ce spectacle à un assassinat: dans *Célinde*, l'héroïne tient le rôle de Judith et en profite pour planter réellement son poignard dans le corps du personnage qui joue Holopherne; dans *Agarite*, l'un des danseurs du *Ballet des Quatre Vents* met à profit les coups de pistolet symbolisant l'orage pour assassiner l'un des spectateurs. Or, dans le théâtre élizabéthain et jacobéen, les thèmes de l'assassinat et de la vengeance furent fréquemment liés au procédé du théâtre dans le théâtre.[3] Et si l'on ne se contente pas, comme

[1]   La deuxième pièce qui utilise le procédé est *l'auto sacramental* de Calderón, *El Gran Teatro del Mundo,* composé vers 1633, mais représenté en 1649 (c'est, du moins, la première représentation attestée).
[2]   Voir R. Lebègue, « Le théâtre de démesure et d'horreur en Europe occidentale aux XVIe et XVIIe siècles », *Etudes sur le théâtre français,* I, p. 373 ; « Cet étrange monstre que Corneille a donné au théâtre », *ibid.,* II, p. 15 ; « Corneille connaissait-il le théâtre anglais ? », *ibid.,* II, p. 25.
[3]   Voir A. Brown, « The Play Within a Play : An Elizabethan Dramatic Device »,*Essays and Studies,* 1960, pp. 36-48 ; J. Fuzier, « La tragédie de la vengeance élizabéthaine et le 'théâtre dans le théâtre' », *Revue des Sciences Humaines,* XXXVII, No 145, janv.-mars 1972, pp. 17 sq.

le fait H.C. Lancaster,[4] d'estimer que Durval s'est simplement inspiré de Baro, l'on remarquera que son ballet meurtrier n'est pas sans rappeler la mascarade meurtrière qui dénoue *La Tragédie du Vengeur* de Cyril Tourneur.[5] Et que penser même de *L'Illusion comique*, dont la tragédie intérieure est située en Angleterre et s'achève sur un assassinat?[6]

Faut-il supposer que Durval et Baro ont voyagé en Angleterre, ou encore en Belgique, en Hollande ou en Allemagne, où, dit-on, les tragédies anglaises remportaient beaucoup de succès depuis le début du XVIIe siècle?[7] Mais, que faire de Corneille? On peut imaginer aussi que des voyageurs, après avoir assisté ici ou là à de telles représentations, en ont fait la relation à certains dramaturges de leurs amis... Mais, dans ce cas, pourquoi seuls Baro, Durval et Corneille se seraient-ils inspirés du théâtre anglais? Et, surtout, pourquoi ont-ils limité à ces trois pièces, à une petite partie de ces trois pièces, leurs emprunts?

Il nous paraît donc plus juste de parler de coïncidence là où l'on pourrait imaginer des influences. L'horreur, la mort, le macabre étaient sur le théâtre français bien avant que Baro ne composât sa tragi-comédie.[8] Il n'y a donc rien d'étonnant à ce que la structure du théâtre dans le théâtre ait pu se rencontrer avec ces thèmes. Inversement, le thème de la vengeance, si souvent associé à la structure du théâtre dans le théâtre en Angleterre, n'apparaît dans aucune de nos trois pièces, alors qu'il est prouvé que ce thème a connu en France un succès à peu près égal à celui qu'il a obtenu en Angleterre.[9] Enfin, il est vraisemblable que si Baro avait puisé son inspiration outre-Manche, il l'aurait signalé dans son Avertissement plutôt que de se

[4] *A History of French Dramatic Literature,* part. I, p. 466.
[5] 1607. Acte V, scène 3 ; coll. Bilingue, Paris, Aubier, 1971, pp. 317 sq.
[6] C.E. Engel (« Connaissait-on le théâtre anglais en France au XVIIe siècle ? », *XVIIe siècle*, 3e trimestre 1960, pp. 1-15) avait omis de signaler cette conjonction dans son étude des influences anglaises sur Corneille (étude réfutée par R. Lebègue : « Corneille connaissait-il le théâtre anglais ? » (*Etudes sur le théâtre français*, tome II, pp. 25 sq.)
[7] Voir notamment F. Carrère, *Le Théâtre de Thomas Kyd,* pp. 41-42, et H. Plard, « Adaptations de la *Tragédie espagnole* dans les Pays-Bas et en Allemagne (1595-1640) », in *Dramaturgie et Société*, pp. 633-653.
[8] Voir R. Lebègue, « Le théâtre de démesure et d'horreur », *op. cit.,* I, pp. 361 sq. ; « Paroxisme et surprise dans le théâtre baroque français », *ibid.*, pp. 375 sq. ; J. Rousset, *La Littérature de l'âge baroque,* pp. 81 sq.
[9] Voir E. Forsyth, *La Tragédie française de Jodelle à Corneille (1553-1640). Le Thème de la vengeance,* ainsi que F.T. Bowers, *Elizabethan Revenge Tragedy, 1587-1642.*

justifier longuement, comme il l'a fait, d'avoir choisi de montrer sur un théâtre l'histoire de Judith.

Quant au théâtre italien,[10] rien ne permet de confirmer les assertions de H.C. Lancaster au sujet de *Célinde*[11] : la tragédie intérieure intitulée *Holopherne* est, certes, introduite par un prétexte à l'italienne — les noces —, mais elle est bien trop sérieuse et complexe pour être une simple adaptation d'une comédie *all improviso*. Par contre, en s'adressant au Lecteur de sa *Comédie des comédiens*, Scudéry reconnaît une dette envers le théâtre italien en faisant valoir que son «Poème de nouvelle invention» s'apparente au genre que les Italiens appellent *capricçioso*.[12] Sans doute connaissait-il aussi la *Commedia erudita*, puisque son dialogue entre Le Prologue et L'Argument, par lequel commence la pastorale enchâssée dans sa *Comédie des comédiens*, provient en droite ligne de *La Strega* de Grazzini (1582). Aussi est-on en droit de penser qu'il avait lu les canevas de Locatelli intitulés *Soggetti comici*[13] où l'on trouve une *Commedia in commedia*, ainsi que la comédie d'Andreini, *Le Due Commedie in commedia*, publiée à Venise en 1623. Tous les confrères de Scudéry n'étaient peut-être pas aussi savants que lui, malgré l'immense diffusion de la *Commedia erudita* dans toute l'Europe depuis le milieu du XVIe siècle ; mais tous devaient connaître les représentations improvisées des comédiens italiens qui se produisaient fréquemment à Paris.

La question reste de savoir si ceux-ci avaient l'habitude, durant la première moitié du XVIIe siècle, d'inclure une *commedia all'improviso* dans leur spectacle. Le fait que l'on ne trouve qu'un seul exemple de théâtre dans le théâtre dans les canevas de Locatelli, et aucun dans ceux qui avaient été publiés par ses confrères, peut nous en faire douter. Mais le plus troublant est que la structure adoptée par Scudéry ne rappelle, ni de près ni de loin, celle du canevas de Locatelli où la «comédie improvisée» est introduite à l'occasion des noces de Pantalon à la fin du spectacle, pour se termi-

---

[10]   Voir P.L. Duchartre, *La Comédie italienne* ; G. Attinger, *L'Esprit de la Commedia dell'arte dans le théâtre français* ; R. Lebègue, « La Comédie italienne en France au XVIe siècle », *Revue de Littérature Comparée,* janv.-mars 1950, et *Le Théâtre comique en France.*

[11]   *Op. cit.,* part. I, p. 360.

[12]   *Ed. cit.,* p. 5, l. 33.

[13]   Publiés à Rome en 1618.

ner assez rapidement. Elle est extrêmement proche, au contraire, de la structure utilisée dans *La Comédie des Comédiens* de Gougenot : constituée de deux ensembles à peu près égaux (c'est même la pièce «intérieure» qui est la plus longue), elle ne se rattache à rien qui soit extérieur à la tradition de la dramaturgie française.

Tout se passe donc comme si Scudéry avait voulu fournir une sorte de garantie pour faire accepter une forme de spectacle inconnue[14] jusqu'à lors dans le théâtre français. En ce siècle où l'on réclamait des dramaturges et des comédiens qu'ils connussent leur Aristote, leur Horace, leurs théoriciens italiens (sans parler des oeuvres dramatiques elles-mêmes), il était, somme toute, normal qu'il mît son «caprice» sous l'autorité des Italiens. Tout au plus pouvons-nous penser que la *Commedia dell'arte*, si tant est qu'elle ait eu quelque influence sur la naissance du procédé, s'est limitée à donner aux dramaturges français (et anglais aussi sans doute) l'idée d'un prétexte vraisemblable pour introduire un spectacle enchâssé : la célébration d'un mariage. Dans le théâtre français (et le théâtre anglais), nombreuses sont les pièces dont le spectacle intérieur est présenté à cette occasion,[15] au premier rang desquelles se place *Célinde*. Mais quand on sait que dans la réalité même il n'était de riche mariage sans divertissement (musique, ballet ou comédie), on peut se demander si nos auteurs dramatiques ont eu vraiment besoin d'intercesseurs pour transposer cet usage au théâtre.

En vérité, il n'est guère qu'un théâtre dont l'influence sur la dramaturgie française — du moins en ce qui concerne la technique qui nous occupe — paraisse irrécusable : le théâtre néo-latin de la Compagnie de Jésus. La démonstration de l'empreinte laissée par les Jésuites sur la vie intellectuelle française du premier XVIIe siècle n'est, aujourd'hui, plus à faire,[16] et l'on sait que la plupart des dramaturges français de l'époque l'ont subie, notamment Baro, Corneille, Desfontaines et Rotrou. Il est, dès lors, très probable que ceux-ci soient allés chercher chez les Pères l'idée d'enchâsser un spec-

[14] Ou à peu près : *Célinde* seule précède les deux *Comédies des comédiens,* et sa structure est fort différente.
[15] Cf. *infra,* p. 81.
[16] On se reportera notamment aux ouvrages et articles de A. Stegmann, J. Hennequin, M. Fumaroli. Cf. aussi le numéro spécial de la *Revue des Sciences Humaines* intitulé *Aspects de l'humanisme jésuite au XVIIe siècle,* No 158, 1975.

tacle dans un autre ; c'est, en tout cas, ce qui s'était produit en Espagne, puisque dans son *Fingido Verdadero*, Lope de Vega avait repris un thème depuis longtemps exploité par les auteurs de la Compagnie, l'acteur converti, représenté par Genest et Philémon. Or, dès le XVe siècle, ce thème avait fourni l'occasion d'un mystère, *Lystoire et la Vie du bienheureux corps sainct Genis à XLIII personnages*, et depuis le milieu du XVIe siècle, de nombreux Pères l'avaient illustré sur les scènes des collèges de la Compagnie.[17]

Toutes ces pièces présentaient le comédien recevant la Grâce divine au cours d'une parodie de cérémonie chrétienne exécutée devant la Cour impériale. On constate que le procédé du théâtre dans le théâtre s'applique naturellement, si l'on peut dire, à un tel sujet. Toutefois, nous n'irons pas jusqu'à affirmer que c'est le sujet qui a donné naissance au procédé, et que, partant, les jésuites en sont les inventeurs. Tout au plus, au regard de l'évolution de la dramaturgie européenne que nous avons étudiée précédemment, peut-on penser qu'ils en furent les principaux diffuseurs. Mais, dans la mesure où Desfontaines et Rotrou ont fait jouer leurs *saint Genest* une quinzaine d'années après que Baro eut donné sa *Célinde*, l'influence directe de ce thème sur notre théâtre n'est pas aussi évidente qu'en ce qui concerne le théâtre espagnol. Il reste que Baro avant tout autre a puisé dans les thèmes d'inspiration jésuite. Non seulement il devait donner, avant Desfontaines, un *Saint Eustache* (1637),[18] mais, surtout, la pièce enchâssée dans *Célinde* est l'un des sujets les plus fréquemment mis en scène par les auteurs jésuites : l'histoire de Judith. Il est vrai que le souci d'édification est totalement absent de *Célinde* et que Baro s'est justifié dans sa préface d'avoir introduit cette histoire par un simple souci de bienséance, légitime en une époque de suspicion du théâtre.[19] Mais tout porte à croire qu'en connaisseur du théâtre jésuite qu'il était, il a pu y puiser l'idée d'enchâsser une pièce dans une autre, à travers le cycle de Genest-Philémon, sans, cependant, qu'une preuve définitive puisse étayer pareille assertion.

---

[17] Voir K. Loukovitch, *L'Evolution de la tragédie religieuse classique en France,* pp. 318 sq. ; A. Stegmann, *L'Héroïsme cornélien,* tome II, pp. 87-88 et aussi pp. 37, 41 et 47.

[18] A. Stegmann, *ibid.,* p. 71.

[19] Une jeune fille de famille ne pouvait jouer que dans une pièce à sujet religieux, sous peine de se déshonorer.

2. *Mise au point de la technique de l'enchâssement*

Etudier la naissance du théâtre dans le théâtre en France sous l'angle des influences extérieures ne débouche donc que sur des interrogations sans réponses. Et surtout, aucune explication de ce type ne permettra jamais de découvrir l'origine de la forme particulière qu'a prise la structure dans la série des « comédies des comédiens », ni les tâtonnements que l'on décèle dans la pièce de Gougenot, et, à un moindre degré, dans celle de Scudéry, lui qui, pourtant, se place sous l'autorité des Italiens.

Ainsi, les dramaturges français ont bien pu emprunter à d'autres l'*idée* de mettre un spectacle dans un autre (idée qui, toutefois, était dans l'air depuis longtemps) : ils ont dû se forger *la technique de l'enchâssement* que met en jeu le procédé du théâtre dans le théâtre. Pour cela, ils n'ont eu qu'à adapter trois formes dramatiques que leur léguait le théâtre du siècle précédent, et qui n'étaient plus en ce premier tiers du XVIIe siècle que des survivances. L'une, la plus délaissée, leur fournissait une technique d'encadrement et un procédé de dédoublement scénique du public : le choeur.[20] L'autre, le prologue, à peine plus vivace, luttait contre la disparition en s'élargissant jusqu'à devenir une action dramatique autonome. Il en était de même pour la troisième, le spectacle à intermèdes, contraint de trouver une technique d'enchâssement ou de s'effacer.

Il est difficile de juger laquelle de ces trois survivances a joué le plus grand rôle dans l'éclosion du théâtre dans le théâtre, dans la mesure où elles apparaissent à la fois concurrentes et complémentaires. Tout au plus pouvons-nous dire que si l'on considère le procédé *dans l'absolu* — c'est-à-dire comme l'inclusion d'une pièce dans une autre sous le regard d'un spectateur appartenant à la première pièce — ces trois formes dramatiques se sont complétées, avant de se concurrencer sur la scène, certains dramaturges privilégiant une structure d'inspiration « chorale », d'autres une structure d'inspiration « prologale », d'autres enfin, plus rares dans la première moitié du siècle, la structure à intermèdes. Au reste, il est curieux de constater qu'à deux reprises Corneille a parlé de *L'Illu-*

---

[20]   Entre 1620 et 1640, le choeur n'est plus présent que dans certaines pièces du vieil Hardy (cf. *Didon se sacrifiant*) et dans quelques pastorales : *Les Bergeries* de Racan, *Silvanire* de Mairet, *Amaranthe* de Gombauld. Entre 1630 et 1640, H.C. Lancaster l'a trouvé dans cinq pastorales (*op. cit.,* part. V, p. 39), au nombre desquelles doivent figurer celles de Mairet et Gombauld. Voir aussi J. Schérer, *La Dramaturgie classique,* p. 200.

sion comique en faisant référence au *prologue*,[21] alors que la technique mise en oeuvre dans cette pièce nous paraît incontestablement plus proche de la technique d'encadrement héritée du choeur. C'est d'ailleurs ce que Gautier — à qui le recul avait permis de faire des comparaisons — avait parfaitement perçu lorsqu'il insistait sur la place occupée par le mage et le père du héros « à côté du cadre où se déroule la vision », et la rapprochait de celle qu'occupe un personnage du *Périclès* de Shakespeare, « figurant le choeur et en dehors de l'action, qui vient à chaque tableau faire le récit des événements accomplis pendant l'entracte et annoncer les scènes suivantes s'ébauchant déjà en pantomime ».[22]

Cette comparaison entre les spectateurs intérieurs et le choeur — familière chez les contemporains puisqu'on l'a retrouvée dans plusieurs pièces anglaises de l'époque élizabéthaine — ne suffit pas, à elle seule, à nous révéler comment les dramaturges ont pu faire évoluer un simple *commentaire* de la *pièce principale* par des personnages qui jouaient le rôle d'un choeur, vers ce que nous nommons « le théâtre dans le théâtre ». Les membres du choeur sont passés du stade de simples *fonctions d'encadrement* au rang de *personnages* d'une *véritable action* dramatique ; la fonction d'encadrement a donc été assumée par cette action dramatique (et non plus seulement par les personnages), ce qui a réduit l'action encadrée au rôle de pièce intérieure et, par là-même, secondaire. Remarquons cependant que les membres du choeur, quoique devenus personnages principaux, retrouvent leur fonction primitive pendant le cours de l'action enchâssée. C'est ce qu'avait perçu Gautier dans les rôles d'Alcandre et de Pridamant, et qui est clairement indiqué dans *Célinde* avec le *choeur d'assistants* qui englobe les deux spectateurs appartenant à l'action principale et commente avec eux les différentes étapes de la tragédie intérieure.

On notera qu'il s'agit là d'une singularité, car si l'on joue encore vers 1630 quelques pièces qui contiennent des choeurs (essentiellement des pastorales), aucune autre pièce contenant un spectacle intérieur ne fait allusion à cet élément essentiel du théâtre de la Renaissance. Mais ce choeur ne ressemble guère aux choeurs traditionnels. Il n'apparaît, en effet, qu'à l'acte III de la tragi-comédie, avant le commencement du spectacle enchâssé, et retourne au néant — d'où

[21] Dédicace, *éd. cit.,* p. 3 ; Examen, p. 123.
[22] *Le Moniteur universel,* 10 juin 1861.

il avait été tiré pour la circonstance — quand s'interrompt la représentation d'*Holopherne*. Il ne sert donc qu'à accompagner le spectacle.[23] Par ailleurs, aucune partie chantée ne lui est dévolue et ses interventions sont extrêmement courtes. Seul point commun avec le chœur traditionnel: le rythme de ses interventions. Il intervient d'abord avant le début de la tragédie au cours d'un bref dialogue avec l'un des personnages appartenant à l'action de la pièce-cadre; il intervient à nouveau à la fin du premier et du second acte d'*Holopherne*, et reprend la parole au troisième acte quand la représentation prend une tournure anormalement dramatique. On notera qu'il y a une dégradation de sa participation au fil des interventions. Dans les deux dernières, en effet, seuls s'expriment les deux «spectateurs véritables»,[24] comme si le chœur, après avoir englobé ces deux personnages, qui ont dans cet acte le même rôle que lui — «assister» à la représentation —, leur avait transmis ses pouvoirs et pouvait se dispenser de prendre la parole. Cette réduction du chœur à des personnages qui, primitivement, lui étaient extérieurs indique que ce qui importe, ce n'est pas la *nature* de l'élément qui intervient au cours de la pièce intérieure mais son *mode d'intervention*.

Aussi pourra-t-on légitimement parler de *structure chorale* pour toutes les pièces qui reposent sur le rapport pièce-cadre/pièce intérieure suivant: une discussion — ou quelques propos — entre les spectateurs avant et après le spectacle intérieur; des commentaires à la fin de chaque tableau.

Quatre autres dramaturges ont eu recours à cette structure: Corneille (*L'Illusion comique*), Gillet (*Le Triomphe des cinq passions* et *L'Art de régner*), Desfontaines (*L'Illustre comédien*), Rotrou (*Le Véritable saint Genest*). Malgré les différences de longueur qui affectent les spectacles enchâssés dans ces pièces, le mode d'intervention des spectateurs varie peu d'une œuvre à l'autre. Seule peut changer la fréquence des interventions. Ainsi dans une pièce comme *Le Triomphe des cinq passions* dont le spectacle intérieur est constitué par une série de cinq «évocations magiques» (une par acte), le

---

[23]   La liste des *dramatis personae* mentionne aussi un « chœur de musique » qui ne doit apparaître qu'à la représentation, pour marquer le commencement de la tragédie intérieure.

[24]   Dorice et Amintor, respectivement mère et père de deux des acteurs de la pièce intérieure qu'ils s'apprêtent à marier.

«choeur» intervient selon la fréquence minimale que nous avons indiquée plus haut[25]:

Interventions des spectateurs intérieurs (le choeur)	Spectacle intérieur
Acte I: scène 1	Acte I: scènes 2 à 6
Acte II: scène 1	Acte II: scènes 2 à 8
Acte III: scène 1	Acte III: scènes 2 à 7
Acte IV: scène 1	Acte IV: scènes 2 à 4
Acte V: scène 1 scène 12	Acte V: scènes 2 à 11

Par contre, dans une pièce aussi complexe que *Le Véritable saint Genest,* si l'on retrouve le modèle de base — commentaires au commencement et à la fin du spectacle intérieur[26] et à l'issue de chaque tableau — le rythme des interventions s'accélère vers la fin de la représentation, les spectateurs laissant paraître leurs sentiments au cours de l'action: (on prendra garde, pour la bonne compréhension du schéma, que les spectateurs entrent dans la salle de théâtre à la scène 6 de l'acte II, et la quittent à la scène 7 de l'acte IV):

Interventions des spectateurs	Spectacle intérieure
Acte II: scène 6	Acte II: scènes 7-8
Acte II: scène 9 et acte III: scène 1	Acte III: scènes 2 à 7
Acte III: scène 8 et acte IV: scène 1	Acte IV: scènes 2 à 5
Acte IV: scène 5	Acte IV: scènes 5 à 7
Acte IV: scène 7 (plusieurs interventions)	

Une fois déterminée cette fonction de *ponctuation* que les dramaturges ont empruntée aux choeurs traditionnels, une question

---

[25]   Nous entendons par *fréquence minimale* le rythme d'intervention suivant : au début et à la fin du spectacle intérieur, ainsi qu'à l'issue de chaque tableau.

[26]   On sait que dans cette tragédie le spectacle est interrompu plutôt que terminé, Genest se sentant touché par la Grâce bien avant d'avoir achevé son rôle.

essentielle se fait jour : les spectateurs sont-ils encore assimilables à un chœur (un chœur sans strophes) ou revêtent-ils les espèces d'un véritable public ? Il n'est guère qu'un critère qui permette de déterminer le degré d'émancipation des spectateurs par rapport aux chœurs traditionnels : *l'objet* de leurs commentaires. Les spectateurs jugent-ils exclusivement le *contenu de l'action* qui se déroule sous leurs yeux ? l'on estimera qu'ils jouent le rôle d'un chœur ; inversement, si leurs commentaires portent sur les acteurs et leur jeu (et non point sur les personnages), on pourra considérer qu'il s'agit d'un véritable public qui n'a conservé du chœur dont il est issu que sa fonction de ponctuation.

Les deux pièces où l'héritage du chœur est le plus sensible sont *L'Illusion comique*[27] et *Le Triomphe des cinq passions*, deux pièces dont le spectacle intérieur est constitué non par une véritable pièce de théâtre, mais par une « évocation magique ». Les acteurs étant des « fantômes » censés représenter des personnages réels, il n'est pas question de juger leur jeu : ils ne *jouent* pas, ils *revivent*. Aussi les commentaires des spectateurs, tout comme ceux d'un chœur, portent-ils sur les périls ou les joies qui affectent les personnages dont ils accompagnent l'action du regard. A la fin du premier tableau du spectacle intérieur de *L'Illusion*, on lit le dialogue suivant :

ALCANDRE
Le cœur vous bat un peu.

PRIDAMANT
                    Je crains cette menace.

ALCANDRE
Lise aime trop Clindor pour causer sa disgrâce.

PRIDAMANT
Elle en est méprisée et cherche à se venger.

ALCANDRE
Ne craignez point : l'amour la fera bien changer.[28]

---

[27] Rappelons que la tragédie du Ve acte, « pièce dans la pièce dans la pièce », fait partie, au même titre que les aventures de Clindor qui ont précédé, de l'évocation magique.
[28] Acte II, scène 9, v. 621-624 ; *éd. cit.,* p. 44.

Les commentaires sont moins passionnés dans *Le Triomphe*: chaque acte comprenant un spectacle autonome, les spectateurs ne sont pas tenus en suspens, mais peuvent juger ce qu'ils ont vu. Les mêmes remarques valent pour *L'Art de régner* du même Gillet. Il ne s'agit pas d'une évocation, mais d'un spectacle théâtral proposé à un jeune prince pour son instruction morale; pourtant les comédiens, chargés de faire *revivre* de grands personnages de l'antiquité, se livrent eux aussi à une évocation.[29]

Autre caractéristique de ces spectateurs: même s'ils restent en marge de l'action, ils sont concernés par elle. Dans *L'Illusion*, Pridamant suit le déroulement des aventures de son fils. Dans *Le Triomphe*, l'Enchanteur évoque pour le jeune Arthémidore des personnages qui ont souffert des mêmes passions dont il cherche à se guérir. A l'issue de chacun des cinq tableaux, les deux spectateurs font le point sur les progrès de la guérison du jeune homme. Il en est de même dans *L'Art de régner*, puisque, à travers les cinq *exempla* présentés au jeune prince, son gouverneur espère lui inculquer les vertus nécessaires à l'exercice de la royauté.

A l'inverse, les commentaires des spectateurs des pièces intérieures de *Célinde*, de *L'Illustre comédien* et du *Véritable saint Genest* ne s'appliquent qu'à l'ensemble du spectacle qui leur est offert et au jeu des acteurs. Ils ne sont en aucun cas concernés par le contenu de la pièce qu'ils regardent. Les interventions du «choeur d'assistants» de *Célinde* sont à cet égard particulièrement significatives. Avant le début du spectacle, le choeur se félicite non point d'assister à la représentation de l'épisode biblique de Judith et d'Holopherne, mais d'être convié tout simplement à la représentation d'une pièce de théâtre:

> Je me prépare à recevoir un plaisir extrême, car sur toutes choses, j'aime cette sorte de représentation.[30]

De même, à la fin du premier acte d'*Holopherne*, tous les spectateurs (le choeur et les deux autres personnages nommément désignés) font l'éloge des acteurs ou manifestent leur impatience de voir ceux qui n'ont pas encore paru. Mais c'est surtout la dernière intervention des spectateurs qui est la plus remarquable. Quand Célinde, profitant de son rôle, a *donné véritablement un coup de poignard à Floridan,*[31] et que celui-ci s'est écroulé en prononçant le nom de Célinde

---

[29] Cette pièce est, en fait, une simple transposition du *Triomphe*.
[30] Acte III, scène 1.
[31] Scène 5 de l'acte III de la pièce intérieure, didascalie.

au lieu de celui de Judith, ils s'obstinent à juger la *manière* dont les acteurs jouent avant de comprendre ce qui s'est réellement passé :

DORICE
Voilà une feinte qui me met en peine.

AMINTOR
Les paroles de Célinde m'étonnent bien davantage, car ce qu'elle vient de dire ne doit pas être de ses vers.

Il est encore plus surprenant de retrouver le même phénomène dans les deux tragédies qui mettent en scène un martyr chrétien devant un public de païens. On s'attendrait à ce que ceux-ci jugeassent le comportement des personnages : les bourreaux des chrétiens pouvaient-ils écouter sans broncher les professions de foi de leurs victimes ? Un rire, une remarque méprisante, une insulte auraient été vraisemblables dans un tel contexte. Or, aussi bien dans la pièce de Desfontaines que dans celle de Rotrou, les spectateurs s'en tiennent au seul niveau de la représentation, admirant l'habileté avec laquelle les acteurs « feignent ». Il est vrai que chez Desfontaines l'empereur veut juger la capacité de Genest à ridiculiser les chrétiens, et que chez Rotrou la Cour veut avoir une démonstration de l'« inimitable adresse » avec laquelle Genest passe pour incarner un martyr chrétien. Mais rien n'empêchait qu'ils se moquassent des chrétiens tout en admirant les comédiens. Or, même à la fin, au plus fort des manifestations de foi chrétienne, les spectateurs ne sont pas choqués par ce qu'ils entendent :

MAXIMIN
Il feint comme animé des grâces du baptême.

VALERIE
Sa feinte passerait pour la vérité même.

PLANCIEN
Certes, ou ce spectacle est une vérité,
Ou jamais rien de faux ne fut mieux imité.[32]

Sans doute Rotrou a-t-il cherché à nous communiquer les réactions d'un *public* véritable, d'autant qu'au XVIIe siècle, les sujets des pièces étant très souvent connus, l'on s'intéressait surtout à la manière dont ils étaient représentés. Par ailleurs, si dans les deux

---

[32] *Le Véritable saint Genest,* acte IV, scène 7, v. 1283-1286 in *Théâtre du XVIIe, éd. cit.,* vol. I, p. 988.

premiers actes de la pièce intérieure les spectateurs se bornaient à intervenir à la fin de chaque tableau, à la façon d'un choeur, l'accroissement de la tension à laquelle ils sont soumis à la fin du spectacle se traduit par l'augmentation de la fréquence de leurs interventions: une souplesse que le choeur traditionnel n'avait pas. Allons plus loin: chez Desfontaines et surtout chez Rotrou, tout est fait pour que nous ne puissions pas assimiler le public à un choeur. Car, si l'on y prend garde, il y a dans *Le Véritable saint Genest* un spectateur qui était *concerné* par l'action représentée: le héros de la pièce intérieure, le martyr Adrian, était le lieutenant du vice-empereur Maximin, et a été mis à mort sur son ordre; or, Maximin est présent dans la salle, mais seule l'intéresse la manière dont l'acteur qui le joue imite sa propre personne.[33] Ce refus délibéré d'un commentaire de fond — qui, quelquefois, ne va pas sans invraisemblance, comme on a vu — indique que si les dramaturges n'ont pas cherché à s'échapper de la tradition de la structure chorale, ils ont voulu conserver seulement la fonction de ponctuation du choeur, puisqu'elle correspond, en définitive, au rythme des interventions d'un public discipliné.

Quant au Prologue, il apparaît encore de façon très nette dans *La Comédie* de Gougenot. Prologue classique à une voix tout d'abord, il s'élargit peu à peu à deux puis à trois autres voix, avant que la troupe entière de l'Hôtel de Bourgogne ne défile sous les yeux du public. Peu à peu, celui-ci comprend que le prologue s'est transformé en une fiction qui a toutes les apparences du vrai: il y est question de former une compagnie théâtrale, et les comédiens ne lui épargnent aucun des problèmes qui se posent à ceux qui veulent se lancer dans une telle entreprise. La troupe constituée — au bout de trois longs actes —, les acteurs décident de répéter leur première pièce, *La Courtisane*, répétition qui occupe toute la deuxième moitié de la pièce, et qui, partant, ramène les spectateurs à l'impression d'avoir assisté à un long prologue.

Assurément, la pièce de Gougenot est à peine plus qu'un ensemble composé d'un prologue élargi et d'une tragi-comédie.[34] Lorsque,

[33] Cf. acte III, scène 1, v. 675-678 ; p. 967 : « L'art en est merveilleux, il faut que je l'avoue ; / Mais l'acteur qui paraît est celui qui me joue / Et qu'avecque Genest j'ai vu se concerter. / Voyons de quelle grâce il saura m'imiter. »

[34] Ce qui indique que le prologue est encore quelque peu senti comme extérieur à la pièce, c'est qu'il comporte lui aussi *trois* actes. Trop grande vitesse d'exé-

peu après, Scudéry propose sa propre *Comédie des comédiens* à la compagnie rivale du théâtre du Marais, il distingue nettement le prologue des actes consacrés à la vie des comédiens : le prologueur se moque même de ses compagnons qui, comédiens, veulent se mettre en scène en tant que comédiens. Le mépris qu'il semble avoir pour cette forme dramatique surannée qu'était le prologue d'exposition[35] nous prouve qu'il en a placé un au début de sa *Comédie* dans le seul but d'empêcher les spectateurs de prendre les discussions des comédiens pour un prologue élargi.

Deux grands ensembles, donc, suivis d'un appendice : ainsi se présente la structure prologale. La longueur de la pièce n'a aucune influence sur sa mise en place. Il n'existe aucune différence structurelle entre par exemple *La Comédie sans comédie* de Quinault qui comporte cinq actes et *Le Baron de la Crasse* de Poisson en un acte. Leurs schémas respectifs se présentent comme suit :

ACTION PRINCIPALE		ACTION ENCHÂSSÉE
La Comédie sans comédie		
ACTE I	«*prologue*» (aventures des comédiens)	
ACTE II		*Clomire*, pastorale
ACTE III		*Le Docteur de Verre*, pièce burlesque
ACTE IV		*Clorinde*, tragédie
ACTE V sc. 1 à 9		*Armide et Renaud,* tragi-comédie en machines
ACTE V sc. 10	«épilogue»	

cution, ou tâtonnement ? Le résultat est un conglomérat de deux fois trois actes plus qu'une « tragi-comédie » en six actes (éd. D. Shaw, University of Exeter, 1974 ; cf. Appendice No 2).

[35] Cf. le dialogue burlesque qu'il fait échanger, au début de sa pièce intérieure, entre le Prologue et l'Argument, où l'un et l'autre finissent par reconnaître qu'ils sont absolument inutiles à l'intelligence du spectacle, et acceptent de disparaître (*éd. cit.,* pp. 25-27 ; cf. Appendice II, No 3). Sur l'origine italienne de ce dialogue, voir *supra,* pp. 34 et 56.

	« les châtelains	
scènes 1 à 6	et les comédiens »	
scènes 1 à 9		*Le Zic-Zac*, petite comédie
scène 9	« épilogue »	
(réplique finale)		

La caractéristique principale de cette structure réside dans l'absence de toute communication entre les différents ensembles. Aucun des acteurs de la pièce-cadre n'intervient dans le cours de la pièce intérieure : tant que se déroule la représentation, les spectateurs sont absolument silencieux. D'où la facilité avec laquelle ils sont mis entre parenthèses. Il n'y a, en effet, guère de différence entre *La Comédie sans comédie* dont l'unique spectateur intérieur, le marchand La Fleur, se tient silencieux sur un côté du théâtre depuis le début de l'acte II jusqu'à la scène finale de l'acte V, et *La Comédie des comédiens* de Scudéry qui ne présente aucun spectateur intérieur. Car la pratique d'installer des spectateurs sur le théâtre existait déjà en 1633[36] : Scudéry leur a conféré un rôle véritable ; tout en regardant le spectacle, ils jouent le rôle muet du public de la pièce intérieure et c'est à celui-ci que s'adresse l'un des personnages à la fin de la pièce[37] ; inversement, qui, parmi ceux qui assistaient du parterre ou des loges à la représentation de la pièce de Quinault, se souciait encore de La Fleur, perdu pendant quatre actes parmi les spectateurs assis sur la scène ? De fait, son nom est mentionné en tête de toutes les rubriques de scène du second acte, et disparaît ensuite jusqu'à la rentrée finale du personnage ; sans doute avait-on besoin de l'acteur qui tenait ce rôle pour l'une des pièces intérieures du troi-

---

[36]   Au reste, le théâtre dans le théâtre naît en France au moment où l'habitude se fait jour de laisser des spectateurs s'installer de part et d'autre de l'avant-scène. Personne, jusqu'ici, n'a pu dater avec exactitude les débuts de cette pratique, et l'on estime qu'il s'agissait dans la première moitié du XVIIe siècle, d'un phénomène exceptionnel, autorisé, pour les pièces à succès, par l'exiguïté des théâtres parisiens. Mais selon S. Deierkauf-Holsboer (*L'Histoire de la mise en scène*, p. 142), l'usage a été systématisé dès le premier tiers du XVIIe siècle. Son argumentation s'appuie sur une gravure de 1628 représentant le décor de *L'Hypocondriaque* de Rotrou où l'on voit des spectateurs installés devant le décor, ce qui montre qu'à cette date l'habitude était prise, sinon le graveur aurait omis de les faire figurer sur sa reproduction. Cet usage est donc apparu avant 1628, date de la présentation au public de la *Célinde* de Baro. Ainsi, quand celui-ci « invente » le procédé qui consiste à enchâsser un spectacle dans un autre et, par là-même, à mettre des spectateurs sur le théâtre, ceux-ci s'y trouvent déjà.

[37]   Acte V, scène dernière ; *éd. cit.*, l. 1192-1194, p. 53.

sième ou du quatrième acte de la comédie; mais du fait de son silence, sa disparition d'entre les spectateurs de la scène devait passer inaperçue.

La structure prologale laisse donc une grande liberté au dramaturge. Cette juxtaposition de deux éléments qui, sauf exception,[38] ne communiquent pas, lui permet de disposer à sa guise du spectateur intérieur. Il peut le laisser en scène durant toute la durée de la pièce enchâssée, comme dans *Le Baron de la Crasse*; mais il s'agit d'une pièce en un acte. Il peut lui faire quitter la scène au bout d'un acte, comme on a vu pour *La Comédie* de Quinault. Il peut enfin faire tenir son rôle par le public réel de la scène: après Scudéry, Dorimond, Chevalier, Montfleury et Baron ont employé cette formule. En outre, les spectateurs «feints» peuvent se confondre avec les spectateurs authentiques, ce qui n'est pas sans conséquence sur l'utilisation du procédé: tant que dure la pièce intérieure, les acteurs de l'action principale sont pris pour des spectateurs ordinaires, et lorsqu'ils reprennent le fil de l'action principale leur image s'est quelque peu transformée dans le sens d'une appartenance à la réalité.

On voit que la structure prologale ainsi définie ne concerne pas *L'Illusion comique*, dont Corneille pourtant a qualifié le premier acte de «Prologue» dans sa Dédicace. On aurait pu croire, en effet, à la lecture de cette opinion, renouvelée dans l'Examen de 1660, que cette comédie combinait les deux structures. Or, elles s'excluent l'une l'autre. Puisque, au lieu de se retirer jusqu'à la fin de la pièce, les spectateurs intérieurs ponctuent de leurs commentaires l'action qui se déroule devant leurs yeux, ils ne peuvent appartenir qu'à la structure chorale. D'autre part, peut-on considérer comme un Prologue un acte dans lequel la pièce intérieure prend sa source? Car si le magicien déroule son «évocation» sur le fond de sa grotte, c'est pour répondre aux questions de Pridamant sur le sort de son fils. Le premier acte a donc tous les caractères d'une exposition et aucun d'un prologue. Dès lors, comment expliquer l'expression de Corneille? Une étude attentive de l'Examen montre que le dramaturge lui-même a dû se poser la question. Alors que dans sa Dédicace, il affirmait: «le premier Acte *n'est qu'un Prologue*»,[39] il nuance con-

---

[38] *L'Impromptu de Versailles* constitue un cas à part parce que le fragment enchâssé est une répétition et que Molière intervient quelquefois pour donner des conseils ; hors ces interruptions, la répétition reprend sans nul commentaire.

[39] Dédicace, *éd. cit.*, p. 3. Nous soulignons.

sidérablement son appréciation dans l'*Examen* : « Le Premier acte *ne semble qu'un Prologue.* »[40] Sans doute a-t-il utilisé dans un premier temps le terme de Prologue pour justifier tout ce qui, à première vue, sépare cette sorte de pastorale du premier acte de la tragi-comédie des trois suivants : cette composition avait dû paraître trop originale au public de 1635 pour que l'auteur ne ressentît pas le besoin de faire référence à un élément familier du théâtre du temps. Plus tard, au contraire, il a pu faire ressortir que cet acte *semblait* seulement être un prologue, ne serait-ce que pour distinguer sa pièce de toutes celles qui reposaient précisément sur la structure prologale.

Il n'était guère difficile de faire évoluer la technique des intermèdes juxtaposés en intermèdes enchâssés. Il suffisait de les *théâtraliser*, c'est-à-dire de les présenter par l'intermédiaire du regard des personnages de l'action principale. Comme dans les structures précédentes, c'est la mise en oeuvre du rapport regardant-regardé qui génère la subordination de l'intermède à l'action principale et le transforme en spectacle intérieur. C'est Beys qui a expérimenté le premier cette technique nouvelle dans son *Hôpital des fous*. L'action de la pièce est située dans un asile d'aliénés, mais ceux-ci sont des personnages extérieurs à l'intrigue, qui n'apparaissent qu'au hasard des pérégrinations des héros dans l'asile ; totalement coupés de l'action, ils sont apposés là uniquement pour servir de divertissement aux personnages principaux. Or, c'est précisément cette situation de « regardés » qui les rattache à l'action principale et les empêche d'être les personnages d'intermèdes ordinaires. Beys aurait pu présenter une galerie de portraits de malades dans les entractes de sa tragi-comédie, qui comprend à proprement parler trois actes. En faisant ainsi paraître les fous sous le regard des héros de la pièce, il a composé une pièce en cinq actes qui paraissent enchaînés, et, par la même occasion, il a transformé l'asile en théâtre et les fous en personnages de comédie intérieure.

On retrouve la même structure dans *Les Songes des hommes éveillés* de Brosse. Dans cette comédie, les intermèdes sont présentés comme les divertissements offerts par un châtelain à un jeune homme atteint de neurasthénie. A partir de l'acte II, ils se succèdent au rythme de un par acte — dont ils occupent chaque fois la plus

---

[40] *Examen, éd. cit.,* p. 123. Nous soulignons.

grande partie —, le dernier étant constitué par une véritable pièce de théâtre présentée sur une scène intérieure. L'évolution est nette par rapport au spectacle à intermèdes traditionnel : la pièce-cadre n'existerait pas sans les divertissements enchâssés qui, loin d'être secondaires, justifient le titre de la comédie en présentant les «songes d'hommes éveillés». En outre, seul le héros de la pièce garde la position de spectateur des divertissements. Tous les autres personnages participent, quelquefois involontairement, aux diverses représentations qui lui sont offertes. Une trentaine d'années plus tard, Thomas Corneille utilisera la même trame pour son *Inconnu*.

Quant à Molière, il s'est souvenu du travail de Beys (réactualisé au milieu du siècle avec *Les Illustres fous*) lorsqu'il a voulu perfectionner la technique de la comédie-ballet après *Les Fâcheux* où il s'était contenté de «coudre (les intermèdes) au sujet du mieux qu'il (pouvait)».[41] «Pour ne faire qu'une seule chose du ballet de la comédie»,[42] il a le plus souvent introduit, sous un prétexte quelconque, le rapport regardant-regardé entre l'action principale et les divertissements de ses comédies-ballets.

II. ÉVOLUTION

1628 (*Célinde*), 1633 (*La Comédie des comédiens*), 1634 (*L'Hôpital des fous*) sont donc les trois dates de naissance officielles du phénomène du théâtre dans le théâtre. Pendant plus de cinquante ans, des dramaturges ont utilisé l'une ou l'autre des formes du procédé. Tout au long d'une période aussi étendue,[43] il est impossible que la technique n'ait pas été soumise à toutes sortes de pressions de la part de dramaturges dont les préoccupations se sont modifiées au cours du siècle. Il y a donc eu des modifications sur le plan de l'utilisation et de la conception du procédé ; mais les trois formes sous lesquelles il se présente, les différents genres dramatiques qu'il traverse et la permanence de certaines de ses composantes, sont autant de facteurs qui nous empêchent de réduire son évolution au tracé d'une simple courbe.

[41] *Les Fâcheux*, Avant-propos, in *Oeuvres complètes*, éd. G. Couton, Bibliothèque de la Pléiade, Paris, Gallimard, 1971, tome I, p. 484.
[42] *Ibid*.
[43] La technique et l'esthétique dramatiques ont évolué si vite entre 1630 et 1672 (création de l'opéra en France), qu'un demi-siècle représente une très longue plage.

1. Evolution et genres dramatiques

Notre *corpus* comprend, tous genres mélangés, quarante pièces de théâtre.[44] Sur ce total, nous avons dénombré huit tragi-comédies,[45] deux tragédies, sept comédies-ballets et vingt-trois comédies. Une telle diversité prouve que le procédé du théâtre dans le théâtre n'a jamais été perçu par les contemporains comme étranger à tel ou tel type de spectacle. Seul le genre de la tragédie, à mesure que les écrivains observaient avec plus d'attention la règle de l'unité d'action, est apparu peu à peu incompatible avec une technique qui obligeait le spectateur à suivre deux actions dramatiques indépendantes; en outre, à cause de la dignité afférente à ce genre, il était nécessaire de choisir des comédiens qui, comme Genest, étaient dignes d'être montrés sur la scène tragique: y en avait-il d'autres que Genest? Quant à faire représenter le spectacle par des personnages de l'action principale, il aurait fallu trouver un prétexte un peu plus « digne » et tragique que la classique célébration d'un mariage... On comprend que Desfontaines et Rotrou n'aient pas eu de successeurs.

En ce qui concerne les deux principaux terrains d'accueil, la tragi-comédie et la comédie, on constate qu'ils se partagent le siècle. Sur vingt-trois comédies, trois seulement datent d'avant 1650[46]; en revanche, après cette date, il n'apparaît qu'une tragi-comédie. Et les fluctuations entre les genres n'affectent pas cette nette répartition: car si les deux *Comédies des comédiens* rentrent « officiellement », si l'on peut dire, dans le genre des tragi-comédies, si *L'Hôpital des fous* de Beys change de genre au moment où elle est remodelée, inversement *L'Illusion comique* et, plus encore, *La Belle Alphrède*[47] n'ont de comédie que le nom. Il est incontestable que le procédé passe d'un genre à l'autre en fonction de l'évolution de la mode et du goût. Tant que la comédie n'est considérée que comme un genre mineur, on produit surtout des tragi-comédies, et, inévitablement, le procédé s'y trouve privilégié; remarquons aussi que son apparition dans deux tragédies correspond à l'essor qu'a connu ce genre drama-

---

[44] Sans compter les trois ballets que nous avons écartés de notre champ d'investigation.

[45] Nous englobons dans ce nombre le « poème héroïque » qu'est *Célinde* et le « poème de nouvelle invention » qu'est *La Comédie* de Scudéry.

[46] *Les Illustres fous* de Beys est officiellement datée de 1651, mais ce n'est qu'une nouvelle version de *L'Hôpital des fous* (1634).

[47] Cf. J. Schérer, *Théâtre du XVIIe siècle*, I, *La Belle Alphrède*, Notice, p. 1307.

tique entre 1640 et la Fronde. Par contre, après le milieu du siècle, au momemt de la régression du genre tragique,[48] le procédé n'intéresse plus que les auteurs des genres goûtés alors par la Cour et le public parisien: la comédie, avant tout,[49] ainsi que le ballet, puis la comédie-ballet.

La comédie-ballet fut le domaine réservé de Molière, et ce genre particulier ne fut plus pratiqué entre sa mort et celle de Lulli, qui veillait jalousement au monopole de la musique qu'il s'était fait attribuer. On trouve bien encore quelques comédies dans lesquelles des divertissements en musique sont introduits par le procédé du théâtre dans le théâtre: *L'Inconnu* de Thomas Corneille (1675) et *Les Fous divertissants* de Poisson (1680), mais ce ne sont pas à proprement parler des comédies-ballets. Et, inversement, lorsqu'après la mort de Lulli (1687), Dancourt, Regnard, Dufresny et d'autres,[50] ont essayé de prolonger l'invention de Molière, aucun n'a pris la peine de varier l'introduction de ses divertissements en présentant certains d'entre eux comme des spectacles offerts aux personnages de l'action principale.

Quant à la comédie, elle cesse à son tour de recourir au procédé à partir de 1685: jusqu'à la fin du siècle, on ne rencontre plus que deux comédies de troisième ordre, en un acte, représentées coup sur coup en 1693-1694. Privilégiant la description des caractères ou des moeurs, elle recherche une action simple et bannit la fantaisie. C'est sans nul doute cette «conception classique du genre comique»[51] qui explique cette désaffection des auteurs dramatiques pour une technique que tous les dramaturges des générations précédentes avaient utilisée au moins une fois.[52]

On remarquera enfin que la longueur des pièces qui accueillent le procédé n'est pas plus significative que le genre auquel elles appartiennent. Il apparaît indifféremment dans des comédies en un, trois ou cinq actes, selon que l'humeur ou les moyens de l'écrivain étaient

[48] De 1642 à 1648, on compte seulement une vingtaine de comédies contre trente-deux tragi-comédies et trente-six tragédies. Dix ans plus tard (1652-1659) la proportion est passée à trente-neuf comédies contre vingt-huit tragi-comédies et vingt-sept tragédies.
[49] Que Beys ait transformé sa tragi-comédie, *L'Hôpital des fous,* en comédie (*Les Illustres fous*), nous paraît, à cet égard, tout à fait significatif.
[50] Cf. M. Pellisson, *Les Comédies-ballets de Molière,* pp. 215 sq.
[51] A. Adam, *op. cit.,* V, p. 277.
[52] Un absent de marque : Racine, qui se serait probablement intéressé au procédé s'il avait donné libre cours à sa veine non tragique (cf. nos remarques sur *Les Plaideurs* dans l'Appendice I).

de produire un simple divertissement, une pièce de moyenne portée ou une oeuvre ambitieuse.[53] En outre la longueur des actions enchâssées n'est pas affectée par celle des actions enchâssantes : les dramaturges ne se sont attachés à aucune espèce de proportions ; la pièce dans la pièce peut occuper toute la deuxième moitié de l'acte unique (*Le Baron de la Crasse*) ou deux courtes scènes seulement (*Le Poète basque*), de la même manière que dans les comédies en cinq actes — ainsi que les tragédies et les tragi-comédies —, il y a alternance entre des enchâssements qui ne durent qu'une scène (*Le Pédant joué*) et d'autres qui s'étendent sur plusieurs actes, débordant ainsi l'action principale (*La Comédie sans comédie*).[54]

Ainsi le procédé du théâtre dans le théâtre se prête à tous les cadres, quelles que soient leur nature ou leur ampleur, signe que, sous quelque forme qu'il se présente, il est reçu par les dramaturges non comme une technique contraignante, mais comme une structure vide et malléable que l'on utilise au gré de sa fantaisie, de la mode, ou de la tradition.

2. *Evolution, esthétique et thématique*

Tout cela nous montre que l'on ne peut guère parler d'évolution du procédé lui-même. Certes, on distingue des tâtonnements dans les *Comédies* de Gougenot et même de Scudéry : absence de retour à la pièce-cadre à la fin du spectacle (ou retour assez artificiel), et, surtout, inexistence de liens structurels et thématiques entre les deux actions dramatiques ; la limite de ces deux pièces résiderait, a-t-on dit,[55] dans le fait que l'on peut substituer à l'action enchâssée n'importe quelle autre action dramatique, comme l'indique la substitution de *Mélite* à *L'Amour caché par l'amour* dans *La Comédie* de Scudéry.[56] Mais ne retrouve-t-on pas ce même défaut dans les oeuvres de Quinault, trente-cinq ans plus tard, de Dorimond, de Chevalier, de Montfleury et d'autres ? Il est, apparemment, constitutif du type de structure utilisé : en 1685, Baron divisera encore sa pièce, *Le*

---

[53] Voir J. Schérer, *La Dramaturgie classique en France,* p. 197.
[54] Sur tout ceci, voir Appendice II.
[55] Voir D. Schaw, Gougenot, *La Comédie des comédiens, éd. cit.,* Introduction, p. XXIII.
[56] Cette substitution eut lieu lors d'une représentation devant la Reine à l'Arsenal, le 28 novembre 1634 ; événement rapporté par la *Gazette* du 30 novembre. Cf. H.C. Lancaster, *op. cit.*, I, p. 662, et J. Crow, Scudéry, *La Comédie des comédiens, éd. cit.,* Introduction, p. XV, n. 22.

Rendez-vous des Tuileries ou Le Coquet trompé en un «prologue»
suivi de trois actes.[57]

Ainsi, s'il y a une évolution, c'est au niveau du support du procédé, c'est-à-dire des thèmes développés, des jeux entre la fiction et
la réalité (théâtrale), de la «dramaturgie de l'ambiguïté». De ce
point de vue, on peut parler de décadence dès le milieu du siècle ; seul
Molière, dans *L'Impromptu de Versailles* et *Le Malade imaginaire,*
est parvenu à se hisser au niveau des dramaturges de l'époque précédente. Mais chez lui aussi le procédé apparaît dans des pièces moins
ambitieuses ; et, après sa mort, il est utilisé dans des oeuvres et des
situations dramatiques si peu originales — à la seule exception de
L'Inconnu — que la plupart des dramaturges de quelque envergure
qui ont écrit à la fin du siècle ont dû juger qu'il s'agissait d'une
forme qui ne correspondait plus à leurs préoccupations, et constater
que, coupée de l'esthétique qui l'avait produite, elle s'était sclérosée.
Aussi ont-ils à peu près cessé d'y recourir à partir de 1685.

De fait, on perçoit une évolution sur le plan de la conception
même du procédé, et c'est sans doute aussi une des raisons pour lesquelles, sous le règne de Louis XIV, la qualité des pièces qui
l'accueillent diminue sans cesse. On repère aisément le moment où la
technique a cessé de constituer un stimulant pour les dramaturges et
n'a plus été considérée que comme un moyen commode de plaire au
public à peu de frais. Vers le milieu du siècle, on sent que l'influx est
en partie perdu, comme si, en quittant les genres tragiques, le procédé avait perdu de son importance, ce que confirment son apparition à ce moment-là dans des comédies en un acte et son utilisation
par Molière comme accessoire de ses comédies-ballets.

Tout est clair si l'on se souvient que le théâtre dans le théâtre est
lié à l'esthétique et à la dramaturgie pré-classiques. Mis à part le «cas
Molière», on constate que les pièces les plus remarquables — en
elles-mêmes et par la mise en oeuvre du procédé — sont des tragédies
(de Desfontaines et de Rotrou), des tragi-comédies (*Célinde, Agarite,* les *Comédies*) et des comédies qu'on peut qualifier de «baroques», que ce soit le «monstre» comico-tragique de Corneille[58] ou
des oeuvres qui sont certes des comédies d'intrigue, mais dont l'intrigue compte moins que les balancements entre la folie et le bon sens
(*Les Illustres fous*), le rêve et la réalité (*Les Songes des Hommes
éveillés*), ou que la fantaisie burlesque du verbe et des situations (*Le*

---

[57]   Voir Appendice II, No 38.
[58]   *L'Illusion comique,* Dédicace, *éd. cit.,* p. 3.

Pédant joué). Les thèmes du *theatrum mundi*, du dédoublement, qui sous-tendent le procédé, ceux de l'illusion, du rêve, de la folie, qui leur sont liés, sont absents de toutes les pièces qui paraissent dans la deuxième moitié du siècle,[59] y compris de celles de Molière.

Par ailleurs, les tendances à la magnificence, à l'éclat, à la richesse du spectacle, s'exacerbent après la Fronde au point de recouvrir ces thèmes ; la conception du théâtre dans le théâtre s'en trouve donc modifiée. Le procédé ne sert plus guère qu'à introduire des divertissements, au sens large du terme.[60] Ainsi, *La Comédie sans comédie* de Quinault qui paraît reprendre le schéma des deux *Comédies des comédiens* réduit considérablement la part consacrée au monde du théâtre dans ces deux pièces, et, partant, à la dramaturgie de l'ambiguïté, au profit de l'action intérieure, qui est, en fait, une suite de quatre spectacles distincts et appartenant à des genres différents,[61] véritable *revue* destinée à éblouir le spectateur. De la même façon, *L'Inconnu*, la meilleure de nos pièces parues dans le dernier quart du siècle, progresse au rythme des spectacles intérieurs ; on a l'impression que l'intrigue amoureuse n'est qu'un prétexte à la présentation des divertissements, et que, dans chaque acte, tout ce qui précède le spectacle annoncé n'est que hors-d'oeuvre.[62]

3. *Evolution et permanence des catégories*

Transcendant les genres dramatiques, insensible aux mutations esthétiques, un phénomène affecte le procédé du théâtre dans le théâtre et lui confère, envers et contre tout, une sorte de permanence. Ce phénomène, nous l'appelons, faute de mieux, la distribution en catégories. Presque toutes nos pièces, en effet, peuvent être regroupées en un nombre limité de catégories qui correspondent au cadre dans lequel l'action se déroule, ou au prétexte du spectacle intérieur.

La première catégorie recouvre le premier type de pièces que nous avons défini plus haut : c'est la catégorie des «comédies des comédiens», dont la particularité est de mettre en scène d'emblée des

[59]   C'est-à-dire à partir de 1657 (*La Comédie sans comédie*).
[60]   Son utilisation dans les Ballets de cour à partir de 1653 (*Ballet Royal de la Nuit*) est l'une des manifestations de cette modification.
[61]   Actes II à V : se succèdent une pastorale, *Clomire*, une « pièce burlesque », *Le Docteur de verre,* une tragédie, *Clorinde,* et une tragi-comédie « en machines », *Armide et Renaud.* Cf. Appendice II, No 16.
[62]   Cf. Appendice II, No 34.

comédiens en guise de personnages, et de situer l'action sur la scène ou dans les coulisses du théâtre, la pièce intérieure apparaissant ainsi comme le prolongement logique de la première partie. Figurent dans cette catégorie, outre les deux *Comédies des comédiens* de Gougenot et de Scudéry, *La Comédie sans comédie, La Comédie de la comédie ou Les Amours de Trapolin*,[63] *L'Impromptu de Versailles*,[64] *Les Amours de Calotin*,[65] *Le Poète basque*,[66] *Le Comédien poète*,[67] et *Le Rendez-vous des Tuileries ou Le Coquet trompé*.[68] Incontestablement, nous sommes en présence d'une tradition, et, qui plus est, d'une tradition française. On trouve bien dans le théâtre élizabéthain quelques «coups d'oeil jetés dans les coulisses»[69] ; mais ils ne débordent pas le cadre limité d'une *induction* qui ne revêt à aucun moment l'aspect d'une fiction théâtrale. La particularité des comédies des comédiens, c'est que le spectateur se demande s'il assiste à un faux prologue, à une véritable action dramatique ou à une tranche de la vie réelle des comédiens. Et dans tous les cas, répétons-le, même si les liens structurel et thématique entre action enchâssante et action enchâssée sont d'ordinaire inexistants, celle-ci est présentée comme subordonnée à la première.

C'est une tradition car, outre que le thème du «théâtre *sur* le théâtre» est présent dans toutes ces pièces — même lorsque le spectacle intérieur est privilégié —, les dramaturges se sont tous crus obligés d'adopter la structure qui avait été utilisée par les deux inventeurs du genre : et ils n'ont été que trois, Molière (*L'Impromptu*), Quinault (*La Comédie sans comédie*) et Poisson (*Le Poète basque*) à essayer de l'assouplir. Encore ces tentatives peuvent-elles s'expliquer par un souci un peu extérieur à la problématique des comédies des comédiens : Molière ne désirait pas tant présenter le monde du théâtre que, d'une part, parodier les Grands Comédiens, et d'autre part se mettre en scène lui-même afin de se laver des calomnies dont il était l'objet en permettant à son public de se faire une opinion sur sa véri-

[63]   Cf. Appendice II, No 17.
[64]   Cf. Appendice II, No 21.
[65]   Quoique l'action de la pièce-cadre soit située sur le plateau du théâtre, il ne s'agit pas exactement d'une comédie des comédiens, puisque seuls nous sont montrés les spectateurs de la scène. Mais dans la mesure où l'on est encore « sur le théâtre », nous avons voulu éviter de faire une catégorie supplémentaire (cf. Appendice II, No 20).
[66]   Cf. Appendice II, No 26.
[67]   Cf. Appendice II, No 33.
[68]   Cf. Appendice II, No 38.
[69]   M.T. Jones-Davies, *op. cit.,* p. 94.

table personnalité. Quinault a voulu présenter une revue des différents genres dramatiques, et, pour cela, a marié la structure prologale à la technique des «comédies initiatiques».[70] Sa pièce déborde donc sur une autre catégorie. Quant à Poisson, il cherchait autant à faire rire en ridiculisant son poète basque qu'à présenter ses compagnons de l'Hôtel de Bourgogne sous un jour flatteur. Mais ce sont là des exceptions, comme l'indique le retour, dans les deux dernières pièces appartenant à cette catégorie, à la rigidité de la structure prologale. Ce retour s'est même accompagné d'un renchérissement, puisque Montfleury et Baron ont l'un et l'autre qualifié de « prologue » la première partie de leurs pièces.[71] Ils ne pouvaient signifier plus clairement qu'ils entendaient se situer dans le droit fil de la tradition des comédies des comédiens.[72]

Il en va différemment pour les autres catégories. Notons tout d'abord qu'elles ressortissent toutes au deuxième type de pièces, c'est-à-dire celles où la pièce-cadre met en scène des personnages imaginaires et où l'action se déroule de façon traditionnelle, jusqu'à ce que l'intervention du spectacle, proposé par des comédiens amateurs ou professionnels, ou bien par des « spectres parlants »,[73] introduise la dimension du théâtre dans le théâtre. Trois catégories se dégagent très nettement : celle des « comédies initiatiques », celle des « comédies au château », et celle des « comédies nuptiales ».

La catégorie des « comédies initiatiques » ne comprend que trois pièces,[74] parmi lesquelles, cependant, la plus illustre de toutes, L'Illusion comique[75] ; les deux autres sont les tragi-comédies de Gil-

[70] Voir ci-après.

[71] Ce que ni Gougenot, ni aucun autre auteur de comédie des comédiens n'avaient jamais fait.

[72] On peut rattacher à cette catégorie la courte comédie de Marc-Antoine Le Grand, *La Chute de Phaéton,* sorte d'appendice aux comédies des comédiens publié à la fin du siècle (1694), qui présente une discussion sur les problèmes du théâtre et de l'opéra à Lyon enchâssant une parodie de l'opéra de Quinault, *Phaéton*. Cf. Appendice II, No 40.

[73] Corneille, *L'Illusion comique,* acte I, scène 3, v. 212 ; *éd. cit.,* p. 18 (cf. Gillet, *Le Triomphe des cinq passions*).

[74] Ou quatre si l'on estime que *La Comédie sans comédie* est plus une comédie initiatique qu'une comédie des comédiens. L'argument en est le suivant : deux comédiens veulent convaincre un père de famille des mérites du théâtre afin de pouvoir épouser ses filles ; après une discussion sur le théâtre, ils lui présentent (à partir de l'acte II ; cf. *supra,* n. 61) quatre pièces en un acte, d'un genre dramatique différent, et obtiennent gain de cause.

[75] Cf. Appendice II, No 6.

let, *Le Triomphe des cinq passions* et *L'Art de régner*.[76] Guérir un homme de ses préjugés ou de ses défauts, l'initier à la sagesse ou à une sagesse supérieure, ou, plus simplement, lui enseigner la vertu, au moyen d'un spectacle surnaturel ou théâtral, que suscite ou présente un personnage doté d'une sagesse supérieure et, le plus souvent, de pouvoirs démiurgiques,[77] telles sont les constantes qui définissent cette catégorie. Ici encore, les thèmes ont beau varier d'une initiation à l'autre,on sent chez le successeur de Corneille le désir d'exploiter une formule qui a remporté un grand succès. Mais nous avons vu qu'en ce qui concerne les comédies des comédiens ce désir se doublait d'un véritable souci de perpétuer une tradition. N'accusons pas, toutefois, Gillet de ne pas avoir été animé d'un tel souci : pour peu qu'il ait eu des successeurs, l'on n'y aurait pas regardé de si près et l'on aurait peut-être parlé de tradition de la comédie initiatique. Mais pouvait-il en avoir ? Le magicien, même rehaussé en démiurge par le pouvoir d'évocation véritable que lui donnait le théâtre dans le théâtre, était une figure trop liée à la pastorale pour ne pas être condamnée à disparaître ; quant au personnage du précepteur qui apparaît dans *L'Art de régner,* ce n'est pas un type assez haut en couleurs pour pouvoir servir de modèle. Soulignons enfin ce qui fait à nos yeux l'originalité de cette catégorie : la tentative de substituer, grâce au procédé du théâtre dans le théâtre, l'action au discours dans le domaine de la psychagogie.[78]

La catégorie des « comédies au château » regroupe huit pièces : *L'Illustre comédien ou Le Martyre de saint Genest, Le Véritable saint Genest, Les Songes des hommes éveillés,*[79] *Le Baron de la Crasse, Le Courtisan parfait,*[80] *Le Mari sans femme,*[81] *La Comtesse d'Escarbagnas*[82] et *L'Inconnu.*[83] Dans notre perspective, la comédie

[76]   Cf. Appendice II, Nos 9 et 10.
[77]   Dans *L'Illusion* et *Le Triomphe,* deux magiciens suscitent des « spectres » ; dans *L'Art de régner*, c'est le précepteur d'un prince qui convoque des comédiens.
[78]   On lira sur ce point le développement consacré par M. Fumaroli à la transposition sur la scène de la sagesse humaniste, « par le biais du théâtre dans le théâtre » : « Microcosme comique et macrocosme solaire », *art. cit.,* p. 100.
[79]   Cf. Appendice, respectivement les Nos 11, 12 et 13.
[80]   Cf. Appendice, les Nos 18 et 19.
[81]   Cf. Appendice, No 24.
[82]   Cf. Appendice, No 31.
[83]   Cf. Appendice, No 34.

au château n'est pas un thème au sens où l'entend R. Chambers.[84] Ce terme définit ici un simple fil conducteur : tout au long du siècle, des dramaturges ont choisi de situer l'action de leur pièce dans un palais princier, un château, une riche demeure, et d'y faire représenter par des comédiens, amateurs ou professionnels, un spectacle. Une telle définition montre que ce fil conducteur s'explique moins par l'histoire du procédé du théâtre dans le théâtre que par la prise en compte d'un phénomène réel. Lorsque Thomas Corneille écrit *L'Inconnu*, il ne cherche certainement pas à se conformer à une tradition ; mais il sait que, de Versailles au plus obscur château de province, on brise la monotonie de la vie en regardant ou en jouant la comédie, ou, du moins, qu'on en rêve. D'une certaine manière, au XVIIe siècle (et encore au XVIIIe), le château est inséparable du théâtre. Peut-être, lorsqu'il entreprend sa pièce, Thomas Corneille a-t-il présent à l'esprit le grand spectacle qu'avait constitué à l'époque la comédie de Molière *La Comtesse d'Escarbagnas*[85] : si l'on s'en donnait la peine, on pourrait trouver des rapprochements à faire.[86] Mais ni l'une ni l'autre ne peuvent être comparées avec *Le Véritable saint Genest* ou *Les Songes des hommes éveillés*, pas plus que celles-ci entre elles.

Aussi les seuls points communs que l'on peut découvrir entre les diverses pièces de cette catégorie se situent-ils sur le plan de la thématique, c'est-à-dire dans l'expression de certains aspects du thème de la comédie au château : nous sommes donc dans le domaine de l'imaginaire collectif, et les correspondances entre les pièces ne peuvent être conscientes. On ne peut donc point parler de progrès ou de décadence du procédé *à l'intérieur* de cette catégorie ; seul peut évoluer le rapport qu'il entretient avec la thématique. Sur ce plan, la rupture est nette entre les trois pièces parues dans la première moitié du siècle et les trois suivantes. Mais elle n'a pas d'autre cause que la mutation esthétique dont nous avons parlé plus haut. Dans *Le Baron de la Crasse*, par exemple, le cadre de la comédie au château est un cadre vide. Aucun des thèmes qui était à l'oeuvre dans *Le*

---

[84]   Le noeud de ce thème, c'est l'expression « de la profonde et troublante affinité des châtelains et des baladins »(*La Comédie au château,* p. 8).

[85]   Rappelons que ce qui n'est plus aujourd'hui qu'une courte pièce en un acte enchâssait à l'origine une pastorale qui elle-même permettait de présenter toutes les entrées de ballet des années précédentes.

[86]   Ainsi, dans les deux pièces, l'amoureux éconduit se décharge du soin des procès de l'héroïne sur l'heureux élu.

Véritable saint Genest (le dédoublement du comédien et le *theatrum mundi*) ou dans *Les Songes des hommes éveillés* (la fragilité de la frontière entre le réel et le rêve) n'y apparaît : le divertissement proposé par les comédiens arrivés au château du Baron (une farce intitulée *Le Zic-Zac*) n'a pas d'autre but que lui-même ; sa représentation se déroule sans interruption devant des spectateurs silencieux, et il ne se produit aucune interaction entre la réalité évoquée dans la farce et celle de la comédie. Le spectacle terminé, le Baron se borne à exprimer son contentement, à inviter les comédiens à séjourner chez lui et à affirmer son désir de courtiser une actrice.

Comme les comédies au château, les « comédies nuptiales » constituent dans une certaine mesure une transposition du réel. En ce temps où la fête était le plus souvent synonyme de spectacle, il n'était de riche mariage qui allât sans divertissement théâtral, pièce ou ballet, celui-ci pouvant être représenté par les gens de la maison, eux-mêmes aidés par quelques amis, ou par des comédiens professionnels. Les dramaturges avaient là un prétexte tout choisi pour introduire dans leurs pièces toutes sortes de divertissements : comédie, tragédie, ballet. Et c'est d'ailleurs dans cette catégorie de pièces que l'on trouve la plus grande variété de spectacles enchâssés[87] : tragédie dans *Célinde,*[88] ballet dans *Agarite, La Belle Egyptienne* et *La Belle Alphrède,*[89] comédie dans *Le Pédant joué*[90] ; à quoi il faut ajouter les ballets introduits sous le même prétexte dans certaines comédies-ballets de Molière.[91]

La coupure entre les deux moitiés du siècle est aussi sensible que dans les autres catégories. Jusqu'au *Pédant joué*, on ne trouve qu'un spectacle intérieur qui soit conçu comme pur divertissement, celui qui termine *La Belle Egyptienne* de Sallebray. Dans les quatre autres pièces, en effet, la représentation enchâssée sert toujours de support à autre chose : un meurtre dans *Célinde* et *Agarite*, une provocation

---

[87] Si *Le Véritable saint Genest* n'était pas surtout une comédie au château (cf. R. Chambers, *op. cit.,* pp. 27-28 et 37 sq.), il appartiendrait à cette catégorie, Genest représentant une *tragédie* à l'occasion des fiançailles de la fille de l'Empereur.

[88] Cf. Appendice II, No 1.

[89] Cf. Appendice II, Nos 47 et 8.

[90] Cf. Appendice II, No 14.

[91] *L'Amour médecin* (Appendice II, No 23), *Monsieur de Pourceaugnac* (No 27), *Le Sicilien* (No 25), ainsi que les grands ballets terminaux de *La Princesse d'Elide* (No 22), des *Amants magnifiques* (No 29) et du *Bourgeois gentilhomme* (No 30).

81

dans *La Belle Alphrède*, une tromperie dans *Le Pédant joué*, et les thèmes afférents à ces éléments sont largement développés. Chez Molière, au contraire, comme dans la comédie-ballet avant la lettre qu'est *La Belle Egyptienne*, le but recherché est le plaisir des yeux, et lui seul,[92] comme le prouve, s'il en était besoin, la place du divertissement, invariablement présenté à la dernière scène de l'oeuvre.[93] Notons enfin que ces finalités différentes débouchent sur des utilisations différentes du procédé : chaque fois que le spectacle dépasse le stade du simple divertissement final, plusieurs personnages de l'action principale se trouvent impliqués dans la représentation (deux dans *Agarite*, les quatre héros dans *Célinde* et dans *Le Pédant joué*). Dans les comédies-ballets, les personnages principaux se contentent d'être spectateurs : les comédiens et les danseurs sont présentés comme des amis, des sujets, ou des professionnels, qui entrent en scène pour la circonstance.

La dernière catégorie est celle des « pièces de fous », *L'Hôpital des fous* et *Les Illustres fous* de Beys[94] ainsi que *Les Fous divertissants* de Poisson.[95] Parler de catégorie ici est peut-être un peu abusif, dans la mesure où *Les Illustres fous* ne peut être distinguée de *L'Hôpital*, à laquelle elle emprunte les trois quarts de son texte, et où *Les Fous divertissants* n'est guère qu'une lointaine adaptation en musique de ces deux pièces ainsi que de « l'opéra impromptu » du *Malade imaginaire*. Deux ou trois pièces ne suffisent pas à constituer une tradition. C'est qu'il est plus facile de présenter des fous en situation normale dans une action dramatique ordinaire, que d'en faire les acteurs d'une comédie que l'on vient spécialement regarder, acteurs involontaires d'une comédie sans action. Il est vrai aussi que celle-ci devait se jouer dans le théâtre particulier qu'était l'asile, et que cela limitait grandement les possibilités de variation.

En tout cas, l'on remarquera encore une fois que les auteurs de la fin du siècle vident les catégories de tout leur contenu thématique :

---

[92]   Si l'on met à part le plaisir des oreilles qui s'exerce aussi à l'occasion de la comédie-ballet.

[93]   On peut rattacher à cette catégorie une pièce qui serait autrement inclassable, *Le Malade imaginaire,* dont l'« opéra impromptu » est donné à l'occasion de la conclusion du futur mariage d'Angélique et de Thomas Diafoirus. Mais ce n'est pas un enchâssement ordinaire : il masque une supercherie, et deux des héros, Angélique et Cléante, y sont impliqués.

[94]   Cf. Appendice II, Nos 5 et 15.

[95]   Cf. Appendice II, No 35.

dans la pièce de Poisson, les fous n'apparaissent que parce qu'ils chantent, jouent d'un instrument ou dansent. Non seulement l'auteur a complètement évacué de l'intrigue les rapports ambigus entre le monde « normal » et le monde des fous, mais, en transformant ses fous en musiciens, il a détruit le processus de la théâtralisation : au lieu d'être les acteurs involontaires d'une comédie dégagée par le seul regard des visiteurs de l'asile, ils sont promus au rang d'acteurs par leur talent supposé de chanteur, musicien ou danseur, c'est-à-dire comédiens, et comédiens conscients de l'être. Aussi les diverses interventions des fous constituent-elles autant de pièces intérieures qui rapprochent *Les Fous divertissants* beaucoup plus d'une comédie-ballet que de l'une des pièces de Beys.

Trois pièces seulement échappent donc à notre classification, *Elomire hypocondre*, du Boulanger de Chalussay,[96] *Ragotin* et *Je vous prend sans vert* de Champmeslé.[97] Si la troisième est une courte comédie en un acte sans intérêt, les deux autres sont d'une autre envergure. *Elomire Hypocondre*, tout d'abord, qui est loin d'avoir le seul intérêt polémique — et documentaire — qu'on lui prête d'ordinaire, enchâsse, non sans habileté, une « comédie en comédie » qui contient elle-même plusieurs déclamations théâtralisées. Si ce n'était le caractère si particulier de l'ensemble, nous rattacherions volontiers cette pièce à la catégorie des comédies initiatiques, puisque la pièce intérieure est présentée par des médecins à Elomire dans le but de le corriger de ses défauts et de le guérir de sa mélancolie hypocondriaque. Toutefois la pièce intérieure est une comédie des comédiens, et l'on peut aussi considérer *Elomire Hypocondre* comme une comédie des comédiens inversée.

Quant à *Ragotin*, librement adaptée du roman de Scarron, elle n'est absolument pas assimilable : ni comédie des comédiens — car ceux-ci sont présentés comme des personnages ordinaires engagés dans une intrigue compliquée, et la plupart d'entre eux ne participent même pas à la représentation intérieure —, ni comédie au château dont elle adopte pourtant la structure, Ragotin n'est pas assimilable, parce que son auteur s'est rattaché à une tradition romanesque et non à une tradition théâtrale.

---

[96] Cf. Appendice II, No 28.
[97] Cf. Appendice II, Nos 37 et 39.

Deuxième partie

Structures et fonctions

Dans une comédie comme *La Comtesse d'Escarbagnas* de Molière, l'introduction d'une pièce dans une autre ne pose pratiquement aucun problème de structure : les éditions des *Oeuvres* de Molière n'ont même pas reproduit la pastorale intérieure, se bornant à signaler l'endroit où elle venait s'intercaler. Cela signifie qu'entre les deux pièces il n'y avait qu'un simple rapport d'enchâssement, sans aucune relation thématique. En gros, les héros de la comédie interrompaient leurs discussions pour regarder la pastorale prévue au programme de leur après-midi, puis les reprenaient comme si rien ne s'était passé. Il s'agit là d'un cas limite. Le plus souvent, la pièce intérieure entretient un rapport avec l'action de celle qui l'enchâsse.

L'étude du fonctionnement du théâtre dans le théâtre requiert donc une double analyse. Une analyse purement formelle et une analyse fonctionnelle. Dans un premier temps, donc, nous essaierons de dégager les constantes structurelles du théâtre dans le théâtre, c'est-à-dire les possibilités qui s'offrent à tout dramaturge qui choisit d'utiliser cette structure, ainsi que les nécessités que le genre lui impose et avec lesquelles il doit composer ; notre but étant de mettre à jour, sous l'apparente variété des formules, les archétypes. L'analyse fonctionnelle consistera à étudier les rapports qui naissent de l'enchâssement d'une pièce dans une autre : les degrés de structuration de la pièce enchâssée dans l'action de la pièce-cadre ; et les fonctions qui en résultent, selon qu'il s'agit d'une structure de subordination rigoureuse ou d'une structure d'inclusion libre.

Recherche d'une typologie du théâtre dans le théâtre

I. LES DIVERSES MODALITÉS D'ENCHÂSSEMENT

1. *Enchâssement parfait ou imparfait*

On sait que l'enchâssement n'a pas la même valeur selon que la structure est d'origine chorale ou prologale. On ne peut parler d'enchâssement véritable que dans le cas de la structure d'origine chorale : le cours d'une action dramatique est interrompu pour permettre aux personnages de regarder une autre action dramatique à l'issue de laquelle, quittant leur fonction temporaire de spectateurs, ils reprennent le fil de la première action dramatique.[1] Le schéma de la structure de *Célinde* peut servir de paradigme pour toutes les pièces dont la structure est d'origine chorale :

```
              I     II              III              IV      V
Pièce-
cadre        ⊢——⊣  ⊢——⊣  ⊢——· · ·——— · · · · ——— ·····⊣  ⊢——⊣   ⊢——⊣

                          I       II       III
Pièce-
intérieure               ⊢——⊣    ⊢——⊣    ⊢——⊣
                        sc. 1-3  sc. 1-2  sc. 1-5
```

On voit que la pièce intérieure est enchâssée exactement au milieu de la pièce-cadre. Les personnages de l'action dramatique principale se divisent en acteurs et en spectateurs de l'action secondaire, ces derniers restant sur scène pendant toute la durée de la représentation (présence que nous avons marquée par des pointillés), et ponctuant de leurs commentaires le déroulement du spectacle.

[1] Cf. *supra*, pp. 60 sq.

Ce schéma vaut aussi, *mutatis mutandis* (commentaires des spectateurs en moins), pour toutes les pièces représentées à partir du milieu du siècle dans lesquelles la structure originelle est moins sensible. De même, on peut parler d'enchâssement véritable pour les pièces dans lesquelles le théâtre dans le théâtre naît de la théâtralisation des intermèdes, ces spectacles improvisés constituant des parenthèses dans le cours de l'action principale.

Dans la mesure où la structure d'origine prologale provient de la rencontre de deux éléments différents, et où le rapport regardant-regardé qui devrait les souder est, le plus souvent, à peine suggéré — quand il n'est pas sous-entendu —, l'enchâssement paraît artificiel dans bien des cas. Quelquefois, il s'agit même d'une juxtaposition pure et simple. *La Comédie des comédiens* de Gougenot, *La Comédie de la comédie* de Dorimond et *Les Amours de Calotin* de Chevalier ne comportent pas de retour à la pièce-cadre à l'issue de la pièce secondaire, comme l'indique le schéma suivant (*La Comédie* de Gougenot) :

	acte I	acte II	acteIII	acte III	acte IV	acte V[2]
Pièce-cadre	├───┤	├───┤	├───┤			
Pièce intér.				acte I	acte II	acte III
				├───┤	├───┤	├───┤

D'autres fois, la juxtaposition est maquillée en enchâssement par un retour assez artificiel à la première partie, expédié *in extremis*. Ce retour à la pièce-cadre ne dure pas plus d'une scène, et peut parfois se réduire à quelques mots prononcés par un seul personnage. Ainsi, tandis que *La Comédie sans comédie* et *Le Comédien poète* se terminent par un dialogue entre deux personnages de la pièce-cadre, *Le Baron de la Crasse* s'achève de la façon suivante :

> CRISPIN (personnage de la comédie intérieure[3])
> Et je suis ton mari, Catin.

---

[2] Nous transcrivons la curieuse — et inexplicable — numérotation de l'édition originale de la pièce de Gougenot.
[3] Intitulée *Le Zic-Zac,* « petite comédie » qui se termine par le mariage des deux héros, et par celui de leurs serviteurs respectifs, Crispin et Catin.

LE BARON *se levant*[4]

Et moi je paye le festin :
Mais surtout que je sois auprès de cette belle
Lorsque nous mangerons, j'ai du tendre pour elle ;
Elle aura cet habit ; n'en soyez point jaloux.
Allons ! deux jours entiers je vous régale tous.

L'adieu aux spectateurs que prononce M. de Blandimare à l'issue de la pastorale incluse dans *La Comédie des comédiens* de Scudéry est à peine plus développé. Le caractère artificiel de ce retour à la pièce-cadre est d'autant plus manifeste, dans le cas de ces deux dernières comédies, qu'il ne s'agit pas d'un retour à l'*action* de la première pièce, mais simplement au *discours* d'un des personnages principaux.

2. *Enchâssement monolithique ou multiple*

La qualité de l'enchâssement entraîne le caractère de celui-ci. Dans toutes les pièces à structure prologale — c'est-à-dire qui reposent sur une juxtaposition plutôt que sur un véritable enchâssement —, la pièce intérieure est, en raison de son autonomie, *monolithique*. L'action n'est jamais interrompue par un retour au spectacle principal, même dans le cas de *La Comédie sans comédie* de Quinault qui, pourtant, comporte quatre spectacles différents : face au premier acte et à la dernière scène de la comédie, qui constituent le cadre, les quatre pièces intérieures forment comme un grand spectacle à diverses facettes, et les entractes qui l'interrompent sont ceux de la pièce-cadre sans qu'une quelconque intervention extérieure en souligne la division.

La Comédie de Scudéry fait entorse à cette règle parce que la pastorale intérieure est annoncée dans la première partie de la pièce par une courte « Eglogue » donnée par les comédiens à titre de démonstration de leur talent. Et s'il est vrai qu'en raison du déséquilibre entre l'églogue et la pastorale, l'on ne peut guère parler que d'*une* véritable pièce intérieure, il n'en reste pas moins que cette pièce contient *deux* enchâssements différents. Les mêmes remarques valent pour *L'Impromptu de Versailles* qui, outre l'enchâssement principal (la répétition), contient aussi un long monologue théâtralisé (la parodie des Grands Comédiens) au début de la pièce.

---

[4] Didascalie. Le premier vers de cette réplique est un octosyllabe, comme tous ceux du *Zic-Zac*.

Inversement, il y a des pièces qui sont *par nature* à enchâssement multiple : celles dont la structure repose non point sur l'inclusion d'une pièce autonome, mais sur la théâtralisation de certaines scènes conçues à l'origine comme des intermèdes. C'est le cas des « comédies de fous », *L'Hôpital des fous* et *Les Illustres fous* de Beys, ainsi que *Les Fous divertissants* de Poisson. *Les Illustres fous*, la plus achevée des trois pièces, se présente comme suit :

```
                  acte I        acte II       acte III      acte IV       acte V
action
principale     |-------|      |-------|      |-------|      |-------|      |-------|

scènes
enchâssées       |---|                         |---|                        |---|
                 sc. 3-4                        sc. 2-4                      sc. 2
```

Il en est de même pour les pièces qui contiennent plusieurs *spectacles* différents, que les inclusions se fassent au rythme régulier de une par acte, comme dans *Les Songes des hommes éveillés* ou *L'Inconnu*, ou qu'elles ne reposent sur aucune recherche de régularité, comme dans *Le Mari sans femme* et *Le Comédien poète*. Celle-ci comprend deux spectacles, une « crispinerie » au premier acte qui n'ira pas jusqu'à sa fin en raison d'un différend qui oppose le poète à un comédien dans la « Suite du Prologue », et une comédie à l'espagnole qui occupe les quatre actes suivants. Plusieurs comédies-ballets de Molière présentent aussi une structure à enchâssement multiple : *Les Amants magnifiques*, qui contient quatre intermèdes conçus comme des spectacles,[5] *Le Bourgeois gentilhomme* (deux intermèdes[6] plus le ballet final) et *Le Malade imaginaire,* qui comprend un « opéra à deux voix », un divertissement dansé et le ballet final.[7]

3. *Enchâssement décomposé*

Nous avons laissé de côté deux pièces qui incluent plusieurs spectacles différents, sans qu'il s'agisse, selon nous, de structure à enchâssement multiple. *Le Triomphe des cinq passions* et *L'Art de*

---

[5]   Deux pantomimes (2e et 5e intermèdes), une pastorale chantée (3e intermède) et le spectacle final des Jeux Pythiens (dernier intermède).

[6]   1er et 4e intermèdes.

[7]   L'opéra prend place à la scène 5 de l'acte II ; le divertissement constitue le 2e intermède. Sur tout ceci, voir l'Appendice II.

régner comprennent plusieurs pièces intérieures, mais celles-ci s'enchaînent les unes dans les autres sous les yeux d'un même spectateur, comme si elles constituaient un spectacle unique, malgré les commentaires des spectateurs qui soulignent les divisions de l'ensemble. Par ailleurs, il suffit de se reporter au contenu de ces pièces pour se convaincre de ce que les spectacles enchâssés sont soudés. Dans les deux cas, les promoteurs des spectacles intérieurs cherchent à inculquer une seule chose à leurs spectateurs : la maîtrise de soi dans le *Triomphe*, la vertu dans *L'Art de régner*. Les spectacles intérieurs ne sont donc que les divers *exempla* d'une démonstration unique.

Ainsi, ces deux pièces se rapprochent de celles qui enchâssent un seul spectacle intérieur interrompu par les commentaires des spectateurs : *L'Illusion comique,*[8] *L'Illustre comédien,* et *Le Véritable saint Genest.* Nous appellerons ce type d'enchâssement *enchâssement décomposé.* Ce qui le distingue de l'enchâssement monolithique, c'est que les entractes, au lieu de constituer des interruptions « naturelles » et sans signification, sont, au contraire, utilisés par les dramaturges pour glisser, avant ou après l'interruption, le commentaire des spectateurs. Les entractes sont, si l'on peut dire, théâtralisés,[9] théâtralisation qui rompt, dans une certaine mesure, la continuité de la pièce intérieure. Il en est de même, malgré la forme plus réduite de la pièce intérieure, pour *Célinde.* La tragédie d'*Holopherne* est concentrée dans le seul acte III, tout en étant divisée en trois actes (eux-mêmes divisés en scènes) : l'action est donc interrompue par les réflexions des spectateurs, qui forment, à la fin de chaque acte, de véritables entractes théâtralisés.

Enfin, il faut remarquer que l'enchâssement décomposé n'est pas nécessairement lié à la structure chorale — même si, à l'inverse, celle-ci implique automatiquement ce type d'enchâssement. La modalité d'enchâssement ressortit non pas à la structure de la pièce, mais à la volonté du dramaturge. Il suffit, pour s'en convaincre, de comparer deux des comédies qui contiennent une répétition intérieure, *La Comédie des Comédiens* de Gougenot et *L'Impromptu de Versailles.* Dans la première l'enchâssement est monolithique, ce qui laisse supposer — abstraction faite de la probable maladresse de l'auteur — que les comédiens en étaient à la répétition générale puisqu'ils n'avaient nul besoin de s'interrompre pour mettre au

---

[8] Rappelons que les deux spectacles enchâssés dans cette comédie ne sont distingués qu'après coup.

[9] Sur ce point, voir *infra,* pp. 111 sq.

point certains aspects de leur jeu.[10] Inversement Molière, qui a voulu souligner le manque de préparation de ses personnages, a choisi la formule de l'enchâssement décomposé.[11] La répétition intérieure, qui occupe les scènes 3, 4 et 5 (sur un total de onze scènes), est fréquemment interrompue par le metteur en scène — le personnage Molière — qui donne des conseils à ses acteurs, les corrige et, à l'occasion, reprend lui-même une tirade qu'il a estimée mal prononcée.[12]

II. RAPPORT SPATIAL ENTRE PIÈCE-CADRE ET PIÈCE INTÉRIEURE

Parallèlement au choix d'une modalité d'inclusion, le dramaturge devait résoudre le problème de sa réalisation spatiale : de quelle manière offrir aux spectateurs la *représentation* du rapport regardant-regardé ? autrement dit, comment représenter l'espace scénique dévolu à la pièce intérieure ? Plusieurs possibilités s'offraient à lui : suggérer un *espace fictif et indéfini* par la simple distanciation du regard des spectateurs intérieurs ; un *espace fictif*, mais *nettement délimité* par la présence de spectateurs intérieurs sur le devant de la scène — les dimensions de cet espace variant en fonction de la place des spectateurs — ; ou bien encore un *espace fictif*, mais élargi aux dimensions de la scène du grand théâtre, et par conséquent *illimité* ; enfin, *matérialiser* un *espace réel et délimité*, par l'introduction d'un petit théâtre.

1. *La distance du regard*

La troisième scène de l'acte I des *Illustres fous*[13] place deux personnages de l'action principale en présence d'un fou qui se livre à un

[10] Ce qui peut paraître surprenant quand on sait que la première partie de la pièce montrait la troupe en train de se constituer avec, en outre, des comédiens novices.

[11] On compte en tout six interruptions, qui peuvent aller de quelques mots à une tirade entière.

[12] On n'omettra pas que, outre cet enchâssement principal, *L'Impromptu* contient aussi un monologue théâtralisé, ce qui nous a conduit à la considérer avant tout comme une pièce à enchâssement multiple.

[13] Les scènes théâtralisées étant plus nombreuses et plus développées dans

94

long monologue délirant tandis qu'ils l'observent à l'écart.[14] C'est après qu'il a quitté la scène que les spectateurs improvisés se livrent à leurs réflexions. La délimitation de l'espace intérieur s'effectue donc ici par le simple regard silencieux — mais extérieur — d'un personnage sur un autre. Le processus apparaît plus nettement encore à la scène suivante, où un autre fou, le Philosophe, commence à s'adresser aux deux visiteurs avant de se lancer dans un long monologue, d'abord extrêmement sensé puis déraisonnable, qui rejette ces deux personnages hors du domaine du discours dialogué auquel ils appartenaient au début de la scène : ils se retrouvent donc en marge, dans la position de spectateurs silencieux — et qui ne se livrent à leurs commentaires qu'après la sortie du fou. Ici encore, c'est le caractère silencieux du regard des personnages de l'action principale qui délimite l'espace intérieur en lui conférant son statut de spectacle.[15]

Molière a aussi utilisé ce type de relation dans deux de ses comédies-ballets. *Le Sicilien ou L'Amour peintre* et *Le Malade imaginaire*[16] contiennent un spectacle impromptu destiné dans les deux cas à permettre à des amants de se déclarer leur amour tout en mystifiant le père ou le tuteur de la jeune fille, à qui primitivement le divertissement était proposé. Dans *Le Malade*, tous les protagonistes étant assis bien avant qu'Argan ait eu l'idée de faire chanter sa fille et son maître de musique,[17] la relation regardant-regardé s'établit entre ceux qui demeurent assis et ceux qui se lèvent pour chanter, l'espace étant ainsi délimité non seulement par le silence des autres protagonistes, mais surtout par les deux jeunes gens qui chantent face à face et sur le devant de la scène. Par contre dans *Le Sicilien*, l'action se déroule sur le devant de la maison de Don Pèdre, qui sortait avec sa « pupille ».[18] Les spectateurs du divertissement ne sont donc pas assis, et se tiennent sans doute sur l'un des côtés de la scène — à l'entrée de la maison — pendant qu'Hali chante et que les escla-

cette seconde mouture que dans *L'Hôpital,* il nous a paru préférable de concentrer notre analyse sur celle-là.

[14]   Il s'agit du Musicien qui se prend pour Orphée, descendu aux Enfers à la recherche d'Eurydice.

[15]   Les mêmes remarques valent pour *Les Fous divertissants* de Poisson.

[16]   *Le Sicilien,* scène VIII ; *éd. cit.,* tome II, pp. 333-334. *Le Malade imaginaire,* acte II, scène 5 ; tome II, pp. 1136-1139.

[17]   C'est Argan qui, vers le début de la scène avait réclamé « (sa) chaise, et des sièges à tout le monde » (p. 1133).

[18]   En l'absence de toute didascalie, on ne peut se fier qu'aux indications intratextuelles : à la fin de la chanson d'Hali, Don Pèdre décide de « rentrer » dans sa maison.

ves dansent au milieu de la scène. Mais quelle que soit la position des spectateurs, l'on retrouve ici, plus encore que dans *Le Malade*, la délimitation spatiale que nous avions mise à jour dans la pièce de Beys : l'espace de la représentation intérieure se trouve marqué par le silence des spectateurs.

Ainsi, puisque la répartition de l'espace dépend de l'absence de participation des spectateurs, on se doute que leur place est très réduite dans les autres intermèdes des comédies-ballets de Molière. A quelques rares exceptions près, les intermèdes enchâssés reposent sur une même relation spatiale : les acteurs de la pièce se rangent sur un côté de la scène — quelquefois en s'asseyant (ballets finals des *Amants magnifiques* et du *Bourgeois gentilhomme*[19]), plus souvent debouts, notamment lorsque le ballet est court ou présenté comme non prémédité (*La Princesse d'Elide, L'Amour médecin, Le Sicilien, Monsieur de Pourceaugnac*) — et les acteurs des ballets occupent tout le plateau, attirant par leurs mouvements toute l'attention du public de la salle.[20]

Malgré les apparences, il n'en va pas différemment pour l'enchâssement de la pastorale qui constitue le troisième intermède des *Amants magnifiques*. Les spectateurs restent silencieux pendant toute la durée de la représentation, et les sièges sur lesquels ils se sont installés[21] doivent être rangés sur un côté de la scène afin de laisser aux nombreux chanteurs et danseurs de la pastorale (en tout vingt-neuf personnes) la place d'évoluer.

Ainsi, dans tous les cas, la relation spatiale est défavorable aux spectateurs dont le rôle se limite dans ce type de pièce à assurer, par *leur seul regard*, le lien entre l'action enchâssante et l'action enchâssée. Ce rapport peut se détériorer tellement au détriment des spectateurs que ceux-ci finissent par se laisser aspirer par le spectacle. Dans *Le Malade imaginaire*, Béralde propose d'abord à Angélique, Cléante et Toinette de « prendre ensemble le divertissement » de la

---

[19] Monsieur Jourdain invite la compagnie : « allons prendre *nos places* » (acte V, scène 6 ; *éd. cit.*, tome II, p. 779). Nous soulignons.

[20] Cf. la didascalie de la dernière scène de *Monsieur de Pourceaugnac* (acte III, scène 8 ; *éd. cit.*, tome II, p. 636) : PLUSIEURS MASQUES *de toutes les manières, dont les uns occupent plusieurs balcons, et les autres sont dans la place, qui, par diverses chansons et diverses danses et jeux, cherchent à se donner des plaisirs innocents.*

[21] La Princesse Aristione venait de dire : « ce lieu est le plus beau du monde, prenons vite nos places » (acte II, scène 5 ; *éd. cit.*, tome II, p. 665).

fausse réception d'Argan par la Faculté de médecine ; puis, il juge préférable d'assister *de l'intérieur* à ce spectacle, annihilant ainsi toute la relation regardant-regardé qui fonde le théâtre dans le théâtre :

> Nous y pouvons aussi prendre chacun un personnage, et nous donner ainsi la comédie les uns aux autres.[22]

2. *Un espace intérieur de dimension variable*

Dans la plupart des cas, même lorsqu'il s'agit d'une « évocation magique », la représentation intérieure est présentée comme un véritable spectacle : si l'on n'est pas encore « au théâtre », on se trouve en tout cas dans un lieu propre à la comédie et dans lequel l'assistance est expressément installée pour contempler le spectacle. Toute salle de la maison ou du palais où se passe l'action peut faire l'affaire, à condition qu'elle dispose de sièges.

Ainsi Desfontaines, qui donne pour cadre à l'action de *L'Illustre comédien* le « palais à volonté », fait jouer Genest et sa troupe dans la salle où se tient habituellement l'empereur.[23] C'est donc dans cette salle que Dioclétian revient s'installer avec sa cour avant le début de la représentation. L'espace de la représentation est ainsi délimité par les sièges de l'assistance qui se place sur le devant de la scène, mais de côté. Il n'est pas question toutefois de rejeter les spectateurs intérieurs « en un des coins du théâtre », comme on le faisait quelquefois,[24] en raison de la fonction chorale qui leur est assignée et surtout du dialogue qui s'établit entre Dioclétian et Genest lorsque celui-ci, quittant son rôle de renégat, proclame sa foi.

On trouve la même répartition de l'espace dans la comédie de Cyrano de Bergerac, *Le Pédant joué.* Le lieu de l'action est le collège de Beauvais, et la comédie intérieure du cinquième acte est censée être représentée dans l'une des salles du collège où sont disposés des sièges, comme l'indique l'invitation à s'asseoir qu'adresse l'un des acteurs à Châteaufort, le capitan.[25] La « compagnie » — composée

---

[22]   Acte III, scène 14 ; *éd. cit.,* tome II, p. 1171.
[23]   Acte I, scène 3. Le dramaturge paraît avoir eu scrupule à faire jouer des comédiens professionnels en dehors d'une salle de théâtre. Aussi fait-il dire à Genest, en guise de justification, que, pour faire valoir son art, il n'est pas « besoin d'apprêts ni de théâtre ».
[24]   Voir plus bas le cas des pièces de Gillet.
[25]   Acte V, scène 10 ; *Oeuvres complètes,* éd. J. Prévot, Paris, Belin, 1977, p. 231.

de plus de six personnes[26] — occupe donc toute une partie de la scène, assez près des acteurs, en tout cas, pour que l'un des spectateurs, qui est aussi l'inventeur et le metteur en scène du spectacle, puisse souffler son rôle à l'un d'eux et rappeler à l'ordre le Pédant qui interrompt sans cesse la représentation ; celui-ci, à qui l'on a attribué le double rôle de spectateur et d'acteur,[27] est placé légèrement en avant des autres afin de pouvoir tenir son personnage au moment voulu (à la fin), ainsi que le lui a demandé le metteur en scène.[28]

Nous constatons donc que dans ces pièces qui enchâssent un spectacle d'envergure mais mal situé dans l'espace de l'action principale, puisqu'aucun plateau intérieur ne vient tracer de limites, la relation spatiale acteurs-spectateurs est liée au degré de participation de ceux-ci à la mise en place ou au déroulement de la pièce intérieure.

Les pièces de Gillet, *L'Art de régner* et *Le Triomphe des cinq passions* reposent sur la relation inverse : dans ces tragi-comédies, la série de spectacles intérieurs occupe la quasi-totalité de l'ensemble du spectacle, et les spectateurs intérieurs n'apparaissent que ponctuellement, pour tirer une brève leçon de chaque *exemplum* ; entre leurs apparitions, tout le plateau est dévolu aux acteurs qui rejettent ainsi les spectateurs, comme l'indiquent deux didascalies successives de *L'Art de régner*, « en un des coins du théâtre pour écouter ».[29] La scène est donc alternativement occupée par les spectateurs ou par les acteurs.

En outre, comme on le voit dans *L'Art de régner*, l'opposition spatiale est d'autant plus forte que les spectateurs apparaissent sur scène en l'absence de tout décor, alors que les acteurs jouent quand la « toile » cachant ce décor a été tirée.[30] Il en va de même dans *Le Triomphe des cinq passions*, en dépit de différences qui sont d'ordre superficiel (d'un côté un spectacle théâtral dans l'appartement d'un prince, de l'autre une « évocation magique » suscitée dans le « temple » d'un enchanteur) : tantôt nous voyons les deux spectateurs, l'Enchanteur et son « patient », dialoguer devant le temple, tantôt,

[26] Outre les principaux personnages, la distribution indique un nombre indéterminé de « cuistres ».
[27] Son rôle d'acteur consistera à accorder son consentement au mariage de son fils et à signer le contrat de mariage.
[28] *Ibid.*: « Toutes choses sont prêtes ; faites seulement apporter un siège, et vous y colloquez, car vous avez à paraître pendant toute la pièce. »
[29] Acte I, scène 1 ; acte II, scène 1.
[30] Acte II, scène 1, didascalie : *Ils se mettent en un coin du théâtre, et, la toile étant tirée, ces personnages paraissent.*

quand ils sont « entrés dedans ce temple »[31] et que la toile a été tirée,[32] nous n'avons plus sous les yeux que les seuls acteurs des évocations, les deux autres personnages s'étant alors retirés dans leur *espace scénique minimum*, « un des coins du théâtre ».

Si l'on considère, comme le fait M. Alcover,[33] que la grotte d'Alcandre, dans *L'Illusion comique*, n'était pas un simple compartiment parmi d'autres dans le décor de la scène, mais qu'elle « *contenait* les autres éléments du décor »,[34] on jugera que la relation spatiale acteurs-spectateurs est la même que dans les deux tragi-comédies de Gillet : tout se passe dans ou devant la grotte[35] ; les deux spectateurs, après avoir discuté, se retirent sur un côté de la grotte, laissant la place aux « fantômes parlants » et revenant au premier plan à la fin de chaque tableau. Mais si, pendant que les acteurs de l'évocation sont sur le plateau, l'espace scénique des spectateurs est réduit au minimum, ceux-ci doivent tout de même se tenir en avant des personnes de qualité installées sur la scène. En effet, pour que Pridamant puisse s'écrier « Hélas ! il est perdu ! » au milieu de l'action intérieure,[36] ou qu'avec Alcandre il accompagne de ses commentaires l'entrée en scène des personnages,[37] il faut que tous deux demeurent à l'écart, certes, mais bien visibles.

On retrouve le même type de relation spatiale dans une comédie comme *Le Baron de la Crasse* : le Baron et ses deux hôtes ont beau garder le silence pendant toute la durée de la représentation du *Zic-Zac*, ils ne sont pas repoussés dans un coin du plateau, d'une part parce que, déjà assis, ils ont longuement discuté avec les comédiens avant le début du spectacle, d'autre part et surtout parce que, les derniers mots de la comédie intérieure prononcés, le Baron n'a qu'à

[31] Acte II, scène 1 : « Allons, c'est trop parler, l'heure presse et s'avance, / Entrons dedans ce Temple et garde le silence. »

[32] Acte I, scène 1, didascalie : *On tire la toile et l'on voit un temple et ses personnages qui suivent.*

[33] « Les lieux et les temps dans *L'Illusion comique* », *French Studies,* Vol. XXX, oct. 1976, No 4, p. 392-404.

[34] *Ibid.*, p. 397.

[35] Sur le problème des entrées et des sorties de la grotte, voir la mise au point de M. Alcover, *ibid.*, p. 395. Par ailleurs il nous paraît que les propositions de l'auteur sur la compartimentation de la scène dans cette pièce peuvent trouver un appui dans *Le Triomphe* de Gillet ; comme cette pièce s'inspire de très près de *L'Illusion,* il y a tout lieu de penser que la grotte d'Alcandre est bien l'ensemble *dans lequel* se déroule l'évocation, annonçant ainsi le « temple » de l'Enchanteur de Gillet.

[36] Acte V, scène 5, v. 1700, *éd. cit.,* p. 114.

[37] Acte V, scène 1, p. 96.

« se lever » de son siège — la didascalie aurait précisé « s'avancer » s'il avait été dans un coin — pour inviter les comédiens à dîner.

3. *La scène du grand théâtre*

Un poète et son valet représentent deux scènes de comédie devant les comédiens de l'Hôtel de Bourgogne, silencieux, qui se tiennent debouts, en demi-cercle, autour d'eux. A première vue, le rapport regardant-regardé ainsi établi est le même que celui que nous venons d'analyser. En fait, il n'y a pas à rechercher les espaces respectifs des acteurs et des spectateurs : l'action de la pièce tout entière se déroulant sur le plateau de l'Hôtel, il suffit que les protagonistes s'écartent pour que ce plateau ne soit plus le lieu de l'action de la pièce-cadre et devienne le lieu de la représentation de la pièce intérieure. Certes, il est permis de supposer[38] que dans *Le Poète basque* les spectateurs intérieurs n'avaient pas à s'écarter beaucoup pour laisser la place à *deux* acteurs de jouer ; mais rien n'interdisait qu'ils se retirassent de part et d'autre de la scène pour s'asseoir sur les sièges réservés aux spectateurs de qualité, laissant ainsi la totalité du plateau aux acteurs.

C'est, sous une forme réduite et burlesque, ce qui se passe dans *Le Comédien poète*. Le poète et un comédien discutent sur le devant du théâtre, puis se retirent derrière la toile, l'un pour observer « les Entrées et les Sorties » des acteurs, l'autre « pour tenir la Pièce ». Il en est de même dans la « Suite du Prologue » : un second comédien vient se mêler à la conversation, chasse le poète et fait accepter sa pièce ; la deuxième répétition se déroule donc sous l'oeil du premier comédien qui, — suppose-t-on, puisqu'aucune indication ne vient le confirmer — doit s'installer sur un côté du théâtre, permettant ainsi aux acteurs d'occuper toute la surface de la scène, comme dans le premier acte. Par ailleurs, si l'on suit la progression de *La Comédie des comédiens* de Gougenot, qui commence par un prologue que Bellerose adresse aux spectateurs et se poursuit par des discussions entre des comédiens, l'on doit supposer que le lieu de l'action n'a pas varié depuis le prologue. Il s'agit toujours du plateau de théâtre. Quant à la répétition intérieure, elle se déroule, évidemment, au même endroit. Comme dans *Le Poète basque* et *Le Comédien poète*, la scène constitue le lieu unique de l'action enchâssante et de l'action enchâssée.

---

[38] En l'absence de toute didascalie ou indication intratextuelle.

100

Selon nous, une telle utilisation de l'espace n'est guère imaginable ailleurs que dans le théâtre français du XVIIe siècle, car elle prend sa source dans cet extraordinaire usage qui permettait à certains spectateurs de s'installer sur les ailes du théâtre : que la relation regardant-regardé s'ordonnât autour du plateau n'est rien d'autre que la prise en compte de la relation réelle acteurs-personnes de qualité, comme l'indique la transposition à laquelle s'est livrée Chevalier dans *Les Amours de Calotin*. La première partie de la comédie nous montre l'arrivée des spectateurs, qui s'installent l'un après l'autre sur le plateau ou dans les loges, leurs discussions, puis, au début de la pièce intérieure, leur fuite devant les sarcasmes des comédiens. Ces spectateurs fictifs une fois sortis, il reste sur la scène les spectateurs réels, qui conservent avec les acteurs la même relation spatiale. Ainsi Chevalier, ayant emprunté à la réalité un certain type de relation spatiale, l'a d'abord fait assumer par des spectateurs fictifs (faisant naître la structure du théâtre dans le théâtre), avant de la reporter sur les spectateurs réels, qui en avaient été à l'origine.

Il n'en va guère différemment dans *La Comédie des comédiens* de Scudéry, *La Comédie sans comédie* de Quinault et *La Comédie de la comédie* de Dorimond, quoique le lieu de l'action enchâssante ne soit pas le plateau du théâtre : une rue et une auberge pour la première, une rue pour la seconde, les abords puis les coulisses d'un théâtre pour la troisième. Mais comme les protagonistes sont, dans les trois cas, des comédiens, il paraît tout naturel qu'ils quittent leur auberge ou leur rue pour jouer sur leur théâtre. Dès lors, le rapport regardant-regardé devient le même que précédemment : les spectateurs, installés sur les ailes ou dans les coins, laissent tout le reste du plateau aux acteurs jusqu'à la fin de la pièce. Il est vrai que seul Quinault mentionne des spectateurs intérieurs ; encore ne le fait-il pas jusqu'à la fin : ici aussi la relation est prise en charge par les spectateurs réels.

La seule pièce qui laisse les personnages de l'action principale présents sur un côté du plateau est *Elomire hypocondre*. Une longue didascalie nous indique la disposition de l'ensemble :

> *A cette scène, le théâtre paraît comme il est lorsqu'on est prêt de commencer la comédie, la toile n'étant pas encore tirée : et d'un côté il y a une façon de loge dans laquelle sont les acteurs de cette scène, pour voir la comédie.*[39]

[39]   In *Oeuvres complètes* de Molière, tome II, p. 1264.

Déjà remarquable par cet effort de mise en scène, la comédie enchâssée par Le Boulanger de Chalussay présente en outre la particularité d'être observée par un public *ad hoc*, comme nous l'apprend une seconde didascalie :

> Dans ce temps-là, on tire la toile, et l'on voit une salle, dans laquelle il y a un théâtre et une compagnie pour voir jouer la comédie, et les violons commencent à jouer.[40]

A y regarder de près, un tel déploiement de spectateurs est impossible, même en acceptant que le second public de la comédie intérieure soit représenté par une toile peinte (ce que la didascalie ne signale pas). Aucune troupe, à l'époque, ne disposait du personnel suffisant pour laisser les acteurs de la pièce principale contempler effectivement un spectacle nécessitant la présence d'une dizaine d'acteurs. La distribution d'*Elomire hypocondre* recense une cinquantaine de personnages, et, si l'on peut admettre que les personnages secondaires étaient représentés par quelques acteurs tenant plusieurs rôles, l'on est forcé de conclure que la représentation d'une telle pièce est une gageure pour l'époque. De fait, G. Couton pense qu'elle n'a jamais été représentée. Pièce écrite pour la seule lecture, on comprend que son auteur n'ait pas lésiné sur l'exactitude du dédoublement scénique. Nul doute que si elle avait été représentée, les personnages de l'action principale auraient été escamotés.

4. *Un théâtre sur le théâtre*

L'introduction d'un théâtre sur la grande scène devrait constituer la relation spatiale normale pour la mise en oeuvre d'une structure telle que le théâtre dans le théâtre. Or, paradoxalement, cette relation est exceptionnelle : elle apparaît seulement dans cinq pièces, *Célinde, Le Véritable saint Genest, Les Songes des hommes éveillés, La Comtesse d'Escarbagnas* et *L'Inconnu*. Cette rareté est d'autant plus étonnante que, techniquement, il n'y avait aucune difficulté à introduire un petit théâtre, même au cours de la représentation. Assurément, la figure du théâtre dans le théâtre n'a jamais été considérée par les dramaturges comme un problème de technique.

L'introduction d'une scène intérieure comporte de multiples avantages. Elle introduit des limites précises dans l'espace de la

---

[40] *Ibidem.*

grande scène : au lieu des fluctuations que nous avons analysées précédemment, le rapport regardant-regardé s'établit autour de l'estrade, ce qui confère à la relation spatiale une stabilité qui renvoie le spectateur véritable à sa propre relation avec les acteurs qui jouent sur le plateau. Il n'est plus question ici d'espace scénique minimum ; comme dans le vrai théâtre, la répartition de l'espace ne dépend pas du degré de participation des spectateurs, mais de la configuration même du théâtre. D'autre part une scène intérieure peut avoir un décor propre,[41] indépendamment du décor de la grande scène qui, durant la représentation intérieure, demeure constant, alors que dans les autres cas, il ne peut y avoir qu'un seul décor à la fois : ou bien la pièce intérieure se déroule dans le décor de la pièce-cadre, ou bien la pièce-cadre (en général très courte) se déroule devant une « toile peinte » que l'on remonte ensuite pour laisser la place au « vrai décor » de la pièce intérieure.

Par ailleurs, une petite scène avec son décor propre (celui d'une pièce de théâtre) posée sur une grande scène dont le décor représente une salle où se déroule un spectacle, est l'expression du *dédoublement théâtral total*. Cela n'est pas sans relation avec la signification de l'oeuvre : quatre de nos cinq pièces comportent en effet au niveau de l'action enchâssée une *réduplication thématique* ou *mise en abyme*.[42] Le dédoublement de la scène va donc de pair avec le dédoublement de l'action. C'est d'ailleurs l'une des raisons pour lesquelles l'on ne rencontre jamais un théâtre *sur* le théâtre dans les comédies des comédiens. Il est vrai que l'action de la plupart d'entre elles se déroule sur le plateau, dès le commencement ; malgré tout, aucune ne saurait accepter de mise en abyme sous peine de voir naître un effet de redondance absolu.

Enfin, une scène intérieure permet de *théâtraliser* très fortement l'action enchâssée. Et l'on constate que les dramaturges l'ont utilisée précisément dans les cas où l'action enchâssée finit par rejoindre l'action enchâssante (dont elle était la réduplication), marquant ainsi qu'une action dramatique, si théâtrale soit-elle, peut se conion-

---

[41] Cf. *Le Véritable saint Genest* (acte II, scène 1) : « les détails techniques que donne Genest montrent que le décor est constitué par une ou plusieurs grandes toiles peintes où sont représentés un monument à l'antique, qui est sans doute un temple, des personnages, un parc avec des arbres et des bassins, et en haut, le ciel » (J. Schérer, *éd. cit.,* p. 954, n. 5).

[42] Voir le chapitre suivant. Seule *La Comtesse d'Escarbagnas* qui, comme on sait, constitue un cas à part dans notre *corpus,* ne comporte pas de mise en abyme.

dre avec la réalité.[43] Ce souci de la théâtralisation apparaît d'ailleurs nettement dans la seule oeuvre qui n'offre aucun lien thématique entre la pièce-cadre et la pièce intérieure, *La Comtesse d'Escarbagnas*. La pastorale enchâssée est en effet interrompue par un personnage venu de l'extérieur pour dire leur fait aux spectateurs du divertissement. L'un d'entre eux lui ayant fait remarquer que « l'on ne vient point crier de dessus un théâtre ce qui se doit dire en particulier » , l'interrupteur répond :

> J'y viens moi, morbleu ! tout exprès, c'est le lieu qu'il me faut, et je souhaiterais que ce fût un théâtre public, pour vous dire avec plus d'éclat toutes vos vérités.[44]

De la même manière, Rotrou joue avec la relation spatiale établie par la scène intérieure pour opposer la répétition et la pièce elle-même : tant que Genest et ses compagnons discutent ou répètent, ils se tiennent *devant* le « théâtre » ; ils n'apparaîtront *sur le théâtre élevé*[45] qu'au commencement de la pièce.

Dans tous les cas, la scène intérieure est une estrade assez basse pour que les acteurs puissent en descendre, et quelquefois y monter,[46] facilement.[47] Il est plus difficile de se représenter sa susface qui varie selon les pièces : très grande dans *La Comtesse d'Escarbagnas* puisque la pastorale intérieure était entrecoupée d'intermèdes à grand spectacle,[48] cette estrade devait être au contraire très petite dans *Célinde* et dans *Les Songes des hommes éveillés*, d'une part parce qu'elle était cachée pendant les quatre premiers actes — qui contenaient eux-mêmes de nombreux compartiments[49] —, d'autre part parce que la pièce intérieure est jouée par trois

[43]   On voit alors l'acteur *descendre* du théâtre, le couteau plein de sang à la main (Célinde), couvert de chaînes (Genest), pour embrasser son amant (Isabelle dans *Les Songes*) ou pour montrer un portrait (l'Amour conduit par Zéphire dans *L'Inconnu*).

[44]   Scène VIII ; *éd. cit.,* t. II, p. 970.

[45]   Acte II, scène 7, didascalie ; *éd. cit.,* p. 960.

[46]   Cf. *Le Véritable saint Genest,* acte II, scène 9, fin (p. 967), et acte III, scène 8, fin (p. 978).

[47]   Elle ne doit donc pas être confondue avec la deuxième scène qui était dressée en permanence (durant la première moitié du siècle) pour permettre des apparitions ou des effets spéciaux rudimentaires, et qui était placée relativement haut.

[48]   Il s'agissait des principaux intermèdes des comédies-ballets des années précédentes (cf. G. Gouton, Notice, *éd. cit.,* tome II, p. 950).

[49]   Cf. R. Horville, « Les niveaux théâtraux dans *Les Songes des hommes éveillés* », *Revue des Sciences Humaines*, tome XXXVII, No 145, janv.-mars 1972.

acteurs qui ne se déplacent jamais. Quant au *Véritable saint Genest*, il faut supposer l'estrade assez grande en raison de l'ampleur de la pièce intérieure et du petit nombre de compartiments nécessaires au déroulement de l'ensemble de la pièce : une salle de palais au début et à la fin du spectacle ; la salle de théâtre ; et un cachot au début du cinquième acte. Le « théâtre roulant » de *L'Inconnu* constitue un cas à part parce qu'il est sorti tout droit de l'imagination de Th. Corneille au moment de la publication de sa pièce. Mais comme il ne représente qu'une vaste chambre à coucher, richement décorée, et que l'action est jouée seulement par quatre personnages, il n'y avait rien que de très possible à réaliser, et il paraît d'ailleurs probable que cette pièce intérieure du Ve acte a été rapidement jouée après la publication de la comédie.[50]

III. RAPPORT TEMPOREL ENTRE PIÈCE-CADRE ET PIÈCE INTÉRIEURE

L'une des questions fondamentales que pose tout texte de théâtre est celle de son inscription dans le temps. Cette question présente plus d'acuité encore lorsque le théâtre se dédouble. La représentation d'une pièce « normale » met en jeu deux temporalités distinctes : celle de la *représentation* proprement dite, qui correspond au *temps réel*, et celle de *l'action* représentée, que l'on appelle le *temps fictif*. Le « *temps théâtral* » est donc le rapport entre ces deux temporalités et varie en fonction du plus ou moins grand mimétisme qui existe entre la durée de l'action représentée et celle de la représentation. Or, dans la mesure où les durées coïncident dans les séquences continues de la pièce — c'est-à-dire à l'intérieur de chaque acte, à condition qu'il n'y ait pas de changements de tableaux —, les variations du temps théâtral ne peuvent être causées que par la discontinuité qu'introduisent les entractes : entre deux actes, le temps fictif peut s'étendre considérablement (de quelques minutes à plusieurs années) et ne plus correspondre désormais au temps réel, immuable. Pour les défenseurs de la doctrine classique, le temps théâtral devait

---

[50] Comme l'indique une remarque des frères Parfaict qui précisent qu'en 1678 on a substitué à cette pièce intérieure un passage extrait du *Triomphe des Dames* (cf. H.C. Lancaster, *op. cit.,* part. IV, p. 915, n. 9).

donc varier le moins possible puisqu'il fallait que le temps fictif tendît le plus possible à se confondre avec le temps réel.[51]

L'enchâssement d'un spectacle dans un autre introduit deux nouvelles temporalités, et un nouveau temps théâtral. Si l'on se place sur le plan des spectateurs intérieurs, on constate une nouvelle fois l'opposition entre le temps « réel » — la durée de la représentation intérieure — et le temps fictif — la durée de l'action de la pièce intérieure —, ces deux temporalités se superposant dans les séquences continues de la pièce et s'écartant l'une de l'autre à l'occasion des ruptures dans le déroulement de l'action. Aussi le temps théâtral ne peut-il pas être uniforme dans les divers spectacles enchâssés de notre *corpus*, puisque les représentations intérieures elles-mêmes sont parfois courtes et sans coupures, parfois longues et interrompues par des entractes. Ainsi, ce type de pièce présente *quatre temporalités*, susceptibles de variations les unes par rapport aux autres (même la durée de la représentation réelle — en principe immuable — peut affecter les trois autres, puisqu'elle peut être contenue en un, trois ou cinq actes), et, partant, le temps théâtral présente un certain nombre de combinaisons qu'il importe de dégager.[52]

1. *Coïncidence des quatre temporalités*

Pour que les quatre durées coïncident absolument, il faut qu'il n'y ait aucun entracte, ni au niveau de la pièce-cadre, ni à celui de la pièce encadrée : le temps fictif des *deux* spectacles n'est susceptible d'aucune variation, et se confond parfaitement avec le temps réel des deux niveaux de représentation. Cette condition suppose que l'une des deux représentations au moins soit assez courte pour pouvoir supporter cette absence d'entracte, autrement dit qu'elle ne dépasse pas la longueur d'un acte. Cette réduction du temps théâtral à une *temporalité unique* ne peut donc se produire que lorsque la pièce-cadre est en un acte, ou lorsque la pièce intérieure est tout entière contenue dans les limites d'un acte du spectacle qui l'enchâsse — quelles que soient les dimensions de celui-ci.

---

[51] C'est ce que Chapelain a exposé avec netteté dans sa fameuse lettre du 29 novembre 1630 : voir A. Adam, *Histoire de la Littérature française du XVIIe siècle*, I, pp. 442 sq. Sur l'unité de temps, voir aussi J. Schérer, *La Dramaturgie classique en France*, p. 110 (en ce qui concerne l'utilisation des entractes, voir pp. 118-119).
[52] Il va de soi que nous n'avons pas à envisager dans ce développement le cas des intermèdes théâtralisés dans la mesure où, n'étant pas de véritables pièces intérieures autonomes, ils n'ont pas de temporalité propre.

Parmi les comédies en un acte qui font partie de notre *corpus*, seule *Le Baron de la Crasse* ne présente aucune interruption, tant dans la représentation enchâssante que dans la représentation enchâssée : les seize scènes[53] s'enchaînent les unes à la suite des autres sans la moindre pause, pas même avant le début de la représentation intérieure pour laisser le temps aux comédiens, qui venaient seulement d'arriver au château du Baron, de se préparer.

Deux autres pièces en un acte,[54] *L'Impromptu de Versailles* et *Le Poète basque*, comportent certes des coupures dans le cours de leur représentation intérieure, mais ces coupures ne sont pas de nature à introduire une véritable discontinuité temporelle : dans *L'Impromptu*, les interventions du personnage Molière interrompent non seulement la répétition, mais l'action dans son déroulement, celle-ci reprenant, peu après, exactement au point où elle avait été arrêtée ; et dans *Le Poète basque*, la coupure entre les deux « actes » de la pièce intérieure[55] est fictive car elle ne correspond ni à une interruption de l'action au niveau de la pièce-cadre, ni à une rupture de l'action de la pièce intérieure, les spectateurs n'intervenant pas pendant le faux entracte et l'action du second acte constituant la suite immédiate de celle du premier.

La Comédie de la comédie est la seule de nos pièces en un acte dont certains changements de scènes constituent de véritables ruptures accompagnées de modifications du lieu de l'action : nous sommes transportés de l'entrée du théâtre à la loge d'une comédienne, puis ramenés à l'entrée. En fait ces ruptures n'introduisent aucune discontinuité dans la durée de l'action : le temps qui sépare l'action de la première scène (l'arrivée de deux « Bourgeois » au théâtre) de celle de la dernière (la fermeture des portes du théâtre) peut parfaitement correspondre au temps réel. Quant à la pièce intérieure,[56] elle commence aussitôt après la fermeture des portes du théâtre et se déroule sans interruption jusqu'à la fin de *La Comédie*.

---

[53] La pièce-cadre comporte six scènes (cinq scènes numérotées de I à V suivies d'une « scène dernière ») ; la pièce encadrée, dix (neuf scènes plus une « scène dernière », la réplique finale du Baron appartenant à cette ultime scène de la pièce intérieure).

[54] Nous laissons de côté *La Comtesse d'Escarbagnas* qui, avec la pastorale initialement prévue, constituait un ensemble beaucoup plus vaste que la pièce en un acte qui subsiste.

[55] Scènes IX et X de la pièce-cadre.

[56] Cette petite comédie, *Les Amours de Trapolin,* comprend huit scènes qui s'achèvent, rappelons-le, sans retour à la pièce-cadre.

Quatre comédies en cinq actes présentent aussi la particularité de réduire le temps théâtral, au moment de l'enchâssement,[57] à une temporalité unique. L'une d'entre elles, *Elomire Hypocondre,* enchâsse à l'acte IV une sorte de « comédie des comédiens » qui ne présente aucune rupture dans la continuité dramatique. Les trois autres, *Les Songes des hommes éveillés, Le Pédant joué* et *L'Inconnu,* présentent un certain nombre de points communs : l'enchâssement s'effectue au Ve acte, il amène le dénouement de l'action principale, et ce dénouement n'est possible qu'à cause des correspondances entre action enchâssante et action enchâssée (mise en abyme). Etant ainsi contenues à l'intérieur d'un acte unique, ces pièces intérieures sont elles-mêmes très courtes : trois scènes dans *Les Songes* et dans *L'Inconnu,* une dans *Le Pédant.* La temporalité unique s'explique en partie par le fait que l'action intérieure, à cause de sa brièveté, ne peut être étalée dans le temps sous peine d'invraisemblance. Aussi, cette action commence-t-elle très près du dénouement : un récit, avant le commencement de la pièce quelquefois,[58] permet aux spectateurs (réels et fictifs) d'être informés de l'essentiel.

Le processus est particulièrement remarquable dans *Les Songes* où la pièce intérieure du dernier acte reconstitue la vie du héros de la pièce-cadre. La première scène[59] consiste en un long récit fait par l'un des deux protagonistes : c'est le résumé des principaux événements de la vie du héros, qui se voit donc « joué » sur le théâtre. Après une courte scène où l'on annonce l'arrivée d'un cavalier, la troisième consiste à son tour, pour l'essentiel,[60] en un long récit fait par ce cavalier : ce récit reprend le fil des événements à l'endroit où le premier avait été interrompu, et il le poursuit jusqu'au moment où il se révèle correspondre exactement au présent de l'action principale. L'habileté de Brosse est ici d'avoir eu recours au procédé classique des récits, qui permet de faire accélérer la suite des événements, sans que la temporalité de l'action en soit affectée : ici la temporalité de l'action enchâssée peut donc continuer de coïncider avec celle de

---

[57] Nous ne parlons ici que de l'enchâssement d'une véritable pièce de théâtre, *Les Songes* et *L'Inconnu* enchâssant un certain nombre d'autres spectacles qui sont des divertissements et non de véritables pièces de théâtre, et qui, partant, n'ont point de temporalité propre (cf. *supra*, n. 52).

[58] C'est le cas du *Pédant joué* : l'intrigue est expliquée à la scène 5 et la représentation commence à la scène 10 (de l'acte V).

[59] Acte V, scène 3.

[60] Nous faisons abstraction des cris du héros qui ne font guère que *suspendre* brièvement la représentation intérieure.

l'action principale, de sorte que les deux actions — et leurs deux durées — viennent se confondre à la fin sans le moindre tiraillement.

2. Coïncidence relative des quatre temporalités

Dès que la pièce intérieure prend de l'ampleur et dépasse les limites d'un acte unique, les possibilités de discontinuité temporelle s'accroissent. Les entractes de la représentation principale se répercutent sur le plan de la représentation intérieure, et la temporalité de l'action enchâssée ne correspond plus nécessairement à celle de la représentation enchâssante. On sait qu'à l'époque classique la coïncidence n'était en quelque sorte qu'une question de proportions : faire correspondre exactement durée réelle et durée fictive aurait signifié que l'action dût s'étendre sur une durée maximum de trois heures ; on tolérait donc que la durée fictive fût de vingt-quatre heures.[61] Au regard de la coïncidence absolue que nous avons analysée plus haut, on ne peut donc parler ici que de coïncidence relative. A cette nuance près, nous allons voir que les rapports entre les deux temps théâtraux sont à peu près les mêmes que précédemment.

Dans *La Comédie des comédiens* de Scudéry, les deux premiers entractes correspondent à une accélération du temps respectivement de quelques heures[62] et d'une nuit[63] ; les trois actes suivants étant consacrés à la représentation intérieure, qu'aucun spectateur n'interrompt de ses commentaires (structure prologale), il n'y a plus de discontinuité au niveau de l'action principale. Celle-ci s'étend donc en tout sur une durée de vingt-quatre heures et coïncide avec la durée de la représentation. On observe le même rapport en ce qui concerne la représentation et l'action intérieures puisque l'action enchâssée ne comporte qu'une seule rupture au niveau du dernier entracte, durant laquelle une nuit est supposée s'écouler. Nous aboutissons donc au schéma suivant :

[61]   On admettait aussi une conception « large » de l'unité de temps, étendue à un jour, une nuit et le jour suivant. Conception d'abord propre à la pastorale, puis étendue à la tragi-comédie. Voir A. Adam, *op. cit.,* I, pp. 434 sq. et 510.
[62]   De la fin de l'après-midi à l'après-dîner.
[63]   De la fin de la soirée à la représentation du lendemain.

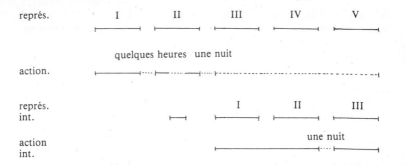

Dans la mesure où cet intervalle d'une nuit est considéré comme tolérable,[64] le deuxième entracte de la représentation intérieure — qui correspond au quatrième de la représentation principale — ne rompt pas la coïncidence relative entre les deux temporalités de la pièce enchâssée. Or, comme l'absence d'interventions des spectateurs intérieurs permet à la durée de la représentation intérieure de se superposer à celle de l'action principale — qui correspond à celle de la représentation —, les quatre temporalités coïncident.

On pourra donc parler de *coïncidence relative* des temporalités pour tout spectacle qui observe l'unité de temps aussi bien au niveau de la pièce-cadre qu'à celui de la pièce intérieure, à condition que des spectateurs intérieurs — dont les commentaires constitueraient des entractes supplémentaires — ne créent pas une nouvelle discontinuité, celle-ci ne pouvant se répercuter sur le plan de la pièce-cadre. Il en est ainsi dans toutes les pièces en trois ou en cinq actes qui reposent sur la structure prologale : *La Comédie* de Gougenot, *La Comédie sans comédie, Les Amours de Calotin* et *Le Comédien poète*. Et, pour peu que la représentation intérieure soit constituée de spectacles différents qui occupent chacun la totalité d'un acte, de telle sorte qu'au moment des entractes *l'action est interrompue avec la représentation*, empêchant ainsi toute discontinuité, on retrouve la coïncidence absolue des quatre temporalités, comme on le voit dans *La Comédie sans comédie* :

[64]   Du moins dans la pastorale et dans la tragi-comédie. Mais la pièce intérieure, *L'Amour caché par l'amour,* est précisément une tragi-comédie pastorale. En outre, Scudéry lui-même fait observer la conformité aux règles à travers une remarque ironique de Mondory : « La pièce qu'ils (les comédiens) représentent ne saurait durer qu'une heure et demie, mais ces insensés assurent qu'elle en dure vingt-quatre, et ces esprits déréglés appellent cela suivre les règles... » (*Ed. cit.,* l. 25-27, p. 8.) Sur la valeur polémique de cette déclaration, voir *infra,* p. 116 et n. 72.

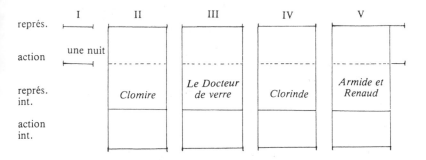

Que cette coïncidence des quatre temporalités aille de pair avec la structure prologale s'explique en grande partie par le caractère artificiel de l'enchâssement qui affecte ce type de structure. La pièce intérieure venant se substituer à la pièce-cadre, plutôt que s'y intégrer, elle épouse exactement les dimensions de celle-ci : dimensions spatiales, comme on le voit par exemple au niveau des rubriques d'actes de la pastorale enchâssée dans *La Comédie* de Scudéry (« acte premier et troisième », « acte second et quatrième », etc.), dimensions temporelles, puisque la durée d'un acte de la pièce intérieure correspond exactement à la durée d'un acte de la pièce-cadre.

3. *Rupture de la coïncidence*

L'une des caractéristiques de la structure chorale est l'intervention des spectateurs intérieurs à la fin de chaque tableau de la pièce à laquelle ils assistent. Or ces scènes d'intervention appartiennent non pas à l'action de la pièce intérieure, mais à l'action de la pièce-cadre ; cela signifie que la représentation enchâssée comprend des entractes plus longs ou plus fréquents que ceux de la représentation enchâssante, et que la durée de celle-là est plus courte que la durée de celle-ci. Le schéma du *Triomphe des cinq passions* de Gillet permet de visualiser ce premier écart entre les temporalités :

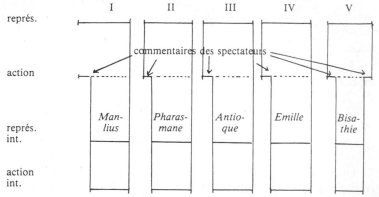

Gillet ayant mis en scène dans cette tragi-comédie cinq « histoires » différentes, la durée de l'action de chaque histoire intérieure ne peut pas dépasser la durée de sa représentation, et, par là même, la durée de l'action intérieure dans son ensemble coïncide avec celle de la représentation intérieure (l'évocation magique). C'est, comme on le voit sur le schéma, entre la temporalité de l'*action enchâssante* et la temporalité de la *représentation enchâssée* que s'est instauré le décalage. L'intervention des spectateurs intérieurs à chaque début d'acte raccourcit d'autant la représentation à laquelle ils assistent : nous appellerons ces scènes qui, sur le plan de la représentation intérieure, prolongent les entractes de la pièce-cadre, des « *scènes-entractes* ».[65]

Le plus souvent les interventions des spectateurs, outre le décalage qu'elles établissent, permettent de susciter la discontinuité temporelle au niveau de l'action intérieure. On peut s'en rendre compte en examinant le schéma du temps théâtral de la *Célinde* de Baro :

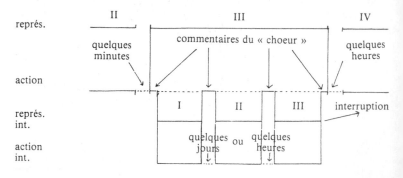

On voit tout d'abord que les trois actes d'*Holopherne* étant contenus dans le seul acte III de la pièce-cadre, les entractes de la pièce intérieure, à la différence des oeuvres étudiées précédemment, ne peuvent plus correspondre à ceux de la pièce-cadre. Ce sont donc les interventions des spectateurs (« le choeur ») qui forment les entractes. Or, comme dans le cas d'une pièce ordinaire, l'action se poursuit dans les intervalles de la représentation : une minute de commentaires des spectateurs intérieurs pendant l'interruption du spectacle enchâssé correspond conventionnellement à une durée beaucoup plus longue sur le plan de l'action enchâssée, quelques heures ou quelques jours.[66] Ainsi, s'il y a toujours coïncidence des deux temporalités de la pièce principale, celles de la pièce intérieure ont cessé de se confondre, et, par conséquent, de correspondre avec les deux premières.

On comprend que ce phénomène est susceptible de se produire dans toutes les pièces qui reposent sur une structure décomposée. L'exemple le plus représentatif est celui du *Véritable saint Genest*, Rotrou s'étant efforcé de recréer le plus parfaitement possible, à l'intérieur de sa pièce-cadre, les conditions d'une représentation théâtrale. La confrontation des quatre temporalités aboutit au schéma suivant :

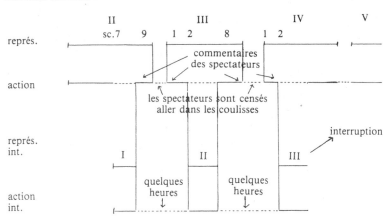

[65] Nous empruntons cette expression à M. Alcover, « Les lieux et les temps dans *L'Illusion comique* », *art. cit.,* p. 401.
[66] A la fin de l'acte I de la pièce intérieure, Holopherne s'apprête à assiéger Bétulie ; à l'acte suivant son camp est déjà installé devant la ville : plusieurs jours se sont sans doute écoulés.

Comme on peut le lire sur ce diagramme, Rotrou n'a pas estimé suffisants les entractes de la pièce-cadre : les trois actes de la pièce intérieure sont séparés non seulement par ces entractes principaux, mais par un retour *au plan de l'action principale* dans les scènes qui précèdent et qui suivent immédiatement ces entractes (II, 9 et III, 1 ; III, 8 et IV, 1). A cause de ces « *scènes-entractes* », la durée de la représentation enchâssée ne correspond pas à la durée de l'action enchâssante.

Remarquons toutefois que, dans cette pièce, elles ne sont pas *nécessaires* pour la création de la discontinuité, puisque les entractes de la pièce-cadre — qui se répercutent sur le plan de la pièce intérieure — peuvent y suffire.[67] Rotrou a simplement voulu *mettre en scène* le phénomène de l'entracte et la discontinuité temporelle qu'il provoque. Remarquons aussi que le dramaturge n'a pas utilisé le couple « entracte principal — scène-entracte » pour accélérer la durée de l'action qui est censée se dérouler dans les intervalles ainsi mis en valeur : quelques heures seulement se sont déroulées durant ces intervalles. Rotrou a respecté l'unité de temps dans la pièce intérieure aussi bien que dans la pièce-cadre. Soulignons enfin que l'on trouve les mêmes rapports temporels dans *L'Illustre comédien*, les seules différences provenant de la brièveté de la pièce intérieure dans cette tragédie : elle ne s'étend que sur deux actes de la pièce-cadre (trois chez Rotrou) et l'entracte qui les sépare est renforcé par une seule scène-entracte située avant la reprise de l'action intérieure.

Jusqu'ici l'établissement de la discontinuité n'a pas provoqué de véritables distorsions entre les temporalités des deux niveaux de représentation. Même dans *Célinde* où un laps de temps relativement long devait s'écouler dans les intervalles de la représentation intérieure, l'absence de toute indication temporelle provoque un effet de concentration de la temporalité qui empêche de percevoir la disproportion entre la durée de l'action enchâssée et la durée de l'action enchâssante.

Il en va bien autrement dans *L'Illusion comique* où l'action enchâssée, qui s'étend sur quatre actes, embrasse une période d'environ deux ans, l'action enchâssante n'ayant « pour durée que celle de sa représentation »[68] :

[67] C'est là une différence importante avec *Célinde,* puisque la pièce intérieure, étant tout entière contenue dans l'acte III, ne bénéficiait pas, pour la création de la discontinuité, des entractes de la pièce-cadre : il était donc *nécessaire* de créer des entractes supplémentaires.

[68] Corneille, Examen de *L'Illusion, L'Illusion comique, éd. cit.,* p. 124.

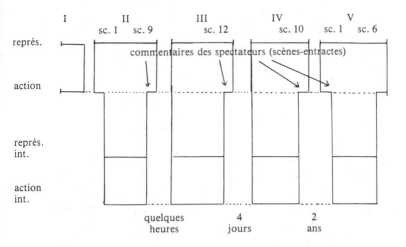

C'est en utilisant les possibilités offertes par le couple « entracte principal — scène-entracte » que Corneille a suggéré les écarts de durée contenus dans les entractes de la pièce intérieure : une seule scène-entracte sur le plan de l'action principale correspond à une durée de quelques heures ou de quelques jours sur le plan de l'action intérieure.

Précisons que, comme le suppose M. Alcover,[69] entre les actes II et III, puis III et IV, la présence des spectateurs intérieurs sur la scène doit être continue, puisque leur sortie pendant ces deux entractes n'est indiquée ni par des didascalies, ni par des indications intra-textuelles : s'ils sortaient au XVIIe siècle, c'était pour des raisons techniques (renouvellement de l'éclairage) dont les représentations contemporaines ne devraient évidemment plus tenir compte. Ces deux premières interruptions dans la représentation intérieure sont donc *théoriquement* provoquées par les seules scènes-entractes.

Par contre, lorsqu'il s'agit d'indiquer une durée beaucoup plus longue que les quelques heures ou les quelques jours des deux premières interruptions (deux ans), Corneille a composé la séquence suivante : *scène-entracte — entracte principal — scène-entracte*, précisant bien, cette fois, que les deux spectateurs quittaient la scène durant l'interruption de la pièce-cadre.

[69] *Art. cit.*, p. 400.

Ainsi, une fois que la discontinuité a été introduite, les temporalités peuvent s'éloigner considérablement les unes des autres : même lorsque représentation et action principales continuent de correspondre (ce qui est le cas notamment dans *L'Illusion comique*), la représentation intérieure tout d'abord, l'action intérieure ensuite, peuvent se détacher de la temporalité de l'action principale.

4. *La question de l'unité de temps*

Comme le signale J. Schérer,[70] la règle de l'unité de temps a été plus facilement et plus tôt acceptée que les deux autres : dès 1630, tous les auteurs dramatiques s'y sont essayés, même s'ils la jugeaient contraignante et artificielle. L'attitude de Scudéry, qui s'y est astreint dans sa *Comédie* tout en ne ménageant pas ses sarcasmes,[71] est assez représentative de l'état d'esprit qui a prévalu jusqu'à la querelle du *Cid*. La structure du théâtre dans le théâtre, comme on a vu, permet de contourner cette règle tout en paraissant s'y conformer : dans la mesure où l'essentiel de la pièce est constitué par une représentation, la durée fictive ne peut guère dépasser la durée réelle du spectacle ; il y a, de toutes les manières(quelle que soit la durée fictive de la pièce *intérieure*), coïncidence entre la temporalité de la représentation et celle de l'action.

C'est en adoptant cette perspective que Corneille a pu écrire avec satisfaction que « l'action (de sa Comédie) n'a pour durée que celle de sa représentation ». Mais cette perspective dissimule un artifice, que Corneille n'a pas manqué de laisser transparaître en ajoutant qu'« il ne serait pas sûr de prendre exemple » sur sa comédie.[72] Il est en effet spécieux de prétendre que l'action de *L'Illusion* ne dépasse pas trois heures quand il est avéré que l'action enchâssée dépasse deux années. Certes, la durée fictive du *cadre* correspond à celle de la représentation : aussi est-il vrai que la durée fictive de la pièce intérieure est théoriquement comprise dans ce cadre temporel. Mais en

---

[70]   *Op. cit.,* pp. 111-112.
[71]   Prologue ; *éd. cit.,* p. 8, l. 25-30 : « La pièce qu'ils représentent ne saurait durer qu'une heure et demi, mais ces insensés assurent qu'elle en dure vingt-quatre et ces esprits déréglés appellent cela suivre les règles. Mais s'ils étaient véritables, vous devriez envoyer quérir à dîner, à souper et des lits ; jugez si vous ne seriez pas couchés bien chaudement de dormir dans un jeu de paume. »A. Adam signale que Scudéry fut l'un des adversaires les plus acharnés de la règle des unités (*op. cit.,* I, p. 449).
[72]   Examen de *L'Illusion, L'Illusion comique, éd. cit.,* p. 124.

même temps, comme la temporalité de l'action intérieure fait appel au temps psychique du spectateur et dépasse considérablement aussi bien les deux heures de la représentation intérieure que les trois heures de la représentation principale, la correspondance entre les deux temporalités est illusoire.

On peut donc en conclure que la question de l'unité de temps ne se pose pas vraiment pour toutes les pièces qui reposent sur la structure du théâtre dans le théâtre : toujours possible (et le plus souvent réalisée, on l'a vu), elle est en même temps secondaire dans un spectacle qui met en oeuvre deux niveaux de représentation, deux niveaux d'action, c'est-à-dire *quatre temporalités*.

IV. ÉTABLISSEMENT DES TYPES DE BASE

1. *Recherche des traits distinctifs*

Nous avons voulu montrer dans les développements précédents la diversité des manières d'exprimer le *rapport regardant-regardé* qui fonde la structure du théâtre dans le théâtre. Cette diversité est telle que la notion même de théâtre dans le théâtre paraît se perdre dans la variété des formules que proposent les oeuvres dont tout ou partie ressortit à ce procédé. Il est donc urgent de mettre à jour le ou les traits distinctifs qui permettent de classer les différentes pièces de notre *corpus* en un nombre limité de catégories se rattachant elles-mêmes clairement à une forme de base que l'on pourrait considérer comme leur *archétype*.

On peut éliminer dès l'abord les problèmes de spatialité et de temporalité car ni la relation spatiale ni la relation temporelle entre les niveaux de représentation et d'action n'affectent en profondeur la structure : peut-on considérer par exemple que *L'Illustre comédien* et *Le Véritable saint Genest* appartiennent à des types différents sous prétexte que la seconde suppose la présence sur scène d'un petit théâtre et l'autre pas ? *Célinde* s'oppose-t-elle à *L'Inconnu* parce que le temps théâtral de sa pièce intérieure ne correspond pas à celui de la pièce-cadre ? Ce sont là des différences qui n'ont un sens qu'au regard de la signification de chaque pièce prise isolément. Il ne peut être question non plus de prendre pour fondement le caractère ou les modalités de l'enchâssement. L'opposition entre enchâssement parfait et enchâssement imparfait ne nous paraît pas représenter un élément distinctif opératoire puisqu'elle s'est atténuée peu à peu au cours du XVIIe siècle. D'autre part, quelle est la différence entre *Le Baron de la Crasse* (enchâssement monolithique), *Le Comédien poète* (enchâssement multiple) et *L'Illusion comique* (enchâssement décomposé) ? Dans tous les cas, un acteur devient le spectateur d'une action dramatique : que cette action soit courte et monolithique, longue et morcelée, ou qu'elle soit composée de plusieurs spectacles différents, ne change rien à la *relation d'enchâssement*.

En définitive, celle-ci ne se modifie réellement que quand elle se *multiplie*. Nous considérons donc comme trait pertinent le rapport entre les niveaux de représentation. Aussi ne peut-on dégager que deux types de structure : la structure de base, qui comprend deux niveaux de représentation indépendants et la structure multipliée qui en comprend trois.

2. *Les différents types*

a) La structure de base

La structure de base est donc celle qui met en relation *deux niveaux* de représentation, que ce soit au travers d'un enchâssement monolithique, multiple ou décomposé. *Le Baron de la Crasse, L'Inconnu* et *Célinde* constituent donc autant de paradigmes renvoyant à un type unique.

— *Enchâssement monolithique* : *Le Baron de la Crasse* de Poisson

```
                  sc. 1              sc. 6                              10 fin
niveau I          |_____|- - - - - - - - - - - - - - - - - -|___
                                          Le Zic-Zac
                                     sc. 1              sc. 10
niveau II                            |_____|
```

Le niveau I représente le plan des acteurs de la « comédie au château » proprement dite : le Baron, ses deux invités et quelques comédiens qui, arrivés au château à la scène 5, discutent avec eux. Pendant la représentation intérieure, les trois personnages principaux restent sur la scène — ce que nous avons indiqué par des pointillés —, le Baron reprenant la parole à la fin du spectacle. Le niveau II est celui de la farce, une « crispinerie » intitulée *Le Zic-Zac*.

A ce paradigme correspondent les autres pièces à enchâssement monolithique : *La Comédie des comédiens* de Gougenot, *Le Pédant joué* de Cyrano de Bergerac, *Le Courtisan parfait* de Gabriel Gilbert, *La Comédie sans comédie* de Quinault, *La Comédie de la comédie* de Dorimond, *Le Poète basque* de Poisson, *La Comtesse d'Escarbagnas* de Molière, *L'Amour fantasque* de Fiot, *Le Rendez-vous des Tuileries ou Le Coquet trompé* de Baron, *Ragotin* de Champmeslé, ainsi que les pièces qui enchâssent un divertissement, ballet ou chanson : *Agarite* de Durval, *La Belle Alphrède* de Rotrou, *La Belle Egyptienne* de Sallebray, ainsi que quelques comédies-ballets de Molière, qui ne comportent qu'un spectacle terminal.

— *Enchâssement multiple* : *L'Inconnu* de Thomas Corneille

Le niveau I est celui de l'intrigue principale : la cour du Marquis à la Comtesse, et les préparatifs des divertissements préparés par La Montagne, valet du Marquis ; un trait continu entre deux pointillés (II, 7) signale les commentaires — qui n'interrompent pas le spectacle — des spectateurs.

Le niveau II représente les cinq spectacles intérieurs : les quatre premiers sont constitués par des danses ou des chansons ; le dernier est une véritable petite *comédie* en trois scènes.

Quatre autres pièces se rattachent à ce paradigme, *La Comédie des comédiens* de Scudéry, *Les Songes des hommes éveillés*, *Le Mari sans femme* et *Le Comédien poète*, ainsi que trois comédies-ballets de Molière : *Les Amants magnifiques*, *Le Bourgeois gentilhomme* et *Le Malade imaginaire*. On peut leur ajouter trois oeuvres qui contiennent des intermèdes théâtralisés, *L'Hôpital des fous*, *Les Illustres fous* et *Les fous divertissants*.

— *Enchâssement décomposé* : *Célinde* de Baro

Le niveau I est le plan des amours contrariés des couples Célinde-Lucidor et Parthénice-Floridan, et, notamment, du mariage forcé entre Célinde et Floridan à l'occasion duquel les jeunes gens représentent la tragédie d'*Holopherne*.

Le niveau II représente le plan de la tragédie intérieure : trois cents vers répartis dans trois actes que séparent les commentaires des spectateurs (les parents des amants et un « choeur d'assistants »).

Sur ce modèle sont construits *Le Triomphe des cinq passions, L'Art de régner, L'Illustre comédien, Le Véritable saint Genest* et *L'Impromptu de Versailles*.

b) La structure multipliée

La structure multipliée est celle qui comprend *deux spectacles enchâssés* l'un dans l'autre : cette sorte de dédoublement du phénomène de l'enchâssement débouche donc sur un total de *trois niveaux de représentation*. Il y a deux méthodes pour réaliser un double enchâssement. La première consiste à multiplier les niveaux de représentation sous un regard unique (qui appartient à la pièce principale) ; la seconde à faire dépendre chaque niveau de représentation d'un regard appartenant au niveau précédent : c'est — plus que dans le premier cas — le principe de l'emboîtement à l'infini, et l'on peut s'étonner qu'il ne se soit trouvé aucun dramaturge à l'époque pour oser emboîter plus de trois spectacles l'un dans l'autre, alors que certains n'hésitaient pas à juxtaposer un grand nombre d'enchâssements.

— *La multiplication des niveaux sous un regard unique* :
L'Illusion comique de Pierre Corneille

Le niveau I désigne le plan de la « réalité » : le magicien, et le père à la recherche de son fils. Présents continuellement sur le plateau, ils réoccupent ponctuellement le devant de la scène pour commenter le spectacle (II, 9 ; III, 12 ; IV, 10 et V, 1 ; V, 6).

Le niveau II représente le plan de l'illusion magique : les aventures de Clindor évoquées par le magicien Alcandre. Cette évocation magique se poursuit à l'acte V : Alcandre montre au vieux Pridamant la dernière aventure de son fils et des autres personnages du niveau II. Mais cette dernière aventure consistant pour eux à exercer la profession de comédien, ils ne sont pas évoqués en tant que comédiens, mais en tant qu'acteurs dans leurs rôles. D'où le fait que l'action que nous avons sous les yeux ne se situe plus sur le deuxième niveau, mais sur un *troisième niveau* qui, issu du précédent, vient se substituer à lui (ce que nous indiquons par des pointillés sur la ligne du deuxième niveau). Précisons que ce niveau III se dégage *après coup* du second : tant que l'illusion n'est pas levée, on croit que toutes les aventures se déroulent sur le même plan.

Aucun autre dramaturge de l'époque n'a adopté la même structure,[73] si ce n'est Molière qui s'est livré brièvement, dans une de ses comédies-ballets, *Les Amants magnifiques*, à une *multiplication parodique* des niveaux de représentation. La pastorale enchâssée qui constitue le troisième intermède de la comédie se termine par une danse de Faunes et de Dryades « entremêlée » d'une chanson interprétée par des bergères et des bergers : tandis que ce *finale* a lieu « sur le devant » du théâtre — sous les yeux des acteurs du premier niveau, rappelons-le —, trois petites Dryades et trois petits Faunes imitent (de façon certainement burlesque[74]) au fond du théâtre ce qui se passe devant eux. Les deux spectacles enchâssés sont donc simultanés et se déroulent, comme dans le cas de *L'Illusion*, sous le regard unique des acteurs de la pièce-cadre.

---

[73] Est-ce parce que Corneille lui-même a qualifié *L'Illusion* de « monstre », terme devenu peu à peu péjoratif à cause des progrès de la doctrine classique qui privilégiait l'unité d'action ? C'est, en tout cas, ce que tend à prouver sa réflexion de 1660 : « Les caprices de cette nature ne se hasardent qu'une fois, et quand l'original aurait passé pour merveilleux, la copie n'en peut jamais rien valoir » . (*L'Illusion comique*, Examen, *éd. cit.*, p. 124.)

[74] Comme le suggère G. Couton, *éd. cit.*, t. II, p. 674, n. 1.

— *La multiplication des regards : Les Amours de Calotin* de Chevalier

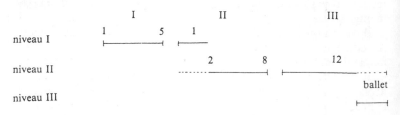

Le niveau I représente les discussions des spectateurs de qualité installés sur le plateau (acte I, scènes 1 à 4), qui s'adressent ensuite aux spectateurs des loges à leur arrivée (scène 5). Entrent alors en scène deux comédiens (II,1) qui, au lieu de commencer à représenter la pièce (comme le croient les spectateurs : ce que nous avons indiqué par des pointillés), se moquent des spectateurs de qualité et les chassent.

Le niveau II est le plan de la pièce intérieure, qui donne son nom à l'ensemble du spectacle : *Les Amours de Calotin.* Tous les acteurs du premier niveau ont disparu — comme l'indique l'absence de pointillés —, mais l'on sait que la persistance de leur regard est suggérée par les *vrais* spectateurs de qualité installés sur la scène.

A la fin du dernier acte, l'un des personnages invite toute la compagnie à assister à un *ballet* pour fêter le mariage de tous les jeunes gens. Ce ballet, contemplé par tous les personnages de la comédie, termine la pièce. Il constitue donc un *troisième niveau* de représentation.

Une seule autre comédie présente le même type d'enchâssement, *Elomire hypocondre*, dont la pièce intérieure, *Le Divorce comique*, enchâsse elle-même de longues déclamations récitées par le personnage principal sous les yeux des autres personnages :

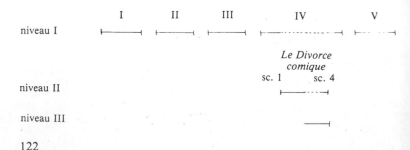

Le niveau I est celui d'Elomire entouré de son valet Lazarile et des médecins qui prétendent se venger de lui. A la fin de l'acte III, les médecins proposent à Elomire le spectacle d'une comédie en guise de remède. Au début de l'acte IV, les personnages s'installent dans une loge sur un côté du théâtre et se tiennent silencieux jusqu'à la fin de la pièce intérieure ; à la suite de quoi, quelques répliques échangées terminent l'acte.

Le niveau II est le plan de la comédie enchâssée, *Le Divorce comique*. Cette parodie de *La Critique de l'Ecole des femmes* et de *L'Impromptu* tout à la fois dure quatre scènes, durant lesquelles Elomire se voit joué sur la scène, comme l'indiquent les pointillés.

Quant au troisième niveau, c'est celui des tirades que le personnage de la pièce intérieure, le double d'Elomire, déclame de façon ridicule : trois tirades présentées aux personnages de la pièce intérieure qui l'interrompent chaque fois, excédés. Ici encore la permanence de leur regard est indiquée par les pointillés.

Spectacle dans le spectacle dans le spectacle, la comédie de Le Boulanger de Chalussay est donc, du point de vue structurel, la plus achevée des pièces qui présentent la structure multipliée. Que cette comédie n'ait jamais été représentée, qu'elle été conçue pour la seule lecture ne doit pas nous induire à penser qu'il s'agit d'une « originalité » ou, comme l'a dit Corneille pour son *Illustre comique,* d'un « caprice » inimitable. L'une comme l'autre constituent de véritables paradigmes parce qu'elles reposent sur une structure facilement utilisable. D'ailleurs le théâtre contemporain ne s'est pas fait faute d'en exploiter les possibilités.[75]

---

[75] Cf. notamment la pièce de l'écrivain tchèque Pavel Kohout, *Pauvre assassin,* écrite en 1972 et représentée en France en octobre 1977, au théâtre de la Michodière : un acteur est interné dans un hôpital psychiatrique parce qu'il croit avoir assassiné, au cours d'une représentation d'*Hamlet,* l'acteur qui jouait Polonius (le mari de la comédienne qu'il aime). Son médecin, pour le guérir, lui fait écrire une pièce dans laquelle il joue son propre personnage, aux côtés de ses anciens camarades de théâtre. Le public a donc sous les yeux *trois* niveaux de représentation : le récit de l'internement du comédien, le spectacle qu'il invente et qu'il monte dans l'asile et, à l'intérieur de ce spectacle, des extraits d'*Hamlet.*

CHAPITRE II

Fonctions du spectacle enchâssé

Une fois déterminées les formes que peut revêtir la relation d'enchâssement, il reste à savoir comment se traduit la relation sur le plan du contenu de l'action prise dans son ensemble. Si l'on part du principe que toute pièce a un sens, il faut chercher dans quelle mesure la pièce intérieure concourt à ce sens. Or, comme on sait, toute contribution à un ensemble varie proportionnellement à son lien d'intégration : plus l'intégration est faible ou artificielle, plus la contribution est pauvre. L'analyse de la fonction d'une pièce intérieure dans l'action du spectacle qui l'enchâsse passe donc par l'étude de son degré de structuration.

I. DEGRÉS DE STRUCTURATION DES SPECTACLES ENCHÂSSÉS

Les relations entre pièce-cadre et pièce intérieure peuvent être de trois ordres. Un grand nombre de pièces, au premier rang desquelles les comédies-ballets, présentent un lien très relâché entre les deux niveaux dramatiques ; le spectacle enchâssé n'a aucun rapport avec l'intrigue et il est introduit de manière artificielle : l'influence de la vieille comédie à intermèdes se fait, à ce niveau, encore largement sentir. D'autres, des comédies des comédiens pour la plupart, contiennent des spectacles qui entretiennent une relation avec l'intrigue, sans être, cependant, intégrés véritablement dans l'action principale : là encore, on repère un difficile affranchissement de la structure prologale originelle. Enfin quelques oeuvres mettent en oeuvre le rapport optimal entre les deux niveaux dramatiques, celui où le spectacle enchâssé est un élément indispensable de la progression de l'action principale ; et l'on ne laisse pas de reconnaître dans ces pièces la trace de la structure chorale.

1. *Le spectacle intérieur n'a aucun rapport avec l'intrigue*

Aucune des scènes théâtralisées qui constituent les spectacles enchâssés dans *L'Hôpital des fous*, n'est expressément rattachée à l'intrigue : celle-ci est centrée sur les aventures de deux couples d'amoureux qui, pour de multiples raisons, se retrouvent dans un asile d'aliénés. C'est donc au hasard de leur quête réciproque que les personnages principaux rencontrent les pensionnaires de l'hôpital, dont les actions constituent pour eux de véritables spectacles. Dans la refonte de sa pièce, dix-sept ans plus tard,[1] Beys a eu beau réduire la part de l'intrigue amoureuse au profit des scènes de fous, celles-ci n'en apparaissent pas moins « plaquées » sur l'action principale que dans la première mouture.

Encore peut-on dire que le lieu de l'action, l'asile, joue un rôle unificateur, et que ces scènes théâtralisées, qui, en outre, ne sont pas de véritables spectacles, trouvent leur justification dans le simple fait qu'il est *nécessaire* de rencontrer des fous dans un asile. Mais dans les comédies-ballets de Molière le cadre ne joue même pas ce rôle, et le lien des intermèdes enchâssés avec l'action principale est, en dehors du rapport regardant-regardé, à peu près inexistant ou, du moins, tout à fait artificiel.

Cette absence d'intégration est particulièrement nette dans trois intermèdes des *Amants magnifiques*. Les 2ème et 5ème intermèdes sont des pantomimes exécutées devant la Princesse Eriphile, une première fois pour qu'elle prenne les danseurs à son service, ensuite pour que ceux-ci la distraient de ses pensées mélancoliques. Dans les deux cas, le spectacle se déroule « dans la nature », c'est-à-dire à l'endroit où la Princesse est en train de se promener au moment où l'acte (acte I et acte IV) prend fin. Quant au troisième intermède, une petite pastorale en chansons, elle n'est que l'un des divertissements offerts à l'héroïne par les princes qui la courtisent ; elle n'a aucune autre justification. La manière dont elle est introduite souligne particulièrement le caractère artificiel de la liaison avec l'intrigue :

> On enchaîne pour nous ici tant de divertissements les uns aux autres, que toutes nos heures sont retenues, et nous n'avons aucun moment à perdre si nous voulons les goûter tous. Entrons vite dans le bois, et voyons ce qui nous y attend ; ce lieu est le plus beau du monde, prenons vite nos places.[2]

[1] *Les Illustres fous* (1651).
[2] Acte II, scène 5, *éd. cit.*, tome II, p. 665.

Le second intermède du *Malade imaginaire* est introduit exactement de la même façon puisqu'il s'agit d'un « divertissement » proposé par Béralde à son frère, Argan, pour « dissiper son chagrin », et consistant en des « danses entremêlées de chansons » exécutées par des Egyptiens et Egyptiennes vêtus en Maures.[3]

En ce qui concerne les spectacles terminaux, il nous faut mentionner une comédie-ballet avant la lettre, *La Belle Egyptienne* de Sallebray, qui date de 1642. Car dès 1630-1640, des dramaturges, en nombre toujours plus grand, avaient essayé de faire triompher des oeuvres à grand spectacle contenant des chansons, des machines et des danses[4] ; parmi eux, Durval et Rotrou (*Agarite* et *La Belle Alphrède*) s'étaient efforcés, on le verra, de rattacher leurs ballets à l'intrigue. Or Sallebray, chez lequel pourtant H.C. Lancaster a reconnu l'influence des deux premiers,[5] s'est contenté de rajouter son ballet à la fin de sa pièce : c'est pour fêter le futur mariage de l'héroïne, Précieuse, et du noble Andrès, que les « Egyptiens », devant toute la compagnie, dansent le ballet qui clôt le spectacle. De la même manière, la pièce intérieure des *Amours de Calotin* de Chevalier inclut à son tour un ballet qui termine la pièce. Il en est de même dans *Le Mari sans femme* de Montfleury, dont la chanson finale succède — au lieu de la précéder comme dans les autres pièces — à l'union des deux héros

Molière s'est souvenu de cette technique dans ses comédies-ballets. Presque toutes, en effet, se terminent par un ballet qui revêt les espèces d'un « spectacle dans le spectacle ».[6] Il a même, à son tour, utilisé le commode prétexte de la célébration d'une noce à venir pour « accrocher » son ballet au reste de sa comédie. C'est le cas dans *La Princesse d'Elide* où les pasteurs et les bergères, pour fêter

---

[3]   Acte II, scène 9, tome II, p. 1147.

[4]   Chapoton, *Descente d'Orphée aux Enfers,* Paris, Quinet, 1640 ; republiée sous le titre *La Grande Journée des Machines ou Le Mariage d'Orphée et d'Euridyce,* Paris, Quinet, 1648. Dassoucy, *Amours d'Apollon et de Daphné,* « comédie en musique », Paris, Antoine de Rafflé, s.d. (1650 ?). Corneille, *Andromède,* 1651. Boisrobert, *La Belle invisible ou La Constance éprouvée,* Paris, de Luyne, 1656. Gabriel Gilbert, *Les Amours de Diane et d'Endimion*, Paris, de Luyne, 1657. Françoise Pascal, *L'Endymion,* Lyon, Clément Petit, 1657.

[5]   *A History of French Dramatic Literature,* part. II, p. 106 et p. 413.

[6]   *La Princesse d'Elide, L'Amour médecin, Le Sicilien ou L'Amour peintre, Monsieur de Pourceaugnac, Les Amants magnifiques, Le Bourgeois gentilhomme,* et *Le Malade imaginaire.*

l'annonce du mariage de leur princesse, viennent offrir le spectacle de leurs danses aux principaux personnages de la pièce. De même dans *L'Amour médecin*, Clitandre déclare :

> Au reste, je n'ai pas eu seulement la précaution d'amener un notaire ; j'ai eu encore celle de faire venir des voix et des instruments pour célébrer la fête et pour nous réjouir.[7]

Le ballet final de *Monsieur de Pourceaugnac* est introduit pour faire patienter les futurs époux dans l'attente de la venue du notaire, comme celui du *Bourgeois gentilhomme* que Dorante a préparé et qu'il offre à « Son Altesse Turque » en attendant le notaire. Le procédé est d'une certaine manière utilisé aussi dans *Les Amants magnifiques* puisque la pièce se termine par le pompeux spectacle des jeux Pythiens qui, quoique prévu au programme de la journée des personnages, couronne l'union des héros.

Pour toutes ces pièces dans lesquelles le spectacle intérieur n'entretient qu'une relation artificielle avec l'intrigue de la pièce-cadre — à tel point que l'absence de ce spectacle pourrait passer inaperçue —, on peut donc parler de *degré zéro de structuration*.

2. *Le spectacle intérieur, en liaison avec l'intrigue, est détaché de l'action principale*

Parmi les pièces dont le spectacle intérieur paraît découler de l'intrigue, s'imposent à l'évidence les comédies des comédiens. En effet, malgré le caractère artificiel de l'enchâssement que nous avons relevé précédemment, la pièce intérieure n'en paraît pas moins toujours la suite logique de l'action principale.

Ainsi, si l'on prend le cas de *La Comédie des comédiens* de Gougenot, l'on constate que toutes les péripéties des trois premiers actes sont constituées par les efforts de quelques comédiens qui désirent former une troupe *dans le but* de donner des représentations théâtrales. A la fin du troisième acte, leurs efforts ayant été couronnés de succès, ils quittent la scène en annonçant qu'ils vont répéter leur première pièce.[8] Or, l'acte suivant, « qui est le troisième de la comédie en comédie »,[9] présente la « répétition » de *La Courtisane*, première pièce de la nouvelle troupe.

Il n'en va pas différemment dans *La Comédie de la comédie* et

---

[7] Acte I, scène 7 ; *éd. cit.*, tome II, p. 119.
[8] Acte III, scène 2 ; *éd. cit.*, l. 1076-1081, p. 39.
[9] Rubrique de ce qui est en fait l'acte IV.

dans *Les Amours de Calotin* dont la relation d'enchâssement paraît tout aussi imparfaite. Dans les deux cas nous vivons les minutes qui précèdent une représentation théâtrale. La première met en scène l'entrée des spectateurs, les préparatifs d'une actrice que visitent dans les coulisses deux admirateurs et les démêlés du portier avec des voyous. L'heure du spectacle étant venue, la pièce-cadre se clôt avec la sortie du portier qui déclare:

> On s'en va commencer, rentrons, fermons la porte.[10]

Et à la scène suivante débute la petite comédie intitulée *Les Amours de Trapolin*. Dans la seconde, la pièce intérieure — qui donne son nom à l'ensemble de la comédie — succède à un acte où l'on avait vu les spectateurs de qualité venir s'installer les uns après les autres sur le plateau et dans les loges du théâtre.

Dans *La Comédie des comédiens* de Scudéry, où l'effort d'inclusion est plus manifeste, les personnages de la première partie, après avoir enrôlé un nouveau membre dans leur troupe, se séparent en se donnant rendez-vous au lendemain pour représenter une pastorale de Scudéry intitulée *L'Amour caché par l'amour*. Or, cette pièce occupe les trois actes suivants. Quant à la *Comédie sans comédie* de Quinault, ses quatre spectacles enchâssés sont donnés pour convaincre un marchand des vertus du théâtre. Il est inutile d'étendre l'analyse aux autres comédies des comédiens, puisque les spectacles enchâssés entretiennent avec les pièces-cadres des liens du même type que précédemment.

Cependant, malgré ce degré effectif de structuration, le caractère autonome de chacune des actions dramatiques saute aux yeux : l'absence du spectacle intérieur ne modifierait en rien la progression de l'*action* principale.

Il suffit, pour s'en rendre compte, de considérer la place occupée par la pastorale *L'Amour caché par l'amour* dans *La Comédie* de Scudéry : la représentation intérieure intervient *après que* le personnage principal, Mr de Blandimare, a retrouvé son neveu devenu comédien et que, totalement convaincu des mérites des comédiens grâce à la représentation d'une courte Eglogue pastorale, il s'est lui-même converti au théâtre. Elle prolonge donc l'action, mais elle ne la fait pas avancer : la comparaison avec l'Eglogue enchâssée à l'acte

---

[10] *La Comédie de la comédie,* scène V.

II[11] est à cet égard particulièrement significative, celle-ci servant explicitement à entraîner l'adhésion du personnage.

On retrouve le même degré de structuration dans *La Comédie* de Gougenot (c'est *après* la constitution de la troupe que peut être répétée *La Courtisane*, la tragi-comédie qui occupe les trois derniers actes de la pièce), *La Comédie de la Comédie*, *Les Amours de Calotin*, *Le Comédien poète* et *Le Rendez-vous des Tuileries*. Seules se distinguent *L'Impromptu de Versailles* et *Le Poète basque*.

Inversement, il est une « comédie au château » qui présente le même rapport entre les deux actions dramatiques que les comédies des comédiens : dans *Le Baron de la Crasse*, deux personnages se rendent au château du Baron pour se divertir de sa conversation, et les quatre scènes qui précèdent l'arrivée des comédiens qu'ils ont invités ne consistent guère qu'en un long récit du Baron sur ses aventures passées à Versailles entrecoupé des questions de ses deux visiteurs, puis en un dialogue avec les comédiens ; après quoi, ceux-ci présentent la farce, *Le Zic-Zac*. Cette pièce intérieure ne peut donc prétendre à faire progresser l'action principale, elle-même très peu dramatisée.

Prolonger l'action après qu'elle s'est terminée, tel est le rôle de ces représentations intérieures : à mi-chemin entre le simple plaquage de certains divertissements enchâssés et la véritable intégration, ils établissent des rapports avec la pièce-cadre dans lesquels on verra un *degré relatif de structuration*.

3. *Le spectacle intérieur est intégré à l'action*

En ce qui concerne les comédies-ballets, on peut constater que ce n'est guère que dans *Le Bourgeois gentilhomme* que l'on trouve des intermèdes intégrés. Ainsi, tout d'abord, du « dialogue de chansons et de danses » qui termine le premier acte. Il se décompose en deux parties : un dialogue en musique qui fait partie de l'action puisqu'il est suivi de répliques entre Monsieur Jourdain et ses deux maîtres, et une danse qui constitue véritablement l'intermède. On ne peut qu'admirer la manière dont ce « dialogue »[12] est introduit puisqu'il vient naturellement à la fin de la double leçon de danse et de musi-

---

[11] Acte II, scène 2 ; *éd. cit.,* pp. 18-20.
[12] Nous reprenons l'expression de Monsieur Jourdain qui, au début de la scène, avait demandé aux deux maîtres s'ils comptaient lui faire voir leur « prologue ou dialogue de chansons et de danses ».

que, et qu'il est reçu par le héros comme une démonstration du savoir-faire de ses deux maîtres. Quant à la cérémonie turque de l'acte IV (4e intermède) à laquelle assistent Covielle, son instigateur, et Dorante, elle a été préparée depuis la scène 13 de l'acte III, et elle est d'autant plus nécessaire à l'action qu'elle est destinée à permettre à Cléonte, devenu pour la circonstance fils du Grand Turc, d'épouser la fille de Monsieur Jourdain.[13]

A côté de ces spectacles intégrés, nous devons mentionner aussi des fragments moins ambitieux, qui ne sont pas de véritables intermèdes puisqu'ils interviennent *au cours d'un acte*, mais qui, par là-même, font partie de l'action. C'est le cas de deux chansons à boire du *Bourgeois gentilhomme* interprétées par trois chanteurs « soutenus de toute la symphonie » durant le repas offert par Monsieur Jourdain à Dorimène et Dorante. C'est aussi le cas de la chanson qu'on peut appeler « à message » que l'on trouve à la scène VIII du *Sicilien*. Cette chanson est le subterfuge inventé par Hali pour faire savoir à la belle Isidore que son maître Adraste est amoureux d'elle, sans que Dom Pèdre, qui la séquestre, puisse l'en empêcher. Une didascalie indique que *les esclaves dansent dans les intervalles de son chant*. Il est vrai que cette chanson et cette danse étaient motivées « de l'extérieur », si l'on peut dire, puisqu'il fallait faire danser des « Turcs et des Maures »[14] ; Molière n'en a pas moins trouvé un ingénieux prétexte pour rattacher cette scène à l'action.

On trouve un degré de structuration semblable dans les deux comédies des comédiens où la structure prologale a été assouplie. La pièce intérieure du *Poète basque* (à peine plus d'une scène) est représentée par le poète fou dans le but d'être reçu par la troupe de l'Hôtel comme poète attitré ; et c'est le caractère délirant de cette pièce qui pousse Floridor à le faire interner. Il en est de même pour les deux enchâssements de *L'Impromptu de Versailles*. Dans le premier, sous le prétexte d'exposer à ses camarades la trame d'une comédie des comédiens qu'il aurait projetée, le personnage Molière se livre devant eux à une imitation des plus célèbres acteurs de la troupe rivale, accompagnant chacun de ses jeux de rôles de commen-

---

[13] On sait, par ailleurs, que la pièce tout entière a été organisée autour de cette « turquerie » puisque c'est Louis XIV lui-même qui avait voulu voir un divertissement à la mode turque.
[14] Il manquait des danses de Turcs et de Maures dans le *Ballet des Muses* de 1667 : on y ajouta la courte pièce de Molière (à l'aide d'une quatorzième entrée) pour les introduire.

131

taires ironiques sur le « naturel » du jeu des Grands Comédiens :
loin d'être un hors d'oeuvre, cette suite de jeux de rôles, théâtralisée
par le regard des autres personnages, tient, au contraire, une place
centrale dans la machine de guerre dirigée contre l'Hôtel qu'était
L'Impromptu. Quant à la répétition qui lui succède, outre qu'elle
participe à la même bataille, dans la mesure où il s'agit de la suite de
La Critique de l'Ecole des femmes, elle est constamment interrompue par les critiques et remarques du metteur en scène Molière, et,
par là-même, profondément enchâssée dans l'action principale.

Si l'on passe à la catégorie des « comédies au château », on
découvre que les liens sont, dans la plupart des cas, plus étroits
encore. Les tragédies de Desfontaines et de Rotrou ont pour sujet la
conversion et le martyre du comédien Genest. Or, cette conversion a
lieu pendant le cours d'une représentation théâtrale donnée devant
l'empereur Dioclétian et ses courtisans ; en outre, c'est, dans les
deux cas, le contenu même de la pièce représentée qui pousse Genest
à renier les dieux païens.[15] Dans *Les Songes des hommes éveillés*, les
trois premiers spectacles sont offerts au héros dans le but de le distraire de sa mélancolie et de le convaincre que « la vie est un songe » ; le dernier, qui met en scène son passé, est destiné à le mettre
en présence de sa fiancée qu'il croyait morte, tout en lui faisant
croire qu'il rêve. Dans *Le Courtisan parfait*, le héros profite du rôle
qui lui a été imparti dans la représentation d'une pastorale pour
avouer ses sentiments à celle qu'il aime, en substituant ses propres
paroles au texte qu'il est supposé réciter. Inversement, l'« Opéra »
du *Mari sans femme*, permet au héros de faire comprendre à celle
qui l'écoute qu'il en aime une autre. Les quatre premiers divertissements de *L'Inconnu* sont offerts à l'héroïne pour exciter sa curiosité
et faire naître son amour pour le mystérieux auteur de ces magnifi-
cences ; la petite comédie du Ve acte, couronnement des quatre premiers spectacles, est destinée à révéler l'identité de « l'Inconnu »,
révélation qui est amenée par l'intrigue même de la pièce intérieure.
En ce qui concerne la catégorie des « comédies nuptiales », il
faut distinguer d'une part les pièces dans lesquelles le divertissement
est introduit sous le seul prétexte de fêter la noce, et d'autre part celles dont le spectacle intérieur est rattaché à l'intrigue par un *véritable*

---

[15] Dans *L'Illustre comédien* parce qu'il rejoue la cérémonie du baptême qu'il
avait feint de recevoir dans sa jeunesse, dans *Le Véritable saint Genest* parce qu'il
représente les derniers moments d'un martyr, Adrian.

132

lien qui se superpose à ce prétexte. C'est le cas de *Célinde*, où l'héroïne se sert du rôle qu'elle interprète pour assassiner celui qu'on lui fait épouser. Dans *Agarite*, un personnage profite des coups de feu que prévoyait le scénario du ballet qu'il danse pour tuer le futur époux. Au cours du ballet de *La Belle Alphrède*, un des protagonistes, se glissant au milieu des danseurs professionnels, fait la première entrée du ballet dans le seul but de transmettre discrètement une provocation à un duel. Quant à la pièce intérieure du *Pédant joué*, elle sert à marier deux amoureux qui jouaient leur propre rôle, grâce à un subterfuge consistant à faire signer par le père de l'un des amoureux les actes du mariage, dans le cours même de la petite comédie.

Quoique apparemment moins *nécessaire*, l'« opéra impromptu » du *Malade imaginaire* est néanmoins très fortement rattaché à l'intrigue de la pièce. Ce dialogue chanté doit permettre à Cléante d'obtenir le sentiment d'Angélique sur la décision d'Argan de la marier à Thomas Diafoirus. Et c'est en improvisant dans le rôle de la bergère Philis qu'Angélique donne sa réponse. On voit que l'intrigue exigeait que les deux amants pussent se réaffirmer leur amour. Et, en un sens, ce passage n'est rien d'autre que le tête à tête amoureux inhérent à toute comédie : parallèlement à l'intrigue, la loi du genre réclamait cette scène.[16]

Le groupe des « comédies initiatiques » offre le même degré d'intégration. Le sage magicien de *L'Illusion comique* présente une première « évocation » pour rassurer un père sur le sort de son fils, puis enchâsse dans cette évocation un fragment de représentation théâtrale pour faire découvrir au vieil homme les bienfaits de l'art dramatique. Les cinq évocations successives du *Triomphe des cinq passions* sont proposées par un Enchanteur à un jeune Athénien dans le but de le guérir de ses faiblesses et de le mettre sur la voie de la maîtrise de soi. Dans *l'Art de régner*, enfin, les cinq représentations dramatiques sont présentées par le gouverneur Polidore à son royal élève afin de lui inculquer les vertus jugées indispensables à tout bon chef d'Etat.

Il en est de même pour *Elomire hypocondre* qui, sous cet angle, se rapproche de ces trois pièces : « Le divorce comique » est présenté à Elomire par les médecins dans le but officiel de le guérir de sa

---

[16] Les mêmes remarques valent pour le duo chanté des *Fous divertissants* (II, 9), d'autant que cette scène paraît très nettement inspirée de celle du *Malade imaginaire*.

maladie et, en fait, nous l'apprenons à l'issue de la comédie, pour se moquer de lui en le ridiculisant, puisque cette comédie met en scène Elomire lui-même.

Ni intermèdes, ni prolongements, mais parties intégrantes de l'action principale qui ne progresserait pas sans eux, ces spectacles enchâssés relèvent donc d'un troisième type de rapport entre pièce-cadre et pièce intérieure, pour lequel on pourra parler de *degré maximum de structuration*.

II. ÉTUDE DES FONCTIONS DES SPECTACLES INTÉRIEURS

Une telle étude serait superflue si tous les spectacles enchâssés présentaient un degré maximum de structuration : introduisant une coupure dans l'action principale, ils modifient son déroulement prévisible par leur simple représentation et, le plus souvent, par leur contenu, et la relancent sur une trajectoire qui résulte désormais de la conjugaison des deux pièces. Toutefois, dans la plupart des cas, ils ne se limitent pas à être les simples instruments du progrès de l'action dramatique principale : réduction plus ou moins fidèle de celle-ci, ils ajoutent à leur fonction instrumentale une fonction spéculaire qui contribue fortement à la signification de la pièce tout entière.

Mais avant de nous pencher sur cette figure complexe qu'est la réduplication thématique ou « mise en abyme », nous envisagerons le cas des spectacles dont le degré de structuration est égal à zéro. Peut-on croire, en effet, qu'ils n'ont aucune fonction dans la pièce qui les enchâsse ? Car, ici encore, la pièce intérieure introduit une coupure dans l'action principale. Cette coupure, du fait de son caractère artificiel et non nécessaire, a un effet non point sur le contenu de l'action principale, mais sur sa réception par le public qui assiste à la totalité du spectacle. Il s'agit d'une part d'éblouir ce public par le renforcement du spectaculaire dû à la démultiplication de la représentation, et d'autre part de *se* donner à voir en tant que théâtre : fonction « décorative » d'un côté, fonction métalinguistique[17] de l'autre. Il est plus difficile d'appréhender la fonction des

[17]   Sur cette notion, voir R. Jacobson, *Essais de Linguistique générale,* Paris, Ed. de Minuit, 1963, pp. 217-218 ; A. Ubersfeld, *Lire le théâtre,* p. 43 ; et, surtout, B. Magné, « Fonction métalinguistique, métalangage, métapoèmes dans le théâtre de Molière », *Cahiers de littérature du XVIIe siècle,* No 1, janvier 1979.

spectacles qui présentent un degré de structuration intermédiaire : ni instruments, ni simples décors, mais prolongements, ils nous paraissent avoir une fonction démonstrative, participant en cela à la signification de la pièce-cadre.

1. *Fonction décorative*

Si la fonction métalinguistique est particulièrement à l'oeuvre dans toutes les pièces où le spectacle intérieur est coupé de l'action principale, elle ne laisse pas d'être présente partout : enchâsser une pièce dans une autre, c'est, dans tout les cas, donner à voir un spectacle qui se présente comme tel, et, par là-même, exhiber le code théâtral, même si, par ailleurs, c'est la fonction référentielle du spectacle intérieur (c'est-à-dire le rôle qu'il joue dans l'intrigue) qui prédomine. La fonction métalinguistique transcende donc les fonctions particulières des spectacles enchâssés, décorative, démonstrative et instrumentale, et, partant, relève de la signification d'ensemble du phénomène du théâtre dans le théâtre.

Si l'on veut comprendre la fonction décorative que peut assumer le théâtre dans le théâtre, il suffit de lire l'Avant-propos des *Amants magnifiques* de Molière :

> Le Roi, qui ne veut que des choses extraordinaires dans tout ce qu'il entreprend, s'est proposé de donner à sa cour un divertissement qui fût composé de tous ceux que le théâtre peut fournir ; et pour embrasser cette vaste idée et enchaîner ensemble tant de choses diverses, Sa Majesté a choisi pour sujet deux princes rivaux, qui, dans le champêtre séjour de la vallée de Tempé, où l'on doit célébrer la fête des jeux Pythiens, *régalent* à l'envi une jeune princesse et sa mère de toutes les galanteries dont ils se peuvent aviser.[18]

Tous ces « régales dans le régale », comme les appelle J. Guicharnaud,[19] sont donc la stricte exécution de la volonté du roi de divertir sa cour, qu'ils soient ou non introduits dans la comédie par le biais du théâtre dans le théâtre. Intermèdes juxtaposés et intermèdes enchâssés possèdent donc la même fonction : conférer à la comédie un caractère éminemment spectaculaire.

Dans sa *Dramaturgie classique*, J. Schérer, le premier, a signalé cette fonction particulière du théâtre dans le théâtre :

---

[18]   *Ed. cit.,* tome II, p. 645. Nous soulignons.
[19]   « Les trois niveaux critiques des *Amants magnifiques* », in *Molière : Stage and Study,* pp. 21-42.

> Le « spectacle magnifique » que demande la « pompe » peut aussi être offert au public en même temps qu'aux personnages de la pièce, quand ceux-ci assistent à un divertissement donné en leur honneur.[20]

Le second intermède du *Malade imaginaire*, tout comme les intermèdes enchâssés des *Amants magnifiques*, répond exactement à cette définition : le public assiste en même temps qu'Argan et Béralde au « divertissement » que celui-ci offre à son frère.

Il est assurément peu probable que Molière ait eu recours à la technique du théâtre dans le théâtre dans le seul but de *varier* les introductions des intermèdes que le genre de la comédie-ballet l'amenait à faire figurer dans ce type d'oeuvres. Bien plus qu'un simple souci de variété — qu'il ne faut pas écarter pour autant — c'est la notion de *spectaculaire* qui explique le mieux la fréquence de notre procédé dans les comédies-ballets : l'impact d'un divertissement est renforcé par le regard interposé d'un personnage qui appartient au spectacle principal.

Cela est particulièrement sensible dans le cas des spectacles terminaux : presque toutes les comédies-ballets de Molière — ainsi que *La Belle Egyptienne* de Sallebray et *Les Amours de Calotin* de Chevalier — s'achèvent par un « spectacle dans le spectacle ». Qu'il s'agisse d'un déploiement exceptionnel de pompe, comme les Jeux Pythiens dans *Les Amants magnifiques,*[21] ou des réjouissances endiablées du Ballet des Nations qui finit *Le Bourgeois gentilhomme*, dans tous les cas on débouche dans le merveilleux, quel que soit le degré de réalisme social auquel le reste de l'oeuvre est parvenu par instants.[22] Le regard du spectateur intérieur est le dernier lien qui retient le public sur les bords du rêve pur, tout en le poussant dans l'incertitude la plus totale : car il hésite non pas entre le réel et la fiction, comme dans le cas du théâtre dans le théâtre ordinaire, mais entre la fiction et le merveilleux. Dans le premier cas l'incertitude a pour nom illusion, dans celui-ci fantasmagorie. Et la fantasmagorie devient absolument complète dans le *finale* de la dernière pièce qu'a écrite Molière, *Le Malade imaginaire*, où la structure du théâtre dans le

---

[20] P. 162 ; les termes entre guillemets sont empruntés par l'auteur à l'abbé d'Aubignac.
[21] Ce *finale* faisait en effet apparaître Apollon au milieu d'un déploiement de faste extraordinaire, et ce rôle avait été créé pour le Roi-soleil lui-même. On sait que son désir nouveau de dignité l'empêcha de danser ce ballet (cf. G. Couton, *éd. cit.,* tome I, p. 647, n. 1).
[22] Le plus parfait exemple de ce mélange de réalisme et de merveilleux est précisément *Le Bourgeois gentilhomme*.

théâtre vient même se dissoudre. En effet, si Molière a éprouvé la nécessité de suggérer la présence d'un regard (« nous pouvons nous donner la comédie les uns aux autres »), sans toutefois le matérialiser, c'est qu'il était particulièrement sensible au renforcement du spectaculaire que permet le procédé du théâtre dans le théâtre.

Quoique l'enchâssement des scènes de fous dans les pièces de Beys soit moins ostentatoire (elles sont d'une certaine manière rattachées à l'intrigue puisque tout se déroule dans un asile), et qu'elles ne soient pas présentées expressément comme des divertissements, leur fonction décorative est tout aussi évidente.

Tout d'abord, il est clair que Beys a voulu dès le départ insérer dans sa pièce des fragments comiques : s'il a choisi le cadre d'un asile, c'est parce que, comme il le fait dire au Philosophe dans les deux pièces (I, 3), « on doit avoir pitié de ces esprits troublés / (...) Mais on rit des effets de cette maladie ». Dès lors, pour qu'on ne lui reproche pas de trop grandes ruptures dans le déroulement de l'action, il a cherché à indiquer par le biais du théâtre dans le théâtre que ces scènes comiques étaient les divertissements que la folie *offrait au regard* des héros de la pièce. Pour le reste, le fonctionnement est le même que dans les comédies-ballets de Molière. Le regard interposé des héros de la pièce non seulement assure l'enchâssement de ces scènes en les érigeant au niveau de spectacle intérieur, mais surtout tend à renforcer l'impact de ce spectacle sur le public à qui il est, en fait, destiné.

2. *Fonction démonstrative*

L'éditeur de *La Comédie des comédiens* de Gougenot, D. Shaw, note dans son introduction que « l'une des fonctions de la comédie intérieure est évidemment d'illustrer les principes énoncés et soutenus avec tant de chaleur au cours des conversations des acteurs »,[23] mais il ne cite comme « illustration » que l'observation des convenances et l'honnêteté des personnages ! Assurément, Gougenot n'a pas écrit les trois actes de *La Courtisane* dans ce seul but. De même, dans sa *Comédie*, Scudéry fait détailler par un personnage toutes les qualités de « la Comédie » : « le Tableau des passions, l'image de la vie humaine, l'Histoire parlante, la Philosophie visible, le fléau du vice et le Trône de la vertu ».[24] Or, il fait suivre ce discours d'une

---

[23] *Ed. cit.,* Introduction, p. XX.
[24] Acte II, scène 1 ; *éd. cit.,* l. 349-351, p. 20.

insipide pastorale qui ne démontre guère le bien-fondé de toutes ces affirmations. Tout au plus peut-on dire que rien, dans *L'Amour caché par l'amour,* ne va à l'encontre de ces principes. Le contenu de la pièce intérieure paraît d'autant moins important que sa substitution, quelques mois après la création de *La Comédie*, par la *Mélite* de Corneille ne semble pas avoir altéré sa portée. Donc, si illustration il y a, ce n'est pas tant pour faire valoir les qualités du théâtre lui-même que celles des acteurs dans leur jeu. Or, pour cela, il suffisait aux dramaturges de se laisser porter par la structure même du théâtre dans le théâtre, autrement dit par l'opposition entre théâtre et non-théâtre qu'elle sous-tend.

a) Rôle de la « dénégation »

On sait que ce qui fait l'originalité de la communication théâtrale, c'est le double statut du message reçu par le spectateur : d'une part, il y a sur scène des personnes et des objets qui sont *réels* ; en outre, jusqu'aux révolutions théâtrales du XXe siècle, le théâtre était fondé sur « l'effet d'illusion », c'est-à-dire sur la volonté de donner à la représentation les apparences du vrai pour amener les spectateurs à s'identifier à ce semblant de réalité qu'on leur présentait. D'autre part, quel que soit le degré de réalisme auquel peut parvenir un spectacle, tout ce qui figure sur scène est perçu comme *non-réel*, parce que le spectateur n'y a pas accès ; même dans le cas d'une identification totale avec un personnage, celui-ci conserve toujours un statut de non-réalité qu'il doit à sa présence sur la scène.[25] Tel est le phénomène de la *dénégation*,[26] qui prend une acuité toute particulière lorsque le spectacle enchâsse un autre spectacle.

En effet, tant que se déroule l'action principale, le public, tout en se laissant prendre par l'effet d'illusion, tend à marquer de négativité l'ensemble du message qu'il reçoit ; tout change quand commence l'action enchâssée, car celle-ci, étant le plus souvent explicitement désignée comme théâtre, devient à son tour l'objet de la dénégation. Mais ce phénomène, même s'il affecte toutes les pièces de notre *corpus*, n'entraîne pas des effets identiques dans tous les cas : son

[25]   Même si, comme dans un certain théâtre contemporain, la scène est à peu près absente : les acteurs ont beau être mêlés aux spectateurs, il y a toujours un « espace scénique » qui leur est dévolu.
[26]   Sur cette notion, cf. O. Mannoni, *Clefs pour l'imaginaire,* Paris, Seuil, 1969 et A. Ubersfeld, *op. cit.,* pp. 46-57.

impact dépend du degré de structuration qui est à l'oeuvre. Ainsi, dans le cas du degré zéro, la dénégation ne joue aucun rôle : le spectacle enchâssé consistant en un simple divertissement totalement dépourvu de vraisemblance, il est chargé dès le départ de négativité et son déroulement n'a aucune conséquence sur la réception du message de l'ensemble de la pièce par le public. Le degré maximum de structuration introduit une plus grande complexité : la pièce intérieure ayant une fonction essentielle dans l'action de la pièce-cadre, elle ne lui retire pas la totalité de la négativité dont elle est chargée. Même si l'action enchâssée se dit théâtre, ses liens avec celle qui l'encadre sont si étroits — surtout lorsqu'ils sont exprimés par la figure de la mise en abyme[27] — que le public sent qu'elle n'est qu'un moment de celle-ci : aussi n'est-ce que durant le début du spectacle enchâssé que le déplacement de la dénégation vers l'action intérieure peut s'exercer de manière effective.

Il en va différemment avec le *degré relatif* de structuration, c'est-à-dire quand le spectacle enchâssé, tout en ayant un lien avec l'action principale, est totalement autonome : pour peu que le contenu de la pièce-cadre vise à reproduire le plus exactement possible la réalité, l'introduction d'une action dramatique présentée comme « du théâtre » et, partant, entachée de négativité, confère au reste de l'oeuvre les caractères du *vrai*. On comprend pourquoi toutes les comédies des comédiens du XVIIe siècle[28] contiennent une pièce intérieure[29] : non seulement parce que si l'on veut rendre crédible l'apologie des comédiens il faut leur faire faire une démonstration de leur art, mais surtout parce qu'au moment où ils s'apprêtent à jouer la pièce intérieure, le public ne les considère plus comme des *personnages*, mais comme de *vrais comédiens*. Par contrecoup, la pièce-cadre prend une nouvelle épaisseur, celle de la vie.

b) La pièce-prétexte

Ainsi, dans tous les cas où le spectacle enchâssé est sans lien avec la pièce-cadre, nous considérons que nous sommes en présence

---

[27] Sur les rapports entre degré maximum de structuration et cette figure, voir ci-après p. 147.

[28] A l'exception des *Embarras du derrière du Théâtre* de Brueys et Palaprat (1693).

[29] Il n'y a, en effet, aucun lien *a priori* entre « comédie des comédiens » et « théâtre dans le théâtre » : rien n'empêche un dramaturge de mettre en scène des comédiens sans leur faire représenter un spectacle, comme en témoigne au XVIIe siècle la pièce de Brueys et Palaprat.

d'une *pièce-prétexte*, c'est-à-dire d'une action dramatique dont la fonction est de faire croire que la pièce-cadre n'est pas du théâtre, et, accessoirement, de démontrer ce qui a été dit dans celle-ci.

Tous les critiques qui ont lu les *Comédies des comédiens* de Gougenot et de Scudéry ont souligné l'indigence des pièces intérieures, rappelant notamment le remplacement de la pastorale initiale par *Mélite* dans la pièce de Scudéry. Mais nul ne s'est posé la question de savoir comment des auteurs avaient pu, dans une même oeuvre, être habiles et médiocres tout à la fois. Loin de nous l'intention de vouloir justifier la médiocrité. Nous cherchons à comprendre comment deux dramaturges ont pu s'accomoder de composer une oeuvre dont une partie était à l'avant-garde des recherches théâtrales de l'époque, et l'autre dans la plus parfaite soumission à ce que nous appellerions aujourd'hui les impératifs commerciaux. Ce contraste nous interdit de penser que Gougenot et Scudéry n'ont pas été conscients de la banalité de leurs pièces intérieures.[30] S'ils l'ont assumée, c'est, selon nous, qu'ils ont parfaitement compris le renversement que subit le message théâtral lorsqu'on introduit en son sein un fragment clairement théâtralisé : lorsqu'un acteur qui joue le rôle d'un comédien se met à représenter une pièce de théâtre, le public s'imagine qu'il s'est trompé et que, jusqu'alors, ce comédien ne *jouait pas*.

Dans ce contexte, le contenu de la pièce intérieure n'est pas sans importance. La pièce-cadre apparaît d'autant plus *vraie* que la pièce intérieure est au contraire très peu fondée sur la vraisemblance. La forte impression de disparate que l'on éprouve à la lecture des deux *Comédies des comédiens* résulte de l'application de cette loi. Face aux actes réalistes qui montrent la vie et les difficultés des compagnies théâtrales à Paris et en province, la comédie d'intrigue intitulée *La Courtisane* est un tissu de lieux communs romanesques,[31] et la tragi-comédie pastorale que Scudéry a intitulée *L'Amour caché par l'Amour* est, conformément à la règle du genre, fondée sur la plus

---

[30]   Nous ne voulons pas dire que les dramaturges ont fait exprès d'écrire des pièces médiocres (l'autosatisfaction dont Scudéry fait preuve en faisant présenter sa pièce par Mr de Blandimare (*op. cit.*, II, 3 ; l. 362-370, p. 21), montre assez qu'il voulait faire montre aussi de son talent), mais que, dans cette perspective, il n'était pas nécessaire d'écrire des chefs-d'oeuvre.

[31]   Une passion mutuelle qui éclate en quelques heures, un amant importun qui se révèle être le frère de celle qu'il aime, un duel entre celui-ci et l'amoureux de la jeune fille, une reconnaissance entre le père et sa fille qui avait été enlevée par des pirates turcs, une autre jeune fille qui se déguise en homme pour reconquérir son amant, un double mariage final ; le tout en moins de vingt-quatre heures.

parfaite invraisemblance de situation.[32] Le spectateur le plus critique de l'époque ne peut trouver surprenant l'enrôlement de Mr de Blandimare dans la troupe de son neveu, parce que des situations de ce genre ont réellement existé : s'il trouve cela un peu théâtral, la pastorale, en lui montrant ce qu'est le théâtre, doit le faire revenir sur son impression. L'opposition entre les styles des actions dramatiques, respectivement enchâssante et enchâssée, va dans le même sens : à des comédiens qui s'expriment *en prose* succèdent des personnages dont les paroles sont *versifiées*.

La banalité des thèmes traités dans ces pièces intérieures peut s'expliquer de la même manière. Le public, non accoutumé à voir des comédies réalistes mettant en scène des comédiens, retrouvait dans *La Courtisane* et *L'Amour caché par l'amour* tout ce qu'il aimait à voir dans le théâtre de l'époque ; après le dépaysement il se retrouvait en terrain familier. Aussi ne pouvait-il manquer de penser que le spectacle théâtral venait vraiment de commencer avec les tragi-comédies intérieures. La banalité des thèmes rejoint donc l'invraisemblance des situations pour renforcer *l'illusion de vérité* que les dramaturges ont cherché à donner aux scènes consacrées aux comédiens. La substitution de *Mélite* à *L'Amour caché par l'amour* ne contredit pas nos conclusions. Car remplacer une pièce qui est médiocre à force de vouloir être familière par une autre que le succès a rendue familière, ne va pas à l'encontre de l'effet recherché : puisqu'il faut que la pièce intérieure soit sentie comme théâtre, l'enchâssement d'une comédie très célèbre convient d'autant mieux qu'elle dispense de recourir à des thèmes trop connus qui engendrent la monotonie.

On retrouve ce double phénomène — absence de vraisemblance et banalité des thèmes — dans toutes les « comédies des comédiens », à l'exception du *Poète basque*, où c'est le burlesque qui transfère la dénégation sur la pièce intérieure. Ainsi *La Comédie de la comédie* de Dorimond fait succéder à cinq scènes réalistes huit scènes constituant une farce allégorique intitulée *Les Amours de Trapolin*, où l'on voit le jeune Trapolin, symbole de la jeunesse, pré-

---

[32] Isomène et Florintor s'aiment, mais font semblant d'aimer, elle, Pirandre, et lui, Mélisée, pour satisfaire la mère d'Isomène, tout en espérant sa mort prochaine. Mélisée, qui aime Pirandre, fait semblant d'aimer Florintor pour éprouver la flamme de Pirandre ; et celui-ci, par dépit, fait semblant d'être amoureux d'Isomène. Les parents sont dans la plus grande confusion, et eux-mêmes finissent par se laisser prendre à leur propre jeu au point de douter des sentiments des uns et des autres, ce qui les conduit au bord de la catastrophe. Mais tout finit par s'arranger.

férer vivre avec Ignorance plutôt qu'épouser l'une des filles du Docteur, Poésie ou Philosophie. Comme on le voit, le contraste entre les deux parties se manifeste dès l'exposé de l'intrigue. Or, dans la mesure où il y a une totale absence de liens structurels entre les deux parties, Dorimond, plus encore que ses prédécesseurs, pouvait inclure la pièce qu'il voulait. Le choix d'un scénario aussi éloigné de la vraisemblance nous paraît significatif. On peut en dire autant des *Amours de Calotin*, comédie d'intrigue incluse dans la pièce de Chevalier qui porte le même nom. On retrouve, en effet, le thème des deux couples d'amoureux que l'on veut marier contre leur gré,[33] celui de la jeune fille déguisée en homme, et celui de l'amour parallèle des serviteurs et des jeunes héros. Quant à la première pièce intérieure du *Comédien poète*, il s'agit d'une « crispinerie » comme il s'en faisait tant à l'époque[34] ; la seconde est une comédie d'intrigue dont l'action se déroule à Madrid, et qui est dans la plus pure tradition de la comédie espagnole.[35]

Dans cette série, *La Comédie sans comédie* fait exception. Assurément, si l'on se penche sur le contenu des quatre pièces intérieures, on ne remarque aucune entorse à la loi que nous avons dégagée plus haut : pour renforcer la portée de l'apologie des comédiens, il fallait la rendre crédible en donnant l'impression que les acteurs de la pièce-cadre *ne jouaient pas* sous le masque de comédiens, mais restituaient sur scène un fragment de leur vie réelle. Quinault, pourtant, a joué la difficulté puisque ses comédiens se présentent tout d'abord à l'extérieur du théâtre, engagés dans une intrigue imaginaire et qu'ils s'expriment en vers. Si, dans ces conditions, l'invraisemblance et la « banalité thématique » des pièces intérieures[36] peuvent difficile-

---

[33]   Climène aime d'un amour partagé Tersandre que l'on veut marier à Julie, amoureuse de Clarimond et aimée par lui.

[34]   Dans *L'Inconnu,* le Vicomte ridicule demande au comédien qui vient de présenter la pièce intérieure : « Et n'y joindrez-vous point quelque Crispinerie ? / J'aime tous les Crispins. » A quoi le comédien répond qu'il n'aura que l'embarras du choix (Acte V, scène 4).

[35]   Don Henrique veut épouser Angélique, orpheline qui vit avec sa tante, quand on apprend que son frère, Don Pascal, tenu pour mort, est de retour avec un époux pour sa sœur.

[36]   *Clomire,* la pastorale du deuxième acte, avec ses bergers, ses bergères déguisées en hommes, ses Satyres, ne présente ni vraisemblance, ni originalité ; non plus que la pièce burlesque de l'acte III, intitulée *Le Docteur de Verre.* La tragédie du quatrième acte, *Clorinde,* si elle présente plus d'originalité dans le sujet, est totalement dépourvue de vraisemblance puisqu'elle met aux prises une Amazone et un prince chrétien au pied de Jérusalem. Quant à *Armide et Renaud,* la « tragi-

ment suffire à renverser la dénégation, cet effet est tout de même produit par la multiplication du nombre d'actions dramatiques enchâssées et surtout par le fait qu'elles ressortissent chacune à un genre dramatique différent.

D'autre part la variété des genres dramatiques présentés répond à la volonté d'aller jusqu'au bout de son projet apologétique. En présentant quatre pièces appartenant chacune à un genre différent, il a fait en sorte que les comédiens fassent valoir toutes les facettes de leur talent et de leur art, illustrant ainsi les mots de Beys :

> Etant imitateurs de toute la Nature
> Ils doivent avoir peint tous les Etres divers
> Que la Nature étale en ce grand Univers.[37]

Le spectacle terminé, tous les genres dramatiques ayant été passés en revue, une grande « diversité d'Etres » a été peinte et la question peut être considérée comme épuisée. Aussi peut-on affirmer que, quelquefois, le genre dramatique choisi peut participer à la fonction démonstrative de la pièce intérieure.

c) La pièce-témoin

Nous verrons plus loin que la thématique de l'illusion est au centre de la signification du théâtre dans le théâtre. Or, cette illusion n'est possible que si l'acteur est capable de « feindre » convenablement, ce qui doit être sa qualité essentielle. Pour juger de cette qualité, la seule pierre de touche ne peut être que la démonstration que représente la pièce intérieure. La plupart des auteurs de comédies des comédiens ont à peine senti cette nécessité : le caractère démonstratif de la pièce intérieure paraît être avant tout un prétexte pour conférer les couleurs du vrai à la pièce-cadre par le biais de la dénégation. Seuls, Molière, Corneille et Rotrou, ont veillé à ce que la pièce intérieure servît *explicitement* à la démonstration des qualités d'imitation des acteurs. Au reste, chez eux, cette fonction démonstrative est secondaire par rapport à la fonction instrumentale de l'action enchâssée.

La principale différence entre *L'Impromptu de Versailles* et les autres comédies des comédiens réside dans le fait qu'elle inclut une *répétition*, avec tout ce que cela suppose : interruption, discussions,

---

comédie en machines » du dernier acte, elle est fidèle à la convention d'invraisemblance et de banalité du genre.

[37] *Les Illustres fous,* acte IV, scène 5 ; *éd. cit.,* v. 1504-1505.

reprise d'un même passage, éloges ou critiques aux interprètes. Assurément Molière a cherché à « faire vrai ». On s'en convaincra aisément en comparant L'Impromptu aux deux autres pièces censées inclure une répétition, La Comédie de Gougenot et Le Comédien poète de Montfleury. Dans les deux cas, la répétition est faite sans interruption, et elle ne se distingue en rien d'une véritable représentation intérieure. L'Impromptu serait-elle donc l'unique comédie des comédiens où il n'était pas indispensable de théâtraliser le spectacle intérieur pour dégager une zone non chargée de négativité ? Non seulement les diverses séquences de la répétition sont présentées de manière très réaliste, mais Molière et ses compagnons ne jouent pas sous le masque d'autres personnages. En fait, puisque tout ce qui est sur la scène est entaché d'irréalité, Molière lui-même court le risque de n'être pas le vrai Molière aux yeux des spectateurs : or l'on constate que la pièce intérieure, quoiqu'en prose, elle aussi, et ne contenant ni invraisemblances ni banalités, est d'une certaine manière théâtralisée. Elle met en scène des coquettes et des marquis, si répandus sur le théâtre de l'époque, et particulièrement chez Molière, qu'ils suffisent à conférer un caractère théâtral à ces fragments ; le sujet de la pièce va dans le même sens, puisque c'est celui que tous les auteurs dramatiques se croyaient obligés d'aborder à ce moment-là : la querelle de L'École des femmes.

En même temps, si le caractère morcelé de la répétition permet de suivre les progrès dans la mise au point de la pièce et, surtout, dans le jeu des acteurs que le « maître » conseille souvent pour qu'ils trouvent le ton juste, la principale fonction de l'enchâssement est de permettre aux comédiens d'exprimer leurs aptitudes pour l'imitation et la métamorphose. A la première scène, le personnage Molière, qui distribue les rôles, rassure la Du Parc, inquiète de devoir jouer « un rôle de façonnière », alors qu' « il n'y a point de personne au monde qui soit moins façonnière qu'(elle) »[38] ; il y revient, plus loin, en lui rappelant que son rôle l'oblige à se déhancher et à « faire bien des façons » et qu'elle ne doit pas craindre de se contraindre un peu pour y parvenir. Le vif dialogue que son personnage échange à la fin de la scène avec celui joué par Mlle Molière permet donc au public de juger des capacités de l'actrice.[39] G. Couton a cru déceler une certaine malice dans cette insistance.[40] Nous n'excluons pas cette possi-

[38] Scène I ; éd. cit., tome I, p. 682.
[39] Scène IV ; p. 690.
[40] Ed. cit., tome I, p. 682, n. 1, et 689, n. 2.

144

bilité mais nous pensons que Molière insiste surtout pour que le public sente que ses réflexions dépassent la seule Du Parc.

Car tous les rôles de cette « Critique de *La Critique* », à l'exception de celui de Brécourt, « honnête homme de cour » et défenseur de Molière, sont des rôles contraignants pour les acteurs qui les jouent ; et le plus contraignant, évidemment, est celui de marquis ridicule, victime et ennemi de Molière, que joue celui-ci. Or, dans sa présentation des personnages (scène I), il n'avait rien dit sur le rôle qu'il se réservait. C'est au public d'extrapoler à partir des encouragements donnés à la Du Parc : pour jouer un de ses ennemis, sot, hargneux et ricanant, Molière doit posséder au plus haut point l'art de l'imitation et de la métamorphose. La répétition intérieure est là pour montrer la perfection à laquelle il peut atteindre. Aussi, à la différence de ce qui a lieu dans les autres comédies des comédiens, sommes-nous en présence d'un enchâssement conçu comme un véritable développement de l'action principale et non comme une vague illustration destinée en fait à déplacer le processus de la dénégation.

Les pièces intérieures de *L'Illusion comique* (acte V) et du *Véritable saint Genest* ont certes pour principale finalité de faire progresser l'action, mais leurs auteurs ne les ont pas moins conçues dans une perspective démonstrative. Ainsi, l'une des fonctions de la tragédie du Ve acte de *L'Illusion comique* est de souligner les qualités de comédien de Clindor. Les cris de Pridamant à la fin de la pièce, quand il croit que l'on a assassiné son fils, prouvent qu'il s'est laissé prendre à l'illusion dramatique, et que les acteurs ont parfaitement joué leur rôle : s'il n'a pas réussi à démêler le vrai et le feint, l'action vécue et l'action jouée par Clindor, c'est que celui-ci a réussi sa métamorphose. Il *joue* si bien son personnage de grand seigneur que l'on croit qu'il est *devenu* grand seigneur. Corneille le fait confirmer par Alcandre à la dernière scène de la comédie :

> L'un tue et l'autre meurt, l'autre vous fait pitié,
> Mais la Scène préside à leur inimitié ;
> Leurs vers font leur combat, leur mort suit leurs paroles,
> Et sans prendre intérêt en pas un de leurs rôles,
> Le traître et le trahi, le mort et le vivant
> Se trouvent à la fin amis comme devant.[41]

Telle est donc l'une des fonctions de la tragédie intérieure : montrer qu'au théâtre il faut tuer ou mourir, bref, émouvoir le spectateur,

---

[41]   Acte V, scène 6, v. 1755-1760 ; *éd. cit.*, p. 119.

sans laisser voir que « la scène préside » à tout cela et que les acteurs n'ont pas d'« intérêt » dans ce qu'ils représentent.

A la fin de *L'Illusion comique* correspond le début du *Véritable saint Genest*. On demande au comédien de jouer le martyre d'Adrien non parce que l'on goûte la pièce mais parce qu'on sait que le comédien s'y surpasse.[42] Et Genest paraît considérer au départ la représentation comme une occasion de montrer ses talents et ceux de sa troupe. De fait, c'est une véritable « épreuve » qu'on lui propose, au double sens du terme, sur lequel joue Rotrou. A Maximin qui suggérait qu'il était « aisé » de mettre à l'« épreuve » « l'inimitable adresse » de Genest, celui-ci répond :

> Elle (l'épreuve) sera sans peine,
> Si votre nom, Seigneur, nous est libre en la scène ;
> Et la mort d'Adrian, l'un de ces obstinés
> Par vos derniers arrêts naguère condamnés,
> Vous sera figurée avec un art extrême,
> Et si peu différent de la vérité même...[43]

Indéniablement, en ce début de pièce, Rotrou a tout fait pour nous présenter la représentation intérieure comme un exercice de démonstration du talent de Genest.

A cet égard, la comparaison avec la pièce de Desfontaines est éclairante. Dans celle-ci, les comédiens sont invités à faire devant Dioclétian un essai de leur capacité à tourner en dérision la religion chrétienne : ils ne sont point introduits comme des artistes, mais comme des instruments de propagande. Au début de la scène 4 du premier acte, Genest exhorte ses compagnons à bien jouer pour gagner la faveur de César qui paraît avoir quelque prévention contre l'art théâtral.[44] Outre que le prétexte de la représentation est à l'opposé de celui du *Véritable saint Genest*, le climat est bien différent : on est loin de l'admiration et de la confiance qui règne dans la pièce de Rotrou. Dans *L'Illustre comédien*, il s'agit de convaincre que le théâtre peut *servir*, les comédiens espérant par là se

---

[42] Acte I, scène 5, v. 293-296 ; *éd. cit.,* tome I, p. 953 : « Mais on vante surtout l'inimitable adresse / Dont tu feins d'un chrétien le zèle et l'allégresse / Quand le voyant marcher du baptême au trépas, / Il semble que les feux soient des fleurs sous tes pas. »

[43] *Ibid.,* v. 297-302.

[44] Genest rappelle en effet que deux célèbres comédiens ont récemment perdu leurs biens et leur vie pour s'être convertis, et, au début de l'acte II, un des conseillers de Dioclétian se croit obligé de prononcer un éloge du théâtre.

gagner la faveur de l'empereur.[45] Le point de départ de la représentation est donc extérieur au théâtre. Aussi n'a-t-elle point de fonction démonstrative.

Dans la tragédie de Rotrou, tout est acquis d'avance, il suffit de se surpasser : (Genest à Marcelle qui vient de répéter devant lui une tirade)

> Outre que dans la Cour que vous avez charmée
> On sait que votre estime est assez confirmée,
> Ce récit me surprend, et peut vous acquérir
> Un renom au théâtre à ne jamais mourir.[46]

D'autre part les commentaires élogieux auxquels le public se livre durant les intervalles,[47] ou qu'il glisse après certaines répliques, sont en partie destinés à rappeler tout au long du spectacle intérieur — même lorsque Genest aura cessé de « jouer » — qu'il ne s'agit que d'une « épreuve ». Et, en définitive, si le spectacle finit par avorter, c'est, outre l'intervention divine, que Genest s'y est montré trop brillant : à trop bien jouer son rôle, il s'est laissé gagner par lui. Envisagée sous cet angle, la pièce intérieure remplit parfaitement sa mission, et l'on pourrait affirmer que *Le véritable saint Genest* est la comédie des comédiens la plus achevée si ce n'était pas une tragédie religieuse qui se déroule dans le cadre bien particulier de la « comédie au château », et si Rotrou ne s'était pas préoccupé beaucoup moins de mettre en scène le monde du théâtre que d'illustrer le *topos* du *theatrum mundi*.[48]

3. *Fonction instrumentale*

Dans le cas du degré maximum de structuration, la pièce intérieure, véritable « adjuvant » du modèle actantiel greimasien, possède une fonction instrumentale qui peut s'exercer sur le plan thématique — il y a alors des relations textuelles entre les deux actions dramatiques — ou sur le plan de la structure superficielle de l'action.

Dans ce dernier cas, la représentation intérieure sert de prétexte à un événement qui retentit sur l'action principale, en l'absence de toute correspondance fictionnelle ou textuelle entre les deux actions dramatiques. De fait, l'événement en question *devait* avoir lieu et

---

[45] De fait, dès la scène 5 de l'acte I, Dioclétian, pour les remercier d'avoir accepté son offre, leur fait parvenir des présents.
[46] Acte II, scène 3, v. 385-388 ; *éd. cit.,* tome I, p. 956.
[47] C'est-à-dire pendant les « scènes-entractes ».
[48] Voir *infra*, pp. 292 sq.

pouvait se produire sans le détour d'un spectacle. Ainsi dans *Le Poète basque*, le comportement ordinaire du prétendu poète suffirait à le faire enfermer, sans qu'il soit nécessaire de le voir à l'oeuvre dans une de ses compositions dramatiques ; que Floridor l'expédie aux Petites Maisons *avant la fin* de son exhibition est à cet égard tout à fait significatif. La pièce intérieure fonctionne donc comme preuve définitive de la folie absolue du Poète, s'il en était besoin, mais en aucun cas comme révélateur.

La même analyse s'applique aux ballets enchâssés dans *Agarite, La Belle Alphrède*, aux quatre premiers divertissements de *L'Inconnu* et à la courte pièce intérieure de *L'Amour fantasque*. Dans *Agarite*, par exemple, l'assassinat qui est commis durant le cours du ballet avait été prémédité depuis longtemps et le scénario du ballet ne prévoyait aucun acte de violence. Mais l'assassin, profitant des coups de feu qui symbolisent l'orage, peut commettre son acte à l'insu du reste de l'assistance et s'enfuir. Comme dans la comédie de Poisson, le spectacle intérieur, s'il contribue au déroulement de l'action, ne joue guère que le rôle d'un cadre dans lequel l'événement important vient prendre place ; un événement déterminé de l'extérieur, qui se réalise par l'intermédiaire de la représentation intérieure.

Le fonctionnement des « comédies initiatiques » est tout à fait à l'opposé des cas que nous venons de citer : la pièce intérieure (de structure décomposée) revêt de vastes proportions et représente le développement d'une proposition contenue dans la pièce-cadre. La relation thématique constitue ici le fondement de l'oeuvre, qui est tout entière organisée autour et en fonction du spectacle enchâssé. Mettre sous les yeux d'un père le fils qu'il recherche tout en le convainquant des mérites du théâtre, telle est la destination de l'évocation magique dans *L'Illusion comique.* Construites sur le même modèle, les deux tragi-comédies de Gillet, n'enchâssent guère que les *exempla* des idées présentées dans les scènes d'ouverture.

Aussi, les pièces les plus intéressantes sont-elles celles où les relations thématiques s'accompagnent d'une relation d'analogie, créant ainsi un effet de miroir, figure que l'on a coutume de nommer depuis André Gide *mise en abyme*.[49] Par la complexité que ce jeu introduit dans le rapport entre les deux niveaux de représentation, la fonction

---

[49]   On trouve l'expression pour la première fois dans son Journal, en 1893 : *Journal 1889-1939,* Bibliothèque de la Pléiade, Paris, Gallimard, 1948, p. 41.

instrumentale se trouve considérablement approfondie sur le plan des significations. Cette superposition d'un dédoublement thématique sur le dédoublement structurel que constitue le théâtre dans le théâtre se rencontre au XVIIe siècle dans une dizaine d'oeuvres : les comédies *L'Illusion comique*,[50] *Les Songes des hommes éveillés, Le Pédant joué, L'Impromptu de Versailles, Le Mari sans femme, L'Inconnu* ; les comédies-ballets *Le Sicilien* et *Le Malade imaginaire* ; la tragi-comédie *Célinde*, et la tragédie *Le Véritable saint Genest*. Nous laissons de côté la tragédie de Desfontaines intitulée *L'Illustre comédien*, car le spectacle intérieur, quoiqu'en relation avec l'action principale (Genest, devant représenter une parodie des rites chrétiens, met en scène un épisode de sa vie passée), n'en constitue pas la réduplication.

Une fois encore, *Elomire hypocondre* constitue un cas particulier, car s'il y a bien un effet de miroir produit par le dédoublement du personnage d'Elomire qui se voit joué dans la pièce intérieure, l'action de celle-ci ne reflète pas celle de la pièce-cadre. Elle la complète, simplement, la pièce-cadre mettant en scène le personnage dans sa vie privée et la pièce intérieure le montrant dans sa vie professionnelle. Le personnage d'Elomire a beau se mirer dans son double, on ne peut parler de mise en abyme.

4. La mise en abyme

a) Recherche des différents types

Les analyses consacrées par L. Dällenbach à la mise en abyme romanesque[51] nous permettent de faire l'économie de la recherche d'une typologie et de vérifier directement si les trois grands types de réflexions délimités par le critique dans le mode narratif[52] conservent

---

[50] Il ne s'agit plus cette fois du rapport entre la pièce-cadre et la pièce intérieure, mais de la relation entre les deux pièces intérieures.
[51] *Le Récit spéculaire. Essai sur la mise en abyme,* Paris, Seuil, 1977.
[52] « Ce qui préside à l'instauration des types et au passage du type I (dédoublement simple) au type II (dédoublement à l'infini) et au type III (dédoublement paradoxal) n'est rien d'autre que le degré d'analogie existant entre la mise en abyme de l'énoncé et de l'objet qu'elle réfléchit. Plus précisément (...) c'est selon qu'elle réfléchit une même oeuvre (similitude), la même oeuvre (mimétisme) ou l'oeuvre même (identité) que la réflexion basale engendre respectivement les types I, II, ou III » (*op. cit.*, p. 142).

leur validité au théâtre. En fait, si aucun des types n'est à exclure, les types II (dédoublement à l'infini) et III (dédoublement paradoxal) ne sont guère susceptibles d'apparaître que dans le « nouveau théâtre » où l'on pratique l'« autotextualité » pour les réseaux de sens qu'elle provoque et non pour la part qu'elle prend au progrès de l'action. Le théâtre traditionnel (depuis l'âge baroque), en tant que *théâtre d'action*, ne supporte pas les effets de *redondance absolue* qu'impliquent les types II et III. La manière dont Molière s'est, si l'on peut dire, colleté à deux reprises avec la réduplication spécieuse (type III) nous paraît, à cet égard, particulièrement significative.

Pour terminer élégamment sa *Critique de L'Ecole des femmes,* en lui conférant *in fine* un tour de conversation de salon *réelle,* Molière a eu recours à une amorce de mise en abyme. A la dernière scène, tous les personnages décident de confier à « ce » Molière, sur l'oeuvre duquel ils viennent de débattre, le soin de faire une comédie à partir de leur discussion et en utilisant leurs propres personnages,[53] qui se terminerait « naturellement » par un souper, comme *La Critique* est précisément en train de le faire. Mais ce « dédoublement paradoxal » n'est qu'annoncé, et s'il n'utilise pas la structure du théâtre dans le théâtre, c'est qu'il n'utilise aucune autre forme d'inclusion. Et s'il était développé, il le serait nécessairement par le biais du théâtre dans le théâtre, les personnages se transformant en spectateurs de ce qu'ils viennent de jouer, ce qui aboutirait à un effet de redondance absolue.

Quant à la réduplication spécieuse esquissée dans *L'Impromptu de Versailles,* elle n'apparaît qu'à la lumière des circonstances historiques qui sont à l'origine de cette comédie. Louis XIV avait ordonné à Molière de se défendre contre les attaques dont il était l'objet, en particulier celles qui venaient de l'Hôtel de Bourgogne. Or, dans *L'Impromptu*, les personnages (Molière et sa troupe) répètent une pièce que le roi a commandée à Molière pour qu'il se défende contre ses calomniateurs :

> Mademoiselle BEJART : Mais puisqu'on vous a commandé de travailler sur le sujet de la critique qu'on a faite contre vous...[54]

---

[53] ELISE :« Et moi je fournirais de bon coeur mon personnage. » LYSIDAS :« Je ne refuserais pas le mien, que je pense » (*Oeuvres complètes, éd. cit.,* tome I, p. 667).
[54] Scène I ; *éd. cit.,* tome I, p. 678.

On pourrait en déduire que c'est la pièce même qu'ils sont en train de jouer que les comédiens répètent dans *L'Impromptu*, ce qui serait la plus parfaite adaptation théâtrale de cette sorte de parthénogénèse littéraire qu'est la réduplication spécieuse. Mais la machine de guerre qu'était avant tout cette comédie ne pouvait accepter un discours dramatique redondant. C'est pourquoi la troupe répète une action dont les protagonistes sont des marquis et des coquettes et non pas, comme on aurait pu s'y attendre, Molière et ses compagnons eux-mêmes ; il s'agit en quelque sorte d'une nouvelle *Critique*. Or, le sujet du débat de ces personnages se trouvant être les adversaires de Molière et sa défense, nous pouvons considérer cette répétition comme un *écho* de la pièce-cadre. A dessein nous n'utilisons pas le mot *réduplication* : la défence de Molière dans la répétition inté-rieure est tout entière par antiphrase, et, par là-même, le reflet ne peut être qu'« antiphrastique », c'est-à-dire renversé.

Des trois catégories de réflexions que L. Dällenbach a mises à jour dans le domaine du récit, une seule apparaît donc effective dans le théâtre du XVIIe siècle, celle qu'il qualifie de *dédoublement simple*. Aussi peut-on proposer pour ce type unique la définition sui-vante : *est mise en abyme théâtrale tout spectacle enchâssé réfléchis-sant tout ou partie de l'action principale*. Nous insistons sur le terme de *spectacle* : nous n'entendons pas nous pencher sur les mises en abyme qui auraient lieu dans un récit ou un dialogue ordinaires. Celles-ci ne nous paraissent pas se distinguer des réduplications dié-gétiques et métadiégétiques déjà étudiées par L. Dällenbach. Seules nous concernent les *mises en abyme métathéâtrales*, en raison de la spécificité que leur confère le processus du théâtre dans le théâtre.

C'est ainsi qu'au théâtre, si la réduplication peut, comme dans le domaine du récit, jouer à différents niveaux, l'énoncé, l'énoncia-tion, le code, les choses se compliquent par le fait que le reflet peut être suscité par trois formules d'enchâssement différentes. Selon que le spectacle enchâssé est constitué par une chanson ou un discours proférés par un seul personnage, un simple dialogue sans action, ou enfin une véritable action dramatique développant une fiction auto-nome, la mise en abyme n'a ni le même fonctionnement, ni les mêmes significations. Nous étudierons donc successivement ces trois avatars de la réduplication théâtrale : les mises en abyme *discursive, dialogique* et *fictionnelle*.

b. La mise en abyme discursive.

Trois pièces comportent un enchâssement qui se réduit à un discours chanté ou parlé de quelques dizaines de lignes : deux comédies en musique, *Le Mari sans femme* de Montfleury et *Le Sicilien ou L'Amour peintre* de Molière, ainsi que *L'Impromptu de Versailles* du même Molière. Dans les deux premières, il s'agit d'une mise en abyme de *l'énoncé*, dans la troisième, de *l'énonciation*.

La très courte réduplication enchâssée dans *Le Mari sans femme*[55] est introduite de la manière suivante : Julie et Carlos sont invités par Fatiman (gouverneur d'Alger dont ils sont les esclaves) à chanter un opéra à deux voix devant sa Cour. Carlos choisit une chanson où il est dit que l'on ne séduit pas un coeur amoureux et que toute faveur de la part du poursuivant ne fait que renforcer l'amour que l'on éprouve pour l'autre. Cette chanson, anodine pour la plupart des spectateurs, est en fait destinée à la promise de Fatiman, Céline, qui poursuit Carlos de ses assiduités. Elle seule, donc, est en mesure de comprendre que cette chanson ne se situe pas seulement sur le plan de la fiction ; aussi, furieuse, interrompt-elle Carlos avant même que Julie ait pu interpréter sa partie.

Cette chanson ne se limite pas à refléter les démêlés amoureux de Carlos, Julie et Céline, en quoi elle ne serait la réduplication que d'une partie de la pièce-cadre. En fait, la mise en abyme dépasse cette intrigue secondaire pour rejoindre l'intrigue principale. *Le Mari sans femme* est, en effet, l'histoire de l'homme qui devait épouser Julie et qui la poursuit jusque dans Alger où, avec Carlos, son ravisseur, elle est l'esclave de Fatiman. Il ne sera pas plus heureux dans sa poursuite que Céline dans la sienne, puisqu'à leur grand dépit, Fatiman unira lui-même les deux jeunes amoureux. La chanson de Carlos est donc la mise en abyme de la double intrigue qui conduit la pièce.

Quant à la manière dont cette mise en abyme est introduite, elle témoigne de la part de Montfleury d'un grand savoir-faire. Loin d'être une improvisation à laquelle se livrerait le personnage pour faire comprendre la situation à Céline, la chanson est présentée comme le début d'un opéra déjà connu ; la présence de Julie, qui doit donner la réplique à Carlos, renforce l'artifice. En théorie donc — c'est-à-dire si l'on accepte de croire que l'« opéra » préexistait à

---

[55] Acte III, scène 9.

152

la situation — l'analogie entre la situation des personnages principaux et le début de l'opéra est parfaite. Et l'on notera que Montfleury a limité l'enchâssement à la stricte durée de la mise en abyme. L'interruption de Céline après quinze vers de monologue chanté empêche le spectacle intérieur de se poursuivre dans une direction qui n'aurait plus eu la moindre relation d'analogie avec la pièce-cadre.

Tout aussi courte que celle-ci est la mise en abyme contenue dans *Le Sicilien* : une chanson de quatre couplets accompagnée par une danse. Ici encore, il s'agit en quelque sorte d'un message destiné à un spectateur puisqu'Hali, en chantant devant Isidore et Dom Pèdre, cherche à faire comprendre à la jeune fille qu'elle est aimée et à lui expliquer ce qu'on attend d'elle. Le message est d'ailleurs si clair que Dom Pèdre lui-même finit par le comprendre. A la différence du *Mari sans femme*, le spectacle ainsi présenté aux personnages n'influe pas « par hasard » sur l'action de la pièce-cadre : il doit son existence précisément aux nécessités de celle-ci, puisqu'il est présenté comme l'une des ruses déployées par Hali pour aider son maître à conquérir Isidore.

Nous sommes donc en présence d'une mise en abyme un peu particulière puisque la chanson d'Hali est une simple transposition de l'intrigue. Cette réduplication se réduit donc en fait à sa stricte fonction instrumentale, sans se donner l'air d'avoir, comme dans la comédie de Montfleury, la moindre autonomie fictionnelle.

La caractéristique des réduplications que nous avons étudiées jusqu'ici est de réfléchir *l'action* de la pièce-cadre : le contenu de la pièce intérieure, c'est celui de la pièce-cadre, épuré ou transposé. *L'Impromptu de Versailles* présente une réflexion de son *énonciation* : à la scène IV, le personnage Molière interrompt la répétition enchâssée pour montrer à celui qui joue le rôle de son défenseur comment il faut insister sur tel passage, que lui, Molière, personnage mais aussi auteur fictif de la pièce intérieure et auteur réel de la pièce-cadre, énonce en ces termes :

> Attendez, il faut marquer davantage cet endroit. Ecoutez-le moi dire un peu. « Et qu'il ne trouvera plus de matière pour... »[56]

Et son discours se termine dans des termes voisins :

> Voilà à peu près comme cela doit être joué.[57]

[56] *Ed. cit.*, tome I, p. 688.
[57] *Ibid.*, p. 689.

Ainsi le véritable auteur, metteur en scène et acteur, Molière, non content de se présenter dans *L'Impromptu* comme auteur, metteur en scène et comédien, y prononce en outre, à la place du personnage qui devait le faire, un discours critique sur son théâtre.

Ce qui confère à ce passage son caractère extraordinaire, c'est, que, par l'intermédiaire de cette mise en abyme, la double énonciation inhérente à tout discours théâtral[58] se trouve réduite à une énonciation unique. En effet il s'agit d'un discours dont l'émetteur-auteur et l'émetteur-personnage se trouvent porter le même nom : dans un tel passage, l'équivoque fondamentale qui pèse sur tout discours émis par un personnage — en quoi celui-ci est-il le porte-parole de l'auteur ? — est levée. De la même façon, les conditions d'énonciation, qui sont d'ordinaire de deux ordres, celles qui concernent la situation scénique[59] et celles qui concernent la situation représentée,[60] se trouvent réunies dans la bouche de Molière, à la fois auteur, metteur en scène, comédien *et* personnage. Enfin, si l'on accepte la composition du procès de communication en quatre éléments, comme le suggère A. Ubersfeld,[61] la mise en abyme de l'énonciation à laquelle s'est livré Molière aboutit au résultat suivant : le *discours rapporteur* (auteur, metteur en scène, comédien) a pour destinataire le *public*, alors même que le discours rapporté n'a pas, contrairement à l'habitude, un autre personnage pour destinataire. Dans la mesure où Molière fait une répétition de la répétition pour montrer comment doit être dit l'éloge de son théâtre, il ne s'adresse pas à un autre personnage : réunissant sur sa personne la double énonciation, c'est encore une fois le public qui est le destinataire de son discours. Autrement dit, la mise en abyme de l'énonciation aboutit à la réduction des quatre éléments inhérents à tout procès de communication en deux éléments. La fonction de l'enchâssement est donc bien claire ici encore : prendre les spectateurs à témoin directement, par dessus la fiction théâtrale.

[58] Sur cette question on se référera à la mise au point de A. Ubersfeld, *op. cit.*, pp. 247 sq.
[59] Où les émetteurs sont l'auteur, le metteur en scène et les comédiens.
[60] Où les émetteurs sont les personnages.
[61] *Ibid.*, p. 254 : « Nous nous retrouvons donc devant un procès à quatre éléments (2 fois 2) : 1) le discours rapporteur (I) a pour locuteur-destinateur le scripteur IA (…) ; et il a pour destinataire le public IB ; 2) le discours rapporté (II) a pour destinateur-locuteur le personnage IIA ; et il a pour destinataire un autre personnage IIB. »

c) La mise en abyme dialogique

L'une des particularités les plus étonnantes de la pièce enchâssée à l'acte V des *Songes des hommes éveillés* consiste dans le contraste entre l'appareil scénique lourd qui entoure la représentation et la simplicité de l'action qui se réduit à une succession de deux récits. D'un côté des acteurs qui se préparent, une scène intérieure véritable, une discussion sur le théâtre ; de l'autre deux personnages immobiles, l'un racontant sa vie à l'autre, puis, quand un troisième personnage a fait son entrée, un nouveau discours adressé aux deux premiers personnages qui l'interrompent à peine.

Cette représentation enchâssée n'a aucune des caractéristiques d'une représentation dramatique véritable, ou, du moins, elle est dénuée de toute *action*. Elle se distingue tout de même de la mise en abyme que nous qualifions de discursive, parce que, quoique réduite à une série de discours, plusieurs personnages sont en scène et qu'ils prennent tour à tour la parole. En outre, le caractère dialogique de la mise en abyme a pour conséquence que le récitant a pour destinataire un personnage du spectacle enchâssé, et non directement un spectateur intérieur, même si c'est celui-ci qui est en fait visé. C'est en effet à Lisidor, spectateur privilégié de la pièce intérieure, que sont destinés les récits ainsi théâtralisés ; mais l'ambiguïté de la situation provient de ce qu'ils sont toujours adressés à un personnage de la pièce intérieure, et que, Lisidor étant *joué* sur la scène, ils sont soit prononcés soit reçus par son double.

Spectacle destiné à remettre en présence deux personnages[62] en théâtralisant les récits inhérents aux retrouvailles, il est logique que cette pièce intérieure soit dépourvue d'action dramatique véritable. Et sur le plan du jeu de miroir proprement dit, cette caractéristique en entraîne une autre : ces récits composent une *mise en abyme complétive*.[63] Réduplication de l'action de la pièce-cadre, ils la débordent

---

[62] Isabelle que l'on avait crue, jusqu'à lors, noyée, et Lisidor, son fiancé inconsolable. Clarimond, l'hôte de Lisidor, cache la nouvelle à celui-ci, et lui présente un sepctacle où un autre personnage, Lucidan, joue le rôle de Lisidor (sans que celui-ci, au début du moins, s'en doute) et raconte l'intégralité de ses malheurs. Puis Isabelle est introduite sur la scène comme un personnage fictif et embrasse le faux Lisidor sous les yeux du vrai qui croit rêver ; à la fin de son récit, elle adresse des reproches malicieux à celui-ci qui finit par comprendre.

[63] Expression qui, si on remonte à l'héraldique, est une contradiction dans les termes, la figure incluse dans l'écu ne pouvant pas être plus grande que celle qui l'inclut. C'est là une limitation qui ne devrait pas intervenir dans le domaine litté-

largement puisqu'ils nous apprennent des faits sur la vie du héros dont on ignorait jusqu'à lors l'essentiel, qu'ils nous relatent le sort de la personne que le héros cherchait à oublier, et que, racontant des événements qui sont, pour certains, antérieurs, pour d'autres, extérieurs à l'action principale, ils rejoignent *in extremis* le présent des héros.

Nous tenons là un remarquable specimen du théâtre spéculaire. Non seulement le spectacle enchâssé se trouve être, comme dans *Le Sicilien,* la simple transposition de l'intrigue, mais, dans le cas présent, il la complète au lieu de la réduire et, surtout, il voit, à la fin, le passé des récits théâtralisés rejoindre le présent des personnages principaux.

Très différent du spectacle terminal des *Songes*, l'« opéra impromptu » du *Malade imaginaire*[64] constitue aussi une mise en abyme dialogique et complétive. Cléante chante et fait chanter Angélique pour s'assurer de ses sentiments tout en abusant les spectateurs de ce court spectacle, Argan et les deux Diafoirus. Le spectacle proprement dit est donc constitué par un dialogue improvisé : c'est, en fait, le traditionnel duo d'amour des comédies, théâtralisé par le regard des autres acteurs de la scène et par les noms de rôle de Tircis et de Philis dont s'affublent Cléante et Angélique.

Nous sommes une nouvelle fois en présence d'une mise en abyme artificielle : comme dans *Le Sicilien* et *Les Songes*, le spectacle enchâssé, loin d'être une histoire autonome qui aurait une relation d'analogie très étroite avec l'action principale, n'est que l'exacte transposition de celle-ci. Bien plus, comme dans *Les Songes*, il apporte des informations qui ressortissent à l'action principale : même si dans le cas présent c'est un acteur du spectacle intérieur qui est le destinataire du message[65] et non plus un spectateur, le dialogue est plus qu'une transposition : il est la continuation, sur un autre niveau de représentation, de l'action principale. Ainsi, dans la

raire (quoiqu'en pense L. Dällenbach) : plutôt que de plier les figures employées par les écrivains et les dramaturges à des notions extérieures à la littérature, mieux vaudrait trouver d'autres notions. Mais puisque « mise en abyme » est solidement établi désormais, nous avons pris le parti de plier la notion aux nécessités littéraires (et picturales). De fait, cet aspect du miroir, révélateur de l'envers de la réalité tient une grande place dans la signification du théâtre dans le théâtre.

[64] Acte II, scène 5 ; *éd. cit.,* tome II, pp. 1135-1139.

[65] Ce message est, en fait, constitué par une question adressée par Cléante à Angélique et par la réponse de celle-ci.

mesure où l'enchâssement n'a aucune autonomie, où le contenu de cet enchâssement n'est qu'un élément déguisé de la pièce-cadre, on peut se demander s'il convient encore de parler de mise en abyme.

Paradoxalement, c'est son caractère complétif qui permet à cette mise en abyme d'exister. En débordant l'action de la pièce-cadre, le discours enchâssé acquiert une distance suffisante par rapport à elle pour pouvoir passer pour autonome et fonctionner comme un spectacle distinct. Dans *Les Songes* il s'agissait des récits de la vie de Lisidor et des malheurs d'Isabelle ; ici, c'est le récit de Cléante destiné à introduire le dialogue chanté qui confère à l'ensemble son apparente autonomie. Prétendant énoncer « le sujet de la scène », Cléante raconte en une longue tirade ininterrompue l'histoire de ses amours avec Angélique ; seuls les noms de « Berger » et de « Bergère » masquent les figures de Cléante et d'Angélique aux yeux des spectateurs de la scène. Discours complétif puisque nous ignorions tout de l'histoire qu'il rapporte, ce pseudo-résumé de l'intrigue de l'« opéra » s'interrompt quand les faits rapportés ont rejoint ceux auxquels nous avions assisté sur le plan de l'action principale, quand le passé a rejoint le présent. Aussi le dialogue chanté qui commence alors peut-il se situer sur les deux plans à la fois et revêtir les espèces d'une mise en abyme.

Tout en n'étant pas un spectacle à message comme les précédents, le spectacle intérieur du *Pédant joué* présente cependant plusieurs points communs avec eux. C'est un duo d'amour — fortement parodique — au cours duquel les personnages se rappellent la force de leurs sentiments mutuels, les obstacles que le père du jeune homme n'a cessé d'opposer à leur union, et qui se termine par la décision d'obtenir enfin le consentement ou de mourir. Ce dialogue reproduit en abrégé, et à la volonté de mourir près, l'intrigue de la pièce principale. L'instigateur du spectacle compte en effet là-dessus pour obtenir enfin le consentement du père du héros ; pour ce faire, il a conféré à celui-ci un rôle dont il lui laisse tout ignorer et qui n'entre en jeu qu'à la fin. Aussi le contrat de mariage qui termine le dialogue se révèle-t-il être véritable, tout autant que le notaire qu'on avait introduit pour la circonstance. La réalité rejoint donc la fiction, grâce à la mise en abyme.

Par là cette mise en abyme est, comme les autres, artificielle. Cyrano ne se prive pas de le laisser entendre, ses personnages déclarant à plusieurs reprises que l'histoire est « véritable », que « ce n'est pas une fiction, et qu'(ils) n'y mêlent rien de feint », et, d'autre part, il les laisse jouer durant la pièce intérieure sous leur propre nom ; seul le lieu de l'action est travesti — il est posé à Constantinople —, ce qui suffit au Pédant pour ne pas se reconnaître. Seule différence avec *Les Songes* et *Le Malade* : la mise en abyme n'est pas complète.[66] Elle n'apporte donc pas d'information supplémentaire et, surtout, elle ne continue pas l'action principale. Tout est fondé sur l'exactitude du reflet. Il n'y a donc rien de surprenant dans le dénouement de la pièce où l'on voit le Pédant, tiré de son erreur, se résigner au mariage de son fils : étant eux-mêmes leur propre reflet, les personnages finissent par se retrouver en lui.

La manière dont Cyrano a construit son enchâsssement nous paraît tout à fait extraordinaire. Plusieurs personnages ne cessent d'y intervenir, donnant l'impression que nous assistons à une représentation d'une relative envergure, alors qu'elle se réduit, à deux courtes interventions près,[67] à un dialogue. Le Pédant, en effet, spectateur de la pièce jusqu'au dénouement où il se transforme un court instant en acteur muet,[68] ne cesse d'intervenir *de l'extérieur* dans le dialogue, et le valet Corbineli, organisateur de la supercherie et du spectacle, est obligé d'intervenir à son tour, quelquefois longuement, pour le faire taire. Sur l'ensemble du spectacle, leurs discussions sont aussi longues que le dialogue des amants.

En outre, tout est disposé pour faire croire que l'on doit assister à une pièce de théâtre d'envergure. Les préparatifs durent plusieurs scènes,[69] la représentation a lieu dans une salle particulière, le public s'installe avec ostentation, et, malgré l'absence du *decorum* ordinaire qui choque Granger, tout paraît prévu pour une pièce en plusieurs actes (c'est-à-dire, à l'échelle de l'enchâssement, en plusieurs scènes). De fait, pour la vraisemblance interne du spectacle, Cyrano fait expliquer à Granger, qui s'étonne à la fin que la pièce ait été si courte, qu'on a uni les cinq actes en un seul, « de peur de confusion ».

---

[66] Le début de leur amour est simplement résumé en une phrase au commencement du dialogue.

[67] Celles du cuistre Paquier ne visent que l'effet burlesque.

[68] Il ne répond pas aux personnages de l'enchâssement quand ils lui adressent la parole, mais se met à discuter avec le valet Corbineli qui le presse de tenir son rôle. Et quand il donne son consentement au mariage, c'est en signant le contrat : au moment où la fiction et la réalité se sont rejointes.

[69] Acte V, scènes 5 à 10.

158

d) La mise en abyme fictionnelle

Quatre pièces contiennent un spectacle analogique constitué par une véritable *action dramatique*. Ce qui les distingue des autres, en effet, ce n'est pas tant la longueur de l'enchâssement (divisé en plusieurs scènes ou actes), ni la multiplicité des personnages, ni même l'autonomie véritable de l'intrigue, que l'existence d'une action, c'est-à-dire des démarches accomplies par les personnages en fonction d'un but et des obstacles auxquelles elles se heurtent. De fait, comme les pièces qui les enchâssent, ces mises en abyme se prêtent à une étude des structures profondes de l'action, selon la désormais traditionnelle *analyse actantielle* de Greimas, et c'est d'ailleurs l'étude des rapports entre le modèle actantiel de la pièce-cadre et celui de la pièce intérieure de chacune de nos quatre oeuvres qui nous a paru la plus appropriée pour mettre à jour les caractéristiques principales de ce type de mise en abyme théâtrale.

Sur ces quatre pièces, deux contiennent un spectacle qui réfléchit l'ensemble de l'action dramatique principale, *Le Véritable saint Genest* et *L'Inconnu*, les deux autres enchâssements, celui de *Célinde* et celui de *L'Illusion comique*, reflétant seulement une partie de l'action enchâssante.

Le Véritable saint Genest contient la caractéristique assez surprenante de contenir une mise en abyme en deux temps. Nous trouvons une amorce de réduplication de la pièce-cadre dans la courte répétition à laquelle se livre Genest aux scènes 2 et 4 de l'acte II, puis sa reprise et son développement dans la représentation proprement dite du martyre d'Adrian, qui débute d'ailleurs par les vers déjà prononcés dans la répétition. Insérer ainsi une amorce de réduplication avant le début de la pièce intérieure, signifiait, sur le plan purement fonctionnel, permettre que la pièce intérieure proprement dite soit à la fois la réduplication du passé (Genest en ayant appelé à Dieu à la fin de cette répétition) et celle du futur.

Quant aux rapports analogiques entre action enchâssée et action enchâssante, l'analyse actantielle les fait apparaître de la façon suivante :

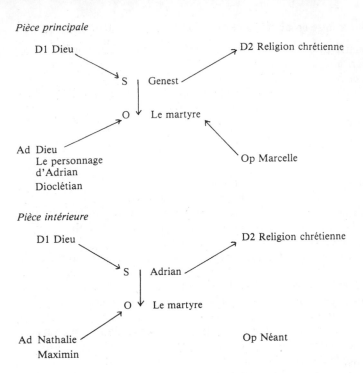

Pièce principale

D1 Dieu → S | Genest → D2 Religion chrétienne

O ↓ Le martyre

Ad Dieu
Le personnage
d'Adrian
Dioclétian

Op Marcelle

Pièce intérieure

D1 Dieu → S | Adrian → D2 Religion chrétienne

O ↓ Le martyre

Ad Nathalie
Maximin

Op Néant

On remarquera en premier lieu que les seuls actants qui varient d'une pièce à l'autre sont les adjuvants et les opposants : dans la pièce-cadre, la seule personne qui essaie de convaincre Genest de revenir sur sa conversion est une femme, une actrice de la troupe, Marcelle ; dans la pièce intérieure, la femme d'Adrian, Nathalie, qui s'est révélée soudainement chrétienne, l'encourage au contraire à mourir. Le rôle féminin est passé de la fonction d'opposant à celle d'adjuvant.

D'autre part, Genest se trouve aidé dans sa conversion non seulement par l'intervention directe de Dieu, mais surtout par le rôle d'Adrian qu'il interprète dans la pièce intérieure ; on ne retrouve évidemment pas cet adjuvant dans la représentation enchâssée, non seulement parce que le personnage d'Adrian n'était pas celui d'un acteur, mais parce qu'il n'eût guère été possible d'imaginer une telle structure sans passer dans le type de la réduplication à l'infini. Par contre le dernier adjuvant est le même dans les deux cas : empereur

160

dans le premier, vice-empereur dans le second, les deux personnages représentent de toute façon l'autorité impériale qui s'oppose à la religion chrétienne.[70]

Peu de différence donc sur le plan des fonctions secondaires ; différences qui deviennent tout à fait minimes eu égard à l'exacte superposition des autres fonctions actantielles. De là l'impression de réduplication parfaite d'un niveau à l'autre qui se dégage de cette tragédie. De là le sentiment de répétition éprouvé par certains critiques, qu'a signalé J. Schérer.[71] De ce point de vue, la fonction d'opposant de l'actant Marcelle prend une importance plus grande : à cause d'elle, Genest reste seul pour mourir, à la différence d'Adrian qui entraînait dans sa mort sa femme, Nathalie. Or, un dénouement non conforme à celui de la pièce intérieure était d'autant plus indispensable que celle-ci est située au milieu de la pièce-cadre, et que, partant, en raison des ressemblances entre les deux actions dramatiques, on s'attend à ce que le dénouement de la pièce-cadre soit le même. Tout intérêt pour la fin de la tragédie eût été ruiné si un tel écart n'avait pas été ménagé.

La petite comédie représentée au cinquième acte de *L'Inconnu* constitue le miroir parfait de l'action de la pièce-cadre : un amant fait la cour à celle qu'il aime sans dévoiler son identité ; la personne courtisée, mourant d'envie de connaître cet inconnu, devient amoureuse de lui, jusqu'au moment où, à la fin, on révèle que l'inconnu est l'homme dont l'héroïne était déjà amoureuse. Tel est l'argument de la pièce-cadre, qui convient tout aussi bien à la pièce intérieure, celle-ci racontant l'impatience de Psyché à connaître son mystérieux amant. D'ailleurs toutes les fonctions actantielles de la pièce-cadre se retrouvent sans exception dans la petite comédie, à ceci près que Psyché n'intervient dans l'action enchâssée que par l'intermédiaire de ses servantes. Ainsi, le valet du Marquis-Inconnu, La Montagne, qui a la fonction d'adjuvant parce qu'il prépare tous les divertissements offerts par l'Inconnu, et, surtout, qu'il présente et joue la pièce intérieure destinée à dévoiler l'identité de son maître, a un correspondant dans la pièce intérieure, Zéphyre : celui-ci accepte de montrer aux suivantes de Psyché un portrait de l'amant mystérieux de leur maîtresse ; l'analogie entre les deux actants est telle que La Montagne joue le rôle de Zéphire et que, sans quitter son rôle, il

---

[70]   Et qui, par là-même, aide les héros à accéder à la sainteté *via* le martyre.
[71]   *Le Véritable saint Genest,* Notice ; *éd, cit.,* tome I, p. 1331.

invite un petit Amour à montrer le portrait de l'Inconnu à la Comtesse. Autrement dit, c'est grâce à la parfaite superposition des fonctions d'adjuvant que action réflexive et action reflétée se rejoignent aussi facilement.

La pièce intérieure de *Célinde* sert de cadre à un meurtre, meurtre qui se voit, par là-même, théâtralisé. A la différence des tragédies élizabéthaines dont on peut rapprocher cette oeuvre, le meurtrier n'a pas prémédité son acte, pas plus qu'il n'a organisé le spectacle. C'est presque fortuitement que Célinde a enfoncé son poignard dans le corps de Floridan : jouant le rôle de Judith face à Holopherne, elle a découvert quelque ressemblance entre son rôle et sa propre situation, et elle a décidé aussitôt de supprimer celui qui s'apprêtait à la ravir contre son gré.[72] Quant à la suite de ce « poème héroïque », elle n'a plus aucun rapport avec l'histoire de Judith et d'Holopherne, puisqu'on nous montre la manière dont Célinde est victime à son tour d'une supercherie montée, notamment, par celui qu'elle avait cru assassiner.

Mieux que ce résumé de l'intrigue, l'étude des fonctions actantielles montre l'aspect *partiel* de cette réduplication. Il suffit, en effet, de comparer le modèle actantiel principal de *Célinde* et celui de la pièce intérieure pour découvrir qu'il n'y a pas d'analogie d'ensemble :

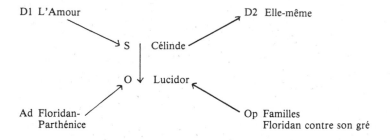

162

Action enchâssée

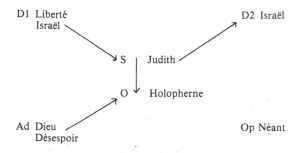

D1 Liberté
   Israël → S | Judith → D2 Israël

   O ↓ Holopherne

Ad Dieu
   Désespoir → O   Op Néant

S'il n'y a aucune correspondance entre ces deux schémas, c'est que l'analogie s'établit entre le modèle de la pièce intérieure et un modèle qui ne vaut que pour la première partie de ia pièce-cadre. Modèle secondaire par rapport à celui que nous avons exposé plus haut, il est dominant depuis la scène 3 de l'acte I (Célinde apprend que son père veut la marier à Floridan et jure de s'y opposer par tous les moyens) jusqu'à la fin de l'action enchâssée (fin de l'acte III) :

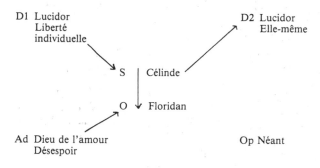

D1 Lucidor
   Liberté
   individuelle → S | Célinde → D2 Lucidor
                                    Elle-même

   O ↓ Floridan

Ad Dieu de l'amour
   Désespoir → O   Op Néant

La correspondance exacte des actants d'un modèle à l'autre explique que les spectateurs de la tragédie intérieure n'aient pas compris sur le champ que Célinde avait « réellement » assassiné Floridan. Ignorant que Célinde avait vu son destin reflété dans celui de Judith, ils ont cru jusqu'au bout qu'elle jouait son personnage alors qu'elle s'était superposée à lui.

Tout aussi partielle que la précédente, la réduplication contenue dans *L'Illusion comique* offre une plus grande complexité en raison

163

de la structure de la piéce. C'est Corneille lui-même qui avait signalé l'existence de ce jeu de miroirs dans son Examen. Expliquant pourquoi « Clindor et Isabelle, étant devenus Comédiens, sans qu'on le sache, y représentent une histoire, qui a du rapport avec la leur et semble en être la suite », il justifie cette « *conformité* » en la présentant comme un « trait d'art » destiné à abuser Pridamant, le spectateur des deux actions enchâssées.[73] Ce « rapport » entre l'histoire vécue par les deux héros et celle qu'ils représentent en tant que comédiens apparaît clairement lorsque l'on compare les modèles actantiels des deux pièces intérieures :

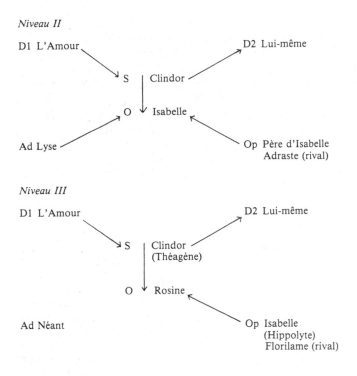

Niveau II

D1 L'Amour → S | Clindor → D2 Lui-même

O ↓ Isabelle

Ad Lyse → O Isabelle ← Op Père d'Isabelle
Adraste (rival)

Niveau III

D1 L'Amour → S | Clindor (Théagène) → D2 Lui-même

O ↓ Rosine

Ad Néant   Op Isabelle (Hippolyte) ← Rosine
Florilame (rival)

La seule distorsion importante entre les deux plans se situe au niveau de l'Objet : Rosine s'est substituée à Isabelle dans le désir

[73] *Ed. cit.,* p. 124.

amoureux du personnage. La correspondance entre les deux situations est assurée précisément par l'actant Isabelle qui rappelle à Clindor son précédent désir amoureux et qui s'oppose à son inconstance. Variation minime, qui ne dépasse pas les limites permises par l'inclusion d'une pièce dont le sujet est théoriquement différent.

C'est dans l'utilisation du rapport entre ces deux niveaux de représentation que s'exprime le « trait d'art » dont se targuait Corneille. Car l'effet de dédoublement apparaît en quelque sorte postérieur au déroulement de l'action enchâssée. On sait que la deuxième action intérieure n'est comprise comme telle par les spectateurs (de la scène et de la salle) qu'une fois le rideau tombé, quand on montre Clindor et ses compagnons en train de partager la recette de la soirée. C'est seulement à ce moment-là qu'ils peuvent prendre conscience — donc rétrospectivement — que tout ce qu'ils viennent de voir n'appartient pas au domaine du « réel », mais à celui du théâtre. Dès lors, l'effet de miroir, qui jusqu'à lors n'était pas perceptible, apparaît, ainsi que les motifs de son occultation. Tout l'« art » de Corneille, qui ne cherchait qu'à abuser les spectateurs véritables à travers le spectateur privilégié du premier niveau, Pridamant, a consisté à leur faire croire qu'il existait entre les deux pièces un rapport de continuité.[74] Ce n'est donc qu'une fois la supercherie découverte que le public peut se rendre compte qu'il y a entre les deux niveaux un rapport d'analogie et non pas de succession, et que cette relation analogique était destinée précisément à faire croire qu'il y avait un rapport de succession.

Signalons par ailleurs que *L'Illusion* contient un second miroir, beaucoup moins important sur le plan de l'économie de la comédie. Il y a, en effet, une analogie entre les rapports qu'entretient le père d'Isabelle avec sa fille (niveau II) et ceux qu'ont eus Pridamant et son fils, Clindor, (niveau I) et qui nous ont été seulement racontés dans les deux premières scènes de la pièce. Les deux situations reposent sur la séquence suivante : sévérité-résistance-fuite. Aussi, lorsque Pridamant assiste aux démêlés qui opposent Géronte et sa fille (actes III et IV) se voit-il véritablement dédoublé : dédoublement sans conséquence sur le déroulement de l'action principale, mais qui contribue à l'instruction morale du personnage et, partant, constitue l'une des causes de son revirement final.

---

[74] Que la deuxième pièce « semblât (...) être la suite » de la première, écrit Corneille.

5. *Fonction instrumentale et fonctions des mises en abyme*

Ce qui fait la richesse des pièces qui contiennent un effet de miroir, c'est que l'enchâssement ne se réduit pas à la fonction instrumentale. La relation sémantique qui unit les deux niveaux de représentation agit sur la réception du message par le spectateur de l'ensemble de la pièce. Selon son degré d'exactitude, la mise en abyme apporte une plus ou moins grande information supplémentaire par rapport à l'action principale. D'autre part, la position même de l'enchâssement n'est pas sans conséquence sur la fonction de la mise en abyme : placée au milieu de la pièce-cadre, la réflexion n'agira pas sur le spectateur de la même façon que si elle est située au dernier acte, précédant de peu, ou, quelquefois, constituant le dénouement de l'ensemble de l'oeuvre.

a) Degré d'exactitude de la relation sémantique

Pour apprécier la fonction de l'action « en abyme » dans l'action principale, il importe de mesurer le contenu d'information supplémentaire qu'apporte la réduplication. En effet, comme dans le domaine narratif, les catégories dans lesquelles se répartissent les mises en abyme représentent les différents degrés de la redondance interne des oeuvres. Au plus la réduplication est exacte, au plus elle est redondante. Or, d'après la théorie de la communication, redondance et information s'opposent, le contenu d'information décroissant à mesure que la redondance augmente.

Ainsi, dans l'hypothèse où *L'Impromptu de Versailles* aurait contenu vraiment une réduplication spécieuse (sommet de la redondance), la répétition enchâssée n'aurait apporté aucune information supplémentaire par rapport à la pièce-cadre. Mais *L'Impromptu* était avant tout une oeuvre de combat : il fallait transmettre un maximum d'informations et non pas s'enfermer dans une séduisante, mais stérile redondance, qui n'aurait permis de transmettre qu'un seul message, celui de la pièce-cadre. C'est pourquoi la pièce intérieure met en scène des marquis et des coquettes et adopte une perspective inverse de celle de l'action principale tout en la complétant. C'est pourquoi aussi *L'Impromptu* contient une seconde relation analogique. Car cette réduplication complétive qu'est le monologue de Molière apporte une information supplémentaire sur la conception que se fait le dramaturge de l'art de la comédie ; et elle

166

permet à Molière de l'exprimer par sa propre bouche, en dehors d'un avis au lecteur ou d'un quelconque prologue.

Aussi les spectacles enchâssés dans *Les Songes des hommes éveillés* et dans *Le Malade imaginaire* sont-ils, par le biais de leurs mises en abyme complétives, les plus « informants » de tous. Ou plutôt, c'est parce que l'action enchâssée doit informer le plus possible que le reflet dépasse le sujet de la réflexion. Et le caractère nécessaire du complément qu'apporte le spectacle du dernier acte des *Songes* saute aux yeux. Par lui, nous sommes instruits de tout ce que nous ignorions et qu'il eût été peu habile de placer dans la pièce-cadre : la rencontre d'Isabelle et de Lisidor, puis leur naufrage auraient dû être racontés par le héros lui-même, et cela aurait pris dès lors un tour larmoyant (sous peine d'invraisemblance) que le ton du reste de la comédie eût rendu incongru. Quant au récit d'Isabelle racontant son naufrage, s'il n'avait pas été fait par l'intermédiaire de la pièce intérieure, il eût été peu vraisemblable que Lisidor le laissât parvenir à son terme, sans l'interrompre. Pour ce qui est du *Malade imaginaire*, on n'imagine pas Molière reléguant son personnage central au second plan pour faire longuement raconter les amours de Cléante et d'Angélique dont la connaissance n'est aucunement nécessaire à la progression de l'action. Tout le sel de la situation provient au contraire de la présence d'Argan qu'on oblige à entendre, sous le couvert d'un récit fictionnel, les amours de sa fille, qui vont contre ses plans.

Les distorsions que nous avons notées à propos de *L'Illusion comique* entre action réfléchie et action réfléchissante (l'Objet n'est pas le même dans les deux modèles actantiels) s'expliquent de la même manière. Cet écart entre les deux actions dramatiques recouvre en quelque sorte l'emplacement laissé libre par l'imperfection de la redondance. Et c'est précisément dans cet écart que se crée une information — fallacieuse — destinée à donner l'illusion de la continuité entre les deux pièces intérieures. Car si l'analogie avait été parfaite, personne n'aurait vu une relation de continuité entre les deux niveaux, et le piège tendu par Corneille n'aurait pas fonctionné.

Par contre l'écart est réduit au minimum dans les pièces où la réduplication — exacte ou partielle — fonctionne de façon régulière. A propos du *Véritable saint Genest*, nous avons déjà rappelé l'opinion des critiques qui, selon J. Schérer, « ont dénoncé ce redoublement des situations, qui entraîne souvent celui des personnages, des scènes et même des idées ».[75] Cette redondance fondamentale qui caractérise la tragédie de Rotrou a effectivement pour résultat une univocité sémantique. C'est qu'il n'était pas question de transmettre au public une information supplémentaire. Pour faire naître l'ambiguïté entre le réel et son reflet, il fallait que celui-ci doublât de très près celui-là — ce qui justifie en même temps l'identification complète de l'acteur Genest au personnage d'Adrian. En outre, on perçoit combien l'intention apologétique sort renforcée de ce redoublement sémantique.

Inversement, dans *Le Pédant joué* et *L'Inconnu*, où l'enchâssement est placé près de la fin de la comédie, la redondance produite par la mise en abyme joue un rôle actif dans le dénouement : la conformité permet à l'action enchâssée de rejoindre l'action enchâssante et, par là-même, à certains événements de se situer sur les deux plans à la fois. Ainsi, dans *Le Pédant*, du consentement de Granger et de la signature du contrat de mariage ; rappelons que dans cette comédie la redondance est en quelque sorte constitutive de l'action enchâssée puisqu'il ne s'agit que d'une transposition de la réalité théâtrale du premier niveau. Ainsi, dans *L'Inconnu*, de la présentation du portrait de l'« Inconnu » : seul le contenu du portrait, si l'on peut dire, ne se situe pas sur les deux niveaux de représentation, puisque c'est l'image du Marquis que l'on dévoile. Mais, après tout, Cupidon a-t-il vraiment un visage qui lui appartienne en propre ? Ne se présente-t-il pas chaque fois sous les espèces de la personne qui aime ? Si Thomas Corneille, malgré le caractère superficiel de sa comédie, avait voulu nous confier cette interprétation de la légende de Psyché, il ne s'y serait sans doute pas pris autrement.

En raison de la situation de l'enchâssement, au milieu de la pièce-cadre, la mise en abyme n'a pas dans *Célinde* de conséquence sur le dénouement. La conformité entre les deux actions dramatiques permet simplement à l'héroïne d'accomplir réellement ce qu'elle devait seulement feindre. Comme dans *Le Véritable saint Genest*, son acte, en se situant sur les deux plans à la fois, achève la réduplication : le coup de poignard étant en même temps fictif et effectif, la pièce-cadre, à laquelle ressemblait la pièce intérieure, se met à son tour à ressembler à celle-ci. En bref, l'exactitude de la redondance permet aux deux actions, qui ne devaient pas se ressembler jusqu'au bout, d'être, à la fin de l'enchâssement, absolument conformes.

---

[75] *Le Véritable saint Genest*, Notice ; *éd. cit.*, tome I, p. 1331.

Quant aux deux chansons à message, incluses dans *Le Mari sans femme* et *Le Sicilien*, on se doute qu'elles ne sont pas destinées à apporter quelque information supplémentaire. Au contraire, la réduplication doit être la plus exacte possible pour que le message soit parfaitement compréhensible par le personnage de la pièce-cadre à qui il est destiné.

b) Position de la mise en abyme

La place qu'occupe la mise en abyme dans la chaîne dramatique peut lui conférer une fonction supplémentaire, comme c'est le cas dans le domaine narratif. L. Dällenbach a ainsi attribué aux réduplications situées au milieu des récits qu'elles reflètent une *fonction « rétroprospective »*.[76] Résumant ce qui précède, elles poussent le lecteur à déduire de cette conformité rétrospective la fin du récit.

Le même phénomène se produit dans *Le Véritable saint Genest*. Le début de la représentation intérieure paraît être le reflet des récentes paroles qu'à la suite de la répétition Genest adressait à Dieu.[77] A partir de là, le spectateur peut supposer que le destin de Genest va se mettre à ressembler à celui du personnage qu'il représente, ce qui ne manque pas de se passer, les différences entre les deux pièces étant, nous l'avons vu, très minimes. Tel est donc le sens de la place centrale de la réduplication : faire deviner au spectateur la suite du déroulement de la pièce-cadre, et, ainsi, détourner son intérêt de l'intrigue proprement dite pour le centrer sur l'évolution psychologique du héros et les rapports ambigus entre le théâtre et la réalité.

Reste à savoir si, comme dans le domaine du récit, cette mise en abyme conteste, par sa place centrale, l'unité de l'action dramatique enchâssante, et, plus simplement, si elle fait pivoter l'axe d'intérêt de la pièce-cadre. Il n'est que de considérer le point de départ de la pièce, puis son point d'aboutissement pour en avoir la confirmation. *Le Véritable saint Genest* commence par l'annonce d'un mariage dans une atmosphère de fête, et se termine effectivement par un mariage, mais entaché de sang et de larmes. Le pivot qui a fait basculer la belle ordonnance prévue des choses, c'est l'action enchâssée. Théoriquement dépendante du contexte de la pièce-cadre, elle s'en évade pour acquérir une autonomie sémantique qui réagit en retour sur la suite de l'action principale. Comme l'explique L. Dällenbach à

---

[76] *Op. cit.,* p. 83.
[77] Acte II, scène 4 ; *éd. cit.,* tome I, p. 958.

169

propos du « récit spéculaire », la mise en abyme centrale joue le rôle d'un « inverseur sémantique ».[78]

Les mises en abyme de *L'Illusion comique*, des *Songes des hommes éveillés*, du *Pédant joué* et de *L'Inconnu* ont une fonction tout à fait différente. Cela est dû à leur place dans la chaîne dramatique : étant situées non pas au milieu, mais à la fin de la pièce-cadre, elles sont seulement *rétrospectives*. N'annonçant rien, elles se contentent de reprendre — et, éventuellement, de développer (réduplication complétive des *Songes*) — ce qui est déjà su. Dès lors les mises en abyme qui occupent cette position peuvent comporter un effet de redondance très prononcé. Quand c'est le cas, comme dans *Le Pédant joué* et *L'Inconnu*, la question se pose de savoir à quoi sert cette réduplication uniquement tournée vers le passé. Sert-elle à renforcer la signification du dénouement, à lui conférer une dimension symbolique qui en accroît la profondeur ? Une telle utilisation ne se justifie guère dans ces deux comédies, qui sont parmi les plus gratuites de notre *corpus*. En fait, au lieu d'approfondir le dénouement, ces réduplications contribuent seulement à sa réalisation. Dans *L'Inconnu*, l'action enchâssée n'est destinée qu'à dévoiler l'identité du personnage invisible, auteur de tous les divertissements offerts à l'héroïne (y compris le dernier) : grâce à l'analogie des situations, c'est un personnage de la pièce intérieure qui révèle cette identité aux protagonistes de la pièce-cadre. Dans *Le Pédant joué*, le mariage conclu à la fin de l'action réfléchissante se révèle être, par les vertus de l'analogie, un *vrai* mariage qui se situe en fait sur le plan de l'action réfléchie et qui lui sert de dénouement.

La réduplication finale des *Songes* a une fonction similaire. Tout d'abord, comme celle de *L'Inconnu*, elle vient couronner tous les autres divertissements intérieurs que contient la pièce-cadre, jouant en quelque sorte le rôle d'une apothéose. Mais surtout, elle fait la transition entre le passé et le présent : de miroir rétrospectif, elle devient miroir contemporain avec l'entrée en scène du personnage d'Isabelle, avant de se révéler peu à peu, non point comme le reflet de la réalité, mais comme la réalité elle-même, ce qui amène le dénouement. Quant à *L'Illusion comique*, la fonction de la réduplication terminale n'est pas si différente des précédentes qu'il y paraît au premier abord. Alors que, dans celles-ci, c'était la redondance qui amenait le dénouement, dans la comédie de Corneille c'est son

[78] *Op. cit.,* pp. 77-83 et 89-94.

imperfection. Faussement rétrospective, la mise en abyme permet de piéger le spectateur, et à la fin, quand — par un mouvement contraire aux autres réduplications — la fiction se sépare de la réalité, le dénouement peut intervenir.

En ce qui concerne *Célinde*, la place de la réduplication n'est pas fonctionnelle. La mise en abyme intervient, certes au milieu de la pièce, mais elle ne renvoie qu'à la première partie de celle-ci. Et les deux actes suivants sont dans le prolongement non pas du contenu de la tragédie intérieure, mais du geste criminel que Célinde a commis à l'occasion de son déroulement. Il en est de même — *mutatis mutandis* — pour la chanson en abyme du *Mari sans femme* : l'action des deux derniers actes en est la conséquence à travers l'attitude du personnage à qui le message était destiné. Pour le public véritable, sa position dans la chaîne dramatique n'a aucune signification.

Troisième partie

Significations

Les significations du théâtre dans le théâtre sont liées à la genèse du procédé et aux conditions de son épanouissement : la théâtralisation générale de la vie et de l'art, qui caractérise l'âge baroque, gagne à son tour le théâtre et l'induit à se mettre lui-même en scène. Mise en scène gratuite, si l'on peut dire, sans autre but qu'elle-même, sans autre but que de créer du spectacle, mais aussi bien réflexive, à tous les sens du terme, conformément à la loi qui veut que tout art, à un certain stade de son développement, finisse par se prendre pour objet. Cette réflexion *de* soi-même qui résulte de l'introduction du théâtre *dans* le théâtre débouche donc sur une réflexion *sur* soi-même, phénomène mis à jour par J. Rousset et pour lequel les critiques de langue anglaise ont créé le nom de *self-conscious theater*.[1] Tel est l'un des aspects de la problématique du théâtre dans le théâtre, qui fait que toutes les pièces mettant en oeuvre le procédé, même les plus faibles, présentent une complexité intrinsèque qui les distingue de l'ensemble de la production dramatique de leur époque.

Toutefois, bien peu d'entre elles échappent à la problématique du théâtre du XVIIe siècle dans son ensemble qui le fait appréhender comme un moyen de représentation de la nature, comme un miroir du monde (*imago mundi*). Aussi l'ambition la plus haute de tout dramaturge est-elle de réfléchir dans tout ou partie de chacune de ses oeuvres l'une des facettes du monde. Or, les contemporains perçoivent le monde lui-même comme un théâtre : réfléchir le monde n'est donc rien de plus pour le théâtre que réfléchir du théâtre. Dès lors, lorsque le théâtre se dédouble, il réfléchit non seulement son propre univers, l'univers de la scène et des coulisses, mais aussi le théâtre du théâtre. Jeu de miroirs à l'infini.

La notion de miroir constitue donc le dénominateur commun de toutes les significations du théâtre dans le théâtre. Jeu de miroirs, il l'est quand il prétend restituer de manière réaliste le monde du théâtre et les figures qui le hantent, du décorateur à l'acteur vedette en passant par le poète dramatique et le metteur en scène. Il l'est encore quand il joue à susciter l'ambiguïté entre la réalité et l'image, mon-

[1] J. Rousset, *La Littérature de l'âge baroque,* p. 70. Cf. R.J. Nelson, *Play Within a Play,* p. 10 ; T.J. Reiss, *Toward Dramatic Illusion : Theatrical Technique and Meaning from Hardy to Horace,* pp. 127 et 132.

trant des personnages qui perdent pied sous le coup de l'illusion ainsi créée ou cherchant à nous abuser, nous, le public véritable de l'ensemble du spectacle. Mais ce jeu permet aussi de découvrir l'envers de la réalité et devient alors un moyen d'accéder à la vérité, l'occasion d'une découverte de soi ou du monde. Enfin, tout comme Sosie est guetté par la tentation de Narcisse, le théâtre peut se dédoubler pour se contempler, s'embellir à travers son propre reflet, mais aussi, quelquefois, pour dénoncer par la même occasion sa propre ostentation.

La Reproduction

Parmi tous les éléments dont la conjonction est à l'origine du théâtre dans le théâtre, c'est principalement l'inflation du fait théâtral qui a poussé certains dramaturges à vouloir mettre en scène le monde du théâtre. Cela était d'autant plus nécessaire, en cette première moitié du XVIIe siècle, que, malgré le succès de ce nouveau mode d'expression artistique, la société française était loin d'être tout entière gagnée aux vertus de l'art du théâtre et aux mérites du métier de comédien. La présentation devait donc s'accompagner d'une apologie. Encore fallait-il que le spectateur pût prendre la représentation au sérieux et croire à la réalité de ce qu'il voyait ; tâche ardue dans un théâtre fondé pour une large part sur la non-vraisemblance. Mais la structure du théâtre dans le théâtre permet d'éliminer l'obstacle puisque, le processus d'enchâssement reportant la dénégation sur la seule pièce intérieure, la pièce-cadre se trouve automatiquement frappée de réalité. Le dédoublement du théâtre permet ainsi de présenter sous son jour le plus favorable le monde du théâtre, en englobant toutes les dimensions du spectacle : le public et les gens de la profession.

Mettre à jour les éléments qui témoignent de la fonction reproductive du théâtre dans le théâtre ne signifie pas, dans notre perspective, rechercher tout ce qui va dans le sens du réalisme. Car s'il est vrai que la plupart des comédies des comédiens contiennent des notations sur les conditions de représentation (horaires, publicité, prix, etc.), dont on s'est largement servi pour étudier la vie théâtrale de l'époque,[1] ces notations, au demeurant fort éparses, visent simplement à renforcer le processus du report de la dénégation en signalant au public que tout ce que montre la pièce-cadre est *vrai*. La participation de ces éléments dans le phénomène du dédoublement à

---

[1] Cf. les travaux de E. Rigal, E. Despois et P. Mélèse.

destination reproductive est si faible que nous les avons délibérément laissés de côté, d'autant qu'on ne peut pas parler à leur égard de véritable dédoublement puisqu'ils ressortissent au discours et non pas à l'action, contrairement aux personnages.

I. LA REPRODUCTION DE LA SALLE

Avant d'avoir une signification, le public a une fonction : celle de désigner une action dramatique comme pièce intérieure ; en outre, selon qu'il est effectivement ou non présent sur scène, il permet de juger du degré d'intégration de celle-ci dans l'ensemble du spectacle. Aussi, à la différence des comédiens, n'est-il pas lié à un certain type de pièce. Mais, comme on peut s'y attendre, sa présence ne revêt pas toujours la même signification ; il arrive même que celle-ci se réduise à sa fonction dramaturgique: un regard silencieux, symbole du public véritable, qui indique que l'action que nous regardons est une pièce dans la pièce. C'est le cas toutes les fois que le spectacle intérieur n'est rien qu'un décor ou un pur divertissement. Par contre, s'il s'agit d'une comédie des comédiens, les spectateurs, même muets, prennent une dimension supplémentaire : ils renvoient au public véritable sa propre image et représentent l'un des éléments du monde du théâtre suscité par l'auteur.

Il est curieux que l'image que les dramaturges donnent du public ne vise nullement à refléter son comportement : on aurait pu s'attendre à découvrir soit une masse houleuse, souvent chahuteuse, qu'il faut dompter, soit un « bon » public, celui qui écoute attentivement et qui applaudit bien fort les comédiens et, à travers eux, l'auteur de la pièce. Or, point de souci réaliste de ce genre. Si les dramaturges nous ont présenté deux types de spectateurs, c'est parce qu'ils les ont utilisés de deux manières différentes : d'un côté ceux qui se manifestent avant le début de la représentation, discutant entre eux ou dialoguant avec le comédien qui fait la harangue ou le prologue avant de disparaître quand commence la représentation intérieure ; de l'autre, ceux qui se manifestent surtout pendant la représentation, admirant, critiquant ou simplement commentant ce qu'ils voient sur la scène. On retrouve donc les deux principales sources dramaturgiques du théâtre dans le théâtre : le prologue et le chœur.

1. *L'héritage du Prologue*

En supprimant l'échange entre les acteurs et les spectateurs qui fondait le système dramaturgique du Moyen-âge, le théâtre moderne ne s'est pas, toutefois, complètement coupé du public : la persistance du prologue, qui était par définition une adresse au public, formait une sorte de transition. Mais c'était aussi un moyen de faire taire les spectateurs en les invitant à ne pas troubler la « vraie » représentation qui lui succédait. En quelque sorte on faisait savoir au public qu'on n'ignorait pas sa présence, pour mieux l'oublier ensuite. On perçoit parfaitement ce phénomène dans *La Comédie des comédiens* de Gougenot dont la première scène est constituée par un prologue en bonne et due forme, adressé au public ; Bellerose y présente ses excuses au nom de ses camarades dans l'impossiblité de représenter la pièce annoncée. Il n'est pas sorti de scène que deux de ses compagnons le rejoignent en poursuivant leur dispute : l'absence de rupture fait de cette scène une sorte d'appendice du prologue par lequel le public peut se rendre compte que Bellerose n'avait pas menti, la mésentente entre les comédiens paraissant être effectivement la cause de l'absence de représentation. Mais ni dans cette deuxième scène, ni après, la moindre attention n'est plus portée aux spectateurs : le prologue terminé, on les a oubliés. Et pourtant quel lecteur ne s'attend-il pas à voir Bellerose, une fois les comédiens réconciliés, s'écrier à l'instar du metteur en scène de *Ce soir on improvise* :

> Mesdames, Messieurs, veuillez excuser les quelques petits accrochages qui se sont produits. Le spectacle va maintenant commencer pour de bon[2]?

Gougenot n'est pas Pirandello. Certes, il a joué avec l'illusion théâtrale au début, et les trois premiers actes poursuivent le jeu ; mais il est un dramaturge du XVIIe siècle et, pour lui, la cérémonie théâtrale a commencé à la fin du prologue : il n'est plus question de rompre le charme.

Il faut insister sur ce point. Aucun dramaturge du XVIIe siècle ne s'est risqué à interpeler les spectateurs dans le cours de l'action dramatique. Pas même Molière, dont les lecteurs pirandelliens et brechtiens font un précurseur à cause du fameux cri d'Harpagon : à ce compte, c'est jusqu'à Plaute qu'il faut remonter, car, comme le fait

---

[2]   Acte I, scène 1. *Théâtre,* Paris, Gallimard, 1950-1953, tome V, p. 143.

remarquer P. Larthomas, le modèle d'Harpagon, Euclion, en avait déjà appelé au public.[3]

Dans *L'Ecole des Maris* aussi, Lisette s'adresse au parterre[4] ; mais il s'agit des deux derniers vers de la pièce : l'illusion dramatique ne court plus grand risque. Il en est de même dans *Les Illustres fous* de Beys : le concierge et son valet mettent en cause directement le public dans les sept derniers vers de la pièce.[5] Sans doute faut-il voir, chez Beys comme chez Molière, l'influence de la tradition des farces qui se terminaient souvent avec des remarques adressées à l'assistance. Ainsi, si l'on se souvient quelquefois des spectateurs, c'est pour leur dire adieu.

A cet égard, l'exemple le plus significatif, parce qu'il complète sur ce point la pièce de Gougenot, se trouve — faut-il s'en étonner ? — dans *La Comédie des comédiens* de Scudéry. A l'issue de la pièce intérieure Mr de Blandimare revient en scène pour conclure. Après s'être adressé aux comédiens, ses nouveaux compagnons, il se tourne vers le public :

> Pour vous, Messieurs, si vous rendez ma prophétie[6] véritable, en continuant de nous honorer de vos présences, nous vous promettons absolument de n'employer toutes les forces de notre esprit qu'à tâcher de faire quelque chose digne de l'excellence du vôtre.[7]

Ainsi se termine la pièce. Admirons combien Scudéry sait jouer avec l'ambiguïté : il avait fait commencer son spectacle par un véritable prologue prononcé par l'acteur Montdory qui expliquait pourquoi, lui, comédien, allait devoir jouer le rôle d'un certain « Monsieur de Blandimare » qui se faisait comédien ; de nouveau à la fin de la pièce, il s'adresse aux spectateurs, mais cette fois ce n'est plus Montdory qui parle, c'est Mr de Blandimare. A qui parle-t-il donc ? Aux spectateurs intérieurs supposés qui viennent de voir Mr de Blandimare jouer dans *L'Amour caché par l'amour* ? ou bien aux spectateurs véritables que l'acteur Montdory avait déjà interpelés dans le Prologue ?

Peu importe, bien sûr. L'essentiel pour nous est que cette adresse au public fonctionne comme une clôture du prologue, et que, pendant tout le temps de la représentation, ce public avait été mis entre

---

[3] *Le Langage dramatique,* p. 253.

[4] Cité par P. Larthomas, *ibid.* : l'auteur ne cite pas d'autre exemple dans le XVIIe siècle.

[5] Voir *infra,* p. 281.

[6] En substance, tout ira bien si la troupe parvient à trouver un portier honnête pour encaisser l'argent.

[7] Scène dernière ; *éd. cit.,* l. 1197-1201, p. 53.

parenthèses, sa présence étant simplement suggérée par les personnes de qualités installées sur la scène.

Il en va un peu différemment dans les autres comédies des comédiens comme *La Comédie sans comédie* de Quinault, *Les Amours de Calotin* de Chevalier, *Le Comédien poète* de Montfleury, dans lesquelles les spectateurs sont théâtralisés, leurs discussions, soit entre eux, soit avec les comédiens, précédant la représentation intérieure. Mais une fois celle-ci commencée, ils disparaissent jusqu'à la dernière scène de la pièce-cadre, quand ce n'est pas définitivement comme dans *Les Amours de Calotin*. Ainsi, la seule chose qui a changé depuis les deux *Comédies des comédiens*, c'est la place des spectateurs : alors que dans ces deux pièces leur présence était seulement attestée dans le prologue ou l'épilogue, ils sont montés sur scène aux côtés des vrais spectateurs de l'avant scène, et dialoguent maintenant sous nos yeux avec les acteurs avant que débute la pièce intérieure ou après qu'elle s'est terminée.

Ce changement représente, certes, un véritable progrès dans l'utilisation de la structure d'origine prologale. C'est aussi la prise en compte de la présence des spectateurs de qualité sur l'avant-scène. La transposition la plus intéressante de cet usage est celle à laquelle s'est livré Chevalier dans *Les Amours de Calotin*. Tout le premier acte se passe sur la scène avant le début de la pièce intérieure : un Marquis et un Baron discutent de la querelle de *L'Ecole des femmes* et sont rejoints par un Chevalier et un Comte qui s'installent eux-aussi sur le théâtre. A la scène 5 arrive le public distingué des loges qui engage à son tour la conversation avec les personnages assis sur le plateau. Puis commence l'acte II. Les spectateurs se sont tus, mais les comédiens au lieu de jouer tout de suite la comédie intérieure, s'attaquent au public des loges, puis à celui de la scène, et les forcent par leurs pointes à déguerpir. Ils se mettent alors à représenter *Les Amours de Calotin*. A ce moment il ne reste plus sur la scène que les *vrais* spectateurs, les seuls dont les acteurs ne se fussent pas moqués. Figurants involontaires, ils étaient restés silencieux pendant que les spectateurs fictifs parlaient : après leur départ, ils les remplacent en qualité de « regardants ». Cette pièce est évidemment exemplaire, mais Quinault, en oubliant son unique spectateur intérieur entre le début de l'acte III et la dernière scène de l'acte V de *La Comédie sans comédie*, ne procède pas différemment.[8]

---

[8]   Il est encore présent à l'acte II puisque son nom est mentionné dans les rubriques de scène. Ensuite il disparaît.

Si l'on se tourne vers le genre de la comédie au château, représenté notamment par *Le Baron de la Crasse* et *L'Inconnu*, on constate là encore que, si le dialogue se noue entre acteurs et nobles spectateurs, il se limite aux scènes qui précèdent la représentation : celle-ci commencée, le public se tait jusqu'à la dernière scène. On peut penser qu'il s'agit aussi d'une transposition de la réalité, les hôtes des comédiens aimant à lier quelque peu conversation avec eux et à se faire faire le compliment ou la harangue d'usage avant que commence la pièce. Ainsi dans *L'Inconnu* se succèdent un compliment à l'hôtesse, une discussion sur les pièces jouées à Paris[9] et, un peu plus loin, un échange de propos sur le comportement du public.[10] On remarquera que c'est le seul cas où les spectateurs sont pris pour sujet de discussion. Or, sous les apparences badines, il s'agit d'une critique sévère de l'attitude du public parisien. L'un des hôtes ayant demandé au comédien le nom de l'auteur dont on doit représenter la pièce, celui-ci déclare qu'il ne le dévoile jamais :

> Nous voulons, si l'ouvrage a quelque approbateur,
> Qu'il l'ait pour son mérite et non point pour l'auteur ;
> Par là point de cabale ; on condamne, on approuve,
> Selon ou le mauvais ou le bon qui s'y trouve.
> Quelquefois à Paris telle pièce fait bruit,
> Dont l'éclat en province aussitôt se détruit.

Le même interlocuteur doutant de la profondeur d'esprit des provinciaux, le comédien réplique :

> A dire leurs avis s'ils sont trop ingénus,
> Leurs suffrages du moins ne sont point retenus ;
> Point d'extase chez eux pour une bagatelle.[11]

En conclusion, à quoi sert ce public « encadreur », en plus de donner le signal du théâtre dans le théâtre ? A conférer une coloration réaliste à l'oeuvre, moins par l'exactitude des réactions des spectateurs que par leur simple présence. A véhiculer les idées de l'auteur aussi, comme on le voit dans *Les Amours de Calotin* où Chevalier se fait l'écho de la querelle de *L'Ecole des femmes*, ou dans *La Comédie sans comédie* où le « prologue » est une longue apologie du théâ-

[9] Acte IV, scène 6, juste avant que soit chanté par deux acteurs le *Dialogue d'Alcidon et d'Aminte.*

[10] Poisson, dans *Le Baron de la Crasse,* présentait, à la place de ces réflexions sur le public, une discussion sur la répartition des compétences dans une troupe de théâtre.

[11] Acte V, scène 4, avant une autre chanson qui sert de prélude à la pièce intérieure.

tre, ou encore dans *L'Inconnu*. Enfin, à clore la pièce sur une note enthousiaste, préfigurant les applaudissements du public réel que l'auteur souhaite ainsi encourager. Dans *Le Baron de la Crasse*, la dernière réplique de la pièce intérieure à peine prononcée,[12] le Baron se lève et s'écrie :

> Et moi je paye le festin.
> Mais surtout que je sois auprès de cette belle
> Lorsque nous mangerons, j'ai du tendre pour elle ;
> Elle aura cet habit ; n'en soyez pas jaloux.
> Allons, deux jours entiers, je vous régale tous.

2. *L'héritage du choeur*

Par rapport aux pièces qui ont adopté le schéma « prologue + pièce », celles qui reposent sur la structure chorale ont l'avantage considérable de ne pas faire disparaître les spectateurs quand commence la pièce intérieure. Le public véritable a, ainsi, toujours sous les yeux ce faux public qui crie, pleure, rit ou s'exclame selon ce qu'on représente devant lui. S'il ne s'agit pas vraiment du public turbulent, impulsif et impressionnable qu'était celui du XVIIe siècle, l'assistance pouvait être tentée de moduler ses propres réactions en fonction de celles dont on lui présentait le modèle. En tout cas, nous imaginons plus volontiers des spectateurs qui font des commentaires sur ce qu'ils voient, plutôt que des spectateurs religieusement silencieux parce qu'absents. La structure chorale est donc un facteur de vraisemblance.

Si l'on s'en tient au strict point de vue de « la reproduction de la salle », on est obligé de constater qu'il n'y a que trois pièces qui essayent de reproduire le comportement du public : ce sont celles dans lesquelles le choeur a évolué en spectateurs intérieurs. Même si cela paraît paradoxal au premier abord, Pridamant, que nous qualifions par ailleurs de spectateur modèle ou de miroir du spectateur, joue beaucoup plus le rôle d'un choeur que d'un public :

> (il) n'est en aucune façon un élément étranger à l'action. C'est lui qu'elle concerne le plus. C'est pour lui, par lui qu'elle peut toucher les spectateurs. Et l'on comprend qu'il ait à intervenir, à supplier, à espérer, et qu'enfin ses émotions scandent d'un bout à l'autre les diverses étapes de l'action.

---

[12] *Le Zic-Zac,* scène 9 : « Et je suis ton mari, Catin. » C'est un octosyllabe ; ce qui explique les huit syllabes du premier vers prononcé par le Baron.

Cette phrase qui indique si bien ce qui sépare Pridamant d'un spectateur ordinaire a été écrite par J. de Romilly dans son livre sur *La Tragédie grecque*[13] : elle concerne le choeur antique. On ne peut qu'admirer la clairvoyance de Théophile Gautier qui, le premier, a vu la marque du choeur dans le rôle de ces deux personnages qui se tiennent à côté de l'action principale de *L'Illusion comique*. Entre Pridamant et le public il y a une communauté de regard ; par là, il a un début d'identification dont Corneille saura remarquablement se servir pour faire naître l'illusion dans le spectacle intérieur du Ve acte. Mais il n'y a pas une communauté de réactions, parce que Pridamant, comme le choeur antique, est concerné par l'action : il y va de la vie de son fils. Aussi, au moment de l'assassinat de Clindor, les spectateurs seront peut-être surpris, certains même effrayés ; aucun ne se désespèrera comme Pridamant.

Beaucoup plus éloignée du réalisme théâtral que cette pièce, *Célinde* en est plus proche par le comportement des spectateurs intérieurs. Pourtant ceux-ci sont désignés par Baro comme formant un « choeur » d'où se détachent les parents des acteurs qui jouent les rôles de Judith et d'Holopherne. Or, ils se comportent comme un public ordinaire : avant le début du spectacle, ils frémissent d'impatience,[14] vantent les mérites du théâtre,[15] font l'éloge des acteurs durant les intervalles entre les actes I et II puis II et III de la tragédie d'*Holopherne*, enfin s'étonnent des paroles prononcées par Célinde au moment où elle plante son poignard dans Holopherne-Floridan, geste qui interrompt la représentation. Malgré tout, Baro n'a pas cherché à susciter l'atmosphère d'une salle de théâtre : la tragédie d'*Holopherne* est donnée à l'occasion d'une représentation privée, devant un public d'amis, et par des comédiens non-professionnels.

C'est pour des raisons assez proches que la « tragédie des comédiens » de Rotrou ne peut reproduire l'image du « vrai » public du XVIIe siècle : cette pièce représente la forme la plus haute de la « comédie au château » puisque les hôtes devant qui les comédiens jouent sont la famille impériale de Rome : par là, ils ne peuvent être guère représentatifs du comportement du public des théâtres parisiens. Leurs discussions avant le début de la pièce sont pleines de grandeur, leurs commentaires quand Genest est en scène sont d'un

---

[13]   P. 28.
[14]   LE CHOEUR : « Je me prépare à recevoir un plaisir extrême, car sur toutes choses j'aime cette sorte de représentations » (Acte III, scène 1).
[15]   Voir *infra,* p. 206.

enthousiasme retenu, leur visite dans les coulisses à l'entracte est pleine de dignité, et lorsque des membres de leur suite vont faire du chahut dans les coulisses, ils y mettent bon ordre. Quant à leur déception et à leur irritation finales, elles sont causées non par le jeu de Genest ni par le contenu de la pièce, mais parce que Genest s'arrête de jouer. Cela est encore plus vrai dans la pièce de Desfontaines où le souci de recréer l'atmosphère de la Cour est beaucoup moins sensible.

Ainsi la plupart des dramaturges n'ont pas réussi à assimiler totalement les formes qui leur ont été léguées par le théâtre du siècle précédent, et surtout ils ne se sont guère préoccupés de réfléchir sur la structure dramatique qu'ils utilisaient. On peut l'admettre pour les initiateurs ; c'est plus étonnant de la part de leurs épigones. Cette excessive fidélité, ou cette paresse, débouche sur un paradoxe : le spectateur, constituant essentiel du théâtre dans le théâtre, présente une image incomplète dans la plupart des cas, une image artificielle, imposée par la structure et la tradition.

II. LA REPRODUCTION DE LA SCENE

Si les comédies des comédiens ne présentent qu'une image incomplète du public, c'est que, pour les dramaturges de l'époque, mettre en scène le théâtre consistait essentiellement à faire connaître un monde mystérieux, et à délivrer ses habitants du mépris dont les entourait une population pleine de préjugés. Dans cette perspective, le public ne peut être rien d'autre qu'une toile de fond. D'ailleurs, n'était-ce pas lui qui censurait les moeurs des comédiens ? Il n'avait nul besoin d'être défendu, ni même présenté tel qu'il était réellement : à la différence des comédiens, il ne gagnait rien à être connu. La reproduction de la scène est donc l'élément principal d'un système de réflexion dont le but n'est autre que *la défense et illustration du théâtre.*

Cette défense et illustration est fort complète puisque l'on trouve projetées sur scène les diverses composantes du monde dramatique : les acteurs, comme il se doit, mais aussi les auteurs, les metteurs en scène, et même des personnages secondaires comme les décorateurs et les portiers. Toutes ces composantes n'ont, évidemment, pas la même importance. Le déséquilibre est tel entre la place occupée par les comédiens et celle qui est accordée aux accessoiristes, que l'on peut se demander si ces derniers, quand ils apparaissent, ne sont pas de simples éléments de référence destinés à renforcer le caractère réaliste du reste de l'oeuvre. De même, si la satire n'est pas absente de la peinture des portiers et — ce qui est *a priori* plus étonnant — des poètes et des metteurs en scène, c'est que les dramaturges ont voulu faire porter l'apologie sur les seuls comédiens, la satire des autres personnages garantissant, aux yeux du public, leur sincérité à l'égard de ceux-ci. Enfin, dernier volet de la « défense et illustration », l'apologie des comédiens est souvent accompagnée d'une réflexion sur leur art, qui introduit un élément critique et esthétique assez original, bien qu'elle recoupe les notions communes, au XVIIe siècle, de vérité, de naturel, d'imitation, etc.

1. *Eléments de référence et de satire sociale*

a) La perspective réaliste

— Le décorateur

Quand on sait l'importance qu'ont eue les machines et les décors dans les spectacles théâtraux à partir du ministère de Mazarin, on s'attend à ce que des pièces qui prétendent donner une image du monde du théâtre présentent, aux côtés des « meneurs de jeu » et des acteurs, les nouvelles gloires de ce monde, les décorateurs. Or, ils en sont pratiquement absents. Il est vrai que Torelli a eu des démêlés[16] au début de son séjour parisien avec les comédiens à qui on prétendait le rattacher, mais ces difficultés furent rapidement aplanies, et l'admiration que le public conçut pour le décor de *La Finta pazza*[17] établit définitivement la réputation de l'ingénieur italien ; et c'est à lui que Corneille attribuera peu après l'essentiel du succès de son *Andromède*.[18]

Dès lors pourquoi Rotrou est-il le seul qui ait fait une place — l'espace d'une courte scène — à ce personnage devenu indispensable ? Jusqu'à la mort de Louis XIII, ce silence est aisément explicable ; pour la simple raison que, le public étant moins exigeant, les

[16] Voir notamment P. Bjurström, *Giacomo Torelli and Baroque Stage Design,* et M.F. Christout, *Le Ballet de cour de Louis XIV (1643-1672).*
[17] Représentée dans la Grande Salle du Petit Bourbon en 1645.
[18] Argument de la pièce. On remarquera que Corneille applique aux effets de Torelli les deux termes qui lui servent d'ordinaire à désigner les ressorts de son théâtre : l'étonnement et l'admiration.

comédiens se chargeaient eux-mêmes de la décoration. Cela se pour-
suivit d'ailleurs durant tout le siècle en province, où il était impossible aux comédiens ambulants, pour des raisons matérielles et finan-
cières, de faire une large place au décor et d'employer un décorateur.
Même si leur condition s'était quelque peu améliorée depuis 1633 où
Scudéry soulignait le dénuement de la troupe provinciale qu'il mettait en scène,[19] leur matériel remplissait rarement plus que le chariot
qu'a peint Scarron dans son *Roman comique*, le commentaire d'un
des personnages des *Illustres fous* sur le « bagage » des comédiens
qui défile « depuis une heure ou deux » et « tient depuis ce lieu
jusqu'au bout de la ville », ne faisant que confirmer par antiphrase
cet état de choses.[20]

Mais à Paris où, dans la deuxième moitié du siècle, tous les dramaturges — Racine excepté — y allèrent de leur pièce à machines, où
le Marais, reconstruit, s'était fait une spécialité de ce genre de
spectacle, où Molière consacra de très grosses sommes à réaménager
son théâtre en fonction de l'inflation des décors, la fonction du
décorateur était aussi importante que celle d'auteur ou de comédien.
Seul Thomas Corneille a eu l'honnêteté de le signaler dans le Prologue de son *Inconnu* en faisant dialoguer Thalie, la Muse de la comédie, avec « le Génie de la France », qui apparaît clairement comme
la métaphore de l'ingénieur-décorateur. Tout au long du dialogue,
Thalie souligne la dette qu'elle a contractée auprès du Génie, en cette
époque où l'on ne goûte plus que les pièces à machines. Les premiers
mots, très emphatiques[21] sont particulièrement significatifs :

> Génie incomparable, Esprit à qui la France
> Doit les sages Conseils qui la font admirer,
> Pour réparer mon impuissance
> De ton secours qu'ai-je lieu d'espérer ?

Au regard de cette dette, l'intervention du décorateur dans *Le
Comédien poète* de Montfleury est dérisoire : il entre en scène à la
fin du Prologue pour signaler au comédien et au poète qui sont en
train de discuter que tout le monde est prêt ! Montfleury n'a même
pas pris la peine de le faire rentrer dans la « Suite du Prologue »

---

[19] C'est un comédien qui remplit la fonction de portier.
[20] Acte IV, scène 5, v. 1491-1492.
[21] Ils sont même si empathiques que l'on se prend à douter s'ils désignent bien
le décorateur. L'éloge pourrait faire songer à quelque ministre, voire au Roi lui-
même ! La suite du Prologue dissipe toute hésitation, puisque « le Génie » fait une
démonstration de son talent en déclenchant une série de changements de décors.

lorsque l'acteur dont on va jouer la comédie réclame un changement de décor, celui qui était en place « ne convenant guère au sujet de (sa) pièce ». Quant aux autres comédies des comédiens, son existence n'y est même pas mentionnée. Dans *La Comédie sans comédie*,[22] Hauteroche, en proposant à La Fleur de représenter pour lui quatre spectacles dans le théâtre du Marais, dit bien que leurs décorations « seront en peu de temps sans peine préparées », mais il n'a garde de préciser par qui. Nous ne voyons qu'une explication à cet étouffement du rôle du décorateur : auteurs et comédiens devaient le considérer non seulement comme un homme à leur solde, mais surtout comme un travailleur étranger au monde de l'art dramatique ; un artiste, certes, mais dans le domaine de la technique ou de la peinture.

Cette « division du travail » est très sensible dans la courte scène du *Véritable saint Genest* où apparaît le décorateur.[23] Le jugement critique que Genest porte sur la décoration indique que, quoique chef de troupe, il n'a pris aucune part à son élaboration. Bien plus, il ne semble même pas s'être préoccupé du coût de l'installation :

> Il est beau ; mais encore, avec peu de dépense,
> Vous pouviez ajouter à sa magnificence...[24]

Mais c'est surtout du point de vue de leur compétence respective que cette scène est intéressante. Les critiques de Genest sont celles d'un profane en matière de technique picturale : la plupart d'entre elles portent sur la perspective, les contrastes de lumière et de couleurs, et il est aisé au décorateur de lui répondre. Car un décor est conçu pour être vu de la salle et il est absurde de prétendre le juger à partir de la scène :

> L'approche à ces dessins ôte leurs perspectives,
> En confond les faux jours, rend leurs couleurs moins vives,
> Et, comme à la Nature, est nuisible à notre art
> A qui l'éloignement semble apporter du fard.[25]

Quant au manque de magnificence, le décorateur s'en est aisément justifié en faisant valoir le manque de temps. Si l'on juge cette scène du strict point de vue de la vraisemblance externe, on peut la trouver

[22] Acte I, scène 5.
[23] Acte II, scène 1. Le décorateur revient quelques scènes plus loin (sc. 5) pour allumer les chandelles et prévenir Genest que tout est prêt et que la cour arrive, seul aspect du rôle dont s'est souvenu Montfleury.
[24] V. 313-314 ; *éd. cit.*, p. 954.
[25] *Ibid.*, v. 329-332.

très faible : un chef de troupe ne peut ignorer les effets de la perspective et il doit être le premier conscient du temps dont dispose le décorateur pour venir à bout de son ouvrage. Mais il serait ridicule d'en faire le reproche à Rotrou dans la mesure où ce dialogue contribue fortement à créer l'illusion réaliste indispensable à sa dramaturgie de l'ambiguïté. Comme les répétitions et discussions entre acteurs qui suivent, il vise à faire croire au public que tout ce qui entoure la pièce intérieure est la réalité même afin de mieux la dénoncer ensuite comme illusoire, le monde que les hommes croient réel n'étant qu'un théâtre au regard de Dieu. Ainsi, aussi paradoxal que cela puisse paraître, le seul dramaturge qui a mis en scène cet « habitant des coulisses » méconnu, l'a fait non pour la gloire du théâtre, contrairement ax auteurs de comédies des comédiens, mais pour la gloire de Dieu.

— Le meneur de jeu

On s'attend à trouver, dans des pièces qui prennent pour sujet le théâtre, non seulement des acteurs mais des gens qui les dirigent. Or, curieusement, plusieurs comédies des comédiens passent sous silence l'existence d'un chef ou d'un metteur en scène : l'éclairage est sur les comédiens et tend à les présenter comme un groupe d'associés qui décident tout en commun. C'est particulièrement net dans *La Comédie* de Gougenot où Bellerose apparaît beaucoup plus comme un conciliateur entre les différents éléments de la troupe que comme un chef capable de prendre seul une quelconque décision.[26] La situation est la même dans la pièce de Scudéry, ainsi que dans celles de Quinault et de Dorimond, et n'évoluera qu'à cause de la querelle de *L'Ecole des Femmes* qui obligera Molière à se mettre en scène comme chef de troupe-auteur-metteur en scène ; encore s'agit-il là d'un cas marginal puisque Molière y présente sa *défense*; en tout cas, lorsqu'au début de *L'Impromptu* il se moque des principaux acteurs de l'Hôtel de Bourgogne, il ne fait pas la moindre allusion au chef de la troupe, Floridor. Dans *Le Baron de la Crasse*, cette situation de non-directivité est clairement définie dans la réponse d'un comédien au Baron qui lui demandait s'il était le maître de la troupe :

[26] Le faux prologue prononcé par Bellerose au début de la pièce ne doit pas nous tromper : dans chaque troupe un comédien faisait fonction d'« orateur », ce qui ne le promouvait pas nécessairement chef de troupe. Cela est clairement indiqué non seulement dans *Le Théâtre français* de Chapuzeau, mais, bien avant lui, dans *Le Baron de la Crasse* de Poisson ; cf. ci-après.

Maître ! c'est une erreur ; car enfin, parmi nous,
Nous n'avons point de maître et nous le sommes tous.
Je fais les amoureux, les affiches, l'annonce ;
Mais pour le nom de maître, il faut que j'y renonce :
Nous sommes tous égaux, nous ne nous cédons rien.[27]

Quant aux deux « tragédies des comédiens », nous les considérons comme non significatives, car si Genest y est aussi clairement désigné comme metteur en scène-chef de troupe, c'est parce qu'il est le seul héros de la pièce, sa troupe étant en quelque sorte réduite au rôle de faire-valoir. L'intention de Desfontaines et de Rotrou n'était pas de montrer les conditions d'existence d'une troupe — les multiples indications que l'on y trouve proviennent essentiellement de leur souci de vraisemblance — mais l'accession à la sainteté d'un acteur touché par la grâce divine, celle-ci ayant rendu irréversible l'identification de l'acteur à son personnage.

Véritable « homme-orchestre » de sa troupe, Molière constitue donc un cas unique dans l'histoire du théâtre français. Il en était incontestablement conscient, comme le prouve *L'Impromptu de Versailles*. Qui, à part lui, pouvait oser se mettre ainsi en scène ? Un autre aurait répondu à ses adversaires par une simple *Critique de La Critique de l'Ecole des Femmes*, ce qu'est d'ailleurs la répétition enchâssée dans *L'Impromptu*. Lui va plus loin. Attaqué dans sa personne et dans son métier, il réplique en mettant en lumière toutes les facettes de sa personnalité, sans oser cependant, comme il en eut l'idée, « faire une comédie où (il) aurait joué tout seul ».[28] Aussi cette pièce est-elle un admirable document sur le fonctionnement de sa compagnie.

La première image que Molière donne de Molière est celle du directeur de troupe. Ce fait seul tranche avec la tradition des comédies des comédiens dont les auteurs aiment à présenter la vie des comédiens comme une communauté égalitaire. Interpelant ses compagnons, il marque d'emblée son autorité, véritable maître d'école grondant sa classe dissipée qui n'a pas appris sa leçon. Il ne quittera jamais ce masque tout au long du déroulement de l'action, chassant de la salle de classe les importuns, mais succombant à la fin sous la conjugaison du manque de temps et de l'impréparation des acteurs.

---

[27] Scène V. La suite du discours du comédien montre toutefois qu'il souhaite bien, en sa qualité de premier (et de meilleur) acteur de la troupe, en assurer la direction ainsi qu'assumer la mise en scène, qui ne le satisfait pas toujours.
[28] Idée qu'il fait exprimer par Mlle Molière à la scène I (*éd. cit.*, tome I, p. 678).

Toutefois, l'auteur Molière a fait en sorte que son autorité apparaisse nettement tempérée par le poids de la personnalité de ses grands rôles, notamment son ancienne associée, Madeleine Béjart, et l'« ingénue », Mlle de Brie. De fait, *Elomire hypocondre*, malgré l'exagération polémique qui la caractérise, nous confirme que cette autorité pouvait parfois être contestée.[29]

Puis apparaît l'auteur, inquiet que sa comédie puisse être un échec à cause de l'impréparation de ses acteurs : « ne comptez-vous pour rien l'inquiétude d'un succès qui ne regarde que moi seul ? ».[30] Sur ce plan son autorité est absolue : les acteurs peuvent bien contester certaines de ses initiatives de directeur (accepter de monter dans un délai de huit jours une pièce non encore écrite)[31] ; ils écoutent avec avidité le canevas qu'il leur trace d'une comédie des comédiens projetée depuis longtemps. On n'imagine pas, il est vrai, qu'attaqué par ses rivaux sur *L'Ecole des Femmes*, il se soit laissé aller à jouer les poètes importuns. Bien plus, pour marquer ce qui le sépare des autres, il ridiculise, en présentant son canevas, un poète attaché au jeu compassé des comédiens de l'Hôtel de Bourgogne.[32] Dans ce passage, il est aussi acteur, puisqu'il oppose sa conception « naturelle » du jeu à celle de ses rivaux. C'est là l'unique *ars recitandi* de la tragédie proposé par Molière, et son originalité par rapport aux conventions de l'époque explique qu'on ne l'ait guère goûté comme acteur tragique.

Enfin la répétition commence, et il n'est plus désormais que le metteur en scène. Dès la fin de la scène I, il expose à chacun de ses acteurs les principales caractéristiques de son rôle et la façon dont il faut le jouer. Ensuite, après l'interruption du fâcheux, il s'adresse à la Grange, pourtant réputé bon acteur, et lui indique tout : air, gestes, contenance :

> Souvenez-vous bien, vous, de venir, comme je vous ai dit, là, avec cet air qu'on nomme le bel air, peignant votre perruque et grondant une petite chanson entre les dents. La, la, la, la, la, la,[33]

Il critique ensuite le ton de sa voix, qu'il juge trop commun, trop éloigné du ton de voix d'un marquis, et, plus loin,[34] il interrompt

[29] Acte IV, scène 2 ; *éd. cit.,* tome II, Appendice, p. 1273.
[30] *Ibid.,* p. 677.
[31] *Ibid.*
[32] *Ibid.,* pp. 679-681.
[33] Scène III, p. 685.
[34] Au début de la scène IV.

Brécourt pour avoir adopté le ton d'un marquis en jouant le rôle d'un chevalier. Un peu plus loin, il l'arrête une nouvelle fois sous le prétexte de lui montrer comment il faut présenter la défense de Molière ; mais nous savons qu'il s'agit là, en fait, d'un moyen de parler en son propre nom afin de toucher plus directement le public, et que le jeu proprement dit de Brécourt n'est pas en cause. Il insiste ensuite sur le jeu maniéré que suppose le rôle de Climène et d'Elise. Enfin, après leur entrée, Molière donne à tous sa dernière recommandation :

> Bon. Après ces petites cérémonies muettes, chacun prendra place et parlera assis, hors les marquis, qui tantôt se lèveront et tantôt s'assoiront, suivant leur inquiétude naturelle.[35]

Cette pièce est la seule comédie des comédiens qui mette en scène la direction d'acteur. Pourtant deux autres pièces, *La Comédie* de Gougenot et *Le Comédien poète* de Montfleury, enchâssent, comme *L'Impromptu,* non point une représentation mais une répétition intérieure. Sans doute celles-ci, étant destinées à l'apologie des seuls acteurs, ne sauraient comporter la moindre critique de la part d'un homme, comédien ou non, qui se placerait ainsi au dessus du reste de la troupe : leur démarche est donc à l'opposé de celle de Molière. En tout cas, le réalisme est du côté de celui-ci : toute répétition n'est-elle pas interrompue par les critiques ou conseils du metteur en scène ou d'un spectateur privilégié (auteur, autre acteur, etc.) ? Or il n'en est pas ainsi dans *La Comédie* de Gougenot, et pourtant, à la fin de l'acte III, Bellerose venait seulement d'inciter ses nouveaux associés à « aller répéter (leur) première pièce, pour la donner le plus tôt qu'(ils) pourront au public ». Dans *Le Comédien poète* les acteurs jouent une pièce écrite par l'un d'entre eux devant un de leurs compagnons, qui, curieusement, alors que tous les autres connaissent leur rôle depuis longtemps, ne sait même pas de quoi parle la pièce : après avoir assisté sans broncher aux trois actes de la comédie à l'espagnole, il se borne à déclarer qu'elle est « passable » et « jouable », nécessitant seulement quelques retouches. Mais tous les problèmes de mise au point sont passés sous silence, puisqu'aussitôt après on procède à l'annonce de la pièce devant le public. La comparaison de ces trois répétitions fait ressortir l'habileté de Molière pour qui la reproduction réaliste de ce qui se passe sur un plateau de théâ-

---

[35] Scène IV, p. 689.

tre permettait de rendre plus crédible et surtout plus percutant son
« message ».

b) La perspective satirique

— Le portier

La revue des éléments réalistes que contiennent les comédies des
comédiens serait incomplète si elle ne faisait pas sa place à la figure
du portier, personnage sans influence sur le déroulement de la représentation, mais indispensable à la bonne marche du spectacle et à la
survie financière de la troupe. Quatre comédies des comédiens seulement font mention de son existence,[36] et, le plus souvent, moins par
réalisme que dans un but anecdotique : dans la mesure où il ne
s'agissait que d'un homme de main peu sûr, certains dramaturges en
ont fait la satire, excellent moyen, au demeurant, de valoriser l'honnêteté des comédiens proprement dit ; d'autres, inversement, l'ont
mis en scène pour satiriser les mauvais payeurs, notamment les membres de la noblesse.

On sait qu'au XVIIe siècle, suivant l'exemple des « personnes de
qualité » et des gens de la maison du roi, tous les hommes d'armes,
du mousquetaire au plus louche spadassin, se refusaient à acquitter
un quelconque droit à l'entrée des théâtres.[37] D'où de perpétuels
conflits avec les portiers qui, quoique toujours armés, y laissèrent la
vie en grand nombre. Dorimond a fort bien rendu cette situation à la
scène 5 de sa *Comédie de la comédie* : on y voit le portier menacer de
son mousqueton deux « filous » qui prétendaient s'introduire dans
le théâtre sans payer. Devant l'arme à feu, ceux-ci se contentent de
proférer des menaces avant de disparaître. Mais le portier n'est pas
soulagé pour autant, et, de crainte qu'ils ne reviennent en force, il
préfère fermer les portes du théâtre. Dans *Le Poète basque*, Poisson
a fait aussi une allusion aux relations entre les portiers et les mauvais

---

[36] Deux autres pièces font allusion à ce personnage, *Le Pédant joué* (nous y
reviendrons) et *Les Illustres fous* : le Concierge de l'hôpital déclare à son valet qu'il
ne lui déplairait pas de devenir portier de comédie pour la représentation de sa pièce,
se faisant fort de faire payer tout le monde, prétention qui laisse le valet sceptique.
On voit qu'il s'agit d'une allusion marginale. Beys l'a faite uniquement parce que sa
pièce joue sur l'ambiguïté du monde des fous conçu comme monde du théâtre :
dans cette perspective, du concierge de l'asile au portier de comédie, il n'y a qu'un
pas.
[37] En 1673, Molière obtint de Louis XIV la suppression de ce privilège, mais
ses effets s'en firent encore longtemps sentir.

payeurs. Le valet du Poète, qui était entré de force dans le théâtre à la suite de son maître, se plaint d'avoir essuyé des coups de la part du portier et redoute de subir de nouvelles brutalités à sa sortie de l'Hôtel de Bourgogne.[38]

Plus encore que les voyous et les resquilleurs, les gens de qualité donnaient du fil à retordre aux portiers, ceux-ci se refusant à prendre pour argent comptant le seul énoncé d'un titre de noblesse, souvent médiocre. En 1670, deux ans après Dorimond, Chevalier a, en quelque sorte, complété la satire en présentant les démêlés du portier du Marais avec un Chevalier :

> LE CHEVALIER
> (...) Qu'on me donne une chaise !
>
> LE PORTIER
> L'on y va. De l'argent, monsieur, car je m'en vais.
>
> LE CHEVALIER
> Tu te railles, mon cher, je ne paye jamais :
> Apprends à me connaître.
>
> LE PORTIER
>   Hé bien, avant qu'on sorte,
> Si vous ne me payez, que le diable m'emporte ![39]

Quoique le plus souvent victimes, les portiers n'étaient pas eux-mêmes irréprochables, les troupes de comédiens ayant fait souvent les frais de leur malhonnêteté. Aucune pièce postérieure ne viendra contredire l'acte d'accusation que Scudéry a dressé contre eux par l'intermédiaire de Mr de Blandimare :

> (...) Le titre de voleur est une qualité annexe à celle de Portier de Comédie : et un homme fidèle de cette profession est comme la pierre Philosophale, le mouvement perpétuel, ou la quadrature du cercle : c'est-à-dire une chose possible et non trouvée.[40]

Même le courageux portier de Dorimond n'a pas échappé à la tentation, et seul le respect qu'il porte aux comédiens le retient de voler quelques écus.[41]

---

[38] Scène IV : « (...) Il m'a donné deux ou trois bons soufflets / Et quelques coups de pieds ; il a des pistolets / Dessous son justaucorps. Je crains bien la sortie : / « A tantôt, a-t-il dit, je remets la partie ». / J'ai pour nantissement ces coups par devers moi ».

[39] *Les Amours de Calotin,* Acte I, scène 2.

[40] *La Comédie des comédiens,* acte I, scène 5 ; *éd. cit.,* l. 183-186, p. 14. Le thème est repris dans la dernière scène de la pièce où Mr de Blandimare souhaite que le futur portier de la troupe « se résolve de faire un miracle en faisant homme de bien un portier de Comédie » (l. 1195-1197, p. 53).

[41] *La Comédie de la comédie,* scène III.

194

— Le poète

Le poète est aussi absent que le « meneur de jeu » des premières comédies des comédiens[42] : ceux-ci affectent de choisir le spectacle qu'ils vont donner dans la liste — en général fort longue — des pièces qu'ils ont à leur répertoire.[43] En revanche, lorsqu'il apparaîtra dans des pièces de la deuxième moitié du siècle, ce sera sous les espèces d'un pédant ou d'un fou, comme on le voit au début de *L'Impromptu de Versailles* où Molière se moque de Corneille, et surtout dans *Le Comédien poète* de Montfleury (1673) où les comédiens contraignent un auteur présomptueux à leur retirer la pièce qu'ils s'apprêtaient à représenter, ainsi que dans *Le Poète basque* de Poisson (1668) qui se termine par l'internement, sur l'ordre de Floridor, de la prétendue gloire littéraire de la Biscaye. Ces approches se rejoignent et ont la même signification : tout porte à croire qu'en cette deuxième moitié du siècle, beaucoup d'écrivains avaient tendance à se prendre pour des Corneille ou des Rotrou, leur manque de talent les contraignant à chercher une garantie dans les écrits des doctes, voire à en rajouter, ou bien à forcer leur imagination, quittes à produire les oeuvres les plus abracadabrantes. Les plus fins n'ont pas manqué de voir que cette *hybris* littéraire touchait à la folie. Ainsi s'expliquent l'outrance du poète de Montfleury et le délire de celui de Poisson, qui se terminera aux « petites Maisons ».

Quoique le premier à camper un poète fou dans une comédie des comédiens, Poisson n'est pas l'inventeur du thème. C'est à Beys qu'en revient l'idée : indépendamment de l'effet comique, son habileté est d'avoir remarquablement mis en valeur la liaison folie-pédantisme dont nous venons de parler, beaucoup plus nettement en tout cas que Poisson et Montfleury qui exploiteront chacun un seul des aspects du thème. Au cours d'un dialogue théâtralisé entre le comédien fou et le poète fou, celui-ci définit son talent en ces termes :

> J'ai lu deux mille Auteurs en langages divers
> Je sais bien ce que c'est qu'Héroïques, Lyriques,
> Aussi bien que j'entends Tragiques et Comiques.

---

[42] Il n'y a guère que Scudéry qui y fasse allusion ; encore est-ce ironique puisqu'il fait malicieusement prononcer son propre éloge par les comédiens et surtout par Mr de Blandimare qui se déclare l'ami de cet illustre poète (Acte II, scènes 1 et 2, *éd. cit.*, pp. 17 et 21).

[43] Cf. *La Comédie des comédiens* de Scudéry, acte II, scène 1, *éd. cit.*, p. 17, et *Le Baron de la Crasse*, scène V.

De l'oeuvre Théâtral je connais les façons
Et surpasse tous ceux qui me font des leçons ;
J'ai relu mille fois sur les Auteurs austères,
Ce que Cent traducteurs ont fait de Commentaires,
Je possède Aristote, Horace, Scaliger...
Et je les ai tous lus en latin comme en grec.[44]

La folie du poète est en outre mise en valeur par la réponse fort censée du comédien (lui-aussi hôte de l'asile cependant) : il souligne qu'il n'est pas, lui non plus, sans ignorer « les Auteurs » mais il ajoute aussitôt qu'il fait passer « l'activité » avant la « spéculation » et que son principal mérite est « d'entendre le théâtre », argument que reprendra Molière pour répliquer à ses adversaires.[45]

Il est fort troublant de constater que les dramaturges qui se sont accordés pour présenter une telle image de leurs confrères ont pour point commun de n'être pas eux-mêmes des « poètes », mais des comédiens qui ont voulu rivaliser avec ceux-ci.[46] On a nettement l'impression que les acteurs ont mal accepté que les dramaturges, à qui ils n'accordaient autrefois que la portion congrue, se soient affranchis de leur tutelle au point de se croire supérieurs et indispensables tout à la fois. La fin du dialogue entre le comédien et le poète des *Illustres fous* nous paraît révélatrice de cette sourde lutte[47] :

LE COMEDIEN

Pour vos vers, vous savez que j'en suis Idolâtre ;
Mais vous confesserez que j'entends le Théâtre.

LE POETE

Pour tirer une toile, ou pour cogner des clous ;
Notre poème enfin se peut passer de vous,
Et sans avoir besoin d'Acteurs ni de peinture,
Je puis à mes amis en faire la lecture.

Dans le *Poète basque*, Poisson a mis les mêmes arguments dans la bouche de son poète ; l'admiration qu'il paraît avoir portée à la pièce de Beys — il s'en inspirera pour ses *Fous divertissants* — ne nous paraît pas suffire à expliquer la résurgence du thème, le rôle des poètes dramatiques n'ayant fait que s'accroître au fil des ans. En

---

[44] Beys, *Les Illustres fous,* Acte V, scène 2 ; v. 1598 sq. La scène se déroule sous les yeux de Dom Alphonte (qui s'était fait jusqu'ici passer pour fou) et d'un « valet » de l'hôpital.
[45] Voir notamment les arguments de Dorante dans *La Critique de l'Ecole des Femmes* (scène VI, *éd. cit.,* pp. 662-663).
[46] Peut-être, inversement, faut-il voir là l'une des raisons de l'hostilité de Corneille envers Molière. A-t-il vu en lui un histrion qui outrepassait ses droits ?
[47] V. 1619-1624.

196

tous cas, non content de faire interner son poète, Poisson dépasse son modèle en faisant prononcer par un acteur un tableau comparatif des mérites des uns et des autres, qui se termine, comme on pouvait s'y attendre, par un éreintement des dramaturges :

> Ainsi je mets en fait que tous ces grands auteurs
> Doivent et leur fortune et leur gloire aux acteurs,
> Et si l'on n'avait fait que des pièces en prose,
> Toute leur gloire enfin ne serait pas grand'chose.[48]

Ajoutons que ces mots voient leur force décuplée pour être prononcés non pas par un fou, mais par un comédien célèbre qui joue son propre rôle : Hauteroche. Comme on voit, quarante ans avaient eu beau s'écouler depuis la mort de Hardy, pour certains comédiens le poète n'aurait jamais dû cesser d'être à la solde du reste de la troupe : il ne se serait jamais permis des mouvements d'humeur comme celui que met en scène *Le Comédien poète*. Assurément, c'est une grande habileté de la part de Montfleury que d'avoir fait remplacer, au pied levé, la pièce de cet auteur prétentieux par l'oeuvre d'un des membres de la troupe ; la conclusion est facile à tirer pour le spectateur : tout comédien peut avantageusement suppléer le poète. Et, de fait, la carrière de Molière en était une preuve éclatante. Mais, pour que le public entende bien la leçon, Montfleury a pris la peine de faire dire à son « comédien poète » :

> une pièce d'un comédien de bon sens en peut quelquefois valoir une de ces messieurs les auteurs dont la cervelle est bien souvent démontée.[49]

Cependant nous verrons plus loin que certains dramaturges, parmi les plus grands, avaient répondu par avance aux attaques des auteurs de comédies des comédiens en mettant en scène le personnage du démiurge.

— Le metteur en scène

Beys ne s'est pas contenté de mettre en scène un comédien et un

---

[48] *Le Poète basque,* scène VIII. Poisson veut dire par là que le seul mérite des auteurs réside dans la versification (le comédien fou de Beys n'avait pas dit autre chose), les comédiens étant fort capables d'*improviser* des pièces en prose. On trouve le même thème à la scène I de *L'Impromptu de Versailles* où le personnage Molière tente de rassurer ses compagnons qui ne savent pas leurs rôles : « quand même vous ne les sauriez pas tout à fait, pouvez-vous pas y suppléer de votre esprit, puisque c'est de la prose, et que vous savez votre sujet ? » (*éd. cit.,* tome I, p. 678).
[49] *Le Comédien poète,* « Suite du Prologue ».

197

poète fous. Il a poussé la logique de sa pièce jusqu'au bout : dès lors qu'il assimilait l'asile à un théâtre (« on vient en ce lieu comme à la Comédie »),[50] il devait faire reposer toutes les scènes théâtralisées de sa pièce sur un meneur de jeu. C'est le Concierge de l'hôpital qui assume ce rôle. On notera que par rapport à la version primitive de *L'Hôpital des fous* son importance s'est accrue en fonction de l'augmentation des scènes théâtralisées.

Il assume la double fonction d'auteur et de metteur en scène. Naturellement, c'est en tant qu'auteur dramatique qu'il se présente d'abord. Dès la deuxième scène de l'acte I, il révèle à son valet — après avoir accusé les poètes de n'être que des rimailleurs — qu'il vient de terminer une pièce intitulée :

> L'Hôpital des Savants ou les Illustres fous...
> ....
> Mon commis il faut la mettre sur le Théâtre,
> Au temps du Carnaval, c'est de l'argent comptant
> Le spectateur peut-être en sortira content,
> Et puis nous la ferons débiter au Libraire...[51]

Ainsi, par le biais de cette réduplication spécieuse, le Concierge est l'auteur de notre pièce elle-même. Plus loin (III, 1) nous apprenons ce qui l'a poussé à devenir dramaturge, et, surtout, la raison pour laquelle sa pièce s'intitule aussi « L'Hôpital des Savants » :

> Je porte ici les clefs de toute la science...
> ....
> Chaque sorte de mal a son département
> Où le nom sur la porte est écrit hautement.
> En voici quelques uns ; voyez ; Astronomie,
> Horoscope, Blason, Médecine, Alchimie...[52]

Il ne s'est donc agi pour lui, en définitive, que de théâtraliser son métier : présidant aux destinées des fous qui se prennent pour des savants, il était mieux placé que quiconque pour mettre ses pensionnaires sur le théâtre.

En outre, dans la réalité (dans la « comédie réelle » que représente l'asile) il est metteur en scène, introduisant ses fous devant les visiteurs, commentant leurs manies, les interrompant lorsqu'ils sortent de leur rôle (c'est-à-dire lorsqu'ils veulent se battre), faisant sortir celui-ci, faisant rentrer celui-là.[53] Jusqu'ici, le côté comique de

---

[50]   *Les Illustres fous,* acte I, scène 4.
[51]   V. 218 sq.
[52]   V. 787 sq.
[53]   Voir notamment les scènes 3 et 4 de l'acte III.

son rôle tenait essentiellement au fait qu'il dirigeait des fous. La parodie commence dès lors que ceux-ci lui échappent et se retournent involontairement contre lui : c'est le cas du fou dont sa femme est amoureuse « folle » (III, 5), ce qui l'oblige à les faire surveiller l'un et l'autre ; c'est le cas aussi de l'alchimiste qu'il empêche *in extremis* de voler sa vaissele pour la faire fondre (III, 4). On ne peut manquer de voir dans le débordement du Concierge par ses pensionnaires le symbole malicieux du tour que peuvent fréquemment prendre les rapports entre les comédiens et les metteurs en scène réputés sains d'esprit. C'est Beys lui-même qui nous invite à une telle interprétation, puisqu'à la fin de sa pièce, par l'intermédiaire du Concierge, il rappelle qu'il n'y a pas de frontière nette entre la folie et la normalité[54] et qu'il insiste sur le caractère « illustre » de l'asile et des fous.[55]

La perspective choisie par Cyrano de Bergerac dans son *Pédant joué* est tout à fait différente. La comédie a beau se dénouer par l'entremise d'une pièce intérieure, celle-ci, reléguée au Ve acte, est loin de supporter l'ensemble de l'action comme dans les oeuvres que nous venons d'examiner. Pourtant un personnage assume la fonction de meneur de jeu tout au long de la pièce, son rôle de metteur en scène de l'action enchâssée découlant naturellement de la position qu'il occupait dans les actes précédents. Il s'agit du valet Corbineli, désigné comme « fourbe » dans la liste des *dramatis personae*. Son nom et sa caractérisation expliquent tout : issu tout droit de la tradition italienne, Corbineli est avant tout un rôle, c'est-à-dire qu'il a un comportement fonctionnel et codé.[56] Aussi est-ce à lui que revient la charge d'inventer à tout instant des ruses pour permettre à son maître d'épouser contre le gré de son père, son rival en amour, la belle Genevote. La pièce progresse au rythme de ses ruses, qui vont d'échec en échec jusqu'au triomphe final.

[54] Voir *infra,* p. 281.
[55] Acte V, scène 10 (v. 1559 sq.). On ne saurait trop insister sur la répétition du mot « Illustre », qui revêt sous la plume d'un ancien membre de « l'Illustre théâtre » une connotation renvoyant très clairement à l'art dramatique.
[56] La comparaison avec le Scapin des *Fourberies* de Molière est éclairante, car Molière n'a pas emprunté seulement la scène de la galère turque à Cyrano : la liste des acteurs le présente aussi comme « fourbe » — ainsi que le titre — conformément à la tradition italienne. Sur les relations entre les deux pièces, cf. J. Prévot, *Cyrano de Bergerac poète et dramaturge,* pp. 139-141.

Tel est le mouvement dans lequel s'inscrit la représentation intérieure : aboutissement des machinations de Corbineli, elle lui donne le statut d'auteur-metteur en scène, ce qui permet au personnage de se démarquer de la tradition des «valets fourbes».[57] Plusieurs indications, en effet, font de son rôle dans l'acte V la conséquence logique de son personnage même. C'est le futur gendre du Pédant qui propose à celui-ci de faire représenter une comédie pour leurs noces[58] et de s'adresser à Corbineli pour cela, arguant que Corbineli est italien, donc expert en comédies.[59] Lorsque Cyrano fait reprendre cette idée par le Pédant, il la place expressément dans le droit fil des ruses précédentes : au lieu de punir Corbineli pour avoir essayé de le berner, Granger lui accorde son pardon et ajoute qu'il lui « ordonne pourtant pour pénitence de (leur) exhiber le spectacle de quelque intrigue, de quelque Comédie ».

Aussitôt Corbineli se lance dans la mise en scène de la pièce (scène V), « instruisant » les uns « de ce qu'ils auront à dire », expliquant à un autre qu'il n'aura rien à préparer car il lui soufflera sa partie, et « ébauchant » au Pédant un « raccourci » de l'intrigue afin qu'il en sache juste assez pour tomber dans le piège qui lui est tendu. Et c'est Granger lui-même qui, à l'issue de cet exposé, confère à Corbineli sa pleine stature de metteur en scène :

> Tu viens de rasseoir mon âme dans la chaire pacifique d'où l'avaient culbuté mille appréhensions cornues. Vas paisiblement conférer avec tes acteurs ; je te déclare *Plénipotentiaire* de ce traité comique...[60]

Alors commence véritablement la parodie des comédies des comédiens : l'un des futurs acteurs de la pièce est d'abord promu au rang de portier de théâtre, ce qui nous vaut trois scènes burlesques[61] parce que le « portier » refuse l'entrée à Châteaufort, le Capitaine fanfaron. A quoi succède l'installation du décor, que Corbineli réduit, au grand dam de Granger,[62] à un simple fauteuil dans lequel celui-ci, acteur et spectateur, doit prendre place. Enfin la pièce débute, au

---

[57] Sur ce point encore, Molière se souviendra de cette pièce en faisant jouer par son Covielle du *Bourgeois gentilhomme* un rôle de « metteur en scène-scénariste d'une nouvelle pièce que couronnera la cérémonie turque » (J. Brody, « Esthétique et société chez Molière », in *Dramaturgie et Société,* p. 315).

[58] Granger a l'intention d'épouser en même temps Genevote (l'amante de son fils), qui est précisément la soeur de La Tremblaye, son futur gendre.

[59] Acte IV, scène 7 ; *éd. cit.,* p. 218.

[60] Acte V, scène 5 ; *éd. cit.,* p. 226. Nous soulignons.

[61] Scènes 7, 8 et 9.

[62] Scène 10 : « Hé quoi, je ne vois point de préparatifs ? Où sont donc les masques des satyres ? les chapelets et les barbes d'ermites ? les trousses des cupi-

milieu de la scène 10, et il faut toute l'adresse de Corbineli pour qu'elle parvienne jusqu'à son terme. C'est d'ailleurs le seul cas d'une intervention d'un metteur en scène au cours d'une représentation intérieure.[63] Tout au long de cette très courte comédie, dans laquelle il ne joue pas, soulignons-le, il intervient constamment : d'une part discrètement, en soufflant son rôle à Paquier, le « cuistre du Pédant », le manoeuvrant de telle sorte qu'il lui soit impossible de révéler toute la supercherie à Granger ; d'autre part en essayant de faire taire celui-ci que son pédantisme pousse à intervenir à tout propos pour faire des commentaires proprement délirants et à cent lieues de l'intrigue, ou inversement en le tirant d'une rêverie[64] pour lui faire accepter le mariage de son fils avec Genevote sous le prétexte que la conclusion d'un poème comique est toujours un mariage. Et Granger s'étonnant que la comédie prenne fin alors qu'« il n'y a pas encore un acte de fait », Corbineli, avec l'autorité que lui confère la qualité de « plénipotentiaire », lui répond :

> Nous avons uni tous les cinq en un, de peur de confusion : cela s'appelle Pièce à la Polonaise.[65]

Insistons, pour terminer, sur l'importance de la fonction de souffleur dont se charge Corbineli : nous pensons qu'il faut y voir une charge contre les comédiens, qui ont souvent besoin d'un souffleur, et surtout contre les comédies des comédiens qui, malgré leurs prétentions réalistes, sont en quelque sorte des oeuvres de propagande, leurs auteurs s'étant bien gardés de présenter ce côté moins glorieux du métier d'acteur.

2. L'apologie du théâtre

Il peut paraître évident que mettre en scène le monde du théâtre sans intention parodique, c'est être convaincu de ses vertus, et que ce fait, à lui seul, constitue un panégyrique. La plupart des auteurs de comédies (et de tragédies) de comédiens ont pourtant glissé un éloge

---

dons ? les flambeaux poiraisins des Furies ? Je ne vois rien de tout cela. » *Ed. cit.*, p. 231.

[63] Exception faite, bien entendu, de *L'Impromptu de Versailles* qui enchâsse une *répétition* intérieure.

[64] « Je rêvais quelle est la plus belle figure de l'antithèse ou de l'interrogation. (...) Et je ruminais encore à ces spéculateurs qui tant de fois ont fait faire à leurs rêveries le plongeon dans la mer, pour découvrir l'origine de son flux et de son reflux... »

[65] *Ibid.*

direct du théâtre et de ceux qui en ont embrassé la profession ; le mouvement ne s'est ralenti que dans la deuxième moitié du siècle, quand la réhabilitation du théâtre et du métier de comédien eut ôté à ce thème son caractère d'urgence.[66] Plus significatif est le fait que l'apologie du théâtre n'est pas une exclusivité des comédies des comédiens : jusqu'en 1651, tous les auteurs qui ont utilisé le procédé du théâtre dans le théâtre[67] se sont crus obligés de louer les bienfaits de leur art. Ce thème, qui forme ainsi une sorte de dénominateur commun à tous les types de pièces, a été traité de deux manières différentes : d'une part une défense en règle des comédiens, d'autre part une approche plus symbolique tendant à privilégier l'auteur dramatique et mettant l'accent sur ce qui distingue le « vrai » dramaturge du simple poète, par ailleurs fréquemment objet de satire, comme on l'a vu.[68]

a) La pratique du théâtre

Aux deux types de pièces qui, abstraction faite des pièces « à intermèdes », constituent notre *corpus*, les comédies des comédiens et « les autres », correspondent deux catégories d'acteurs : les professionnels et les occasionnels. L'image que l'on nous donne des uns et des autres est tout à fait différente, étant fondée sur une opposition de classes. Ceux qui jouent la comédie dans des pièces comme *Célinde, Les Songes des hommes éveillés* ou *Le Courtisan parfait* sont des gens de naissance noble ; ils sont dignes de considération par ce seul fait, et représenter une action dramatique n'apparaît chez eux que comme un glorieux passe-temps.

A l'inverse, les héros des comédies des comédiens sont le plus souvent des gens de naissance roturière pour qui le théâtre est un *métier* qui les fait vivre ; si donc l'on a voulu les montrer dans l'exercice de leur métier, c'était afin de faire valoir que cette profession, à la différence de toutes les autres, était glorieuse et honorable. On ne

---

[66] Notre dernière comédie des comédiens, *Le Rendez-vous des Tuileries,* ne contient aucun éloge. Par ailleurs, l'éloge est indirect dans *Le Comédien poète,* puisque l'on nous montre qu'un acteur peut être meilleur dramaturge qu'un poète célèbre. Quant à *L'Impromptu de Versailles,* il s'agit, comme on sait, d'un cas particulier où la défense du métier est remplacée par l'autodéfense.

[67] Exception faite des auteurs de « ballets en comédie ».

[68] On retrouve certains de ces thèmes dans *Le Roman comique* de Scarron, comme l'a fort bien montré J. Truchet (« *Le Roman comique* de Scarron et l'univers théâtral », in *Dramaturgie et Société,* pp. 259-266).

saurait trop souligner l'importance de ce facteur au XVIIe siècle : le métier de comédien consistant avant tout à « paraître », il se rapproche de l'état aristocratique qui est devenu à cette époque un véritable art du paraître, à tel point que l'on n'a pas hésité à comparer les courtisans à des acteurs. En outre l'un des passe-temps préférés de la noblesse était de jouer la comédie,[69] et de la voir jouer par des professionnels. Cela est capital. D'une part en effet les comédiens revêtent les mêmes habits et les mêmes « masques » que les nobles, ce qui, dans une certaine mesure, les met sur le même plan qu'eux ; d'autre part ils sont fréquemment admirés et applaudis par eux, et même, dans le cas des actrices, *courtisés* par eux.[70] Enfin, point non négligeable, la tragi-comédie et surtout la tragédie permettent aux comédiens d'incarner des grands seigneurs et même des souverains.

Aucun métier ne peut revendiquer autant de liens avec l'aristocratie. Aussi bien ne trouvera-t-on nullement exagéré l'éloge que Gillet a mis dans la bouche de Polidore, gouverneur d'un futur roi :

J'ai chez moi de grands hommes,
Les merveilles de France et du siècle où nous sommes.[71]

On se doute que tout le monde, loin s'en faut, n'était pas persuadé qu'une véritable noblesse fut liée à la profession de comédien, surtout avant le triomphe de la tragédie cornélienne. C'est pourquoi les premières apologies des comédiens contiennent des passages concernant leur moralité. L'accusation d'immoralité levée, il ne restera plus qu'à convaincre les sceptiques et les envieux[72] de la gloire et de la noblesse attachées à l'« état » de comédien.

Quoique rivales, les *Comédies des comédiens* de Gougenot et de Scudéry se complètent étrangement. Dans la première on assiste à la constitution d'une troupe et aux conditions qui régissent l'association de comédiens ; dans la seconde, on voit une troupe déjà formée en train de faire une tournée, qui subit des déboires à Lyon. Dans ces cadres réalistes viennent s'insérer les apologies, qui commencent

[69]   Il n'est pas douteux que la référence de Gougenot (*La Comédie des Comédiens*, acte III, scène 2 ; *éd. cit.,* l. 1020-1027, p. 38) à « ces grands Capitaines (qui) se tenaient bien honorés d'être quelquefois 'Acteurs' », fasse allusion, à travers Scipion, Lelius et Auguste, à des contemporains.
[70]   Cf. G. Forestier, « L'actrice et le fâcheux dans les 'comédies des comédiens' du XVIIe siècle », *R.H.L.F.,* mai-juin 1980, No 3, pp. 355-365.
[71]   L'*Art de régner,* acte I, scène 1.
[72]   Les hobereaux de province à qui il ne restait plus que la gloire d'être nés nobles ont dû être longs à convaincre ; et encore plus tous les « Monsieur Jourdain » à qui leur argent ne permettait pas toujours de s'acheter un titre.

dans les deux cas par la défense de la moralité des comédiens. Pour cela, Gougenot ne perd pas un instant. Dès les premiers mots de son faux prologue, Bellerose insiste sur ce point :

> Quoique la calomnie n'épargne personne, si est-ce que notre petite Académie n'a jamais vu de ses effets prodigieux ; aussi avons-nous toujours observé toutes les règles de la vertu pour parvenir à l'honneur qui doit affranchir le théâtre de blâme et de reproche. Et si quelqu'un par négligence est sourd à nos paroles, son mépris ne nous rend pas pourtant muet à notre devoir.[73]

Ce type d'arguments sera repris en divers endroits de la pièce.[74] A côté d'eux, Gougenot fait en sorte que les comédiens paraissent irréprochables à travers leur comportement : s'ils se disputent, tout finit par s'arranger car aucun n'est mauvais ; si deux des acteurs apparaissent l'un jaloux, l'autre avare, c'est — outre le désir de vraisemblance — pour éprouver la constance de leurs épouses respectives ; et, à la fin, leurs compagnons parviennent à les guérir de ces défauts.

Tous insistent sur le fait qu'il ne faut pas confondre les rôles, souvent légers ou ridicules, qu'ils tiennent, avec leur propre personnalité. Cet argument se retrouve longuement développé dans la bouche d'une comédienne dans *La Comédie* de Scudéry, qui, comme on le voit, complète l'argumentation de Gougenot : les actrices ne sont pas partagées entre les divers membres masculins de la troupe, comme la licence des farces représentées tendrait à le faire croire.[75] Mais la principale « preuve » de la moralité et de la noblesse du métier des comédiens vient de la conversion de Mr de Blandimare, qui s'était défini lui-même comme « gentilhomme de bonne maison ». Non content de faire l'éloge du théâtre, il veut s'y consacrer à son tour.[76] La scène finale de *L'Illusion comique* qui voit le vieux Pridamant, après qu'Alcandre a fait l'éloge du théâtre, s'enthousiasmer pour le métier choisi par son fils, va dans le même sens.

Passé 1640, les défenses de la moralité des comédiens se font plus rares. Pour les auteurs de tragédies religieuses, Desfontaines et Rotrou, la cause est entendue : il est inutile d'insister sur leurs vertus, puisque leur art, assisté par la grâce divine, en a fait des martyrs

---

[73] Acte I, Prologue (*i.-e.* scène 1), *éd. cit.,* p. 5, l. 9-12.
[74] Acte I, scène 3, *éd. cit.,* p. 18, l. 449-455 ; acte III, scène 2, pp. 36-37, l. 975-988.
[75] Acte I, scène 3, *éd. cit.,* p. 11, l. 70 sq. Cf. G. Forestier, *art. cit., passim.*
[76] Acte II, scène 1, p. 20, l. 351-358.

chrétiens. De fait, pour le public de l'époque, voir des comédiens — montrés au départ dans les aspects les plus prosaïques de leur métier — qui accèdent à la sainteté constituait assurément le meilleur des panégyriques. Toutefois, l'arrière-garde, comme toujours, restait à convaincre, et c'est à quoi se sont employés Quinault et Dorimond dans la deuxième moitié du siècle.[77] Il est remarquable que l'un et l'autre aient voulu dépasser leurs prédécesseurs par la longueur de leurs apologies, à une époque où il n'y avait plus grand monde à persuader. En outre tous deux ne font que reprendre et développer les arguments de Gougenot, Scudéry et Corneille.

Le long monologue de « la Comédienne » de Dorimond[78] n'est qu'un démarquage versifié de celui de La Beau Soleil dans *La Comédie* de Scudéry. En outre la scène II de *La Comédie de la comédie* avait montré deux spectatrices en train de proclamer l'« innocence » de « la Comédie » que même « les Vestales » pourraient écouter sans honte. Quant à Quinault, il se contente de reprendre l'une des idées-forces de *L'Illusion comique* : il faut convaincre les pères que la comédie que pratiquent ou admirent leurs enfants n'est plus, comme autrefois, entachée de honte. D'où l'apologie à laquelle se livrent Hauteroche et La Roque pour convaincre un père, prévenu contre les comédiens, de les laisser épouser ses filles.[79]

Aussi pensons-nous que la signification de ces interventions doit être cherchée ailleurs que dans le désir de réhabiliter les hommes de théâtre. Leur absence d'originalité semble indiquer qu'il s'agit surtout pour Quinault et Dorimond de sacrifier à la tradition établie par Gougenot et Scudéry : aucune comédie des comédiens ne saurait aller sans éloge de leur vertu. Or, le titre même de leurs pièces, *La Comédie sans comédie* et *La Comédie de la comédie*, suffit à prouver qu'ils ont délibérément cherché à s'inscrire dans le sillage des deux inventeurs du genre.

---

[77]   *La Comédie sans comédie* date de 1657 et *La Comédie de la comédie* de 1661.
[78]   Scène 4. Ce long monologue de cinquante-deux vers fait suite à une scène où on la voit résister vertueusement aux assauts de deux galants.
[79]   Acte I, scène 5 : « Touchant la Comédie, on peut dire, avec vous, / Qu'elle fut autrefois l'Art le plus vil de tous / Et qu'en vos jeunes ans elle était encore pleine / De mille impuretés dignes de votre haine. / (...) La scène est une école où l'on n'enseigne plus / Que l'horreur des forfaits et l'amour des vertus...» A la deuxième scène de *L'Illusion comique*, Corneille faisait déjà dire à Alcandre: «Et ce que votre temps voyait avec mépris / Est aujourd'hui l'amour de tous les bons esprits » (v. 1783-1784).

Parallèlement à ce thème de la moralité des comédiens, court celui de l'utilité sociale de l'art qu'ils pratiquent, et, par là-même, de leur métier. Notons que c'est Baro qui, le premier, en a eu l'idée. Il s'agissait pour lui de justifier le fait que des gens bien nés pussent se donner en spectacle ; aussi est-ce le vénérable Amintor qui prononce l'apologie :

> Autrefois (ces représentations) ont été le divertissement des grands monarques, et les Républiques mêmes en ont usé pour donner quelque horreur du vice et de l'amour pour la vertu ; que si j'en avais le temps, je ferais connaître qu'il n'est rien de plus honnête, de plus plaisant, ni de plus utile...[80]

Gougenot et Scudéry reprendront, chacun à sa façon, cet argument. Le premier y consacrera la fin de sa pièce-cadre : tous les comédiens, sans exception, y rivalisent d'érudition pour prouver que l'art théâtral avait été en honneur chez les Grecs et les Latins qui le considéraient comme une école de vertu.[81] Scudéry énonce les mêmes idées, mais, comme s'il se souvenait de la méthode de Baro, il les expose de manière beaucoup plus concise et en les mettant dans la bouche du respectable Mr de Blandimare[82] :

> la COMEDIE qui a été en vénération dans tous les siècles où les sciences fleurissaient : la COMEDIE, jadis le divertissement des Empereurs, et l'entretien des bons esprits : le Tableau des passions, l'image de la vie humaine, l'Histoire parlante, la Philosophie visible, le fléau du vice et le trône de la vertu.

Corneille, Rotrou, Brosse ont préféré ne garder que le côté « divertissement des monarques », réservant pour les préfaces de leurs oeuvres les aspects purement moraux de l'art théâtral, ou laissant ce travail aux doctes, puisqu'il est vrai que cette question ressortit à l'esthétique du théâtre classique.[83] Mais Quinault, toujours attentif à la tradition, a insisté sur le fait que le théâtre « sait en même temps / instruire la raison et divertir les sens »,[84] y consacrant toute la tirade d'Hauteroche ; et, après cette référence à Gougenot et

[80] *Célinde,* acte III, scène 1.
[81] *La Comédie des comédiens,* acte III, scène 2 ; *éd. cit.,* l. 989-1075, pp. 37-39.
[82] *La Comédie des comédiens,* acte II, scène 1 ; *éd. cit.,* l. 346-351, p. 20.
[83] *L'Illusion comique,* acte V, scène 6, v. 1789-1796, p. 120. *Le Véritable saint Genest,* acte I, scène 5, v. 221-224, p. 951. *Les Songes des hommes éveillés,* acte V, scène 2.
[84] *La Comédie sans comédie,* acte I, scène 5.

206

Scudéry, il a repris l'autre pôle du thème, le délassement des rois,[85] ce qui lui a permis, au passage, d'adresser un compliment direct à Louis XIV, Anne d'Autriche et Mazarin.

Enfin, dernier volet de la réhabilitation des comédiens, la noblesse de leur profession. Gougenot est le seul des auteurs de comédies des comédiens qui n'ait pas fait allusion à ce thème : montrant la manière dont des valets, Guillaume et Turlupin, deviennent comédiens à part entière, il ne pouvait brûler les étapes, d'autant qu'il ne leur a guère fait tenir des discours de gentilshommes.[86] Toutes les conversations des comédiens de Scudéry se font sur le ton de la bonne compagnie, et une seule répartie un peu légère de la Beau Soleil[87] est aussitôt reprise par Belle Ombre, le comédien « bien né » ; il peut donc paraître vraisemblable que l'oncle de celui-ci, Mr de Blandimare, se plaise en compagnie de la troupe au point de vouloir se joindre à elle, en insistant bien sur le côté « glorieux » de la profession. De même, dans *L'Illusion*, Pridamant court s'enrôler dans la troupe de son fils. En outre, Corneille a joué tout au long de la pièce avec les expressions « haute condition », « haut degré d'honneur », « éclat et gloire » , afin de faire croire aux spectateurs que Clindor est *devenu* un grand seigneur ; car, lorsqu'à la fin on apprend qu'il ne faisait que *représenter* le seigneur Théagène, on ne lui dénie pas toutes les magnifiques expressions qui lui avaient été appliquées : Alcandre convainc aisément Pridamant qu'il n'y a pas eu tromperie, puisque le théâtre est devenu l'objet de l'admiration universelle. Mais il s'agit là d'une affirmation d'un faible poids à côté de la démonstration implicite que constitue *L'Illusion comique* tout entière : la pièce reposant sur l'illusion créée par la nouvelle condition de Clindor qui *paraît* grand seigneur *sans l'être*, cette confusion entre l'être et le paraître ne peut que laisser entendre que le comédien ne cesse jamais d'être le grand seigneur qu'il a incarné pendant un court instant.[88]

[85]   *Ibid.* « Est-il honneur plus grand que d'avoir quelquefois / Le bien d'être agréable au plus fameux des rois... »
[86]   Voir notamment le dialogue entre les deux valets, acte II, scène 1 ; *éd. cit.,* pp. 20 sq.
[87]   Acte I, scène 3 ; *éd. cit.,* 1. 66-70, p. 11.
[88]   Gougenot a paru entrevoir la force d'un tel argument : intervenant au milieu de l'apologie à laquelle se livrent tous ses camarades (III, 2) le Capitaine fanfaron fait remarquer que les « grands Capitaines » dont il suit les traces (Scipion l'Africain, notamment) « se tenaient bien honorés d'être quelquefois acteurs ».

Deux autres dramaturges ont joué de la même façon de la confusion être-paraître. Rotrou, dans *Le Véritable saint Genest*, en a exploité toutes les ressources. D'une part cette confusion est clairement désignée comme le fondement de l'art du comédien. Si Genest est un grand acteur, c'est que ses *feintes* lui permettent de *devenir* véritablement les héros qu'il représente.[89] D'autre part, cette admiration de la métempsychose que les comédiens provoquent à leur profit, prend tout son poids lorsqu'on sait que c'est Dioclétien qui la professe : car jusqu'à la conversion de Genest, son comportement est tout à fait celui d'un monarque du XVIIe siècle. Cette double source d'honneur et de noblesse — l'incarnation de grands personnages sur le théâtre et l'amitié des rois et des grands — est un thème qui a été repris, sur le mode comique, par Quinault. La Fleur ayant demandé aux amoureux de ses deux filles « qui ils sont », Hauteroche et La Roque, au lieu de se présenter comme des comédiens, font valoir, l'un, ses illustres amitiés, l'autre, les nobles « actions » qu'il a accomplies.[90]

De tels arguments, auxquels le spectateur du XXe siècle ne peut être sensible, avaient, il y a trois siècles, (et malgré le contexte comique) une réelle valeur auprès d'un public qui demandait avant tout au théâtre de lui procurer « l'illusion comique ».[91]

b) Le plan symbolique : le démiurge

La corrélation démiurge-théâtre dans le théâtre constitue l'un des éléments les plus importants de la thématique de notre procédé, puisque ce personnage — magicien, précepteur ou châtelain — joue un rôle non négligeable dans la création de l'illusion aussi bien que dans le processus de la révélation. Or, quoique les pièces qui le mettent en scène ne ressortissent pas au genre des comédies des comédiens, il ne nous paraît pas surprenant que le thème du démiurge participe aussi à la « reproduction de la scène » : ce personnage concentre sur lui les attributs de l'auteur et du metteur en scène par le pouvoir qu'il

[89] Acte I, scène 5, v. 233-244 ; *éd. cit.*, tome I, p. 951.
[90] *La Comédie sans comédie*, acte I, scène 5. On voit que Quinault s'est appliqué méthodiquement — scolairement, pourrait-on dire — à développer tous les thèmes déjà présents dans les oeuvres de ses prédécesseurs.
[91] La plupart des auteurs ont cependant laissé des indices pour que l'on ne prenne pas au pied de la lettre la noblesse que les acteurs retirent de leurs rôles ; si ceux-ci sortent de leur monde ambigu créé par la confusion être-paraître, c'est la catastrophe : la folie, comme dans le cas du Capitaine de Gougenot, qui poursuit son rôle dans la vie, ou la sainteté pour Genest. Voir *infra*, pp. 274 et 278-280.

exerce sur l'action de la pièce intérieure et sur les personnages. Il apparaît assurément comme la plus haute figure du monde du théâtre qui ait été mise en scène, mais c'est parce qu'il ne se réduit pas simplement à la métaphore d'un auteur dramatique — contrairement à ce qu'on a pu affirmer pour Alcandre[92] — : expression le plus souvent d'une sagesse supérieure, il ne s'intéresse qu'accidentellement au théâtre. Ses prises de position en faveur de l'art dramatique et de ceux qui le pratiquent n'en ont que plus de portée. Ses divers avatars sont, outre Alcandre dans *L'Illusion comique*, l'Enchanteur dans *Le Triomphe des cinq passions*, le Gouverneur dans *L'Art de régner* et Clarimond, le châtelain des *Songes des hommes éveillés*.

Parmi eux, Alcandre peut apparaître comme le personnage le moins susceptible d'être assimilé à un auteur-metteur en scène. Car, avant toute chose, Alcandre est un rôle ; c'est-à-dire qu'il a un comportement fonctionnel et déterminé. Son nom lui-même est un nom de magicien de pastorale.[93] D'autre part les aspects les plus superficiels de son action au premier acte (l'étalage de sa puissance) sont prévisibles pour qui connaît les conventions des pastorales de l'époque. Quant à la « grotte obscure » , dans laquelle se déroule la quasi-totalité de *L'Illusion comique*, elle est le lieu de résidence tout à fait officiel des magiciens, et, dans le théâtre contemporain, l'on ne saurait guère rencontrer de magicien sans grotte. L'évocation d'autres personnages par le biais de la magie n'est pas neuve non plus. Dans *Les Bergeries* de Racan,[94] le rôle du mage Polisthène consistait à faire un long éloge de son art, puis à faire naître dans sa boule magique une vision. Les spectateurs n'en prenaient pas connaissance directement, mais à travers la « lecture » dialoguée qu'en faisaient deux autres personnages.

Or, c'est là que réside la principale différence entre Alcandre et ses collègues : grâce au procédé du théâtre dans le théâtre, l'évocation magique d'autres personnages peut durer au delà d'une scène et peut même devenir le fondement du spectacle tout entier. Du même coup, le magicien devient lui-même le pilier de la pièce, tous les per-

[92] Notamment R.J. Nelson, *Play within a Play,* chap. 4, pp. 47-61. Cf. cependant la mise au point que constitue l'article de M. Fumaroli, « Rhétorique et dramaturgie dans *L'Illusion comique* », *XVIIe siècle,* Nos 80-81, 1968, pp. 107-132.
[93] On trouve un Alcandre dans deux pièces de Rotrou : *La Bague de l'oubli* et *L'Innocente fidélité.*
[94] Acte II, scène 4, *Théâtre du XVIIe siècle,* tome I, pp. 320-323.

sonnages du spectacle intérieur n'existant qu'à travers lui ; Pridamant, loin d'être le lecteur et le traducteur des charmes suscités par
Alcandre,[95] n'en est que le spectateur silencieux et n'a aucun privilège par rapport au public qui voit autant d'événements que lui. Dès
lors, rien ne sépare plus le démiurge du dramaturge ; l'un et l'autre
ont le même pouvoir : créer des personnages et les faire s'animer au
gré de leur fantaisie ou de leurs desseins. Du reste, l'invitation
qu'Alcandre avait faite à la scène 2 du premier acte était transparente :

> Toutefois si votre âme était assez hardie,
> Sous une illusion vous pourriez voir sa vie,
> Et tous ses accidents devant vous exprimés
> Par des spectres pareils à des corps animés :
> Il ne leur manquera ni geste ni parole.[96]

On retrouve à la fin de l'acte IV l'expression de cette double supériorité : du démiurge sur le magicien ordinaire qui ne fait que *lire* le
destin des hommes, du dramaturge sur l'écrivain qui ne peut que
raconter des histoires :

> Je *ne* vous *dirai point* le cours de leurs voyages
> S'ils ont trouvé le calme ou vaincu les orages,
> Ni par quel art non plus ils se sont élevés ;
> Il suffit d'avoir *vu* comme ils se sont sauvés,
> Et que *sans* vous en *faire une histoire* importune,
> Je vous les vais *montrer* en leur haute fortune.[97]

Quant au lieu où s'exerce leur magie respective, la métaphore de
la « grotte obscure » — d'où il ne faut pas sortir sous peine de rompre le charme — est évidente : cette grotte, c'est la salle de théâtre.
On remarquera d'ailleurs qu'Alcandre s'assume en tant que dramaturge, parfait contrepoint du début de la pièce où il était présenté
seulement comme magicien.[98] Et une fois le voile levé, tout s'éclaire
rétrospectivement : non seulement on comprend la profondeur des
moqueries d'Alcandre à l'égard des « novices de l'art » qui n'utilisent que « mots inconnus », « herbes », « parfums », etc.,[99] mais
surtout on comprend la véritable signification de la démonstration
de sa puissance : *il donne un coup de baguette et on tire un rideau*

---

[95] Comme l'étaient Lucidas et Arténice dans *Les Bergeries*.
[96] V. 149-153 ; *éd. cit.*, p. 14.
[97] IV, 10, v. 1333-1338 ; *éd. cit.*, p. 94. Nous soulignons.
[98] La liaison entre les deux facettes du personnage est assurée par l'expression
« grand Mage » (premier et avant-dernier vers de *L'Illusion*).
[99] I, 2, v. 127-132 ; *éd. cit.*, p. 13.

derrière lequel sont en parade les plus beaux habits des Comédiens.
On ne prête jamais assez d'attention à la signification externe de
cette didascalie.[100] Elle indique que Corneille n'a pas voulu sur ce
point laisser libre cours à la fantaisie des metteurs en scène : il n'était
pas question que l'inévitable démonstration de puissance du magicien se traduisît par quelque changement de décor — attendu sans
doute par le public de l'époque. Il fallait indiquer dès l'abord (même
si le public ne le comprend que rétrospectivement) que la puissance
d'Alcandre n'est autre que celle du metteur en scène.

Par ailleurs, cette comédie présente la particularité d'être une
pièce « d'illusion » qui se révèle, une fois le mirage dissipé, réaliste.
C'est ce qui se produit après le vers 1746 : *On tire un rideau et on voit
tous les Comédiens qui partagent leur argent.* L'exécution de cette
didascalie constitue l'une des explications du titre de la pièce : au
monde de l'illusion succède celui de la Comédie. Mais l'important ici
n'est pas tant la vision réaliste, destinée pour une large part à inscrire
L'Illusion dans le sillage des *Comédies des comédiens*, que l'éloge du
théâtre que prononce Alcandre. En effet, il faut distinguer dans
cette apologie deux aspects distincts que la critique a, jusqu'ici, toujours confondus : l'éloge des comédiens et l'apologie de l'art théâtral, qui, il est vrai, se superposent sur le plan de la signification
interne de la scène.[101] Si l'on se place dans la perspective du
démiurge-dramaturge, la considération et la richesse dont jouissent
les comédiens ne sont mises en avant que pour justifier le revirement
de Pridamant à l'égard du métier embrassé par son fils : une fois la
vraisemblance satisfaite, le métier de comédien est oublié au profit
de l'art du dramaturge.[102] Si le début de la tirade peut encore être
interprété comme une apologie du spectacle théâtral tout entier, la
suite ne laisse plus de doute :

> C'est là que le Parnasse étale ses merveilles ;
> Les plus rares esprits lui consacrent leurs veilles,
> Et tous ceux qu'Apollon voit d'un meilleur regard
> De leurs doctes travaux lui donnent quelque part.[103]

Le mérite du dramaturge tient à sa fréquentation des Muses et c'est
grâce à son art que le théâtre contemporain contient tant de merveil-

---

[100]   Ou l'on ne s'intéresse qu'à sa signification interne, pour commenter
l'expression « les plus beaux habits des Comédiens ».
[101]   L'un et l'autre concourent à la conversion de Pridamant.
[102]   Acte V, scène 6, v. 1781 sq. ; *éd. cit.,* p. 120.
[103]   V. 1797-1800.

les ; nous avons vu dans *Le Poète basque* que ce type d'éloge pouvait aisément être retourné contre le Poète, lorsqu'il ne se nomme pas Corneille, en affirmant que son rôle se limite à la versification. En tout cas, à cette époque, nul n'a dû le ressentir exclusivement comme un plaidoyer *pro domo* du dramaturge : tombant en plein dans le combat pour l'honorabilité du théâtre laïc et surtout pour la réhabilitation du métier de comédien, il a dû être interprété comme tel.

Gillet est le second auteur qui a mis en scène la figure du démiurge, s'inspirant vraisemblablement, comme le pense H.C. Lancaster,[104] de l'Alcandre de Corneille, puisqu'aussi bien les structures du *Triomphe des cinq passions* et de *L'Art de régner* sont calquées sur celle de *L'Illusion comique*. Le public devait avoir bien accepté la transformation du rôle traditionnel du magicien en démiurge pour que Gillet se soit cru autorisé à mettre une nouvelle fois ce personnage sur la scène. Remarquons tout d'abord la manière dont l'auteur a campé son personnage : il ne le présente pas comme un Mage, mais comme un *Enchanteur*, auquel d'ailleurs il ne donne pas d'autre nom. Il y a là, selon nous, la volonté de présenter son personnage moins comme un banal jeteur de sorts que comme un créateur de sortilèges et de visions. De fait, en dehors de sa sagesse, son seul pouvoir paraît résider dans l'évocation des fantômes des héros morts. Puis vient la métaphore de l'auteur dramatique. Après avoir fait entrer le jeune Arthémidore dans le « Temple » (la métaphore de la salle de théâtre s'est ennoblie depuis la « grotte » d'Alcandre), il annonce le spectacle de la même manière que l'avait fait Alcandre :

> Je vais te faire voir des images parlantes,
> Et rappeler tes sens par des ombres vivantes.
> ....
> Mais ne l'interromps point, et restant tout à toi,
> Vois, écoute et te tais.[105]

Toute la pièce restant au niveau de la métaphore, l'Enchanteur ne peut se livrer à une apologie du théâtre. Celle-ci n'est qu'implicite, concernant les vertus cathartiques du théâtre puisque chacune des saynètes suscitées par le démiurge est censée guérir le héros de l'une de ses passions.[106]

---

[104] *Op. cit.,* part. II, pp. 399-400.
[105] Acte I, fin de la scène 1.
[106] Voir *infra* le chapitre III (La Révélation).

Le démiurge de *L'Art de régner*, où il ne s'agit plus de guérir, mais d'instruire, a cessé d'appartenir au domaine du merveilleux. Du même coup, il n'y a plus de métaphore : Polidore, le gouverneur du Prince, veut instruire son royal élève ; pour lui inculquer justice, clémence, magnanimité, continence et libéralité, il choisit cinq *exempla* appropriés qu'il fait représenter non plus par les « fantômes » des héros eux-mêmes, mais par de *véritables comédiens* :

> J'ai chez moi de grands hommes,
> Les merveilles de France et du siècle où nous sommes,
> Qui mêlant l'artifice avec le jugement
> Savent avec tant d'art dépeindre un mouvement
> Et ces bouillants désirs qui souvent nous tourmentent
> Qu'on dirait à les voir qu'eux-mêmes les ressentent.[107]

Plus modeste que Corneille, Gillet se contente de faire l'apologie des seuls comédiens, les vertus du metteur en scène devant se dégager d'elles-mêmes à l'issue de la « leçon » : savoir marier le « divertissement »[108] à l'instruction, telle est l'image que Gillet veut que le public se fasse du dramaturge.

Beaucoup plus complexe est la figure du démiurge dans *Les Songes des hommes éveillés* de Brosse, parce qu'elle est multiple : sur tous les divertissements qui se déroulent chez lui, le châtelain Clarimond ne met directement en scène que les deux premiers ; le troisième est organisé et dirigé par sa soeur Clorise, et le dernier, la véritable comédie intérieure, voit sa mise en scène partagée entre Lucidan, l'amant de Clorise, et Clarimond lui-même. R. Horville[109] parle à ce propos de « répartition interchangeable des compétences » tout en insistant sur le fait que l'élaboration de chaque spectacle « est confiée à la responsabilité d'un véritable metteur en scène ». Si l'on prend garde au fait que le seul divertissement dans lequel Clarimond se cantonne au rôle d'acteur est celui qui est mis au point par sa soeur, Clorise, son substitut en quelque sorte, on en concluera qu'il a finalement la haute main sur tous : c'est donc lui qui assume les fonctions de démiurge, son château pouvant être comparé aux grottes et temples des magiciens patentés.

Du démiurge il possède la faculté d'invention, le choix des sujets, la toute-puissance sur les comédiens et la direction d'acteurs :

---

[107]   Acte I, scène 1.
[108]   Fin de la scène 1 : « il ne faut qu'un moment / Pour te faire goûter ce divertissement ».
[109]   R. Horville, « Les niveaux théâtraux dans 'Les Songes des hommes éveillés' de Brosse », *Revue des Sciences Humaines,* XXXVII, No 145, janv.-mars 1972.

CLARIMOND

La pièce est excellente et n'eut jamais d'égale.
Demeurez pour la voir tous deux en cette salle,
Je vais dresser mes gens et les employer tous ;
Vous, ma sœur, suivez-moi, j'aurai besoin de vous.

CLORISE

Jouerai-je un personnage en cette Comédie ?

CLARIMOND

Venez que je l'invente et que je vous le die.[110]

Il s'occupe même d'organiser le local qui sert de plateau, en fonction de ses projets. Là où il suffisait à Alcandre d'un coup de baguette, Clarimond, metteur en scène simplement humain — et, par là-même, métaphore encore plus transparente que le magicien —, met la main à la pâte : une didascalie indique en effet que *Clarimond entre dans la chambre où dort Cléonte, et attache des cordons aux piliers de son lit.* Brosse souligne enfin, dans la même scène, que son pouvoir agit aussi sur le spectateur, inquiet de la trame ourdie devant lui par le démiurge.[111]

Le plus remarquable sans doute est que Brosse paraît considérer qu'une tradition de la démiurgie s'est créée, puisqu'imitant Corneille et Gillet, il fait prononcer par Clarimond un éloge du théâtre juste avant que commence la pièce intérieure du dernier acte ; présentant le spectacle au mélancolique Lisidor, il lui dit :

Ce divertissement a des charmes secrets
Capables d'arrêter le cours de vos regrets ;
Et vous n'ignorez pas qu'à présent le théâtre
Rend de ses raretés tout le monde idolâtre
Qu'ainsi que le plaisant l'honnête fait ses lois
Bref, qu'il est aujourd'hui le spectacle des Rois.

Et Lisidor de renchérir tout aussitôt :

Oui je sais que la Scène est maintenant illustre,
Que de grands spectateurs en rehaussent le lustre,
Je sais qu'elle est un temple où les meilleurs esprits
A la postérité consacrent leurs écrits.[112]

Avant d'accuser Brosse d'avoir pillé Corneille, il faut prendre en compte un facteur très important qui permet d'expliquer les analo-

---

[110] Acte II, scène 2.
[111] Acte II, scène 4 : « Je ne puis concevoir le dessein qu'il projette. / Avant que récréer ce plaisir inquiète. / A force d'intriguer j'ai peur qu'il brouille tout, / Et qu'il ourdisse un fil qui n'aura point de bout. »
[112] Acte V, scène 2.

gies entre les deux éloges. Clarimond se trouve face à Lisidor dans la même situation qu'Alcandre face à Pridamant : l'un et l'autre vont guérir leur patient au moyen d'un spectacle dramatique ; dans les deux cas le patient est la métaphore du spectateur de théâtre, et à travers lui tout le public se profile. Il était aussi indispensable à Brosse qu'à Corneille d'en profiter pour louer les qualités du théâtre, tout en se plaçant sous le patronage du mécène de leur époque, Richelieu pour celui-ci, Mazarin pour celui-là qui vient dix ans après.

Mais plus que la ressemblance formelle, c'est la convergence des significations qui est intéressante. L'apologie de *L'Illusion* nous paraissait ne concerner que superficiellement les acteurs et chercher surtout à mettre en avant le rôle primordial du dramaturge, aboutissement logique de la structure de la pièce qui reposait tout entière sur le personnage du démiurge. Dans la comédie de Brosse dont toutes les ficelles sont aussi tirées par un seul personnage, le rôle des comédiens n'est même pas mentionné dans l'apologie, et Clarimond ne paraît se souvenir d'eux que pour les mettre à l'épreuve :

> J'aperçois les acteurs dessus le point d'entrer,
> S'ils sont Comédiens, ils nous le vont montrer.[113]

Il semble que, chez Brosse comme chez Corneille, cette volonté d'insister sur la primauté du dramaturge en assimilant son rôle à celui d'un véritable démiurge, ait été liée au souci de contrebalancer l'influence des comédies des comédiens qui passaient sous silence le travail de l'auteur dramatique, tout en prenant place à leurs côtés pour la « défense et illustration » de l'art théâtral.

3. *Réflexions esthétiques : l'art du comédien*

Qu'à l'origine de la réhabilitation des comédiens on trouve l'évolution rapide des mentalités due à l'extraordinaire vogue qu'a connue le théâtre auprès des sujets de Louis XIII et de Louis XIV, ne suffit pas à expliquer la gloire exceptionnelle qu'ont connue certains d'entre eux. C'est à leur faculté de créer l'illusion qu'ils la doivent, c'est-à-dire à leurs qualités d'acteur. Scudéry paraît d'ailleurs considérer que la population ne les aurait pas tenus si longtemps à mépris, s'il n'y avait eu tant d'acteurs lamentables dans les troupes qui sil-

---

[113] Acte V, fin de la scène 2.

lonnaient la France dans la première moitié du siècle: Tel est le sens des paroles qu'il prête à Mr de Blandimare, à l'issue du bout d'essai (une églogue récitée par quatre personnages) que les comédiens ont fait devant lui :

> Ha certes il faut avouer, que voilà réciter de bonne grâce : et qu'en vous autres j'ai trouvé ce que je cherchais depuis si longtemps. (...) Je vous fait réparation d'honneur, pour ce que j'ai dit en soupant : encore que ma Satyre[114] ne s'adressât point à la profession, mais seulement à ceux qui s'en acquittent mal.[115]

C'est là un facteur important de la rivalité qui opposait poètes et acteurs, ceux-ci estimant, comme on l'a vu, que tout comédien avait en lui un poète dramatique qui sommeillait, les premiers jugeant qu'à défaut d'acteurs ils pouvaient très bien faire valoir leurs ouvrages au moyen des seules lectures privées. Or Poisson, qui a exposé sur le théâtre tous les attendus de ce faux procès, indique clairement que la solution du problème passe par la conjugaison d'un grand dramaturge et de comédiens excellents, car, fait-il dire à Hauteroche, « nous avons besoin d'eux, ils ont besoin de nous ».[116] Toutefois en comédien qu'il était d'abord, Poisson estime que le théâtre a surtout besoin de *bons* acteurs :

> Et qui fait, s'il vous plaît éclater leurs ouvrages,
> Que ceux qui donnent l'âme à ces grands personnages ?
> Que ne doivent-ils point aux excellents acteurs,
> Que l'on peut bien nommer d'aimables enchanteurs,
> Puisqu'ils charment l'esprit, enchantent les oreilles
> Que dans leur bouche un rien passe pour des merveilles...[117]

Il reste à savoir comment on définissait au XVIIe siècle un « excellent » acteur. Grâce à nos comédies des comédiens nous pouvons nous en faire une idée très précise. Tout d'abord il y a l'idéal : un tel ensemble de qualités que celui qui peut les réunir toutes « est beaucoup (plus) rare que le Phoenix », comme Scudéry le fait dire à Mr de Blandimare. Il ressort en effet de sa longue définition que tout doit être parfait : le corps doit être beau et souple, la voix « claire, nette et forte », l'accent purement français ; l'intelligence assez grande pour comprendre les vers ainsi que la mémoire pour les retenir ; la culture assez vaste pour éviter les contresens ; il faut avoir

---

[114] *Sic.*
[115] *La Comédie des comédiens,* acte II, scène 1 ; *éd. cit.,* l. 340-345, p. 20.
[116] *Le Poète basque,* scène VIII.
[117] *Ibid.*

encore l'intelligence du jeu de scène, et la « hardiesse modeste » dans l'expression ; enfin il faut que le comédien sache peindre toutes les passions sur son visage, « chaque fois qu'il le voudra ».[118] La disposition des arguments — du simple et « naturel » au complexe et appris — indique que Scudéry ne s'est pas si longuement étendu pour la seule satisfaction du goût baroque de l'accumulation : cette tirade n'est pas une « symphonie verbale », mais un véritable traité d'art dramatique. De fait, il a tout dit, et ses successeurs n'auront plus rien à ajouter, chacun se contentant désormais de mettre l'accent sur tel ou tel aspect.

Seul Desfontaines s'est cru obligé de reformuler — en vers — ce petit traité. Ce qui rend ce démarquage absolument dérisoire,[119] c'est qu'après avoir suivi point par point Scudéry, il se permet à la fin une modification qui ôte toute portée à la définition du parfait comédien : après avoir parlé du corps, de la voix, de l'intelligence, de la mémoire, de l'assurance et de l'adresse, il omet l'art de simuler les passions, qu'il remplace par la propreté de l'habillement ![120]

Que Desfontaines ait cru bon d'omettre aussi le thème de la culture de l'acteur, n'est en rien surprenant : à part Gougenot, qui a tenu, à la fin de sa pièce-cadre, à ce que chacun de ses acteurs fasse étalage de son érudition, seul Beys y est revenu à l'occasion de son dialogue entre le comédien et le poète fous[121] ; encore est-ce uniquement dans le but de faire valoir que les comédiens en savent autant que les dramaturges. Inversement, Montfleury a pris un malin plaisir, dans son *Comédien poète*,[122] à faire discuter un poète pédant et un comédien « de bon sens », mais ignorant des théories dramatiques : pendant les tirades érudites du dramaturge, le comédien fait mine de ne rien comprendre et en fait part au public, se bornant à demander si « le sujet est plaisant ». Au demeurant, ce n'est pas un paradoxe, puisque Montfleury se souciait uniquement de rendre le

---

[118]   *La Comédie des comédiens,* acte II, scène 1 ; *éd. cit.,* l. 225-251, p. 16.
[119]   On peut supposer que Desfontaines ne s'est pas inspiré de Scudéry, mais de quelque véritable traité, comme il devait en abonder à l'époque, dans lequel Scudéry lui-même avait pu déjà puiser.
[120]   *L'Illustre comédien ou le Martyre de saint Genest,* acte II, scène 1. Précisons que le fait que Desfontaines soit un auteur religieux n'a rien à voir sur ce point : la différence entre un auteur religieux et un auteur profane réside avant tout dans le choix des sujets et non dans la question de «l'art de la feinte», que les Jésuites, si soucieux de l'impact du spectacle théâtral, n'ont pas vu d'un mauvais oeil.
[121]   *Les Illustres fous,* acte V, scène 2. Cf. *supra,* p. 195.
[122]   Prologue.

dramaturge ridicule, l'ignorance affectée du comédien étant l'un des moyens d'y parvenir.

Par contre, l'omission chez Desfontaines du thème de la fusion du comédien et de son personnage est absolument inexplicable, surtout dans une pièce dont la signification repose sur l'irréversibilité de cette identification, rendue possible par la grâce divine. Car dans un système théâtral fondé sur l'illusion dramatique et la vraisemblance, le jeu du comédien n'existe littéralement pas s'il n'est soutenu par l'art de « la feinte ».[123]

De fait, c'est sur l'aptitude du comédien à feindre les passions que se termine l'exposé de Mr de Blandimare. L'éloge du Gouverneur de Gillet concerne uniquement cet aspect du talent des acteurs qui « savent avec tant d'art dépeindre un mouvement / Et ces bouillants désirs qui souvent nous tourmentent / Qu'on dirait à les voir qu'eux-mêmes les ressentent ».[124] De même l'exclamation de Pridamant, « j'ai pris sa mort pour vraie et ce n'était que feinte »,[125] constitue l'une des leçons de *L'Illusion comique*. Inversement c'est en répétant à Lisidor qu'il assiste à une *feinte* et qu'il ne doit pas troubler le jeu des acteurs que Clarimond parvient à lui faire croire que l'histoire représentée devant lui n'est pas la vérité[126] ; cette démonstration à rebours est d'ailleurs contenue de façon implicite dans toutes les pièces où l'on fait croire à un spectateur qu'il assiste à un « jeu » alors qu'il s'agit d'une action réelle.[127] Toutefois, aucune des pièces que nous venons de citer ne développe exclusivement ce thème. Seuls Rotrou et Molière ont jugé bon de s'y attarder longuement, l'un pour rendre vraisemblable l'identification absolue de son héros avec le personnage qu'il jouait, l'autre pour défendre sa propre conception du jeu, attaquée par ses rivaux.

Les passages abondent dans les premiers actes du *Véritable saint Genest* où l'on laisse entendre que l'art du comédien repose exclusivement sur son aptitude à « feindre ». Le long éloge que Dioclétian adresse au héros ne concerne que son exceptionnel pouvoir de métamorphose.[128] Plus significative encore est la manière dont est choisie

---

[123] Or, tout au long de la pièce intérieure, les spectateurs ne cessent de s'extasier sur l'art avec lequel Genest « feint » (voir *infra,* pp. 255-257).
[124] *L'Art de régner,* acte I, scène 1.
[125] Acte V, scène 6, v. 1777 ; *éd. cit.,* p. 120.
[126] *Les Songes des hommes éveillés,* acte V, scènes 3 et 5.
[127] *Le Pédant joué, Le Malade imaginaire, L'Amour fantasque ou le juge de soi-même.*
[128] Acte I, scène 5, v. 233-244 ; *éd. cit.,* tome I, p. 951.

la pièce que Genest va représenter. Alors même que la conversation touchait aux sujets que mettaient en scène les meilleures pièces du moment, la fille de Dioclétian fixe son choix en fonction non pas du sujet, mais de l'art avec lequel Genest passe pour imiter un chrétien conduit au martyre :

> Mais on vante surtout l'inimitable adresse
> Dont tu feins d'un chrétien le zèle et l'allégresse,
> Quand, le voyant marcher du baptême au trépas,
> Il semble que les feux soient des fleurs sous tes pas.[129]

Et dans sa réponse, Genest se vante de pouvoir « figurer » la mort d'Adrian « avec un art extrême / Et si peu différent de la vérité même » que le bourreau lui-même, Maximin, « doutera si (il) verra l'effet même ou bien la comédie ». Tout au long de la pièce intérieure, les spectateurs admireront uniquement cet aspect du jeu de Genest.[130] Et même lorsque l'acteur, devenant vraiment chrétien, se mettra à improviser, ils imputeront le trouble de ses compagnons à « l'art extrême » de leur chef :

> DIOCLETIAN
>
> Voyez avec quel art Genest sait aujourd'hui
> Passer de la figure aux sentiments d'autrui.
>
> VALERIE
>
> Pour tromper l'auditeur, abuser l'acteur même,
> De son métier, sans doute, est l'adresse suprême.[131]

Ces vers visent certes à montrer le décalage qui s'instaure entre Genest et les autres personnages (comédiens et spectateurs), qui ne voient pas qu'il est précisément en train de quitter le monde de la feinte pour accéder à celui de l'authenticité ; mais ils nous indiquent clairement que l'ambiguïté de la pièce repose tout entière sur le pouvoir d'imitation et de métamorphose que Rotrou requiert de tout bon comédien. Enfin, si l'on examine le fragment manuscrit qui devrait s'insérer à la fin de la scène 3 du deuxième acte,[132] c'est-à-dire en plein coeur de la répétition, on constate que Rotrou voulait encore développer ce thème : on y voit Genest donner des conseils à sa partenaire qui éprouve des difficultés à « feindre à (son) gré cette

---

[129] *Ibid.*, v. 293-296 ; *éd. cit.*, tome I, p. 953.
[130] Acte II, scène 9, v. 667-668 ; acte IV, scène 1, v. 1033-1034.
[131] Acte IV, scène 5, v. 1261-1264 ; *éd. cit.*, p. 987.
[132] Ce passage, dont J. Schérer a démontré l'authenticité (notamment à la fin de la notice introductive, p. 1334), devait suivre le vers 371.

amour surhumaine »,[133] puis, celle-ci une fois rassurée, recommander à deux autres comédiens « d'être vrais ».

Etre vrai est donc, en définitive, l'unique souci des comédiens au XVIIe siècle ; ce qui n'a rien de surprenant puisque, comme le remarque J. Rousset,[134] un comédien n'a de talent que s'il est capable « de se quitter pour devenir un autre ». Or, il n'y a pas qu'un seul moyen d'être vrai, comme on le voit dans *L'Impromptu de Versailles* qui, dans la première scène, se fait l'écho de la « querelle du naturel ». Dans l'introduction de son édition de *La Comédie des comédiens* de Scudéry, J. Crow s'étonne de ce que l'églogue que les comédiens récitent devant Mr de Blandimare ait pu permettre aux acteurs « de se montrer à l'avantage dans des sentiments et un langage aussi artificiels ».[135] Selon nous, il n'y a là, au contraire, rien d'étonnant : le jeu des acteurs étant lui-même artificiel, n'importe quel fragment pouvait faire l'affaire. Car ce que les contemporains admiraient et trouvaient « vrai » était le jeu emphatique. Aussi Molière a-t-il trouvé légitime de railler ceux qui l'accusaient d'être un mauvais acteur tragique. D'où le projet de comédie de comédiens qu'il expose à ses camarades au début de *L'Impromptu* : il s'efforce de rendre ridicule le jeu emphatique des comédiens de l'Hôtel de Bourgogne, qu'il imite, tout en justifiant son propre art de la feinte.

Plus loin, quand la répétition intérieure a commencé, les interruptions de Molière sont très instructives : loin de reprendre ses camarades sur leur texte (alors même qu'ils sont censés, pour l'essentiel, improviser, rappelons-le), il les critique sur leur manière de s'identifier à leur personnage. Une première fois, il arrête La Grange qui n'a pas pris comme il convient le ton d'un marquis[136] ; un peu plus loin, c'est à Brécourt, dans le rôle d'un chevalier, qu'il s'en prend :

> Bon. Voilà l'autre qui prend le ton d'un marquis ! Vous ai-je pas dit que vous faites un rôle où l'on doit parler naturellement ?[137]

Dernier point sur lequel nous renseignent un certain nombre de pièces de notre *corpus*, et qu'avait négligé Scudéry : l'art de l'improvisation. Sa nécessité apparaît dans les deux *saint Genest*,

[133] Marcelle veut parler de l'amour des chrétiens pour leur Dieu.
[134] *L'intérieur et l'extérieur,* p. 156.
[135] Introduction, pp. XIV-XV.
[136] Scène III, p. 685.
[137] Scène IV, p. 687.

dans *L'Impromptu*, dans *Le Baron de la Crasse*, dans *Le Poète basque*, et surtout dans *Les Songes des hommes éveillés*.

A l'exception d'une partie du spectacle final, tous les divertissements contenus dans les quatre derniers actes de cette pièce sont improvisés par des acteurs, qui sont eux-mêmes des acteurs improvisés. Or, chacune de ces trois « comédies » s'organise autour d'un personnage qui ne sait pas qu'il joue, ce qui oblige les acteurs qui l'entourent à adapter constamment leur jeu à ses réactions souvent imprévisibles.[138] L'improvisation à laquelle se livrent les acteurs de ces divertissements répond d'ailleurs à celle qui a présidé à leur élaboration puisqu'on les jouait aussitôt que le démiurge les avait inventés.[139] Tout nous indique que Brosse a mis sur le théâtre une forme de divertissement très goûtée de son temps, le spectacle improvisé, jeu auquel les comédiens, soit dans les châteaux de leurs hôtes, soit sur leurs théâtres, paraissent avoir été souvent conviés.

En tout cas, les auteurs insistent sur le fait qu'un bon comédien doit savoir improviser, ne serait-ce que sa harangue :

> LE BARON DE LA CRASSE
>
> Il (le compliment) est étudié, mais il est fort bien dit.
>
> LE COMEDIEN
>
> Etudié, Monsieur ! Je serais bien stérile !
> Pour haranguer, ma foi, l'étude est inutile.
> Je harangue et je prose assez facilement :
> Je n'ai jamais rêvé pour faire un compliment,
> Et si j'ai harangué tous les plus grands de France.[140]

Evidemment, il s'agit d'une scène comique, le comédien venant de faire la preuve, en répétant trois fois, mot pour mot, le début de son compliment (il ignorait lequel des trois personnages en présence était son hôte), qu'il n'en connaissait qu'un. Mais la harangue improvisée — et burlesque — que Poisson lui fait prononcer un peu plus loin,[141] confirme ses paroles, indiquant par là-même que l'auteur n'avait pas voulu rendre le comédien ridicule et qu'il recherchait seulement le

---

[138]   Actes II, III et IV. Notons que les jeunes gens qui vont improviser autour du paysan saoul qu'on a revêtu des habits du maître de maison, sont qualifiés par Clarimond d'« acteurs » (acte III, scène 1).

[139]   Rappelons la réplique de Clarimond à sa soeur Clorise qui lui demandait si elle allait « jouer un personnage » dans la « comédie » du deuxième acte : « Venez que je l'invente et que je vous le die. »

[140]   *Le Baron de la Crasse*, scène V.

[141]   *Ibid.*

comique de situation. Rappelons d'autre part que les acteurs de *L'Impromptu* sont censés improviser une grande partie de la répétition.

Si dans *Le Véritable saint Genest* comédiens et spectateurs mettent longtemps à comprendre que le héros ne joue plus, mais, devenu lui-même chrétien, parle en son propre nom, c'est qu'ils croient qu'il improvise pour suppléer à un trou de mémoire :

> MARCELLE
> Ma réplique a manqué ; ces vers sont ajoutés.
>
> LENTULE
> Il les fait sur le champ, et, sans suivre l'histoire,
> Croit couvrir en rentrant son défaut de mémoire.[142]

Et, plus loin, le même Lentule :

> Quoiqu'il manque au sujet, jamais il ne hésite.[143]

Ainsi, le fait que les deux scènes les plus importantes de la pièce reposent sur la prétendue confiance des spectateurs dans le pouvoir — illimité — d'improvisation de tout bon acteur, nous paraît être le meilleur indice du point de vue de Rotrou sur l'art du comédien. Mais c'est encore dans la pièce de Desfontaines que les qualités requises chez les acteurs apparaissent de la manière la plus éclatante, *toute* la pièce intérieure devant être improvisée. En quelques minutes, en effet, Genest expose à ses compagnons la trame de la représentation qu'ils vont donner devant l'empereur, qui n'est autre que sa propre histoire.[144] On voit qu'ici, à la différence de la pièce de Rotrou, l'éclairage est mis non sur l'acteur principal — Genest se contentant de jouer ce qu'il a vécu —, mais sur le reste de la troupe qui, elle, improvise véritablement. Autrement dit, une troupe qui se respecte ne doit comprendre que de bons acteurs. Ce qui était déjà l'opinion de Mr de Blandimare dans *La Comédie* de Scudéry.

Dès lors on peut se demander pourquoi celui-ci a omis d'exiger des comédiens cette qualité jugée primordiale par les autres. Pensait-il que la faculté d'improviser allait de soi chez un acteur qui était à la fois intelligent, cultivé et habile à feindre ? ou au contraire qu'elle n'était pas indispensable puisqu'un bon comédien doit avoir la mémoire rapide et profonde ? ou enfin, et nous pencherons pour

---

[142] Acte IV, scène 5, v. 1258-1260 ; *éd. cit.,* tome I, p. 986.
[143] Acte IV, scène 7, v. 1315, p. 689.
[144] *L'Illustre comédien ou Le Martyre de saint Genest*, acte I, scène 4.

cette dernière hypothèse, qu'elle n'était pas une qualité « noble » puisqu'elle constituait le fondement de l'art des comédiens italiens ? De fait, si l'on prend garde, la tirade de Mr de Blandimare est un traité « anti-commedia dell'arte », destiné à l'érection d'un art proprement français. Ce que vient confirmer la première scène de *La Comédie de la comédie* de Dorimond — qui, on l'a constaté, a fréquemment démarqué la pièce de Scudéry — où l'on voit deux « Bourgeois » faire l'éloge du Théâtre français aux dépens de l'italien.

4. *Conclusion : métathéâtre et métalangage*

La perspective dans laquelle s'inscrivaient les comédies des comédiens, au début surtout, résultait d'une volonté d'ériger un discours positif sur le théâtre. Publier les vertus du théâtre, les mérites des comédiens, les difficultés de leur métier et les exigences de la profession d'acteur paraît avoir été le principal objectif des auteurs, du moins au niveau de la pièce-cadre. On s'attendrait donc à ce que, accompagnant le théâtre dans le théâtre, le discours *sur* le théâtre soit lié à un discours *du* théâtre. Parler du théâtre, en effet, est ordinairement générateur d'un langage technique qui a pour référent non plus l'univers du théâtre mais le langage du théâtre. Commentaire de la mise en scène, de tel ou tel aspect de l'interprétation d'un acteur, commentaire de la composition de la pièce, de tel ou tel problème ressortissant à la dramaturgie, et enfin de l'écriture théâtrale elle-même, le champ d'application du discours métalinguistique concernant le théâtre est suffisamment vaste pour que ce type de discours soit susceptible d'apparaître partout.

De fait, le métalangage fait son apparition dès le prologue de *La Comédie des comédiens* de Scudéry où Montdory reproche à ses compagnons de prétendre représenter en une heure et demie une histoire qui s'étend sur vingt-quatre heures, et d'« appeler cela suivre les règles ».[145] Courte apparition, à vrai dire, mais qui, dans un prologue burlesque, n'en laisse pas moins augurer d'une forte utilisation par la suite. Or, une analyse serrée du texte de la pièce-cadre nous révèle qu'en fait le métalangage se réduit presque à cela. On ne rencontre qu'une seule autre occurence, à la fin de la pièce-cadre lors-

---

[145] Prologue ; *éd. cit.*, p. 8, l. 25-28.

que les comédiens proposent la pastorale qu'ils représenteront le lendemain : « c'est un Poème à l'Espagnole, de trois actes ; mis par (Scudéry) dans la règle des vingt-quatre heures ».[146] Quant au commentaire qui suit le bout d'essai présenté par les comédiens à Monsieur de Blandimare, il se limite à un « que voilà réciter de bonne grâce », exclamation qui n'a pas un caractère particulièrement métalinguistique.

D'aucuns, cependant, peuvent trouver un langage technique d'une relative abondance dans les comédies des comédiens, mais il concerne en fait le comédien, l'art théâtral et d'autres questions que nous avons étudiées précédemment. Dans tous les cas le référent de ce discours est non pas le discours théâtral lui-même, mais le monde du théâtre. Dans la pièce de Scudéry, il faut attendre le dialogue entre le Prologue et l'Argument au début de la pièce intérieure pour assister véritablement à la manifestation d'un processus d'autoréflexion[147] ; encore ce processus s'effectue-t-il sous la forme d'allégories, discutant de leurs mérites et défauts respectifs, et, qui plus est, en dehors de la pièce-cadre, mieux apte, aurait-on pu penser, à accueillir une discussion sur le fonctionnement d'une pièce de théâtre.

Par ailleurs, on ne trouve aucun commentaire critique sur le texte de quelque pièce que ce soit, à moins de se tourner vers une oeuvre qui est extérieure à notre *corpus*. Seule, en effet, *La Critique de L'Ecole des femmes* présente une telle pratique métalinguistique, comme, du reste, le signale son titre.[148] Or cette pièce est le résultat d'une pression extérieure à l'inspiration habituelle de Molière : la bataille de *L'Ecole des femmes* rendait nécessaire un discours critique autoréflexif. Et le silence métalinguistique, si l'on peut dire, des autres auteurs de comédies des comédiens, est largement expliqué par Molière lui-même dans sa *Critique* : à cette époque, il n'était pas de bon ton, hormis dans le petit monde des pédants, de se livrer à une véritable analyse critique de l'écriture théâtrale.[149]

---

[146]   Acte II, scène 2 ; *éd. cit.,* p. 21, l. 366-367.

[147]   Malgré le ton burlesque de l'ensemble de la scène, le caractère sérieux de cette discussion théorique sur deux techniques surannées de l'expression théâtrale ne doit pas nous échapper (*éd. cit.,* pp. 26-27, l. 404-462).

[148]   Nous pensons au fameux commentaire du « le » (scène III ; *éd. cit.,* tome I, pp. 649-650) et au jeu sur « tarte à la crème » où c'est par son absence que le discours métalinguistique doit démontrer l'inanité des arguments des adversaires de Molière (scène VI, pp. 659-660).

[149]   Cf. les paroles d'Uranie (scène VI, p. 663) : « Pour moi, quand je vois une

Le processus métalinguistique n'apparaît en fait qu'à l'occasion de discussions sur le rapport entre le jeu de l'acteur et ce qu'exige son rôle dans la pièce intérieure. Si Rotrou l'esquive en détournant par deux fois la discussion qui s'amorçait sur la façon dont l'actrice Marcelle devait jouer son rôle et sur la manière dont elle devait se présenter en scène,[150] Molière s'y attarde un peu plus dans *L'Impromptu*, en faisant critiquer par son propre personnage le ton de voix qu'il prête à La Grange et Brécourt,[151] ainsi que dans le célèbre passage où il imite le jeu des acteurs de l'Hôtel de Bourgogne en récitant et commentant des vers de Corneille.[152] A vrai dire, même dans cette scène, le processus est à peine développé et il n'apparaît guère que dans la réponse du comédien au poète,[153] car celui-ci critique le jeu naturel des acteurs dans son ensemble et non en rapport avec tel ou tel fragment dramatique.

On peut s'étonner que le métalangage accompagne si rarement une technique dramatique qui, en faisant du théâtre l'objet du théâtre, aurait dû logiquement entraîner le langage à prendre pour objet le discours dramatique. Cette quasi-absence de lien entre le méta-théâtre et le métalangage nous paraît révélatrice de i'opinion que les contemporains se faisaient du théâtre. Le théâtre, à cette époque, c'est un phénomène de société, et on en discute en tant que tel ; c'est aussi l'art du comédien, et c'est lui qu'on met en question. Le discours dramatique, quant à lui, ne doit pas fournir matière à discussion : la pièce réussit, ou elle tombe, sans que l'honnête homme se préoccupe de savoir pourquoi. Seul le sujet est jugé, ainsi que l'histoire. Le reste est affaire de doctes et de pédants, dont les idées et les disputes remplissent les traités et les libelles.

Tout soucieux que fussent certains de nos dramaturges de reproduire le théâtre, ils étaient avant tout préoccupés par la réussite de leur pièce. Dès lors, il n'était pas question pour eux de composer le moindre discours d'escorte pour leur spectacle enchâssé, ce qui

comédie, je regarde seulement si les choses me touchent ; et lorsque je m'y suis bien divertie, je ne vais point demander si j'ai tort, et si les règles d'Aristote me défendaient de rire. »

[150] Dans le fragment manuscrit qui devait s'insérer au milieu de la scène 3 de l'acte II du *Véritable saint Genest* (Notes pp. 1338-1341).

[151] Scènes III et IV ; *éd. cit.,* tome I, pp. 685 et 687.

[152] Scène I, pp. 679-681.

[153] *Ibid.,* p. 680 : « il me semble qu'un roi qui s'entretient tout seul avec son capitaine des gardes parle un peu plus humainement, et ne prend guère ce ton de démoniaque. »

aurait brisé l'effet de dénégation et ennuyé des spectateurs qui d'une part se moquaient des préoccupations des intellectuels, et d'autre part attendaient du spectacle enchâssé qu'il fût un véritable divertissement.

CHAPITRE II

L'Illusion

Quoique les auteurs de comédies de comédiens n'aient manifestement pas cherché à être exhaustifs dans leur reproduction du monde du théâtre, leur entreprise peut être considérée, sans exagération ni anachronisme, comme une approche réaliste du monde. Or, à l'époque baroque, la reproduction est saisie comme la fonction la moins importante du « théâtre-miroir » : son pouvoir réfléchissant reste tributaire d'une éthique, devenue une esthétique, résumée dans la fameuse formule, « le monde est un théâtre » — et dans son corollaire, « la vie est un songe ». Car le théâtre peut bien contenir le monde : si ce monde n'est qu'apparence, la reproduction du réel n'est plus que la reproduction du possible. De même, si la vie est un songe, le théâtre ne peut reproduire que de l'illusion. Aussi le pouvoir réfléchissant du théâtre-miroir est-il compris d'abord comme pouvoir déformant.

Pourtant le moment où nous sommes le plus éloignés du réel est aussi celui où nous nous en rapprochons le plus. On touche là, en effet, à un autre problème philosophique, lié depuis l'antiquité à l'expérience théâtrale : le paradoxe du théâtre, c'est qu'il signale le vrai tout en le trahissant. Et c'est par l'expérience de la *catharsis* que nous sommes ramenés au vrai : d'abord l'illusion, puis la rupture de l'illusion ; la folie, suivie du réveil de la folie. La « révélation » que peut apporter le théâtre-miroir passe donc automatiquement par le détour de l'illusion. Ainsi la thématique de l'illusion apparaît comme un médiateur entre l'apparence du réel et le monde de l'authenticité. Pour savoir si l'apparence est trompeuse ou non, pour découvrir le vrai, il faut se laisser prendre au jeu des illusions.[1]

Le processus de la création de l'illusion dans les pièces que nous

---

[1] Sur tout cela, voir A. Michel, « Le théâtre et l'apparence : d'Euripide à Calderon », *Revue des Sciences Humaines,* XXXVII, No 145, janv.-nars 1972, pp. 10-11.

étudions trouve sa source dans les principes même de la dramaturgie de l'époque. En vertu du ressort fondamental de celle-ci, « l'effet d'illusion », et de la loi esthétique de la vraisemblance qui en découle, tout personnage, toute situation revêtent aux yeux des spectateurs les attributs d'une personne, d'une situation réelles. Faire hésiter le spectateur entre sa réalité et celle que le spectacle lui propose, c'est ce que J. Morel a appelé à propos du théâtre de Rotrou, la dramaturgie de l'ambiguïté.

Or, il s'agit là, selon nous, d'une ambiguïté au premier degré. Car la structure du théâtre dans le théâtre apporte une dimension supplémentaire en permettant de dédoubler l'ambiguïté : le spectateur hésite entre sa réalité, la fiction de la pièce-cadre, dont la vraisemblance se voit renforcée par la fiction de la pièce intérieure, et cette même fiction qui, dans les meilleurs des cas, cherche à donner, elle-aussi, l'illusion du réel. En outre, la médiation du spectateur intérieur, symbole du dédoublement, qui peut, à son tour, hésiter entre sa réalité (théâtrale) et celle que lui présente le spectacle en train de se dérouler sous ses yeux, renforce le caractère déréalisant de l'ensemble. D'autre part, dans les cas où la dramaturgie de l'ambiguïté n'est pas à l'oeuvre en raison du climat d'invraisemblance dans lequel baigne le spectacle (pastorale ou comédie burlesque), l'illusion naît du seul effet de dédoublement. Il peut y avoir dédoublement de l'action — qui se manifeste à travers la figure de la réduplication — ou dédoublement des personnages, l'illusion s'exprimant dans l'un et l'autre cas par le balancement entre le niveau de la pièce-cadre et celui de la pièce intérieure.

A côté de cette dramaturgie du dédoublement, la thématique de l'illusion peut se traduire par la mise en scène pure et simple de la folie ou du rêve à l'intérieur de la seule pièce enchâssée. Montrer des personnage en proie à la folie et qui ne laissent pas cependant d'avoir des instants d'une extrême lucidité produit chez les spectateurs un sentiment d'incertitude sur leur propre raison ; de même, mettre des héros en situation de ne plus savoir s'ils rêvent ou s'ils sont éveillés renforce chez le public l'impression que la vie est un songe. Cette théâtralisation de l'illusion, seconde forme d'expression de la thématique, rejoint la dramaturgie de l'ambiguïté : l'une et l'autre constituent des prolégomènes à la révélation d'une vérité.

I. LA DRAMATURGIE DU DÉDOUBLEMENT

Et je commence enfin, non sans quelque raison,
A douter qui je suis, d'où, de quelle maison :
Car pour quel intérêt voudrait m'ôter mon être
Ce Sosie inconnu qui me fait méconnaître ?
....
Mais quoi ! qui suis-je donc ? Ah ! cette ressemblance,
Tient à tort si longtemps mon esprit en balance...[2]

Cet extrait des *Sosies* de Rotrou pourrait servir d'épigraphe à l'ensemble de notre étude : son personnage principal, en effet, fait figure de symbole du dédoublement et de l'illusion qu'il engendre. Ses interrogations recouvrent l'essentiel de la thématique de l'illusion : la *ressemblance* qui suscite le *balancement de l'esprit* entre la réalité et le rêve, et le *doute* qui fait hésiter le personnage entre lui-même et lui-même. La structure du théâtre dans le théâtre, c'est en quelque sorte le thème du sosie dramatisé. Le personnage hésite non plus entre lui-même et lui-même, mais entre lui-même et son masque théâtral, à moins que ce ne soit le spectateur qui hésite entre le comédien et son personnage. Ou bien, quand la ressemblance affecte les deux niveaux de représentation de la pièce, le doute concerne l'action tout entière, l'illusion touchant à son comble quand les deux effets de miroir se conjuguent, quand on ne sait plus qui est qui, ni qui fait quoi.

1. *Le dédoublement de l'action*

Le processus de la mise en abyme permet de jouer de plusieurs manières différentes du rapport entre action dramatique enchâssante et action dramatique enchâssée. On peut dégager trois combinaisons. Tantôt les ressemblances entre les deux niveaux de représentation servent à voiler ce qui se passe « réellement » sur le plan de l'action principale : par exemple, dans la petite comédie incluse dans *Le Pédant joué*, le héros croit marier son fils fictivement avant que le mariage se révèle effectif. Tantôt, à l'inverse, elles font passer pour « réels » des faits qui sont en vérité *joués* par les comédiens de la pièce intérieure, comme à la fin de *L'Illusion comique* où le spectateur, ignorant la nouvelle profession du héros, prend sa mort pour vraie. On rencontre enfin la synthèse des deux précédentes combinai-

[2] Rotrou, *Les Sosies*, acte V, scène 1.

sons : l'action abymée peut rejoindre le niveau de la réalité, avant que cette réalité se révèle être une pure illusion. Ainsi dans *Célinde*, le personnage que l'on avait vu assassiné réellement au cours du spectacle intérieur se révèle bien vivant à la fin de la pièce.

a) De la « feinte » à la réalité

Deux dramaturges ont introduit dans leur spectacle un fragment dramatique par l'intermédiaire duquel des personnages mènent à bien un projet, sans que leurs adversaires, ignorant les rapports entre la représentation et la réalité, puissent s'y opposer. Dans *Le Pédant joué* de Cyrano de Bergerac, comme dans *Le Malade imaginaire* de Molière, la nécessité d'abuser un personnage est, en effet, à la source de la représentation intérieure : deux amants, gênés dans leurs amours par les projets de leurs parents, représentent devant le père de l'un d'entre eux — et à la demande même de celui-ci — une histoire que les spectateurs intérieurs prennent pour une fiction alors qu'il s'agit de leur propre histoire. Mais les deux spectacles n'ont pas la même portée : ce qui chez Molière n'est que la théâtralisation d'une situation classique, le duo amoureux, sans véritable influence sur le cours de l'action, permet à Cyrano de dénouer sa pièce. Simple parenthèse pour satisfaire le goût de l'illusion des spectateurs dans le premier cas ; constituant de l'action, dans le second, où l'illusion, loin d'être un jeu gratuit, possède une dynamique propre.

Dans *Le Malade imaginaire*, Argan ne se doute pas des liens affectifs qui unissent Cléante et Angélique quand il leur demande de chanter devant lui. Granger, au contraire n'ignore rien des tentatives de son fils pour épouser Genevote, qu'il convoite lui-même. Aussi l'illusion dont est victime le Pédant, dès l'exposé de l'intrigue, est-elle à la fois plus profonde et plus artificielle : plus artificielle parce qu'elle suppose un degré d'aveuglement fort peu vraisemblable, et plus profonde parce que la frontière entre l'histoire jouée et l'histoire vécue est encore plus mince que dans *Le Malade imaginaire*, et que, étant à la fois assistant et participant dans la comédie que l'on représente devant lui, il est spectateur et acteur de sa propre illusion.

Quant à l'« opéra impromptu » du *Malade imaginaire*, s'il est vrai que Molière a surtout cherché à théâtraliser l'inévitable duo amoureux de toute comédie sans faire sortir Argan de scène, cette théâtralisation lui a permis d'obtenir un effet supplémentaire : donner à son public le plaisir de voir Argan berné.

Berné il l'a été une première fois lorsqu'il a accepté Cléante comme nouveau maître de musique de sa fille et qu'il les a mis en présence l'un de l'autre. Mais il n'y a là rien que de très banal dans le théâtre comique de l'époque et dans celui de Molière lui-même : de *L'Amour médecin* au *Bourgeois gentilhomme*, en passant par *Le Sicilien* et *L'Avare*, l'amoureux s'introduit auprès de sa belle en se déguisant pour tromper la vigilance du père de celle-ci, l'illusion se poursuivant en général jusqu'au mariage des deux amants. Le même schéma est repris dans *Le Malade imaginaire*, mais Molière a revitalisé le cliché en théâtralisant l'illusion. Car cette théâtralisation a une double conséquence : non seulement elle a fait d'Argan le *spectateur* de sa propre illusion, mais encore, en conférant le même statut de spectateurs aux autres personnages de la scène, elle les plonge dans le même piège — à l'exception de Toinette, complice des amoureux. Si l'on songe que les deux autres dupes du spectacle étaient venues pour demander la main d'Angélique, l'ironie de la situation prend un relief supplémentaire.

Assurément, le plus grand plaisir que peut retirer le public véritable de cette scène n'est pas tant de voir Argan berné — c'est sa fonction dramatique — que de suivre la manière dont il l'est. De fait, la mise en oeuvre du processus de l'illusion est tout à fait remarquable. Il suffit de lire comment Cléante présente son « impromptu » pour s'en persuader :

> C'est proprement ici un petit opéra impromptu, et vous n'allez entendre chanter que de la prose cadencée, ou des manières de vers libres, tels que la passion et la nécessité peuvent faire trouver à deux personnes qui disent les choses d'eux-mêmes, et parlent sur le champ.[3]

Pour qui connaît la situation amoureuse des deux protagonistes, l'ambiguïté de cette représentation est particulièrement évidente : les deux amants vont improviser une chanson à partir des sentiments qu'ils ressentent sur le moment même ; en d'autres termes, ils vont chanter la *vérité* même.

Mais cette vérité, par les vertus de l'illusion dramatique, devient *fiction* aux yeux des spectateurs intérieurs : il suffit que Cléante présente l'histoire de son amour comme celui d'un Berger et d'une Bergère pour que personne ne doute du caractère non réel du récit, et,

---

[3]   Acte II, scène 5 ; *éd. cit.*, vol. II, pp. 1135-1136.

partant, de l'« opéra ».[4] Ainsi, par le simple détour de l'illusion dramatique, la vérité devient non réalité, illusion dans laquelle tombe tout spectateur non averti. Quand le duo chanté a commencé et que les paroles décrivent non plus l'histoire passée, mais la situation présente des deux amoureux, les répliques paraissent si criantes de vérité qu'elles passeraient pour la vérité même, si Molière n'avait fait réaffirmer par Argan lui-même son aveuglement :

> Ouais ! je ne croyais pas que ma fille fût si habile que de chanter ainsi à livre ouvert, sans hésiter.[5]

Toutefois, le spectateur ne peut manquer de remarquer le caractère *ambigu* de cette réflexion : l'expression de l'aveuglement d'Argan procède précisément de son étonnement devant l'habileté de sa fille à s'exprimer aussi spontanément.

L'ambiguïté atteint son comble à la fin de « l'opéra » quand Argan se refuse à écouter plus longtemps une « comédie » qu'il juge « de fort mauvais exemple » : il est révolté que deux amants puissent chanter leur amour en présence du père de la jeune fille, sans provoquer de réaction de la part de celui-ci. Situation complexe que l'on peut schématiser de la façon suivante : Cléante et Angélique jouent le rôle d'un berger et d'une bergère qui chantent devant le père de celle-ci ; officiellement, le rôle du père n'est tenu par personne, sa présence n'est que supposée; en fait, dans la mesure où cette histoire de bergers n'existe pas, et où Cléante et Angélique représentent la vérité même, c'est Argan lui-même, père *réellement* dupé, qui joue le rôle du père dupé dans l'histoire supposée. Sa révolte est donc celle que, selon lui, devrait avoir le père de la bergère ; mais comme c'est lui, Argan, qui tient sa place, il se révolte contre l'aveuglement de son double, c'est-à-dire contre son propre aveuglement.

Puissance de l'illusion dramatique qui empêche le spectateur de briser le « mur » qui le sépare de l'action représentée : Argan réagit de façon logique à une situation donnée ; mais comme, dès le départ, on l'a placé dans la position d'un spectateur de théâtre, sa réaction ne peut dépasser celle d'un spectateur ordinaire : exprimer son

---

[4]   « Lorsqu'on a des personnes à faire parler en musique, il faut bien que, pour la vraisemblance, on donne dans la bergerie » (*Le Bourgeois gentilhomme*, acte I, scène 2, *éd. cit.,* tome II, p. 717).
[5]   *Ibid.,* p. 1137.

mécontentement devant le contenu de la pièce et interrompre la représentation.[6]

Dans *Le Pédant joué*, l'ambiguïté qui préside au déroulement de la pièce intérieure est mise en place dès la présentation de l'argument. Le valet Corbineli explique à Granger qu'il ne peut lui exposer point par point le déroulement de la pièce — dans laquelle le Pédant pourtant tient un rôle — parce que, le sachant, il se priverait du plaisir ordinaire du spectateur qui consiste à « être surpris ».[7] Ainsi Corbineli prétexte la nécessité de sauvegarder le processus « illusion-rupture de l'illusion » afin que Granger soit, en fait, victime de l'illusion véritable. Le caractère ambigu de sa justification est dès lors particulièrement manifeste :

> En vérité, je vous jure que, lorsque vous verrez tantôt la péripétie d'une intrigue si bien démêlée, vous confesserez vous-même que nous aurions été des idiots, si nous vous l'avions découvert.[8]

Ainsi averti, Granger est prêt à tout accepter : quel que soit le déroulement de la pièce intérieure, il s'attend à être surpris. Il se trouve donc dans la situation classique du spectateur de théâtre qui tire son plaisir de l'illusion dont il se sait la victime et pour qui toute action dramatique est à la fois crédible — parce que vraisemblable — et entachée d'irréalité. D'où l'insistance de Corbineli sur le caractère véritable de l'histoire représentée :

> Ce que je désire vous représenter est une véritable histoire et vous la connaîtrez quand la scène se fermera. Nous la posons à Constantinople, quoiqu'elle se passe autre part. Vous verrez un homme du tiers état, riche de deux enfants et de force quart d'écus...[9]

Suit la présentation de la situation exacte de Granger et de ses enfants, jusqu'au mariage de son fils qui doit clore la pièce. Cyrano n'a même pas pris la peine, comme le fera Molière, d'affubler ses personnages de quelque masque (bergers ou autre). Il suffit que l'histoire se passe ailleurs, et surtout qu'elle soit théâtralisée, pour que le spectateur ne démêle pas la vérité.

Au commencement de la pièce intérieure, Cyrano a augmenté

---

[6] *Ibid.*, p. 1139 : « Je suis votre serviteur, Monsieur ; jusqu'au revoir. Nous nous serions bien passés de votre impertinent d'opéra. »

[7] *Le Pédant joué,* acte V, scène 5 ; *éd. cit.,* p. 225.

[8] *Ibid.*

[9] *Ibid.*

l'ambiguïté de la situation en faisant expliquer par Genevote que la comédie qui va être représentée n'est pas du théâtre :

> Notre action n'a point besoin de toutes ces simagrées. Comme ce n'est pas une fiction, nous n'y mêlons rien de feint ; nous ne changeons point d'habit. Cette place nous servira de Théâtre ; et vous verrez toutefois que la Comédie n'en sera pas moins divertissante.[10]

Assurément, aucun dramaturge n'a poussé si loin l'effacement de la frontière entre le réel et la fiction : Granger, en tant que spectateur d'une action dramatique, est contraint de prendre pour fiction une histoire vraie, qu'on lui décrit expressément comme non-fictionnelle.

Au delà de cette dramaturgie de l'ambiguïté — conduite jusqu'à son point limite — par laquelle Cyrano amuse son public aux dépens de son Pédant, il est bien probable qu'il faille lire dans ce passage la dérision du système dramaturgique de l'époque, c'est-à-dire de l'effet d'illusion qui pousse le spectateur à sortir de sa réalité pour s'investir dans un imaginaire qu'on lui présente comme réel ; grâce au processus d'identification, le spectateur est conduit, non point à ce qu'il désire vraiment (ce qu'il croit), mais où l'auteur veut le conduire. Or ce rapport de soumission du spectateur à l'auteur est clairement exprimé dans la réponse de Granger :

> Je conduis la ficelle de mes désirs au niveau de votre volonté.

Et, de fait, sans la soumission du Pédant à ce principe de l'illusion dramatique, le piège que recouvre la représentation intérieure ne pourrait avoir lieu. En effet dans la mesure où l'histoire que l'on va lui représenter est, à peu de choses près, la réalité, et où cette réalité s'oppose à ses désirs, l'aliénation qu'il subit en tant que spectateur peut, seule, l'obliger à accepter cette réalité.

On comprend clairement désormais pourquoi Cyrano a conféré à son personnage la double fonction de spectateur et d'acteur dans la représentation intérieure. Si, dans la première partie, son rôle consiste uniquement à regarder en silence, assis sur un siège, le jeu des autres acteurs, c'est qu'on veut lui prouver que la réalité que l'on théâtralise sous ses yeux est acceptable pour le spectateur qu'il est. Une fois que ses défenses devant une action qui contrarie ses espoirs auront été vaincues définitivement, les autres acteurs pourront l'intégrer à l'action et l'amener à agir conformément à leur

---

[10]   Acte V, scène 10 ; *éd. cit.,* p. 231.

volonté. L'analyse de détail de cette double fonction met en relief la clairvoyance exceptionnelle de Cyrano qui paraît bien avoir saisi à sa manière — et s'en être amusé — le caractère aliénant et « psychophanique » du spectacle théâtral, objet de la critique brechtienne. On sait que le phénomène théâtral ne tire son sens que de la relation qui existe entre la scène et la salle, entre le temps fictif et le temps réel, entre le récité et le vécu. L'action jouée est crédible et peut revêtir une signification, à condition qu'elle trouve une résonance dans le présent des spectateurs (choses vécues ou désirs conscients et inconscients). C'est cet échange entre le fictif de la représentation et le possible de la réalité, et l'ambiguïté qui est entretenue entre l'un et l'autre, qui donnent sa justification au théâtre non-comique.[11]

Or Cyrano, en laissant Granger dans la fonction de spectateur, ne le réduit pas au silence. Les paroles qu'il lui prête sont l'expression des souvenirs ou des désirs que suscite en lui le jeu des acteurs. Ainsi, lorsque son fils Charlot et Genevote évoquent les circonstances de leur première rencontre « aux Carmes », il les interrompt en ces termes :

> Soleil, mon soleil, qui tous les matins faites rougir de honte la céleste lanterne, ce fut au même lieu que vous donnâtes échec et mat à ma pauvre liberté.[12]

Aux réflexions sur son vécu succède l'expression de son désir, suscité par les compliments de Charlot-acteur à Genevote-actrice (qu'il désire lui-même épouser dans la réalité) :

> Allons ma nymphelette, il est vergogneux aux filles de colloquiser *diu et privatim* avec tant vert jouvenceau. Encore si c'était avec moi ! ma barbe jure de ma sagesse. Mais avec un petit cajoleur ![13]

Enfin, troisième et dernière interruption, une réflexion philosophique vient faire écho à une remarque de l'actrice Genevote.[14] A considérer ces trois interventions de spectateur, on a l'impression que Cyrano a sciemment passé en revue les trois types de résonance qu'une action dramatique peut faire naître dans le public, et que

---

[11] L'effet de distanciation que créent les procédés comiques élimine toute ambiguïté et tout échange.

[12] Acte V, scène 19 ; *éd. cit.*, p. 232.

[13] *Ibid.*

[14] « Les Rois pour être Rois ne cessent pas d'être hommes » (*éd. cit.*, p. 233). Genevote entendait par là que la basse condition de son amant ne comptait pas pour elle. Or Granger enchaîne sur l'ambition qui s'attaque aux simples mortels aussi bien qu'aux rois.

cette mise en scène du caractère « psychophanique » du spectacle, venant après celle de son caractère aliénant, constitue une sorte de démontage du mécanisme de l'illusion dramatique.

En tout cas, il est certain que Cyrano a visé avant tout à mettre Granger en situation de spectateur, entièrement prisonnier de cette illusion liée au spectacle théâtral, afin qu'engagé à fond dans ce qui pour lui n'est que le niveau de la fiction, il ne puisse plus revenir en arrière et découvrir que le jeu théâtral a rejoint la réalité.

Dès lors il n'est pas difficile de le maintenir dans l'illusion lorsque la progression de la représentation intérieure l'a fait passer de la fonction passive de spectateur à celle d'acteur ; d'autant que, jouant le rôle du père de qui les deux jeunes gens cherchent à obtenir le consentement, il est le plus souvent plongé dans des rêveries délirantes d'où Corbineli a le plus grand mal à le tirer[15] et dont il profite pour lui faire croire qu'il ne lui reste plus qu'à conclure le mariage. Or Granger est, en dépit de sa distraction, si bien pris par la fiction qu'il refuse son consentement en prétextant la basse naissance du promis[16] ; mais, de façon assez curieuse, son refus vient de ce qu'il prend au sérieux son rôle fictif. L'ambiguïté née de la confusion des niveaux est ici particulièrement remarquable. Alors même qu'il se croit acteur d'une fiction, Granger réagit en fonction de critères ressortissant à la réalité, au moment précis où les autres personnages veulent qu'il s'en tienne à la seule logique de la fiction pour dénouer une situation réelle. Aussi Corbineli est-il obligé de le ramener à la fiction :

> A force de représenter une fable, la prenez-vous pour une vérité ? Ce que vous avez inventé vous fait-il peur ? Ne voyez-vous pas que l'ordre de la pièce veut que vous donniez votre consentement ?[17]

L'ambiguïté s'accentue encore dans les répliques suivantes, Granger s'étonnant de devoir marier son fils à Genevote : pour lui il s'agit d'une situation qui est du domaine de la réalité — et qu'il refuse à ce niveau — et qui n'a rien à voir avec la comédie qu'il est en train de jouer :

> Comment, marier ? c'est une comédie !

[15] Granger à Corbineli : « Ah! que tu viens de m'arracher une belle pensée ! Je rêvais qu'elle est la plus belle figure de l'antithèse ou de l'interrogation » (éd. cit., p. 23).
[16] « Quoi, parlez-vous de mariage avec cet hobereau ? Etes-vous orbe de la faculté intellectuelle ? Etes-vous hétéroclite d'entendement... » (éd. cit., p. 236).
[17] Ibid.

Il faut donc que Corbineli lui prouve qu'il n'y a aucune incompatibilité entre le mariage de son fils et le niveau de la fiction :

> Hé bien, ne savez-vous pas que la conclusion d'un poème comique est toujours un mariage ?

On imagine sans peine le plaisir des spectateurs du XVIIe siècle, conscients que loin de ramener Granger sur le niveau de la fiction on le pousse à accomplir une action réelle. Les deux niveaux se rejoignent donc dans le consentement que Granger croit adresser au *personnage* représenté par son fils.[18] Quant au Notaire qui lui fait « signer les articles », il appartient, à l'évidence, au niveau de la réalité ; or, nul étonnement de la part de Granger. Pour lui, le mariage est du domaine de la comédie, et le Notaire aussi. Pourtant, s'il n'avait pas été aussi aveuglé par l'illusion dramatique, il aurait fait le raisonnement inverse : le Notaire appartient à la réalité, donc le mariage aussi. Car c'est exactement ce qu'a pensé Paquier, le « Cuistre du Pédant » à qui l'on avait confié un rôle dans la pièce intérieure, et qui, jusqu'à ce moment, était aussi berné que son maître Granger. Mais de peur qu'il ne révélât la supercherie s'il venait à la comprendre, Corbineli, au beau milieu de la pièce, avait modifié son rôle en lui faisant représenter un muet. Or c'est précisément l'entrée du Notaire qui déclenche la révolte de Paquier :

> J'enrage d'être muet, car je l'avertirais.[19]

On voit que Cyrano a poussé jusqu'au bout le jeu de l'illusion. L'entrée du Notaire fait bien comprendre à Paquier que la fiction est devenue réalité, mais pour lui, elle n'a pas cessé, cependant, d'être fiction puisqu'il se sent encore prisonnier de son rôle.

C'est après que Granger s'est réjoui de l'excellente comédie à laquelle il a pris part[20] qu'on lui apprend la duperie dont il vient d'être la victime. Mais au lieu de lui faire expliquer que la fiction recouvrait en fait la réalité, Cyrano joue avec l'ambiguïté des deux niveaux en désignant la comédie comme une réalité virtuelle :

> GENEVOTE
> (...) Nous vous en avons fait tantôt le récit comme d'une histoire arrivée, mais elle devait arriver.

[18] *Ibid.*, p. 237 : « Ha ! bon. Comme cela je te permets de prendre Mademoiselle pour légitime épouse. »
[19] *Ibid.*
[20] *Ibid. :* (à Genevote) « Hé bien, Mademoiselle, que dites-vous de notre Comédie ? »

Certes, Granger a été trompé ; mais il l'a été par un simple décalage temporel : on lui a fait en quelque sorte rejouer une action à venir, action qui ne pouvait se réaliser que parce qu'elle était jouée. Il y a là bien du raffinement, mais c'est un moyen de prouver à Granger que l'illusion dont il a été victime ne repose pas sur un mensonge. Tel est le sens des paroles de Genevote :

> Au reste, vous n'avez pas sujet de vous plaindre, car vous nous avez mariés vous-même, vous-même vous avez signé les articles du contrat.[21]

A la différence de la théâtralisation opérée par Molière dans *Le Malade imaginaire*, la feinte et la réalité se rejoignent donc. L'illusion dans laquelle était plongé Granger — et les autres spectateurs intérieurs[22] — se dénoue par l'accomplissement d'un acte réel dans une action supposée feinte, mais virtuellement réelle : c'est cet acte qui confère, d'une manière rétrospective, sa réalité à l'ensemble de la pièce intérieure.

La mise en abyme développée par Montfleury dans *Le Mari sans femme* s'inscrit dans une perspective légèrement différente. L'ambiguïté entre la fiction et la réalité est cette fois réalisée par un spectacle qu'on pourrait qualifier d'innocent puisqu'il est présenté comme authentique et non comme le résultat d'une machination, et qui, pourtant, est perçu comme signifiant par l'un des spectateurs. Une chanson, reçue comme le début d'un opéra par l'ensemble du public, perd son caractère fictionnel pour l'unique spectateur qui l'entend comme un message. L'ambiguïté est d'autant plus grande que l'on ne sait pas si Carlos, le chanteur, a choisi l'opéra en fonction du passage en question, ou si c'est Céline, l'auditrice, qui s'est estimée visée par des paroles qui comportaient une analogie accidentelle avec sa situation. On voit que, contrairement à ce qu'une lecture hâtive pourrait faire croire, Montfleury s'est livré à un jeu plus ambitieux encore que ses deux confrères. Mais précisément, il a poussé l'ambiguïté trop loin pour pouvoir la maintenir longtemps.

---

[21] *Ibid.*

[22] Châteaufort, le Capitan, que l'on prend soin d'installer, au début de la pièce intérieure, dans un siège confortable (acte V, scène 10) ; Gareau, le paysan, à qui Granger voulait marier sa fille ; et, sans doute, les « cuistres » signalés dans la distribution. Les autres spectateurs, Manon, la fille de Granger, et son promis, La Tremblaye, frère de Genevote, doivent avoir participé à l'élaboration de la supercherie.

C'est pourquoi il a limité son « opéra » à un monologue chanté de quinze vers.

L'ambiguïté entre la fiction et la réalité ne s'exprime pas toujours par le dédoublement parfait qu'est la figure de la mise en abyme : il est des situations voisines où le spectacle intérieur n'est qu'une *transposition* de la réalité de l'action principale. Mais le but cherché est le même que dans *Le Malade imaginaire* et *Le Mari sans femme* : permettre à certains personnages de transmettre par l'intermédiaire de la fiction, un message concernant leur situation *réelle* au moment du spectacle. Gabriel Gilbert et Poisson ont tous deux composé des scènes de ce type, en suivant chacun une voie différente. Celle de Poisson, à vrai dire, s'inscrivant dans le tracé de l'« opéra » du *Malade imaginaire*, n'a rien d'original (*Les Fous divertissants*).

Plus digne d'intérêt est la pastorale enchâssée dans *Le Courtisan parfait* de Gabriel Gilbert, *Le Triomphe d'Amour*, « impromptu » offert à l'héroïne par l'un de ses prétendants (sur une idée de son confident) : le jeune Comte de Provence, dont on ignore les sentiments pour la duchesse, donne la réplique à celle-ci et profite de son rôle pour lui avouer son amour sous les yeux du prétendant officiel, organisateur du spectacle, qui ne tarde pas à comprendre qu'il a été berné. On voit que la situation est légèrement différente de celles que nous avons analysées jusqu'ici. Du fait que tous les protagonistes connaissaient le texte que devait prononcer le héros, ils perçoivent la substitution, et il n'y a pour ainsi dire pas d'ambiguïté entre les deux niveaux de représentation.

b) L'action feinte a les apparences du vrai

Lorsque nous avons étudié la figure de la mise en abyme, nous nous sommes penché assez longuement sur l'effet de miroir du Ve acte de *L'Illusion comique*, montrant que Corneille l'avait habilement utilisé pour faire croire à une relation de continuité entre les deux pièces intérieures, alors qu'il n'existe en fait qu'une relation d'analogie. Une telle perspective, si exceptionnelle à l'époque, ne pouvait que justifier la fierté qui transparaît dans le jugement que Corneille a porté sur son oeuvre. Par ailleurs, le dramaturge a déployé bien d'autres « traits d'art » qu'une mise en abyme pour nous tromper. La dynamique de la structure, le rôle des spectateurs

239

intérieurs, l'utilisation des noms et des caractères des personnages, tout concourt à susciter l'illusion.[23]

Il est deux manières d'étudier la structure de *L'Illusion comique*. La première est de l'envisager sous son aspect statique — ce que nous avons fait dans notre Deuxième Partie. La seconde est de considérer son aspect dynamique : des rapports entre les différents niveaux de représentation se dégage en effet un mouvement que Corneille a soigneusement entretenu pour que le spectateur, en quelque sorte bercé par lui, ne remarquât pas le piège qui lui a été tendu au cinquième acte. Le schéma que nous présentons ci-dessous fait ressortir l'aspect dynamique de la structure :

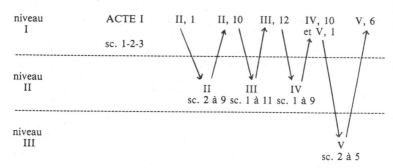

La première remarque que l'on peut faire sur ce schéma, est qu'il présente une structure en dents de scie, en un mouvement alternatif du haut vers le bas. On constate, en effet, qu'à partir du début de l'acte II, on passe constamment du plan I au plan II selon un rythme régulier : une scène au niveau I, et le reste de l'acte au niveau II.

Or, le passage au troisième niveau s'opère de la même manière : après un retour au plan I, à la dernière scène de l'acte IV, on attend que le retour habituel au niveau inférieur se produise au début de l'acte suivant. Mais — et c'est de là que naît la « feinte » — le niveau inférieur n'est plus le plan II : le plan III lui a été substitué sans qu'on le sache, et le spectateur, entraîné par la force de l'habitude, ne peut remarquer ce changement de niveau. D'autre part, Corneille

---

[23] Précisons que ces artifices sont destinés au seul spectateur : le lecteur, en effet, ne peut se laisser prendre par l'illusion, lui qui a la possibilité de revenir en arrière pour confronter les indices que le dramaturge s'est plu à laisser traîner çà et là, bien certain qu'ils ne pourraient être perçus par le spectateur ; de plus, deux didascalies lui dévoilent le stratagème mis en place par Corneille.

a très légèrement altéré le mouvement en prolongeant, l'espace d'une courte scène, la durée du niveau I. Lorsque le rideau se lève, au début de l'acte V, le spectateur retrouve les personnages du plan I qui commentent l'entrée des héros de l'évocation magique. La justification avouée de cette entorse au rythme habituel est qu'il y a eu un changement de plateau, la vie de Clindor et de ses compagnons devant être évoquée désormais par des « fantômes » plus appropriés à leur nouvelle condition : aussi, afin que le spectateur ne s'étonne pas des habits princiers qu'ont revêtus les personnages dans l'intervalle des deux actes, il fait accompagner leur entrée des commentaires d'Alcandre et de Pridamant sur la nouvelle allure de ces fantômes qui, au cours des trois actes précédents, nous sont devenus familiers. Le changement intervenu dans l'apparence extérieure des héros étant ainsi justifié, il n'y a plus le moindre danger que le spectateur soupçonne le piège dans lequel il vient de tomber. Telle est donc la fonction de ce léger prolongement du niveau I, prolongement en réalité si imperceptible (les personnages du niveau inférieur sont déjà entrés en scène) qu'il ne nuit pas à l'apparente régularité du rythme.

A côté de la dynamique de la structure, la « représentation de la salle » du plan III constitue le second procédé externe de création de l'illusion. Nous savons que l'une des marques du théâtre dans le théâtre est la présence de spectateurs intérieurs. *L'Illusion* n'échappe pas à la règle puisque les protagonistes du plan I se transforment en spectateurs du plan II. Mais, alors même que la tragédie du Ve acte (plan III) entretient avec le plan II le même rapport que celui-ci avec le plan I, on ne trouve ni protagoniste ni figurant issu du plan II dans le rôle de spectateur du plan III. Et pourtant, il s'agit d'une représentation et non point d'une répétition, puisque, le rideau tombé, Clindor et ses compagnons partagent la recette de la soirée. Aucun élément ne permet non plus de suggérer la présence de spectateurs supposés, comme c'est quelquefois le cas. En vérité, ni Pridamant, ni le public véritable ne pourraient être abusés et croire à la suite des aventures de Clindor, s'ils voyaient celui-ci agir devant des spectateurs.[24] Il s'agit certes d'un procédé d'illusionnisme un peu facile,

---

[24] Soulignons, à notre tour, combien le jeu de scène auquel s'est livré Louis Jouvet dans sa mise en scène de 1937, peut fausser le fonctionnement et la signification de la pièce tout entière. Jouvet a fait précisément ce qu'il ne fallait pas faire : il a rajouté un petit théâtre au Ve acte, fait déclamer les acteurs de façon emphatique, et surtout interposé des figurants auxquels se mêlaient Alcandre et Pridamant — qui allait même jusqu'à applaudir une réplique de son fils !

mais l'on peut toujours arguer que la magie d'Alcandre pouvait fort bien présenter le seul plateau, à l'exclusion de la salle.

Auteur et metteur en scène omniscient, Alcandre est, on l'a souvent dit,[25] le fondement de l'illusion : il paraît, en effet, disposer à sa guise du temps et de l'espace, il avertit Pridamant des changements qui affectent la vie de son fils, mêle les sous-entendus équivoques[26] aux affirmations trompeuses,[27] tend piège sur piège à son spectateur.

Quant à Pridamant, son rôle est important à de nombreux égards, puisqu'il fonctionne comme le spectateur modèle auquel le sujet de Louis XIII devait s'identifier pour que, notamment, l'éloge du théâtre prononcé par Alcandre à la dernière scène prenne sa pleine force. Mais l'importance de processus d'identification est encore plus grand en ce qui concerne la création de l'illusion. Jusqu'ici, en effet, nous nous sommes placés sur le même plan que Pridamant, victime, au même titre que nous (sauf en ce qui concerne la dynamique de la structure), de l'illusion : il semble qu'Alcandre crée l'illusion pour Pridamant comme Corneille l'a créée pour nous.

En fait, il ne s'agit que d'une impression. Le rôle de Pridamant n'est pas d'être victime de l'illusion, comme l'on croit d'ordinaire, mais de paraître l'être, afin que nous qui nous identifions à lui, tombions sans le moindre soupçon dans le piège qui nous est tendu. Son rôle, en effet, consiste à communiquer au spectateur de *L'Illusion* ses propres réactions. C'est lui qui, dès le début de l'acte V, prend la parole pour constater la transformation d'Isabelle :

> Qu'Isabelle est changée et qu'elle est éclatante ![28]

Il est possible que Corneille ait joué sur le mot *changer* puisqu'il est vrai qu'un acteur « se change » avant d'entrer en scène. Mais là n'est pas la question. L'important est que Pridamant note qu'Isabelle est *changée*, et non point qu'elle est « *habillée comme* » une princesse. L'expression que Corneille prête à Pridamant tend à montrer qu'il s'est produit chez Isabelle un changement en profondeur : Isabelle ne *paraît* pas changée, comme on devrait dire d'un acteur qui a revêtu un costume ; elle *est* changée, comme l'on dit d'une per-

---

[25] Cf. F.-X. Cuche, « Les trois illusions de l'*Illusion comique* », *Travaux de linguistique et de littérature,* IX, 2, 1971, pp. 71 sq.

[26] Acte I, scène 2, v. 123-126 ; *éd. cit.,* pp. 12-13. Scène 3, v. 201-203, p. 18. Acte IV, scène 10, v. 1337-1338, p. 94, et v. 1343-1344, p. 95. Acte I, scène 3, v. 163, p. 15.

[27] Acte I, scène 2, v. 134-136, p. 13. Acte IV, scène 10, v. 1332, p. 94.

[28] V. 1345, p. 96.

sonne qui n'a plus le même comportement ou qui n'observe plus le même mode de vie.

Son rôle, tout au long de l'acte V, va dans le même sens. Ainsi son cri, à la scène 5, lorsque Clindor-Théagène est poignardé : « Hélas ! il est perdu »[29] montre qu'il croit totalement à ce qu'il regarde, ce qui nous renforce dans la conviction que nous assistons à la suite des aventures de son fils. De même à la scène suivante, tant qu'Alcandre ne l'a pas détrompé en lui faisant voir Clindor partageant la recette de la représentation, Pridamant se répand en lamentations, prolongeant ainsi l'illusion au delà du spectacle.

Tout au long de la tragédie de l'acte V, seulement deux noms sont prononcés : le Prince Florilame et la Princesse Rosine. Or, le premier n'apparaît pas, et la seconde est jouée par un personnage que nous n'avions pas vu encore. Quant aux héros, Isabelle, Clindor et Lyse, ils ne sont jamais désignés sous leur nom de rôle, respectivement Hippolyte, Théagène et Clarine, que seul le lecteur peut connaître.[30] Corneille a eu recours à des subterfuges pour les désigner clairement sans les nommer. Le premier, décisif, réside dans les remarques d'Alcandre et de Pridamant lors de l'entrée en scène d'Isabelle et de Lyse : alors même qu'elles sont déjà « changées », Alcandre les appelle par leur nom habituel, au lieu de préciser que leur nom a changé en même temps que leur costume.[31] Ensuite, sans qu'aucun nom ne soit plus prononcé, les seules appellations utilisées ne surprennent pas le spectateur, puisqu'elles indiquent que rien ne s'est modifié dans les rapports des héros entre eux. Isabelle-Hippolyte désigne Clindor-Théagène par les mots « mon perfide époux »,[32] l'appelle « cher époux » à deux reprises,[33] tandis que Clindor la nomme « mon âme », puis « chère épouse ».[34]

Afin que, l'atmosphère de la tragédie intérieure pouvant dérouter le spectateur, habitué au ton plus léger du reste de la pièce,[35] l'intrigue elle-même ne le dépaysât pas, Corneille a fait en sorte que le plan III parût être la continuation du plan II. Nous avons vu, en étudiant la figure de la mise en abyme, qu'il est parvenu à donner

29 V. 1700, p. 114.
30 Ces noms apparaissent dans les rubriques de scène seulement à partir de l'édition de 1644.
31 V. 1345 sq.
32 Acte V, scène 2, v. 1359, p. 97.
33 Scène 3, v. 1517, p. 105 et scène 5, v. 1709, p. 116.
34 Scène 3, v. 1485, p. 103 et v. 1569, p. 107.
35 Il est vrai que Corneille a ménagé une transition en dramatisant l'acte IV.

cette impression de continuité en établissant une relation d'analogie entre les deux plans. De fait, la moitié de la scène 3 de l'acte V n'est qu'un trompe-l'oeil : les reproches mutuels que s'adressent les deux époux, Hippolyte et Théagène, sont, en vérité, une rétrospective pure et simple de leurs aventures passées ; celles-ci sont si proches des aventures « réelles » d'Isabelle et de Clindor qui se sont déroulées aux actes précédents, qu'on croirait assister à une exposition qui, reprenant le fil des événements depuis la rencontre des deux amants à Bordeaux, résumerait les aventures qui les ont portés à la situation où nous les voyons. Ainsi la tirade d'Hippolyte-Isabelle contient-elle quatre thèmes importants, la *fidélité,* l'*inégalité des conditions* des deux amants, le *dédain des rivaux* et la *fuite,*[36] qui renvoient explicitement aux événements du plan II.[37]

Dernier moyen pour tromper le public : la psychologie des personnages. De même que Lyse est toujours la suivante d'Isabelle, de même, sur un autre plan, Clindor et Isabelle jouent des personnages qui sont encore eux-mêmes : il s'agit d'une véritable fusion des rôles avec les personnages. Clindor, amoureux inconstant du troisième acte, ne paraît pas s'être métamorphosé : le rôle de Théagène qu'il joue et qui consiste à courir à un rendez-vous galant puis à faire à sa propre épouse l'apologie de l'adultère avant d'être assassiné sur l'ordre du mari bafoué, est digne lui aussi d'un disciple d'Hylas. D'autre part, les accusations que lui adresse Isabelle-Hippolyte sont du même ordre que celles que Lyse avait proférées dans son monologue : à « ingrat » et « perfide » répondent « perfide », « déloyal » et « ingrat ».[38] Enfin le revirement de Clindor-Théagène parachève cette continuité. L'acte IV nous avait montré un Clindor face à la mort, qui délaissait son personnage d'amoureux inconstant pour ne plus invoquer que le nom d'Isabelle : Clindor-Théagène, devant la ferme détermination de sa femme, subit « un second change »[39] et quitte soudain son inconstance pour retrouver la voie de l'amour conjugal, celui d'Isabelle-Hippolyte.[40] Les mêmes remarques

---

[36]   V. 1415-1416 ; v. 1445 (cf. 1418, 1432, 1437) ; v. 1419 ; v. 1421-1424.

[37]   V. 486 sq. ; v. 495-510 ; v. 489-490 ; v. 1311-1316.

[38]   Acte III, scène 6, v. 815-819, p. 57. Acte V, scène 2, v. 1359 (p. 97) et scène 3, v. 1407 et 1417 (p. 100).

[39]   Acte V, scène 3, v. 1569, p. 107.

[40]   Il faut remarquer que Corneille a supprimé dans son édition de 1660 la scène 4 de l'acte V, qui mettait aux prises Clindor-Théagène et la Princesse Rosine, et dans laquelle, tout en refusant l'adultère, il réaffirme son amour pour la Princesse. Une telle scène conférait au « change » qui venait d'être proclamé par le

s'appliquent à Isabelle : le personnage d'Hippolyte qu'elle joue montre le même refus des concessions que l'Isabelle des actes II et III devant son père, la même lucidité lorsqu'elle réfléchit, et la même fermeté devant la mort[41] que dans le monologue qui ouvre l'acte IV. La mort d'Isabelle-Hippolyte, après l'assassinat de Théagène, est « conforme », elle aussi, puisqu'elle était comme annoncée dans ce même monologue :

> Car enfin après toi on me laisse le jour,
> Je veux perdre la vie en perdant mon amour,
> Prononçant ton arrêt, c'est de moi qu'on dispose,
> Je veux suivre ta mort puisque j'en suis la cause.[42]

Là encore la suppression de la scène 5 dans l'édition de 1660 est essentielle, car dans la première édition c'était Rosine qui mourait — sous les coups des assassins —, Isabelle-Hippolyte étant, à son corps défendant, conduite auprès du Prince Florilame. En supprimant le personnage de Rosine et en faisant mourir d'émotion Isabelle-Hippolyte à sa place, Corneille assurait la continuité.

L'Illusion comique représente le point limite de la dramaturgie de l'illusion : sur le premier plan, celui de l'illusion dramatique, vient se greffer un second niveau d'illusion, l'illusion magique — simple variante de l'illusion théâtrale — qui enserre lui-même une troisième illusion, pur trompe-l'oeil se résolvant à son tour en illusion théâtrale.[43] Chaque niveau d'action dramatique a son illusion, la somme de ces illusions, si l'on peut dire, aboutissant à l'illusion pure. Pour Corneille, comme l'indique clairement le titre de la pièce, il n'est pas de théâtre sans illusion ; et l'utilisation de la structure du théâtre dans le théâtre qui permet de reculer les limites de celle-ci et de rendre les rapports entre la réalité et la « feinte » totalement déréalisants pour l'assistance, constitue à ce titre la meilleure « profession de foi » du théâtre « baroque ».

---

héros, une certaine ambiguïté qui obscurcissait quelque peu la continuité psychologique des deux rôles. Corneille a proclamé avec assez de force, dans son Examen de la pièce, qu'il avait recherché la « conformité » entre l'« histoire » représentée par Clindor et Isabelle et la leur propre, pour que l'on puisse estimer que la coupure de cette scène est aussi un « trait d'art ».

[41] Acte V, scène 3, v. 1561-1568 ; *éd. cit.*, pp. 106-107 : « Je préviendrai la honte où ton malheur me livre, / Et saurai bien mourir si tu ne veux pas vivre... »
[42] Acte IV, scène 1, v. 1011-1016, p. 71.
[43] Nous aboutissons ainsi, par une démarche différente, aux « trois illusions » signalées par F.-X. Cuche (*art. cit.*).

Pour s'en convaincre, il suffit de comparer le processus mis en oeuvre à l'acte V avec l'imitation qu'en a faite Quinault à la fin de sa *Comédie sans comédie*. La dernière pièce intérieure de cette comédie, *Armide et Renaud*, « tragi-comédie en machines »,[44] se termine par l'enlèvement d'Armide, blessée par Amour, et de Renaud, qu'elle voulait tuer : quatre petits Amours descendent sur le théâtre pour les emmener « dans des lieux interdits à tout autre qu'à (l'Amour) ». Le rôle d'Armide étant tenu par la fille du marchand La Fleur — devant qui, rappelons-le, les quatre spectacles intérieurs ont été représentés — celui-ci se précipite aussitôt au milieu du théâtre en s'écriant :

> Ma fille est morte, ô ciel ![45]

Il est aisé de démontrer que Quinault n'a fait en la circonstance que démarquer *mécaniquement* Corneille. Rien, en effet, ne justifie l'illusion dont est victime La Fleur : le spectacle auquel il assistait lui avait été présenté comme un véritable spectacle, dans lequel sa fille tenait un rôle. La seule illusion à laquelle il aurait pu se laisser prendre était l'illusion dramatique ; mais dans ce cas il ne devait pleurer que la disparition d'Armide, et en aucun cas celle de l'actrice qui la représentait. Quinault n'a-t-il pas compris que le désespoir de Pridamant venait de ce qu'en voyant Clindor assassiné, il ignorait que son fils jouait une tragédie ? L'illusion dans laquelle il fait tomber La Fleur est donc une fausse illusion, ni véritablement illusion dramatique, ni pure illusion née de la superposition d'une action « feinte » et d'une action qui a les apparences du vrai. Le dramaturge n'y a pas regardé de si près : il fallait que La Fleur parût convaincu de la qualité de la représentation ; le montrer victime d'une illusion était en effet la meilleure manière d'en montrer l'excellence.

c) La feinte révèle une vérité qui n'est elle-même que feinte

La mise en oeuvre du procédé du théâtre dans le théâtre dans la *Célinde* de Baro constitue le troisième type de combinaison entre une action présentée comme réalité et une action désignée comme fiction. Son originalité tient au fait que le jeu entre les deux niveaux se poursuit au delà de la fin de la représentation intérieure, et que l'illusion change de victime : Célinde, après avoir trompé les spectateurs

---

[44] *La Comédie sans comédie,* acte V, scènes 1 à 9.
[45] Acte V, scène 10.

et certains acteurs de la tragédie intérieure, finit par être trompée par eux.

Dans un premier temps donc, la feinte recouvre la réalité, à l'insu des spectateurs intérieurs, avant de lui céder la place. On sait que la situation « réelle » de Célinde face à Floridan ressemble à celle de Judith face à Holopherne, ce que les spectateurs intérieurs, tout aux réjouissances du mariage, ignorent. Quant à nous, qui connaissons les vrais sentiments des protagonistes, nous ne sommes pas surpris quand Célinde, qui devait *feindre* de poignarder Floridan, comme l'imposait son rôle, plonge son arme dans la poitrine de celui-ci. La réalité a rejoint la feinte, ce qui provoque l'étonnement du public, toujours sous le charme de l'illusion dramatique. En outre, Célinde ayant interpelé Floridan de son vrai nom au moment où elle le poignardait, et celui-ci ayant prononcé le nom de Célinde en mourant[46] — mort qui était attendue —, leurs parents hésitent[47] jusqu'à ce que les insultes que Célinde, le poignard ensanglanté au poing, se met à leur adresser (« Parents, que désormais je nomme barbares... »), fassent disparaître ces hésitations.

L'illusion dont avaient été victimes les spectateurs intérieurs ainsi détruite, une autre la relaie : Célinde, Lucidor et le vieil Amintor croient Floridan mort, alors que le coup de poignard ne l'avait que légèrement blessé ; et pour se venger, la mère de Floridan répand le bruit que Parthénice s'est tuée sur le corps de son amant. Avant de rendre sa sentence, le juge ordonne que les deux coupables soient conduits devant le tombeau de leurs victimes afin qu'ils se repentissent. Or, sitôt prononcé le discours de réparation de Célinde, le tombeau s'ouvre, et Floridan et Parthénice paraissent à la stupéfaction de tous les assistants.[48] Cette seconde illusion dissipée, tout rentre dans l'ordre, le juge ordonnant un double mariage. Mais l'on ne joue pas impunément deux fois avec la confiance des hommes : Amintor, le père de Célinde, seul personnage à avoir été abusé par les deux feintes successives, ne peut plus désormais ajouter foi au réel :

[46]   « Apprends, Floridan, ce que peuvent sur moi l'Amour et la tyrannie » ; « Ah, Dieux, je suis mort, ah Célinde. » (acte III, scène 5 de la pièce intérieure, contenue dans l'acte III de la pièce-cadre).
[47]   DORICE : « Voilà une feinte qui me met en peine. » AMINTOR : « Les paroles de Célinde m'étonnent bien davantage, car ce qu'elle vient de dire ne doit pas être de ses vers. »
[48]   Acte V, scène 3. Outre la mère de Floridan, Dorice, le chirurgien qui a soigné le jeune homme et le juge étaient dans la confidence.

> Ma fille, n'est-ce point un songe qui me trompe dans l'illusion de tous ces objets présentés ?[49]

Conséquence classique de la rupture de l'illusion que l'attitude qui consiste à refuser de croire ce que l'on voit. C'est celle de l'auditoire de Genest ; c'est surtout celle de Pridamant qui voyait la marque de la magie dans la réapparition de son fils assassiné.[50] Ainsi, dans les meilleurs des cas, le processus illusion-rupture de l'illusion aboutit à souligner le caractère déréalisant du théâtre, et, partant, de la vie, dont il se veut le reflet.

Pièce exemplaire à plus d'un titre,[51] *Célinde* représente l'une des plus parfaites illustrations de la dramaturgie de l'ambiguïté. Car quelle est la signification de la pièce intérieure ? L'effet de miroir qui met en regard la situation de Judith face à Holopherne et celle de Célinde face à Floridan, et qui permet à l'action feinte de se transformer en action authentique, tend à démontrer que la fiction peut à tout moment devenir réalité : l'assassinat théâtral est aussi *vrai* qu'un assassinat réel. Or, une fois que le spectateur en est convaincu — conviction qui lui fait déjà perdre la notion de la réalité — il découvre que la mort qu'il tenait pour vraie était fausse, puisque le personnage qu'il avait vu s'effondrer dans une mare de sang se révèle bien vivant.[52] Autrement dit, il s'agissait en définitive d'une mort théâtrale, Floridan étant redevenu l'acteur qui jouait Holopherne, fictivement frappé par la comédienne qui représentait Judith : la fiction, après s'être révélée réalité, est redevenue fiction. Mais Baro ne s'en est pas tenu là. Cette mort, vraie et fausse à la fois, est présentée comme vraie aux autres protagonistes afin qu'ils découvrent avec surprise qu'elle était fausse. Cette répétition pour les protagonistes de la confusion réalité-fiction dans laquelle nous, public véritable, venions d'être plongés, aboutit à théâtraliser sous nos yeux les mêmes questions que nous pouvions nous poser à l'issue de la guérison de Floridan : où est la frontière entre le théâtre et la vie, entre la vie et la mort, entre la vérité et le mensonge ? Enfin, que

---

[49]   Acte V, scène 4.

[50]   *L'Illusion comique,* acte V, scène 6, v. 1751-1752 ; *éd. cit.,* p. 119 : « Quel charme en un moment étouffe leurs discords / Pour assembler ainsi les vivants et les morts ? »

[51]   Par la perfection de la technique du théâtre dans le théâtre, et par le grand nombre de thèmes « baroques » qu'elle renferme.

[52]   La pièce intérieure s'est terminée à la fin de l'acte III, et nous découvrons que Floridan est encore en vie à la scène 2 de l'acte IV, après un long monologue désespéré de Parthénice qui s'apprêtait à se donner la mort.

l'illusion, avec laquelle Célinde avait joué dans la pièce intérieure, finisse par se retourner contre elle n'est pas sans signification : nul, en ce domaine, n'est maître du jeu. Plusieurs pièces postérieures viendront corroborer cette signification, en mettant les moyens d'abuser les spectateurs entre les mains de ces personnages hors du commun, plus proches de Dieu ou des puissances infernales que des hommes, que nous avons appelés les *démiurges*.

2. *Le redoublement du personnage*

On peut parler de *redoublement* d'un personnage quand celui-ci, héros de la pièce-cadre, entreprend de représenter dans la pièce intérieure *sa propre vie*. Il faut croire que cette forme de dédoublement a été jugée par les dramaturges particulièrement difficile, puisque seul Desfontaines a osé s'y attaquer. Cette difficulté peut s'expliquer *a priori*. Pour qu'il y ait un quelconque intérêt dramatique à faire jouer par un héros sa propre existence, il faut que ce personnage ait une épaisseur bien supérieure aux habituels personnages de comédie sans passé ni avenir. Or c'était le cas de Genest, personnage historique rehaussé par l'aura du martyre et de la sainteté. Une telle situation est généralement d'une ambiguïté très différente de celle que produit le dédoublement d'un acteur à travers un personnage différent de lui ou fictif. Faire jouer Genest par Genest, c'est faire hésiter le spectateur entre la réalité proposée par la pièce-cadre et celle suscitée par la pièce intérieure.

Dans *L'Illustre comédien ou le martyre de saint Genest*, l'empereur Dioclétian ayant souhaité voir représenter une pièce qui tournerait en dérision la religion chrétienne, le héros imagine de mettre en scène son propre passé. De famille chrétienne, il avait été contraint, pour ne pas être renié et déhérité, de simuler la foi et de subir la cérémonie du baptême. Tels sont les événements, réels, mais passés, que les comédiens vont « feindre » devant Dioclétian et sa cour.

Or, par une sorte de jeu de négations inversées, Genest en *feignant* sur le théâtre sa *feinte* passée, va rencontrer la vérité et devenir vraiment ce qu'il aurait dû toujours être : un chrétien. En d'autres termes, Genest va se dédoubler comme un quelconque comédien, puisqu'au départ se jouer soi-même n'est pas différent de jouer un autre personnage ; mais progressivement les deux parties de lui-même, le Genest passé et le Genest présent, vont se rejoindre. Cas unique d'une fusion entre le comédien et son rôle qui ne passe pas par la réduplication de la pièce intérieure dans la pièce-cadre ou *vice versa*. Telle est l'illusion créée par le dédoublement du personnage lorsque le comédien et son double sont une seule et même personne : ce *redoublement* cache une montée vers l'unité.

Quand, redevenu son moi d'autrefois, il se sent l'âme nouvelle d'un chrétien, nul autour de lui ne distingue que le dédoublement a cessé. Ses compagnons et les spectateurs intérieurs sont persuadés qu'il poursuit son rôle, et, à plus forte raison, le public véritable qui ne dispose d'aucun élément supplémentaire pour démêler la vérité, et qui est contraint de conformer ses sentiments à ceux des spectateurs intérieurs. On doit donc distinguer deux types d'illusion : l'une, fictive, à laquelle sont censés se laisser prendre les spectateurs de la représentation intérieure ; l'autre, destinée à tromper le public de la pièce tout entière.

Dans le premier acte de la pièce de Genest,[53] on voit celui-ci résister avec succès aux arguments prosélytiques de sa famille — dont les membres sont joués par le reste de la troupe de Genest. D'où l'admiration de Dioclétian pour les comédiens, leur art de feindre et leur habileté à « dépeindre un tourment qu'ils ne ressentent pas ».[54] Jusqu'ici le dédoublement se déroule conformément à la règle, les acteurs s'étant pénétrés de leurs personnages sans cesser d'être eux-mêmes.

Aussi, quand Genest rentre sur scène[55] et clame sa foi nouvelle, tous les spectateurs ne peuvent qu'admirer sa capacité à dépeindre à son tour un sentiment qu'il ne ressent pas. Les spectateurs intérieurs en paraissent convaincus — malgré le flottement des autres comédiens — et, pour faire passer cette conviction dans l'esprit du public véritable, Desfontaines a intercalé trois courtes répliques prononcées par Dioclétian et ses deux conseillers, Rutile et Aquilin, qui admirent l'art avec lequel Genest « feint ». A ce moment donc, l'« ambiguïté » est parfaite : si, pour Genest, le dédoublement a déjà cessé puisque le vécu et le « feint » se sont rejoints, les spectateurs en restent au niveau du *jeu* théâtral, et les autres acteurs hésitent.

Il était donc particulièrement habile d'annoncer par avance la conversion *fictive* de Genest pour que les spectateurs ne soient pas

[53] Il occupe les scènes 2, 3 et 4 de l'acte II de la pièce-cadre.
[54] Acte III, scène 1.
[55] Scène 2.

250

choqués des accents nouveaux du personnage : après que Genest a accepté de recevoir un faux baptême, sa fiancée s'inquiète, craignant « que cette erreur à la fin ne lui plaise / Et qu'elle n'ait pour (eux) qu'une suite mauvaise ».[56] Malgré leur prévention contre les chrétiens, les spectateurs peuvent donc accepter sans invraisemblance que le « Genest joué » se soit converti : dès lors qu'il avait accepté de simuler, n'en courait-il pas le risque ? Il y a là, à n'en pas douter, une annonce du thème de la pièce tout entière : à feindre, l'acteur s'expose au danger de se laisser prendre par son personnage. Mais l'ambiguïté ne peut guère se prolonger, la vraisemblance obligeant les spectateurs à juger que, pour une parodie, Genest poussait trop loin la feinte. Et Dioclétian de s'exclamer :

> Cette feinte, Aquilin, commence à me déplaire,
> Qu'on cesse.

C'est alors que Genest peut rompre totalement l'illusion en prononçant un long discours apologétique. Or Dioclétian paraît le tolérer, et c'est en cela que la pièce est surtout remarquable : une autre illusion prend la place de la précédente. Dioclétian n'a pas compris que le dédoublement du comédien a cessé, et que réalité et fiction se sont rejointes : il semble croire au contraire que Genest, entraîné par son double, a perdu la raison au point d'imaginer que le théâtre lui confère une force supérieure.

Cette illusion tient au fait que Genest, en prononçant sa tirade n'a ni changé de ton, ni changé de place : il est toujours « sur le théâtre ».[57] En théâtralisant sa profession de foi, il contraint Dioclétian à en rester le spectateur : c'est la scène qui fait l'acteur, et, tant que Genest demeure sur le théâtre, Dioclétian ne voit en lui qu'un comédien qui se dédouble. L'audace avec laquelle le héros provoque l'Empereur n'est aux yeux de celui-ci que la folie d'un comédien auquel l'habitude du dédoublement confère un courage exceptionnel :

> Voyez l'audacieux ! il croit possible encor,
> Faire sur un Théâtre ou l'Achille ou l'Hector.

Mais Genest n'est plus un comédien : il n'est plus question de dédoublement ni d'hésitation entre l'acteur et son rôle. En affirmant qu'il est redevenu lui-même, il rejette l'écharpe que Dioclétian lui avait offerte avant le début de la représentation, indiquant par là que

---

[56] Acte II, scène 4.
[57] Même si, comme on l'a vu, la scène n'est pas matérialisée.

le Genest chrétien n'est pas un prolongement de son rôle, mais que c'est à travers ce rôle que le comédien du début est *devenu* chrétien. Alors seulement, Dioclétian le fait jeter en prison.

Mais la leçon de Desfontaines va plus loin : il montre qu'il n'est pas sans conséquence de briser l'ambiguïté liée à l'illusion dramatique. Dioclétian, désormais convaincu de l'authenticité de la conversion de Genest, accuse les autres comédiens d'en être responsables. Cette attitude découle logiquement de la situation précédente. Constatant que tout ce qu'il avait pris pour l'art suprême du dédoublement et de la feinte n'était en fait que la réalité, il en déduit qu'on l'a berné depuis le début et que *tout était vrai*.

A dessein, Desfontaines avait fait jouer les comédiens sous leur propre nom au lieu de les revêtir des noms des membres de la famille de Genest. Ainsi, aux yeux de Dioclétian, le comédien Anthénor n'a pas eu besoin de se dédoubler pour convaincre Genest puisqu'il est *réellement* son père et a *réellement* réussi à le convertir. C'est pourquoi, après l'arrestation de Genest, Anthénor, pour apaiser la colère de l'Empereur, se voit obligé de tout expliquer :

> Invicible Empereur,
> Permets qu'en quatre mots je te tire d'erreur,
> Luciane, Seigneur, ne fut jamais ma fille,
> Je n'eus jamais d'enfants, je n'ai point de famille,
> Et bien que nous ayons imité les Chrétiens,
> Nous n'avons point pourtant d'autres Dieux que les tiens.
> Tous ces noms supposés et de fils et de père,
> Ses désirs simulés et sa feinte colère,
> N'étaient que des effets que nous avait prescrits
> Ce traître dont le change étonne nos esprits.[58]

Il n'est guère douteux que Desfontaines a destiné cette leçon au public du XVIIe siècle, que Scudéry, quelques années auparavant, avait déjà mis en garde contre le danger de confondre l'acteur et son rôle. Mais tandis que Scudéry se souciait surtout de mettre un terme à la mauvaise réputation des comédiens, Desfontaines s'attache à la question de l'illusion dramatique : si l'on ignore le principe du dédoublement de l'acteur, si l'on confond le vécu et la fabulé, il n'y a plus de théâtre possible. Précisons que ce schéma a aussi une portée métaphysique : dans ce monde qui est un théâtre sous le regard de Dieu, la vie mondaine n'est qu'un rôle qu'il ne faut pas confondre avec la vie authentique qui n'existe qu'en Dieu.

---

[58]   Acte III, scène 3.

3. *Le dédoublement du personnage prolonge celui de l'action*

a) L'acteur et son double

Quoique la signification d'ensemble du *Véritable saint Genest* paraisse fort proche de celle de *L'Illustre comédien*, la mise en scène du déportement hors de soi de l'acteur y revêt des formes très différentes, révélant par là-même la diversité des objectifs des deux dramaturges. La démarche de Rotrou est à la fois moins apologétique et plus démonstrative que celle de Desfontaines. Chez celui-ci, la dramaturgie de l'ambiguïté cesse dès que le héros de la pièce intérieure a reçu le baptême : après quelques répliques « ambiguës », l'illusion se rompt. Rotrou, au contraire, nous fait suivre pas à pas le cheminement de Genest du fabulé au vécu, du chrétien qu'il joue au chrétien qu'il devient : c'est sur la lente imprégnation du comédien par son rôle — et, sur un autre plan, de l'action réelle par sa réduplication « feinte » — qu'est fondé le processus illusion-rupture de l'illusion auquel Rotrou s'est attaché. En un sens, Desfontaines a voulu présenter le drame d'un martyr, Rotrou le drame d'un comédien.

Pour que la démonstration réussisse, il faut que le spectateur en perçoive clairement toutes les étapes. Aussi, au lieu d'assujettir spectateurs intérieurs et spectateurs réels à la même illusion, Rotrou a-t-il choisi de donner du recul à ceux-ci. C'est pourquoi Genest commence à se sentir prisonnier de son personnage dès avant le début de la pièce intérieure, c'est-à-dire sous nos yeux et hors de la vue des spectateurs intérieurs. Tel est le rôle de la répétition qui, en mettant Genest en contact avec son double, nous le présente hésitant déjà entre lui-même et lui-même, autrement dit entre ce qu'il est et ce qu'il se sent devenir :

> Dieux, prenez contre moi ma défense et la vôtre ;
> D'effet comme de nom, je me trouve être un autre ;
> Je feins moins Adrian que je ne le deviens,
> Et prends avec son nom des sentiments chrétiens.
> Je sais pour l'éprouver que par un long étude
> L'art de nous transformer nous passe en habitude,
> Mais il semble qu'ici des vérités sans fard
> Passent et l'habitude et la force de l'art,
> Et que Christ me propose une gloire éternelle
> Contre qui ma défense est vaine et criminelle...[59]

---

[59]   Acte II, scène 4, v. 401-410 ; *éd. cit.*, p. 957.

Ce débat qui agite Genest est ravivé, au moment même où il était en train de se ressaisir, par l'intervention divine qui le pousse à cesser d'être lui-même pour se laisser investir par son double :

> Poursuis, Genest, ton personnage ;
> Tu n'imiteras point en vain ;
> Ton salut ne dépend que d'un peu de courage,
> Et Dieu t'y prêtera la main.[60]

Aussi le Genest qui va entrer en scène est-il un homme profondément troublé, qui se sait l'enjeu d'une lutte entre le Dieu chrétien et les dieux païens et qui comprend que l'ultime combat va avoir lieu au cours de la représentation.[61]

Comme on le voit, toute la suite de la pièce est inscrite en filigrane dans cette scène. La dramaturgie de l'ambiguïté est en place : désormais, à chacune des apparitions de Genest sur le théâtre, nous nous poserons la question de savoir s'il s'exprime par la bouche d'Adrian ou en son nom propre, essayant de deviner à quel moment il cessera d'être l'acteur Genest portant le masque d'Adrian pour se révéler comme Genest *devenu* chrétien, c'est-à-dire un autre lui-même. En même temps nous serons en mesure d'apprécier l'aveuglement des spectateurs païens qui ne sentent pas la vérité se profiler sous l'illusion dramatique.

Eux s'apprêtent à assister à la représentation d'un événement vécu et ne peuvent voir en Genest qu'un « imitateur ». D'où l'importance de la présence de Maximin parmi les spectateurs : puisqu'il a participé aux événements que les acteurs vont représenter, il est en quelque sorte chargé de veiller à l'exactitude de l'imitation. Ce rôle est particulièrement manifeste durant le premier entracte,[62] où, après avoir loué ce qu'il vient de voir, il s'affirme en véritable juge :

> L'art en est merveilleux, il faut que je l'avoue ;
> Mais l'acteur qui paraît est celui qui me joue,
> Et qu'avecque Genest j'ai vu se concerter.
> Voyons de quelle grâce il saura m'imiter.[63]

---

[60] *Ibid.*, v. 421-424, p. 958.
[61] *Ibid.*, v. 443-444 : « Et dans l'onde agitée où flottent mes esprits, / Terminez votre guerre et m'en faites le prix. »
[62] Cet entracte recouvre la dernière scène de l'acte II et la première scène de l'acte III de la pièce-cadre. Il correspond à la fin du premier acte de la pièce intérieure.
[63] Acte III, scène 1, v. 675-678, p. 967.

Ainsi les spectateurs intérieurs ne perçoivent que deux plans : le plan du vécu et le plan du récité. Et le plaisir qu'ils retirent du spectacle provient du rapport un peu trouble qui s'instaure entre ces deux plans. Perspective inverse de celle de Genest, donc, puisque celui-ci est en train de passer du récité au vécu.

Quant à nous, spectateurs réels, nous saisissons tous les plans : nous savons qu'il s'agit d'un événement vécu, qui va être revécu au théâtre sous une illusion, avant que, la réduplication se projetant dans le futur, il soit revécu réellement. L'ambiguïté de notre perspective n'en est que plus profonde. Car nous sommes d'autant moins capables de distinguer le moment où Genest cesse d'imiter le héros chrétien pour le devenir lui-même, que les remarques des spectateurs intérieurs nous attirent toujours vers le niveau inférieur, nous forçant à croire que les accents chrétiens de Genest paraissent vrais parce que l'acteur imite à la perfection le comportement d'Adrian.

Rotrou ne s'est pas contenté d'utiliser les spectateurs intérieurs pour susciter cette ambiguïté ; la structure même de la pièce y contribue. De l'acte II à l'acte IV, sa progression repose sur le déroulement de la pièce intérieure, ainsi que sur l'alternance entre la réalité (spectateurs, et acteurs dans l'exercice de leur profession) et la fiction. Or il n'y a pas d'alternance entre le plan de la fiction (Genest jouant) et le plan de la vérité divine (Genest devenant chrétien) : à aucun moment nous ne retrouvons Genest seul, comme à l'occasion de la répétition ; jusqu'à la scène 5 de l'acte IV, aucun aparté, aucune réplique intercalée ne viennent nous donner la moindre indication. Le spectacle se déroule tout uniment, et nous ne pouvons que nous poser des questions.

Ces questions cessent dès que Genest, sans interrompre la représentation, s'adresse à l'acteur qui lui donne la réplique en l'appelant par son nom véritable, et non plus par son nom de rôle, tout en lui déclarant que désormais lui-même s'exprime en son nom propre :

> Ah, Lentule ! en l'ardeur dont mon âme est pressée,
> Il faut lever le masque et t'ouvrir ma pensée ;
> Le Dieu que j'ai haï m'inspire son amour ;
> Adrian a parlé, Genest parle à son tour !
> Ce n'est plus Adrian, c'est Genest qui respire
> La grâce du baptême et l'honneur du martyre.[64]

[64] Acte IV, scène 5, v. 1243-1248, p. 986.

L'ambiguïté qui durait depuis que Genest s'était senti « l'enjeu d'une sorte de psychomachie »[65] est donc levée, conformément à ce que nous attendions depuis la répétition de l'acte II : la nécessaire assimilation du comédien à son rôle, volontaire d'abord, involontaire par suite de l'intervention divine, est devenue irréversible.

Malgré tout, l'illusion se poursuit pour les spectateurs intérieurs : loin de remarquer que Genest a jeté bas le masque — ce qu'il a fait clairement pourtant —, ils restent confondus d'admiration devant l'art du comédien à « passer de la figure aux sentiments d'autrui ».[66] Donc, au moment où Genest a cessé d'hésiter entre lui-même et son double et où, par là même, le dédoublement de l'action ayant cessé, la feinte rejoint la réalité, le public a l'impression que le comédien est tellement pris par son rôle qu'il se dédouble véritablement, le masque prenant provisoirement le pas sur l'acteur.

Curieusement, le flottement des acteurs, persuadés que Genest a un trou de mémoire et qu'il s'efforce d'y suppléer — autre type d'illusion —, renforce cette admiration des spectateurs. A leurs yeux, si les partenaires de Genest sont incapables de lui donner la réplique, c'est qu'acteurs ordinaires, ils n'ont pas réussi à atteindre le même degré de métamorphose :

> Pour tromper l'auditeur, abuser l'acteur même,
> De son métier, sans doute, est l'adresse suprême.[67]

Il faut se garder de taxer d'invraisemblance la réaction des spectateurs. Elle est conforme à ce qu'un dramaturge attendait de son public au XVIIe siècle : tellement pris par l'illusion dramatique qu'il accepte tout, et, sur le plan symbolique, tellement pris par le théâtre du monde qu'il n'aperçoit pas l'acteur qui s'en détache.

Tant bien que mal, la représentation se poursuit pendant deux scènes encore, et, avec elle, l'illusion. Les acteurs, décontenancés par la sortie de Genest, oscillent entre le plan de la fiction et le plan de la

[65] J. Schérer, *Théâtre du XVIIe siècle,* tome I, p. 958, n. 3.
[66] Acte IV, scène 5, v. 1261-1262, p. 987.
[67] *Ibid.,* v. 1263-1264, p. 987. Notre explication contredit sur ce point l'interprétation que J. Rousset (*L'Intérieur et l'extérieur,* pp. 158-159) a donnée de ces mêmes vers en les extrayant de leur contexte. Croyant que « l'acteur » désigne Genest, il en déduit que l'art du comédien doit être de s'abuser soi-même », qu'aux yeux des « naïfs spectateurs », « le séducteur commence par se séduire soi-même ». S'il est vrai que l'acteur doit d'abord « s'illusionner soi-même » (cf. *infra,* p. 275, la place de cette réplique indique que Rotrou a cherché expressément à justifier le flottement des autres acteurs.

réalité. Les uns tentent de remplir le vide en improvisant,[68] les autres expliquent aux spectateurs que Genest s'est laissé entraîner par son rôle.[69] Et les assistants de rire de l'aveuglement des comédiens devant l'art de Genest. Le trouble des acteurs, loin de les irriter, renforce leur admiration pour le comédien. Aussi, lorsque celui-ci rentre en scène pour théâtraliser sa conversion en s'adressant directement à Dieu, son invocation occasionne un dernier échange de répliques entre les spectateurs :

> MAXIMIN
> Il feint comme animé des grâces du baptême.
>
> VALERIE
> Sa feinte passerait pour la vérité même.
>
> PLANCIEN
> Certes, ou ce spectacle est une vérité,
> Ou jamais rien de faux ne fut mieux imité.[70]

Le rapprochement des notions « feinte » et « vérité » contenu dans la réplique de Valérie indique que l'on est enfin parvenu au point de rupture de l'illusion. Le conditionnel montre que les spectateurs sont désormais prêts à accepter l'évidence, et qu'il ne suffit plus que d'un léger coup de pouce pour qu'ils comprennent leur erreur ; la reprise de la même idée par le préfet Plancien, sous la forme non plus d'une éventualité, mais d'une alternative, souligne que le point limite est atteint.

Pourtant, ils supporteront encore une trentaine de vers, et Dioclétian exprimera son irritation[71] seulement après que Genest se sera révolté contre leur aveuglement :

> Dieu m'apprend sur le champ ce que je vous récite ;
> Et vous m'entendez mal, si dans cette action
> Mon rôle passe encor pour une fiction.[72]

Mais à ce moment, chez Rotrou, l'apologiste de la religion chrétienne prend le pas sur l'homme de théâtre, et, contre toute vraisemblance, il permet à Genest de prononcer une longue tirade inspirée.

[68]   Un « soldat » interprète son refus de rentrer en scène par la peur du supplice qui attend Adrian : « Ceux qu'on mande à la mort ne marchent pas sans peine » (acte IV, scène 6, v. 1268).
[69]   *Ibid.*, v. 1272-1273 : « Le plus heureux, parfois, tombe en cette disgrâce ; / L'ardeur de réussir doit le faire excuser. »
[70]   Acte IV, scène 7, v. 1283-1286, p. 988.
[71]   « Votre désordre enfin force ma patience... » (*Ibid.*, v. 1319, p. 989).
[72]   *Ibid.*, v. 1316-1318.

Bien plus, non seulement cette tirade ne suffit pas à déciller totalement les yeux de l'Empereur,[73] mais il faut que Genest aille jusqu'à le tutoyer et à blasphémer contre les dieux païens, pour qu'il comprenne que la fiction est interrompue depuis longtemps, et se décide enfin à le faire arrêter.

Il semble bien que Rotrou se soit souvenu sur ce point de la tirade prononcée par le Genest de Desfontaines : il a senti la force que pouvait prendre une profession de foi lorsqu'elle était théâtralisée. C'est pourquoi il a laissé Genest s'exprimer *sur* le théâtre, sous les yeux des assistants qui persistent à ne voir en lui qu'un acteur, comme si c'était la scène qui faisait l'acteur, incapables de se situer par rapport à lui autrement qu'en spectateurs. Par ailleurs cette théâtralisation prend une dimension supplémentaire dans *Le Véritable saint Genest* où le public réel contemple de l'extérieur l'illusion dont sont victimes les spectateurs intérieurs, et a compris que Genest est *devenu* chrétien : le public du XVIIe siècle, habitué aux sermons théâtraux de nombreux prêtres, a dû recevoir cette profession de foi théâtralisée comme une véritable *prédication*.

b)   Le spectateur et son double

Le principe du dédoublement du spectateur est simple : un personnage de la pièce-cadre se voit représenté par un acteur dans la pièce intérieure. C'est le cas de l'empereur Maximin dans *Le Véritable saint Genest*. Puisque Genest doit représenter le martyre d'un homme condamné par Maximin, il est nécessaire que ce personnage soit représenté dans la pièce intérieure. A Genest qui s'excuse de cette liberté qui consiste à « représenter César à César », Maximin réplique :

> Oui, crois qu'avec plaisir je serai spectateur
> En la même action dont je serai l'acteur.[74]

Mais ce dédoublement n'est pas destiné à produire de l'illusion : le plaisir que recherche Maximin consiste non pas à hésiter entre lui-même et son masque, mais à apprécier l'exactitude avec laquelle son double saura l'imiter. C'est que Maximin est un personnage secondaire dans la pièce, et qu'en outre, son rôle est destiné à renforcer l'illusion née du dédoublement du personnage de Genest.

[73]   Croyant que Genest joue encore, il s'écrie : « Ta feinte passe enfin pour importunité. » (*Ibid.*, v. 1373, p. 990.)
[74]   Acte I, scène 5, v. 307-308, p. 953.

Pour que le dédoublement du spectateur fasse naître l'illusion, il faut que le personnage ne sache pas par avance qu'on le représente sur scène. C'est en se reconnaissant progressivement dans l'acteur qui joue devant lui que le personnage perd pied et se met à douter de sa propre personnalité, se croyant victime d'un enchantement. Pour que cette reconnaissance ait lieu, il faut que l'action du spectacle rappelle celle qui a été vécue par le spectateur : au dédoublement du personnage doit correspondre la réduplication de l'action. Lisidor, le héros des *Songes des hommes éveillés* de Brosse, est victime de ce jeu de miroir. On le fait assister à la représentation d'une pièce dont il ignore et le titre et l'argument. Il sait seulement qu'il doit se taire, quel que soit l'étonnement que pourrait susciter en lui le déroulement du spectacle. Il sait aussi que l'action est jouée par trois personnages, dont les rôles sont tenus par Clorise, soeur du « démiurge » Clarimond, Lucidan, son amant, et une nièce de Clarimond, dont il ne connaît ni le nom ni le visage.[75]

Quand le rideau se lève,[76] Clorise et Lucidan sont en scène. Répondant aux questions de sa partenaire, le personnage représenté par Lucidan raconte sa rencontre avec sa fiancée et la naissance de leur amour. Or, reconnaissant au fur et à mesure sa propre histoire, Lisidor ne cesse d'interrompre les acteurs, rappelé à l'ordre par Clarimond qui lui fait croire qu'il se laisse emporter par quelques analogies. Aussi finit-il par se résigner à considérer l'histoire représentée comme seulement semblable à la sienne.

Dès lors la perspective change : jusqu'au récit du naufrage qui a vu la disparition de sa fiancée, les commentaires de Lisidor témoignent de l'oscillation de son esprit entre l'illusion (accepter l'histoire comme proche de la sienne) et la certitude indignée (c'est *son* histoire). Tantôt il se contente de *comparer* certains détails entre eux (« par cette adresse *aussi*... » ; « c'est ainsi que... »), tantôt il les considère comme siens (« c'est *mon* malheur »). Et il touche au comble du désarroi quand l'acteur conclut la narration du naufrage en insistant sur le caractère vécu de tout ce qu'il vient de raconter (« Voilà de mon malheur l'histoire véritable ») : le ton modéré de son intervention (« Mais c'est plutôt du mien le récit lamentable ») indique qu'il est toujours à mi-chemin entre l'illusion et la certitude.

La scène suivante ne contient que l'annonce de l'arrivée d'un « cavalier », dont le rôle, on le sait, doit être tenu par la mystérieuse

---

[75] Acte V, scène 2.
[76] La pièce intérieure commence à la scène 3 de l'acte V de la pièce-cadre.

nièce de Clarimond, que celui-ci avait décrite à Lisidor comme une actrice professionnelle. Détail qui a son importance quand on sait que les acteurs de l'époque étaient requis d'avoir au plus haut point le don de la métamorphose et de l'imitation. Aussi quand Lisidor reconnaîtra en elle son Isabelle, sera-t-il facile de lui remontrer son erreur.

De fait, dès que le « cavalier », à son entrée, se découvre, le faux et le vrai Lisidor la reconnaissent. Or, tous ceux croient être victimes d'une illusion de leurs sens, la réaction de son double devançant celle de Lisidor. L'ambiguïté de la situation est absolument remarquable : une actrice paraît sur la scène devant l'acteur qui reconnaît en elle le personnage dont il venait de raconter la disparition ; le rôle de celui-ci consiste donc à jouer l'incrédulité. Or cette actrice est reconnue par le spectateur pour être sa *vraie* fiancée disparue ; aussi sa réaction double-t-elle celle de l'acteur. Mais le sentiment d'illusion qui le gagne tient aussi au fait qu'Isabelle apparaît par la médiation de la pièce intérieure : elle *est* une actrice qui *joue* le personnage de la fiancée disparue et qui *est* Isabelle. Lui-même n'en croyant pas ses yeux, Clarimond n'a aucune peine à le convaincre qu'il nage en plein rêve.[77]

Mais l'illusion n'a pas atteint à son comble, car Lisidor ne se sent pas encore dépossédé de sa personnalité : il hésite entre l'histoire représentée et la sienne propre, entre l'actrice qu'il voit et son Isabelle, mais pas encore entre lui-même et lui-même parce que le personnage joué par Lucidan est, tout au plus, son double. Ce dernier pas est franchi quand Lucidan se désigne nommément comme Lisidor :

LUCIDAN
Est-ce vous que j'embrasse ?

ISABELLE
Est-ce vous que je vois ?

LUCIDAN
N'en doutez nullement, c'est Lisidor lui-même.

Lisidor n'y tient plus (« Il vous trompe Madame »), mais un dernier rappel à l'ordre de Clarimond, impassible, achève sa confusion :

Je ne parlerai plus, je suis trop interdit.

[77] CLARIMOND : « Vous rêvez. » LISIDOR : « En effet mon Isabelle est morte. »

260

De fait, convaincu qu'il a cessé d'être lui-même, il laissera Isabelle raconter à son autre lui-même les aventures qui ont fini par la conduire jusqu'au château de Clarimond.

À la fin du récit, le passé rejoint le présent, et il est temps pour Isabelle de se tourner vers celui qu'elle est venue retrouver, c'est-à-dire de mettre fin au jeu du dédoublement et de dissiper l'enchantement dont Lisidor se croyait victime :

> Enfin j'arrive ici, sans pouls, non sans courage,
> Le feu dedans le coeur, et l'eau sur le visage,
> J'y rencontre celui que je venais chercher,
> Il me voit, il m'entend, et n'ose m'approcher,
> Il soupçonne ses yeux d'erreur et de mensonge,
> Tout éveillé qu'il est, il pense faire un songe.
> Je m'avance, il demeure, et froid à mes appas,
> Il voit son Isabelle et ne l'aborde pas.

On notera la pirouette au moyen de laquelle Brosse met fin à la pièce intérieure : alors qu'elle tendait depuis le début à convaincre Lisidor qu'il dormait tout éveillé, elle se termine sur un reproche adressé à Lisidor de s'être cru victime d'une illusion. Et puisque la réalité et le rêve théâtral se sont rejoints, Lisidor peut prendre la place de son double scénique et rejouer « réellement » la scène des retrouvailles.[78]

Remarquons qu'à partir d'une situation initiale équivalente, l'auteur d'*Elomire hypocondre* n'a pas su tirer parti des possibilités offertes par ce type de dédoublement. On présente en effet à Elomire une comédie qui met en scène son propre personnage sous des dehors ridicules, alors qu'il s'attendait à assister à un agréable divertissement. Or, à aucun moment la continuité de la pièce intérieure n'est interrompue par un retour au niveau de la pièce-cadre : les réactions du véritable Elomire, que l'on attendrait aussi violentes que celles de Lisidor, sont négligées jusqu'à la fin de l'enchâssement.[79] Non seulement Le Boulanger de Chalussay ne s'est pas préoccupé de la vraisemblance qu'une telle situation réclamait, mais, en outre, il s'est privé des jeux d'illusion qu'elle permettait et grâce auxquels il aurait pu rendre plus ridicule encore la figure d'Elomire.

---

[78] Quand Isabelle a terminé son reproche ironique : LISIDOR : « Ha Madame. » ISABELLE : « Ha Monsieur. »

[79] Quand le rideau a été baissé sur « Le Divorce comique », à la fin de l'acte IV, Elomire se contente de dire à son valet qu'il « en tient » et qu'il compte se venger (*éd. cit.,* p. 1279).

4. *Le dédoublement du comédien*

Ce n'est pas un hasard si Gougenot et Scudéry ont donné le titre de « *Comédie des comédiens* » à leurs pièces. Ce titre est, à lui seul, révélateur du dédoublement qui constitue le fondement des deux oeuvres, puisqu'il indique que les personnages principaux en sont des acteurs, et, partant, que des acteurs vont représenter d'autres acteurs. Pour peu que les actions et les caractères de ces comédiens représentés soient vraisemblables — et nous avons vu que la plupart des auteurs de comédies des comédiens les ont mis en scène de façon réaliste —, le spectateur sera immédiatement porté à hésiter sur la vraie personnalité de ceux qui les jouent : à quel moment sont-ils vraiment eux-mêmes ? sont-ils conformes à leurs personnages ? Certes, il est des cas où ils ne sont pas désignés autrement que par le terme *d'acteur*[80] : l'illusion n'est guère possible alors. Puisqu'il n'ont pas de nom de rôle, le public ne doute pas qu'ils représentent des personnages imaginaires. L'ambiguïté commence avec le nom. Si l'acteur X entre en scène en se présentant comme l'acteur Y, on hésitera entre son masque et son visage. Mais s'il apparaît sous son propre nom, l'incertitude sera plus grande encore, car on se demandera s'il se présente tel qu'il est vraiment dans la vie ou tel que l'auteur a voulu le montrer.[81]

a) Le comédien et son masque

Il n'est guère que deux comédies où les acteurs ne jouent pas sous leur propre nom : *La Comédie des comédiens* de Scudéry et *Ragotin ou le Roman comique* de Champmeslé. Il faut mettre à part celle-ci, pièce burlesque dénuée de toute vraisemblance et dont les personnages avaient été suffisamment popularisés par le roman de Scarron pour qu'il fût impossible de les assimiler aux comédiens qui les représentaient. Par contre Scudéry a revêtu ses personnages de noms de comédiens vraisemblables. La liste des *dramatis personae* énumère ainsi, dans l'ordre de leur entrée en scène : Belle Ombre, Harlequin, Le Tambour, Belle Fleur, Belle Espine, Beau Séjour, Beau

---

[80] C'est le cas de *La Comédie de la comédie* de Dorimond, du *Comédien poète* de Montfleury, et, en ce qui concerne la catégorie des « comédies au château », du *Baron de la Crasse* de Poisson, ainsi que de *L'Inconnu* de Thomas Corneille.

[81] Ne sont pas concernées par cette problématique les deux « tragédies des comédiens », puisqu'elles mettaient en scène des comédiens censés avoir vécu plusieurs siècles auparavant.

Soleil..., noms qui sont d'autant plus « vrais » qu'ils ont été expressément formés pour tourner en dérision ceux des comédiens de la troupe — rivale — de l'Hôtel de Bourgogne, Bellerose, Beaupré, Beauchasteau.[82] Toutefois le public du Marais ne pouvait guère hésiter sur la vraie personnalité des acteurs, Scudéry ayant pris soin de les présenter comme les membres d'une troupe itinérante et de placer l'action à Lyon. Eliminer dès l'abord tout risque d'hésitation chez les spectateurs, tel est, à première vue, le but du prologue que le dramaturge fait prononcer par Montdory, le chef de la troupe du Marais.

Dans ce prologue, souvent cité comme illustration des rapports entre le monde du théâtre et celui de l'illusion et de la folie,[83] Montdory paraît démonter le mécanisme de l'illusion en présentant ses compagnons comme des insensés qui prétendent se faire passer pour ce qu'ils ne sont point :

> Ils veulent me persuader que je ne suis point sur un théâtre ; ils disent que c'est ici la ville de Lyon, que voilà une Hôtellerie, et que voici un jeu de paume où des comédiens, qui ne sont point nous, et lesquels nous sommes pourtant, représentent une Pastorale. Ces insensés ont tous pris des noms de guerre, et pensent vous être inconnus en s'appelant Belle Ombre, Beau Soleil... Ils veulent que vous croyiez être au bord du Rhône et non pas à celui de la Seine ; et sans partir de Paris ils prétendent vous faire passer pour des habitants de Lyon : à moi-même, ces Messieurs des petites Maisons me veulent persuader que la Métempsychose est vraie, et que par conséquent Pythagore était un Evangéliste, car ils disent que je suis un certain monsieur de Blandimare, bien que je m'appelle véritablement Montdory...[84]

Faut-il interpréter ce discours comme la preuve que « Montdory ne sait plus s'il est Montdory ou monsieur de Blandimare, lui-même ou son personnage », comme le pense J. Rousset ?[85] Tout selon nous, indique le contraire. Ce que refuse Montdory, c'est de se laisser prendre — et le public avec lui — par le piège de son masque. Il est le chef de la troupe du Marais, et ses compagnons en sont les membres ; le reste n'est que fiction théâtrale. En mettant à jour l'illusion

---

[82]   A l'acte II de *La Comédie,* Scudéry fait ironiser Mr de Blandimare sur ces comédiens dont les terres ont des appellations si proches les unes des autres qu'« il est bien difficile qu'on ne les prenne l'une pour l'autre », et qui « seuls possèdent toutes les beautés de la nature » (scène 1, l. 206-211, p. 15).
[83]   J. Rousset, *La Littérature de l'âge baroque,* pp. 70-71 ; M. Foucault, *Histoire de la folie à l'âge classique,* pp. 49-50 ; T.J. Reiss, *Toward dramatic illusion,* p. 130.
[84]   *La Comédie des comédiens, éd. cit.,* p. 8.
[85]   *Op. cit.,* p. 70.

qui peut naître de la confusion entre l'acteur et son rôle, Scudéry dénonçait précisément le jeu auquel s'était livré Gougenot dans sa propre *Comédie des comédiens*. Mais surtout — et en cela la finesse de Scudéry est bien plus grande qu'on ne le croit d'ordinaire — cette dénégation apparente de l'illusion recouvre en fait un trompe-l'oeil beaucoup plus profond.

Car, si l'on y prend garde, on constate que la fin du prologue jette le doute sur tout ce qui a été expliqué auparavant. Montdory refuse de se prêter au jeu de ses compagnons ? le prétexte de son départ est le désir — burlesque — d'aller prier pour eux à Saint Mathurin. S'apprête-t-il à partir ? il se rend compte aussitôt que le soleil est déjà trop bas. Puisqu'il en est ainsi, il se soumettra à la folie de ses compagnons.[86] Autrement dit, il va jouer le rôle qu'il ne voulait pas jouer : comédien lui-même, il va représenter un personnage qui devient comédien. Le prétexte de sa résignation est trop fallacieux pour que le public ne comprenne pas que tout cela n'était que des mots. Dès lors que peut-il retenir de cette fausse mise en garde ? un conseil :

> Cependant (Messieurs) ne les croyez pas, quoiqu'ils puissent dire, car je meure s'il y aura rien de véritable.

De fait, la pièce commence bien comme il l'avait annoncé: un monologue d'un nommé Belle Ombre devant une hôtellerie, à Lyon. Pourtant rapidement s'impose un climat de réalisme, dans la description de la vie des acteurs, qu'il est difficile de récuser ; plus loin, les comédiens entreprennent de représenter des oeuvres de Georges de Scudéry (une courte Eglogue et la pastorale) — qui est bien réel lui, et qui, en outre, est l'auteur de la pièce tout entière, y compris du fameux prologue. Dès lors, où est le vrai, où est le faux ?

Certes, au départ il est impossible de confondre Montdory avec ce Mr de Blandimare qu'il représente. Pourtant ce personnage se fait acteur au cours de la pièce, et participe avec les autres à la représentation de la pastorale : dans ce nouveau rôle qu'il joue, est-il Montdory ou bien Blandimare ? Blandimare apparemment, puisque c'est sous ce nom qu'il s'adresse au public pour clore le spectacle. Mais quel spectacle? S'agit-il de la pastorale enchâssée, ou bien de *La Comédie des comédiens* ? Rien ne permet de répondre à cette dernière question. Par contre, on remarquera que la conclusion de Blandi-

---

[86] « Puisque je suis contraint de remettre mon voyage à demain, il faut nécessairement que je m'accomode pour aujourd'hui, à l'humeur de ces Passerellis. »

mare est l'exact correspondant du prologue de Montdory.[87] A ce moment le public peut légitimement hésiter sur la personnalité de Montdory ; *La Comédie des comédiens* avait commencé par un prologue récité par un acteur qui se présentait comme le comédien Montdory et refusait le masque de Mr de Blandimare que ses compagnons prétendaient lui imposer : elle se termine sur un adieu lancé par le même comédien, mais qui se présente cette fois sous les espèces de Mr de Blandimare, comédien lui-aussi. Certes Montdory peut bien avoir négligé de se dépouiller de la défroque de son personnage. Mais peut-on supposer Scudéry coupable d'une telle négligence ? La phrase du Prologue : « des comédiens, qui ne sont point nous, et lesquels nous sommes pourtant, représentent une pastorale » permet de répondre par la négative.

Si, en effet, cette phrase est destinée à empêcher que le public ne confonde les acteurs avec leurs rôles (« qui ne sont point nous »), elle entraîne un autre type d'illusion : que le spectateur hésite entre l'acteur et l'acteur (« qui ne sont point nous, et lesquels nous sommes pourtant »), c'est-à-dire entre lui-même et son passé. Car pour quelle raison Scudéry aurait-il mis en scène une troupe itinérante, au lieu de la troupe du Marais elle-même, comme Gougenot a mis en scène celle de l'Hôtel ? sans doute parce qu'il était dans toutes les mémoires que jusqu'en 1630, la troupe de Le Noir et de Montdory errait en province. Or, puisque les rapports entre les comédiens sont, dans l'ensemble, décrits de manière si réaliste, pourquoi les déboires de la troupe en province n'auraient-il pas le même caractère d'authenticité ? Ainsi, il est bien probable que, pour le public de l'époque, les acteurs aient paru rejouer ce qu'ils avaient vécu. C'est pourquoi, comme le dit le Prologue, ils sont eux-mêmes tout en ne l'étant pas.

Quant à Montdory, si les biographes savent qu'il a abandonné vers seize ans les études de droit pour se faire acteur, le public l'ignorait vraisemblablement, et, avant son départ de Paris avec Le Noir en 1624, il n'était pas connu.[88] Aussi rien n'empêche les spectateurs

---

[87]   Acte III, scène 4 : « (...) pour vous, Messieurs, si vous rendez ma prophétie véritable, en continuant de nous honorer de vos présences, nous vous promettons absolument de n'employer toutes les forces de notre esprit qu'à tâcher de faire quelque chose digne de l'excellence du vôtre. »
[88]   Apparu en 1622 dans la troupe du Prince d'Orange, qui ne se produisit qu'un mois à Paris, on le retrouve deux ans plus tard formant une troupe avec laquelle il allait disparaître en province durant six années. Cf. A. Adam, *Histoire de la littérature française du XVIIe siècle,* t. I, pp. 172-173 et 460.

de supposer que Montdory est entré dans la troupe dans des conditions analogues à celles de Mr de Blandimare. Suggérer que le célèbre acteur Montdory était un converti au théâtre était, en effet, particulièrement habile de la part de Scudéry : l'apologie des comédiens contenue dans ce spectacle ne pouvait en sortir que renforcée. Tout est fait pour le laisser supposer au public, mais aussi, soulignons-le, tout est nié d'avance (« car je meure s'il y aura rien de véritable »).

Tout est faux, donc, dans cette pièce, et, en même temps, tout est possible : les acteurs ne sont point eux-mêmes, tout en l'étant ; ils ne jouent pas une action véritable, tout en rejouant peut-être une tranche de leur passé ; Montdory n'est pas Blandimare, mais celui-ci affirme être l'admirateur et l'ami de Scudéry[89] comme l'était effectivement Montdory (le spectacle offert au public en est la preuve vivante), et, en outre, leurs deux rôles ne se distinguent plus à la fin de la pièce. Placée sous l'enseigne de la folie dès son Prologue, *La Comédie des comédiens*, quel que soit le degré de réalisme qu'elle peut atteindre par instants, n'abandonne jamais l'atmosphère illusoire et déréalisante que le discours liminaire de Montdory lui avait conférée.

b) Le comédien de soi-même

La Comédie des comédiens de Gougenot débute, comme celle de Scudéry, par un prologue, débité par l'orateur de la troupe de l'Hôtel de Bourgogne, Bellerose. Il n'y aurait rien là de très original, n'était que ce prologue est, en fait, partie intégrante de la pièce : les spectateurs s'imaginent voir le comédien Bellerose dans sa fonction traditionnelle d'*orateur*, alors qu'à leur insu il a déjà revêtu celle d'acteur, et prononce, sous son propre nom, un faux prologue qui constitue la première scène de la tragi-comédie.

L'illusion est donc mise en place d'emblée avec le doute suscité par le prolongement du prologue : « assistons-nous à la pièce elle-même ou à une brouille d'acteurs qui déborde sur la scène ? »[90] Sans doute la poursuite de la dispute fait vite comprendre au public que le prologue n'était qu'un trompe-l'oeil et que la pièce a effectivement commencé. Mais cette illusion ne disparaît que pour être remplacée par une autre, plus profonde : le doute sur la vraie personnalité des acteurs.

[89] Acte II, scène 1 ; *éd. cit.*, l. 283-290, pp. 17 et 364-370, p. 21.
[90] D. Shaw, *La Comédie des comédiens, éd. cit.*, Introduction, p. XVIII.

266

Dès que les spectateurs ont pris conscience d'avoir été trompés par un faux prologue, ils en déduisent que Bellerose a *joué* devant eux le rôle d'orateur, fonction qui est la sienne d'ordinaire, autrement dit, qu'il s'est joué lui-même. Or, inévitablement la question se pose de savoir si, en se jouant, il est encore lui-même, ou du moins conforme à lui-même ; la question s'étend aux autres acteurs de la troupe qui, tous,[91] se présentent en scène sous leur propre nom. Et elle avait d'autant plus d'acuité à cette époque que le public confondait volontiers les acteurs avec les rôles qu'ils représentaient, comme le rappelle Scudéry dans sa *Comédie*.[92] Ainsi Gougenot utilise cette naïveté pour faire jouer par les comédiens les personnages qu'ils incarnent traditionnellement, tout en laissant croire qu'ils se jouent eux-mêmes.

Si l'on veut tirer au clair le travail d'« illusionnisme » auquel s'est livré Gougenot, on constatera tout d'abord que les comédiens se jouent non pas vraiment eux-mêmes, mais en tant qu'acteurs : ils portent tous leurs « noms de guerre », et non pas leurs noms de baptême. Première ambiguïté donc, puisqu'on prétend nous les montrer dans leur vie privée, certains d'entre eux étant seulement en passe de devenir comédiens. D'autre part, les rapports qu'ils entretiennent entre eux ne correspondent pas à ceux qu'ils avaient à la ville. Ainsi Bellerose n'était pas le chef de la troupe des Comédiens du Roi, cette fonction étant assumée par Gros-Guillaume qui, dans la pièce, tient le rôle de valet de Gaultier-Garguille. De même, l'actrice qui représente la femme de Gaultier était, à la ville, l'épouse d'un autre comédien (Jean Valliot) ; quant à la femme de Boniface, elle était jouée par Mlle Beaupré.[93]

En vérité, ces distorsions sont de faible importance eu égard aux personnages que jouaient ordinairement ces acteurs : Bellerose étant spécialisé dans les rôles sérieux, il figure un chef de troupe très vraisemblable ; de même Gros-Guillaume, qui jouait toujours des valets ou des paysans, non seulement représente son personnage habituel, mais surtout aurait été difficilement accepté par le public comme directeur. Quant aux actrices, dont l'imagerie populaire faisait les

---

[91] Exception faite des comédiennes, comme nous le verrons plus loin.

[92] Acte I, scène 3 ; *éd. cit.,* l. 75-77, p. 11. Il est vrai que les acteurs jouaient, dans les farces du moins, toujours les mêmes personnages.

[93] Pour plus de détails, on consultera l'Introduction de D. Shaw, *éd. cit.,* pp. XI-XV.

« biens communs » de tous les hommes de la troupe,[94] l'ambiguïté de leur état-civil était sans conséquence.

Les trois autres acteurs, Gaultier-Garguille, Boniface et Turlupin sont tout à fait conformes à leurs personnages de farce : les deux premiers en vieux maris avares ou jaloux, le troisième en valet rusé. Il est inutile de s'attarder ici sur le Capitaine,[95] dont le surnom tient lieu de nom et résume à lui seul tout le personnage, invariable. Ainsi, l'exacte conformité de ces personnages compense largement les légères distorsions que nous avons relevées précédemment.

Telle est donc l'illusion mise en place par Gougenot : il prétend offrir aux spectateurs une tranche de la vie réelle des comédiens, alors qu'il construit une intrigue vraisemblable autour de l'idée que le public se faisait de ces mêmes comédiens. On est en présence d'un remarquable détournement de l'illusion dramatique : les spectateurs de l'époque tenant non seulement pour vraisemblable, mais pour *vrai* ce qu'ils voyaient, les tromper tout en paraissant les satisfaire révèle chez Gougenot une parfaite conscience des possibilités d'illusion offertes par le théâtre, aussi bien que de ses propres moyens.

Ne croyons pas que la réussite de Gougenot tienne à la seule naïveté du public de l'époque qui n'en était qu'au stade de la découverte du théâtre moderne. Trente ans plus tard, il est bien dégrossi, et cela n'empêche pas Molière de s'essayer à son tour aux jeux d'illusion engendrés par cette forme particulière du dédoublement qui consiste à faire jouer par l'acteur son propre personnage. Evidemment, les moyens mis en oeuvre se sont, parallèlement à l'esprit critique du public, affinés : qui croit encore en 1663 que les acteurs sont dans la vie courante ce qu'ils paraissent sur scène ? à moins de supposer Molière atteint de tous les défauts de ses congénères... L'idée que le public peut se faire d'un acteur s'est considérablement rétrécie : il n'est plus qu'un visage multiforme, et nul ne peut interpréter son caractère à partir de ses rôles. Or *L'Impromptu de Versailles* est en partie oeuvre de circonstance : la querelle de *L'Ecole des femmes* faisant rage, entraînant quantité de ragots sur la vie privée de Molière, il lui fallait non seulement répliquer sur le plan artistique,

---

[94]   Cf. la tirade de la Beau Soleil dans *La Comédie* de Scudéry (acte I, scène 3 ; *éd. cit.,* l. 71-111, pp. 11-12) : « (les spectateurs) croient que la femme d'un de vous autres m'est indubitablement de toute la troupe ; et s'imaginant que nous sommes un bien commun... »
[95]   Le Capitaine étant un cas pathologique confinant à la folie, nous l'étudierons plus loin (voir *infra*, pp. 278-279).

mais se présenter tel qu'en lui-même pour se nettoyer aux yeux du public de la boue dont ses adversaires l'avaient couvert. Les personnages qu'il avait créés ne lui étant d'aucun secours pour la circonstance, il ne lui restait plus qu'à se mettre lui-même sur la scène, à se faire comédien de soi-même.

L'Impromptu de Versailles présente donc au spectateur la séquence suivante : Molière joue Molière qui répète du Molière dans une pièce de Molière. Or, malgré les progrès du public, la loi fondamentale de la dramaturgie de l'époque reste l'illusion dramatique. Aussi Molière sait-il bien que, du moins durant le temps de la représentation, les spectateurs vont « croire » à son personnage. Cependant, dans la mesure où ce qui est sur une scène de théâtre, tout en paraissant réel, est frappé d'irréalité, l'hésitation se fait jour, et la question se pose de savoir si Molière est bien Molière quand il représente Molière. Question évidemment insoluble, qui fait perdre pied au spectateur. Ainsi le dramaturge peut donner de lui-même l'image qu'il veut. Car, ne l'oublions pas, tout personnage est un masque. Dans *L'Impromptu*, Molière met le masque de Molière et présente une certaine image de lui, celle qu'il veut que le public retienne.

L'Impromptu aurait pu n'être qu'une suite de discussions entre les acteurs de la troupe, sorte de nouvelle *Critique de l'Ecole des Femmes* sans masques de marquis, coquettes ou honnêtes hommes. Il n'y aurait eu là rien que de très vraisemblable, de telles discussions ayant certainement eu lieu tout au long de la « querelle » ; car on ne peut imaginer que Molière ait pu se passer des conseils et du réconfort de ses amis. Mais le risque était grand de voir toutes ses intentions annihilées par le phénomène de la dénégation, puisque tout comédien qui entre en scène porte automatiquement aux yeux du public un masque, fût-ce le sien propre. La répétition enchâssée éloigne ce risque.

D'une part, en effet, nous l'avons montré, toute inclusion d'un espace désigné comme fictionnel dans une action dramatique dégage par contre-coup une zone non-fictionnelle que les spectateurs perçoivent comme réelle : la répétition à laquelle se livrent les comédiens à partir de la scène 3 de *L'Impromptu* confère à tout le reste les apparences du vrai. La discussion qui l'entoure cesse de paraître fictive — ce qui la distingue de celle de *La Critique*. D'autre part, les comédiens se mettent à jouer des personnages, et, partant, cessent d'être considérés eux-mêmes comme personnages. Molière quitte donc le masque de Molière pour celui d'un marquis et, ce faisant, redevient Molière, l'acteur que le public connaît ; Molière tel qu'en lui-même. Telle est donc la profonde ambiguïté contenue dans cette courte pièce : Molière se jouant lui-même, les spectateurs croient à son personnage, tout en sachant bien que ce n'est qu'un personnage, jusqu'au moment où il représente un autre personnage, ce qui transforme son rôle précédent en présence scénique non-fictionnelle.

Baron, dans *Le Rendez-vous des Tuileries ou le Coquet trompé*, voudra imiter Molière en se mettant en scène à son tour : lui aussi se présente comme un auteur en butte à une cabale qui veut faire tomber sa pièce, *Le Coquet trompé*. Il refuse de jouer et, pendant neuf scènes, nous assistons aux discussions des acteurs — les uns prenant le parti de Baron, les autres s'opposant à lui — jusqu'à ce que le plus sage d'entre eux, La Thorillière, trouve un moyen terme et apaise les esprits. Puis apparaît à la scène 10 un « fâcheux des coulisses », nettement décalqué sur celui de *L'Impromptu* (Baron va jusqu'à lui faire prononcer les mêmes répliques !), qui se révèle être l'un des futurs siffleurs. Cela montre que Baron — sans même parler de son manque d'originalité — n'a pas su jouer avec l'illusion que les neuf premières scènes avaient mise en place : alors que le public pouvait se demander si la cabale était réelle, et si, partant, Baron feignait la peur ou l'éprouvait réellement, l'entrée du marquis cabaleur vient tout détruire : puisque les siffleurs sont sur la scène, tout n'est donc que feinte.

Quinault dans sa *Comédie sans comédie* et Poisson dans son *Poète basque* ont aussi fait jouer par des comédiens leur propre rôle. Mais seul le premier a cherché en partie à exploiter l'ambiguïté fondamentale de cette situation. Dans *La Comédie sans comédie*, les comédiens, Jodelet, Hauteroche, Chevalier, La Roque et La Fleur sont engagés dans une intrigue imaginaire, et les trois personnages féminins se présentent sous des noms de rôle traditionnels (Polixène, Aminte et Silvanire) ; en outre Jodelet joue le rôle de valet de Hauteroche, et l'on ne nous laisse entendre nulle part qu'il est ou peut devenir comédien. Chevalier lui-même est présenté comme le fils d'un marchand et ses rapports à la comédie se bornent à avoir « toujours du Théâtre estimé les douceurs » (I, 7). Toutefois l'hésitation est permise puisque tous deux participent à la représentation des quatre spectacles enchâssés. Seul La Fleur, dans le rôle d'un marchand si hostile au théâtre qu'il refuse de laisser marier ses deux filles et son fils à des gens de la profession, reste exempt de toute ambiguïté.

L'illusion est donc provoquée presque exclusivement par le rôle des acteurs Hauteroche et La Roque. Ils sont à la fois héros de l'intrigue de la pièce-cadre — ils cherchent à obtenir la main des deux filles de La Fleur, et, après avoir donné une sérénade à celles-ci, ils persuadent leur père des bienfaits du théâtre —, et comédiens à part entière, puisqu'ils se présentent comme tels et organisent la représentation des quatre pièces « démonstratives ». Aussi, lorsqu'ils se livrent devant La Fleur à la défense du métier de comédien, le public peut-il se demander qui ils représentent vraiment : eux-mêmes, et dans ce cas l'apologie du théâtre dépasse le personnage pour s'adresser au public tout entier ?[96] ou bien leur double, et l'apologie serait destinée au seul marchand, personnage symbolisant l'ancienne génération hostile au théâtre et devenue sujet de risée, et, par là-même, de comédie ? D'autant que les spectateurs ont déjà assisté à un pareil jeu entre l'être et le paraître, illusion à laquelle La Fleur s'était d'abord laissé prendre : n'osant se présenter en tant que comédiens, ils se sont d'abord décrits sous les attributs des rôles qu'ils avaient représentés au théâtre, rois, héros, conquérants (La Roque), ou d'après la haute position sociale que leur donnait la fréquentation des Grands, amateurs de théâtre ; illusion d'autant plus imparable que Hauteroche était effectivement né de parents nobles. En rappelant ainsi l'ambiguïté qui préside à la représentation de personnages (où s'arrête la frontière entre l'acteur et son rôle ?), Quinault a cerné à son tour un aspect du phénomène du comédien de soi-même.

Comme l'indique le titre, *Le Poète basque* a pour personnage central un prétendu poète provincial qui vient proposer sa production aux comédiens de l'Hôtel de Bourgogne. Hauteroche, Floridor, la Beauchâteau, la Poisson, entre autres, y paraissent, mais ils ne sont tout au plus que les faire-valoir des ridicules du poète. Ils ne laissent rien transparaître qui puisse faire hésiter le spectateur entre eux-mêmes et leur rôle. C'est que l'objectif de Poisson n'était pas d'exploiter les possibilités d'illusion offertes par la représentation de leur propre rôle par les comédiens, mais de faire rire les spectateurs par des situations burlesques. Au reste, la courte pièce intérieure n'est pas jouée par les membres de la troupe, mais par le poète et son

[96] Mais le public a-t-il encore, en 1657, besoin d'être convaincu ?

271

valet. On ne retrouve donc pas la structure habituelle : le comédien joue un personnage qui s'apprête lui-même à représenter un personnage imaginaire. Ici le « comédien de soi-même » est spectateur et n'est censé devenir acteur qu'à la fin de la pièce, quand, débarrassé du poète basque, il peut commencer le vrai spectacle, spectacle que nous ne verrons pas.

5. *Le dédoublement du spectateur*

La structure dramatique dans laquelle les spectateurs intérieurs sont physiquement présents sur la scène durant la totalité du spectacle enchâssé — la « structure chorale » —, permet quelquefois de passer du stade des illusions partielles que nous avons étudiées jusqu'à présent, à celui de l'illusion totale. Nous savons en effet que le public véritable avait tendance à s'identifier à ces acteurs assis sur un des côtés du théâtre, dont le rôle était de les doubler, et ce d'autant plus facilement que les bords de la scène étaient habituellement remplis de ces seigneurs qui songeaient à se faire admirer de la foule du parterre plutôt qu'à admirer eux-mêmes les acteurs. A la fois acteurs, donc, et spectateurs parmi les spectateurs. Mais l'identification ne se produit pas à tout coup. Le public ne peut se sentir dédoublé sur scène que s'il n'a pas de recul par rapport à celui qu'il regarde.

Nous avons vu que Rotrou et Brosse ont évité ce processus d'identification, le public véritable devant seulement *assister* à l'illusion à laquelle se laissent prendre les spectateurs intérieurs. Inversement, c'est par les commentaires des spectateurs intérieurs que Desfontaines est parvenu à imposer un trompe-l'œil au public tout entier. En faisant échanger à plusieurs reprises des répliques entre Dioclétian et ses conseillers sur l'admirable talent avec lequel les comédiens *feignent* les sentiments chrétiens, avec une insistance particulière pour l'art de Genest, Desfontaines n'a pas eu d'autre but que d'ancrer cette conviction dans l'esprit du public véritable. Evidemment, cet effet de dédoublement est bien amoindri par le fait que les spectateurs intérieurs sont censés être des Romains et non pas des sujets du roi de France. Même si, comme il est vraisemblable, les comédiens étaient habillés à la mode du XVIIe siècle, le public ne pouvait se garder d'un certain recul.

Par contre, lorsque le spectateur intérieur s'appelle Pridamant, et se présente sous les espèces d'un hobereau du XVIIe siècle, il n'y a plus d'obstacle au dédoublement. Il est vrai que Pridamant est un père à la recherche de son fils et, partant, manifeste un intérêt à l'égard du destin de Clindor différent de celui du spectateur de *L'Illusion* : mais Clindor est un héros trop sympathique et séduisant pour que le spectateur ne s'intéresse pas à lui et ne partage pas les inquiétudes de Pridamant. Aussi, toutes les illusions dont est victime celui-ci sont en fait destinées au spectateur. Bien plus, comme nous l'avons signalé plus haut, sa véritable fonction consiste à communiquer ses propres réactions au public, véritable destinataire du trompe-l'oeil élaboré par Corneille. C'est pourquoi *L'Illusion comique* est la seule pièce française à propos de laquelle on puisse parler d'illusion totale, comparable, dans une certaine mesure, à *La Comédie des deux théâtres* de l'Italien Bernini, dont le trompe-l'oeil résultait de l'application, dans tous les compartiments du spectacle, du principe du dédoublement : deux scènes, deux actions parallèles, et surtout un autre public disposé de l'autre côté de la deuxième scène (des figurants et des spectateurs peints en trompe-l'oeil).[97] Corneille, lui, n'a pas cherché à faire douter le public de sa propre réalité en lui opposant un autre public. Il l'a forcé à faire sienne la réalité de son double placé sur la scène de façon à ce que cette réalité se révélât illusoire non seulement pour le personnage, mais pour le spectateur qui s'identifiait à lui.

II. LA THÉÂTRALISATION DE L'ILLUSION

L'art théâtral de l'époque qui nous occupe repose sur un double *écart*, l'un concernant le comédien, l'autre le public. Le métier de comédien consiste à donner l'illusion du vrai sans s'y laisser prendre ; imiter sans devenir, comme le fait dire Rotrou à Genest. Jouer à réduire cet écard autant que possible, c'est faire naître le trompe-l'oeil, comme on a vu. Quant au public, il doit être conscient de n'assister qu'à une *représentation* du réel, tout en ressentant celle-

---

[97] Rappelons que la situation initiale de la comédie enchâssée dans *Elomire Hypocondre* est la même : un deuxième théâtre, un autre public et le personnage de la pièce-cadre qui se voit joué sur la scène. Mais Le Boulanger de Chalussay n'a pas cherché à en tirer le moindre effet d'illusion ; peut-être tout simplement parce que son oeuvre n'ayant pas été conçue pour la scène, il ne s'est pas préoccupé d'effets qui ne peuvent prendre toute leur force qu'à la représentation.

ci comme la *réalité* ; ici encore l'illusion naît de la réduction de cet écart, lorsque le dramaturge fait passer la représentation — ou un niveau de représentation — pour la réalité. Dans l'un et l'autre cas, le piège de l'illusion, c'est jouer à confondre, ou à faire confondre, les différences entre la « feinte » et la réalité. Le cri de Pridamant revenant de son erreur à la fin de *L'Illusion comique* en est l'exacte illustration : « J'ai pris sa mort pour vraie et ce n'était que feinte » indique que l'illusion est rompue, que l'écart entre la feinte et la réalité est rétabli et que la pièce, tout entière fondée sur l'effacement de cet écart, peut prendre fin. L'illusion terminée, tout rentre dans l'ordre, et la raison, un instant abusée, reprend ses droits.

Mais il arrive que la raison demeure absente et qu'au lieu de *jouer* à confondre les différences, l'esprit ne soit pas capable de les distinguer : prendre sérieusement le jeu pour la réalité est le signal de la *déraison*. Cette déraison peut n'être que temporaire, et c'est la classique perte de conscience occasionnée par le sommeil : le songe. Permanente, elle peut recevoir deux dénominations. Elle s'appelle *sainteté* lorsqu'elle est en fait l'accès à une « raison » transcendante, et *folie* lorsqu'elle est totalement incontrôlée, qu'elle n'est commandée par aucune transcendance. Genest, prenant le jeu pour la réalité, *devient* chrétien et accède à la sainteté sous le regard des spectateurs qui le jugent privé de sa raison ; le Capitaine, comédien mis en scène par Gougenot, conserve hors la scène sa défroque de soldat invincible et passe pour fou aux yeux de ses compagnons et du public.

Notre propos n'est pas de tenter de resituer nos pièces dans le contexte qui a vu éclore tant de pastorales, de tragi-comédies et de comédies mettant en scène des fous ou des dormeurs éveillés. Dans notre perspective, la question essentielle est de savoir pourquoi et comment les dramaturges ont théâtralisé ces thèmes. Constatons dès l'abord que, malgré certains titres prometteurs,[98] aucune des pièces de notre *corpus* n'a son action entièrement constituée par le développement de l'un de ces thèmes. Ou bien ils apparaissent au niveau de la pièce-cadre, et ils sont envisagés dans leurs rapports avec la pratique de l'art théâtral, ou bien ils sont théâtralisés, c'est-à-dire présentés comme spectacles à l'intérieur de la pièce-cadre.

[98] *Les Songes des hommes éveillés, L'Hôpital des fous* ou *Les Illustres fous, Les Fous divertissants.*

1. De l'illusion théâtrale à la folie

Le même dramaturge qui a démonté le processus d'illusion né de rapports du comédien et de son masque, Scudéry, a montré l'étroitesse de la frontière entre cette illusion et le monde de la folie. Car, comme l'a remarqué J. Rousset, le Prologue de Montdory présente « l'entrée dans l'univers théâtral comme un coup de folie ».[99] En fait, il s'agit plus exactement d'un cas limite : se mettre dans la peau de quelqu'un d'autre est déjà un exercice suffisamment périlleux pour que le jeu consistant à s'incarner dans un personnage qui est soi-même tout en ne l'étant pas ne débouche pas sur la déraison.[100] On sait d'ailleurs que *La Comédie des comédiens* est l'une des seules pièces où des acteurs se présentent comme étant des acteurs. D'ordinaire, la fonction de comédien consiste à se faire passer précisément pour quelqu'un d'autre que soi-même : héros, roi, berger, séducteur... Il s'agit pour lui, d'après d'Aubignac,[101] de faire « comme s'il n'y avait point de spectateurs », puisque « tous les personnages doivent agir et parler comme s'ils étaient véritablement Roi, et non pas comme étant Bellerose ou Montdory ». Autrement dit, pour faire naître l'illusion dans le public, le comédien doit d'abord s'illusionner soi-même.[102]

Mais l'on se doute qu'à faire plusieurs fois par semaine « comme si » l'on était roi, on courait le risque de se laisser griser par ses rôles. La tentation devait être grande de se prendre pour ce que l'on n'était pas, surtout pour certains acteurs passés du jour au lendemain de l'anonymat d'une boulangerie, par exemple, à la célébrité, à une époque où seuls les aristocrates étaient célèbres. Cette tentation a été remarquablement mise à jour par Quinault dans *La Comédie sans comédie.* Pour se présenter, le comédien La Roque met en avant les actions illustres qu'il a jouées et les prend à son compte :

> Quant à moi, pour parler avec sincérité,
> La fortune en naissant ne m'a pas bien traité ;

---

[99] *La Littérature de l'âge baroque,* p. 71.

[100] La thématique de la folie est présente dans ce Prologue à travers les mots ou expressions « extravagance », « quelque charme dérobe leur raison », « insensés », « Messieurs des petites Maisons », « esprit déréglé », « manie », « mélancolie » et bien sûr, « fol » et « folie ».

[101] *Pratique du théâtre,* chap. « Des spectateurs », cité par J. Rousset, *L'Intérieur et l'extérieur,* p. 171.

[102] C'est ce que dit Molière lui-même dans son *Impromptu,* lorsqu'il demande à ses acteurs de bien prendre le caractère de leurs rôles, et de se figurer qu'ils sont ce qu'ils représentent (scène I, p. 682).

> Mais, si lors son erreur me fut injurieuse,
> Elle a rendu depuis ma vie assez fameuse :
> Je me suis vu souvent un sceptre entre les mains,
> Dans un rang au dessus du reste des humains.
> J'ai de mille héros réglé les destinées ;
> J'ai vu dessous mes pieds des têtes couronnées,
> Et j'ai, par des exploits aussi fameux que grands,
> Vengé les justes Rois et détruit les Tyrans...[103]

L'habileté de cette présentation tient au fait que les plans de la réalité et de la fiction sont mêlés. La même « fortune » qui l'a fait naître roturier, l'a placé au dessus des humains ; La Roque a simplement omis de préciser « sur le théâtre ». Omission d'autant plus légitime que, comme l'a souligné d'Aubignac, le comédien qui joue le rôle d'un Roi doit oublier qu'il est sur le théâtre devant des spectateurs. Toutefois, Quinault ne cherche pas à faire passer ses comédiens pour des fous, et, lorsque La Fleur les presse de dire exactement ce qu'ils sont, ils s'avouent comédiens.

Mais tous les dramaturges n'ont pas eu le même respect pour les comédiens. Beys fait dire carrément par l'un des personnages des *Illustres fous* qu'à force de se prendre pour les rôles qu'ils jouent, ils se croient autres qu'ils ne sont, au même titre que des fous ; et il ajoute :

> On dirait que sans cesse ils sont sur le Théâtre,
> L'un se croit être Antoine et l'autre Cléopâtre ;
> Et pensent dans le monde être autant respectés
> Que tous les empereurs qu'ils ont représentés...[104]

Cette assimilation des comédiens à des fous explique pourquoi, inversement, Beys a théâtralisé la plupart des scènes où paraissent les pensionnaires de l'« Hôpital ». Les comédiens sont des fous, au même titre que les fous sont des comédiens que l'on vient considérer comme au spectacle. Don Alphrède, devant qui on vient de « lâcher » les fous, s'exclame : « Peut-on voir *une troupe* et plus grande et plus folle ? »[105] Plus loin, c'est le plus sensé des fous, le philosophe, qui remarque que « l'on vient en ce lieu *comme à la Comédie* » ; à quoi fait écho une réflexion de Don Alphrède quand le philosophe l'a quitté :

---

[103] Acte I, scène 5.
[104] Acte V, scène 5, v. 1455 sq.
[105] Acte I, scène 3, v. 267. Nous soulignons.

> Dieux ! que je suis confus parmi ces changements,
> Que ce fou paraît sage en de certains moments !
> Pour moi, je le prenais avant cette manie,
> Pour l'*Administrateur de cette Comédie*.[106]

Enfin, point culminant de cette « leçon », l'ultime théâtralisation d'un dialogue de fous a pour protagonistes un poète et un comédien.[107] Et c'est précisément de ce thème que Poisson se souviendra lorsqu'il reprendra à la fin du siècle le même sujet. Le titre l'indique d'ailleurs assez clairement : *Les Fous divertissants*. Toute la pièce est ordonnée non point autour des fous, mais autour des divertissements qu'ils offrent en tant que gens de théâtre.

Ce rapport entre la folie et les comédiens a été assez curieusement illustré par le même Poisson dans son *Poète basque*. Le héros est qualifié dès la première scène de « poète fou », et les comédiens qui attendent sa visite ne songent qu'à s'en divertir :

> Un poète qui vient vous y divertira :
> C'est un fou qui se croit un homme d'importance ;
> Divertissez-vous en, attendant qu'on commence.[108]

Nul ne songe à s'en débarrasser, et Floridor et ses compagnons tolèrent en souriant son discours de dramaturge mégalomane. Les choses se gâtent quand le poète veut essayer de les convaincre en faisant un bout d'essai : aidé de son valet, il entreprend de représenter l'une de ses pièces, *La Mégère amoureuse ou Le Blondin glacé près de la vieille en feu*, mais on l'interrompt assez rapidement pour le conduire aux « petites Maisons ».[109]

Ce changement d'attitude des comédiens nous parait significatif, en dépit du fait qu'il fallait bien que Poisson terminât sa pièce. Tant que le poète s'était cantonné dans son rôle de fou, tout allait bien : on s'en divertissait comme on se divertit d'un acteur, et les comédiens n'étaient pas fâchés d'être pour une fois en position de rire de quelqu'un. Rien ne va plus quand il *devient vraiment* acteur, quand il quitte la fonction de comédien involontaire pour celle de comédien volontaire. Tout se passe comme s'il était impossible d'être à la fois fou et comédien, la folie devenant par là-même absolue et intolérable. D'où la réaction de Floridor qui le fait enfermer.

---

[106] Acte I, scène 4, v. 377-380. Nous soulignons.
[107] Acte V, scène 2.
[108] Scène III.
[109] On lui laisse représenter l'acte I (scène 9 de la pièce-cadre) et on l'interrompt après quatre répliques de l'acte II (scène 10).

Mais c'est Gougenot qui, mieux que tous ses confrères, a su mettre en évidence l'étroitesse de la relation entre l'illusion dramatique et la folie. Le rôle du Capitaine dans *La Comédie des comédiens* constitue, en effet, une sorte de point limite. Ce personnage, soulignons-le, n'est jamais désigné autrement que par le nom de Capitaine, c'est-à-dire par son nom de rôle. Tandis que les autres conservent leurs « noms de guerre » (Bellerose, Beauchâteau, etc.), nous ignorons le sien. C'est que ce comédien ne jouait jamais autre chose que des rôles de capitan, à la différence de ses compagnons qui pouvaient en changer.[110] La fusion du comédien et de son rôle est ici en quelque sorte constitutive du personnage. Et, de fait, elle ne cesse jamais. Durant les trois premiers actes de la pièce, pendant que ses compagnons se montrent tels qu'en eux-mêmes (avec les réserves toutefois que nous avons apportées plus haut), il n'intervient dans leurs discussions que par ses rodomontades : (s'adressant à Gaultier et Boniface)

> Vous prétendez tous deux la préférence des personnages de Rois de la Comédie, sans considérer qu'il les faut représenter tantôt jeunes tantôt vieux, et puis de grande ou de petite stature. Je pourrais avec plus de droit que vous avoir cette ambition. Car, outre la disposition et proportion de mon corps, je me suis acquis dans la conversation des Rois une certaine majesté, qui me fait souvent prendre pour Prince par ceux qui me voient tout couvert de lauriers à la tête des armées. Je joins à cette gravité la partie recommandable de l'éloquence que j'ai aussi par dessus vous, le secret d'attirer les coeurs et les volontés.[111]

On voit que le traitement que fait Gougenot du personnage traditionnel du capitan ne manque pas de finesse : ce comédien qui se croit à la ville aussi exceptionnel que le personnage qu'il représente sur scène, pousse la déraison jusqu'à revendiquer le droit de jouer des personnages exceptionnels ; c'est son rôle, dont il ne peut se débarrasser, qui l'amène à prétendre à d'autres rôles.

Comme tous les personnages atteints de monomanie, il vit dans un monde clos, celui de l'héroïsme, dont il est impossible de le tirer. Ce n'est pas faute pourtant de lui remontrer que sa bravoure n'est que théâtrale et qu'il doit la garder pour le théâtre :

> Monsieur le Capitaine, changez de quartier : vous êtes trop connu en celui-ci. Attendez de faire vos rodomontades que vous soyez sur le

---

[110] D. Shaw dans sa présentation de *La Comédie* signale que le *Testament de Gaultier Garguille* énumère tous les acteurs de la troupe et mentionne « le vaillant Capitaine Fracasse » : le rôle efface donc la personnalité du comédien qui le remplissait, Louis Galian, dit Saint Martin (pp. XIV-XV).
[111] Acte I, scène 2 ; *éd. cit.,* l. 176-186, pp. 10-11.

Théâtre, et vous souvenez que sans moi, Mathieu le Crocheteur vous eût dernièrement, sur le pont-aux-doubles, réduit au point de ne faire jamais peur aux vieilles femmes.[112]

Mais c'est en vain qu'on lui rappelle qu'il y a d'un côté le monde du théâtre et de l'autre la dure réalité de la vie. Le Capitaine réplique à cette attaque en invoquant ses illustres prédécesseurs, « César, Pompée, Alexandre », etc. Or, sur ce point, son rôle est exactement conforme à celui de tous les capitans qui paraissent à cette époque sur le théâtre : il suffit de se reporter au Matamore de Corneille pour voir que toute dénégation de son héroïsme appelle automatiquement de sa part une invocation de ce type.

En d'autres termes, le Capitaine ne se contente pas de conserver hors de scène le caractère de son personnage ; il en garde même les réactions. L'effet comique est d'autant plus fort qu'il n'est pas, dans le théâtre de l'époque, de rôle aussi codé que celui du soldat fanfaron : en montrant qu'un comédien peut tout de même se laisser envahir par lui, Gougenot a exploité au maximum ce thème de l'identification de l'acteur à son rôle.

Il est même allé si loin qu'il a joué à renverser les termes de l'identification : pour les autres comédiens, le Capitaine ne doit pas son caractère bravache à son rôle; c'est au contraire parce qu'il le possède naturellement qu'il est capable de jouer son personnage sur la scène. Tel est le sens de la réprimande que Bellerose adresse à Guillaume et Turlupin pour s'être moqués du Capitaine :

> Il serait besoin pour rendre la chose accomplie[113] que chacun pour représenter sa partie avec moins de peine de l'étude, et plus d'apparence de la vérité, eût comme lui les inclinations et actions naturelles.[114]

La leçon est claire à travers la boutade : le métier de comédien consistant à donner les apparences de la vérité, il est nécessaire pour celui qui veut s'y vouer de dépenser beaucoup de peine à étudier, à moins qu'il ait la chance d'être fou.

D'une certaine manière, du Capitaine à Genest, il n'y a guère que l'écart entre un personnage comique et un personnage tragique. La déraison qui les affecte l'un et l'autre est causée par le phénomène d'identification de l'acteur à son rôle. Le Capitaine passe pour fou parce que, quittée la scène, il se comporte toujours comme « le Capitaine », et Genest est jugé insensé par les spectateurs et ses

---

[112]   Acte II, scène 2 ; l. 594-598, p. 23.
[113]   Que Turlupin et Guillaume fassent partie de la troupe.
[114]   *Ibid.*, l. 624-627, p. 24.

camarades quand il poursuit dans la vie le rôle de martyr chrétien qu'il vient de jouer. Certes, comme nous l'avons dit, la déraison de Genest est due à l'accession du héros à une raison supérieure. Mais seul le public véritable, formé par des siècles de christianisme, est capable d'appréhender correctement cette irruption de la transcendance qui transforme le comédien en saint martyr. Desfontaines et surtout Rotrou ont cherché à souligner l'incompréhension des autres personnages devant ce phénomène qui les dépasse. Quand Dioclétian et sa cour ont enfin compris que Genest s'exprimait en son propre nom, ils adoptent le point de vue des autres comédiens, selon qui Genest, dans son ardeur de réussir, s'est laissé entraîner hors de lui.[115] Valérie se demande : « parle-t-il de bon sens ? »,[116] Dioclétian parle de son « aveuglement »,[117] le préfet Plancien demande qu'on diffère son châtiment en attendant que son « esprit (soit) remis »,[118] et enfin Camille, la suivante de Valérie, le traite de « simple ».[119]

Au reste, que l'on parle de monomanie ou de sainteté, c'est toujours de la même sorte de folie qu'il s'agit: la folie par identification théâtrale. Dans tous les cas, en effet, même lorsque l'acteur ne sort pas des limites de son rôle, il oublie sa propre personnalité pour endosser celle d'un autre, fût-il un personnage imaginaire. C'est, à proprement parler, une *aliénation*. La création de l'illusion théâtrale est donc un exercice de folie temporaire.

2. *La théâtralisation de la folie*

« Le XVIIe siècle de Louis XIII, écrit J. Rousset, semble penser qu'il y a plus de fous qu'on ne croit, qu'à peu près tout le monde est fou. »[120] Effectivement les fous pullulent dans le théâtre de l'époque : jeunes gens, rois, guerriers, magiciens, amoureux, il n'est aucune catégorie de héros qui soit à l'abri de la démence. Il n'y a donc rien d'étonnant, puisque les fous emplissent le théâtre, à ce que le monde du théâtre lui-même soit peuplé de fous : les comédiens

[115] Acte IV, scène 6, v. 1272-1273 ; *éd. cit.,* p. 987 : « Le plus heureux, parfois, tombe en cette disgrâce ; / L'ardeur de réussir doit le faire excuser. »
[116] Scène 7, v. 1375, p. 991.
[117] *Ibid.,* v. 1389. Terme repris par Plancien, deux scènes plus loin, v. 1425.
[118] *Ibid.,* v. 1393.
[119] *Ibid.,* v. 1395, p. 992.
[120] *La Littérature de l'âge baroque,* p. 57.

sont à deux doigts de la folie, quand ils ne sont pas vraiment aliénés, et les poètes sont des mégalomanes. Dans un tel contexte, il était inévitable que les dramaturges songeassent à mettre des fous en position de héros d'une action dramatique enchâssée, ou encore, ce qui est beaucoup plus déréalisant pour le public, en position de spectateurs.

Beys est le premier dramaturge qui a eu l'idée de théâtraliser des scènes de folie : *L'Hôpital des fous,* qui date de 1634, n'est pas une simple galerie de maniaques comme le sera quelques années plus tard *Les Visionnaires* de Desmarets. Comme l'indique le titre, les fous sont dans un asile, c'est-à-dire qu'ils sont expressément désignés comme fous ; ils n'apparaissent que pour donner leurs manies à contempler par des personnages réputés normaux, et ils n'ont aucune fonction dans l'intrigue de la pièce. La signification de cette présentation est fournie par Beys lui-même à la dernière scène des *Illustres fous*, seconde mouture de *L'Hôpital*, où le Concierge s'adresse aux spectateurs en ces termes :

> Mais après avoir vu dans nos Illustres cages
> Tant d'admirables fous, croyez-vous être sages ? (...)
> Sans en mentir, Messieurs, quelques-uns d'entre vous
> Sont les Originaux des Illustres folies
> Dont nous n'avons été que les simples copies.[121]

On ne peut expliquer plus clairement que les scènes théâtralisées sont de véritables miroirs tendus aux spectateurs.

A cet égard, le choix des personnages présentés est très important. Ils se divisent en deux catégories : les mythomanes et les monomanes. Les premiers, les plus courants sur la scène de l'époque, n'apparaissent pas directement. C'est le Concierge qui en parle à ses visiteurs : la plupart de ses pensionnaires, dit-il, se prennent pour des riches, des grands seigneurs, des amants heureux, mais ils sont en fait de pauvres gens ruinés ou déçus à qui les dettes et le désespoir ont tourné la tête. Et d'enchaîner sur le récit de la cour qu'un des pensionnaires, un galant, faisait à une bûche de bois.[122] La leçon est claire : tous les honnêtes gens qui remplissent le théâtre sont susceptibles d'échouer un jour dans un asile.

A l'inverse les monomanes ne sont pas n'importe qui : ils sont nettement individualisés par leur état ou leur profession. Ce sont eux qui paraissent sur scène. Ainsi défilent successivement le Musicien, le Philosophe, le Plaideur, l'Astrologue, l'Alchimiste, le Joueur, le

---

[121] Acte V, scène 10, v. 1559-1564.
[122] Acte II, scène 5.

Poëte et le Comédien. S'ils sont ainsi désignés, c'est que le désespoir n'est pas à l'origine de leur démence. L'obsession de la musique, de la philosophie, de l'astrologie les a rendus ainsi. Car, soulignons-le, à la différence des mythomanes, ils ne se prennent pas pour ce qu'ils ne sont point : le musicien chante merveilleusement, le philosophe est, par moments, plein de sagesse, etc. Leur folie réside donc finalement dans leur mégalomanie, puisque l'un se prend pour Orphée, l'autre pour Jupiter, un autre pour le Soleil.[123]

Mais pourquoi Beys a-t-il exclusivement théâtralisé ceux-ci et non pas les mythomanes ? Parce que, selon nous, cohérents dans leur manie, ou sensés jusqu'à ce qu'éclate leur mégalomanie, ils sont plus proches des gens normaux, et, en définitive, ne font guère que présenter un miroir grossissant aux spectateurs. Cela explique que le dramaturge, en remodelant son *Hôpital des fous*, ait escamoté le personnage traditionnel du capitan qu'il y avait d'abord fait figurer — c'était un rôle théâtral beaucoup plus qu'un type humain — pour le remplacer par le poète et le comédien, dont le public pouvait vérifier chaque jour l'existence véritable.

Il importe maintenant de comprendre pourquoi Beys a éprouvé la nécessité de *théâtraliser* les scènes où il a fait apparaître les monomanes. Car, en un sens, tous les rôles de fous à cette époque peuvent faire réfléchir le public sur la réalité de la condition humaine. Mais le procédé du théâtre dans le théâtre, en interposant un regard entre le fou et le public, crée une distance qui force le spectateur à réfléchir vraiment sur les personnages qu'on lui présente. En outre, le plus souvent, ce regard médiateur tire lui-même la leçon de ce qu'il observe, et la transmet ainsi au spectateur : celui-ci ne peut que la faire sienne puisque c'est son double scénique qui l'a faite.

Ainsi, à la scène 3 du premier acte,[124] le Musicien, premier portrait de la galerie, prononce un long monologue sous les yeux de deux spectateurs : se prenant pour Orphée à la recherche d'Euridyce, il se croit aux Enfers, et s'encourage à aller divertir Euridyce et réjouir Pluton. Ce discours est si cohérent que les visiteurs ne peuvent s'empêcher d'admirer cette sagesse folle : « Dans leurs extravagances, ils ont de bons moments. » Au reste le fou chante si bien que ses auditeurs se déclarent charmés. A la scène suivante paraît le Philosophe qui se met à disserter sur les habitants de

---

[123] L'Alchimiste.
[124] Toutes nos références renvoient aux *Illustres fous*.

l'hôpital. Discours très raisonnable, jusqu'au moment où le personnage se lance dans un long monologue où transparaît sa mégalomanie (il se prend pour l'auteur de la création). Sa sortie laisse les spectateurs « confus » devant un tel mélange de sagesse et de folie.[125]

On retrouve le même scénario à l'acte III. La scène 3 comprend un dialogue entre l'Astrologue et le Philosophe, chacun critiquant l'« art » de l'autre et défendant le sien propre ; ce qui fait dire à l'un des spectateurs :

> L'agréable entretien! et les plaisants débats!
> Celui-ci connaît l'autre et ne se connaît pas.[126]

Enfin, à la deuxième scène de l'acte V, le Poète et le Comédien se disputent et défendent leur point de vue avec tant de bon sens que l'on en vient à se demander en quoi réside leur folie.[127] D'où l'étonnement de l'un des spectateurs de la querelle : « Cette cause pourtant n'est pas mal disputée. »[128]

Mais le rôle des spectateurs ne consiste pas seulement à raisonner sur l'étroite frontière qui sépare le bon sens de la folie. Car le meilleur moyen de faire douter le public de sa propre réalité n'est-il pas de lui présenter une image de lui-même en proie à la folie ? Telle est bien la fonction du Concierge de l'hôpital. Il est à la fois meneur de jeu, comme nous l'avons dit, (il est le grand ordonnateur de cette « comédie » que représente le défilé des fous), et spectateur qui assiste à la plupart des discours et disputes de ses pensionnaires. Homme sensé parmi les aliénés, puisqu'il est leur gardien et qu'il lui est imparti la tâche de séparer ses pensionnaires lorsque leurs manies s'affrontent,[129] il est jugé fou par les visiteurs de l'hôpital quand il leur révèle ses craintes à propos des entreprises des fous sur sa femme.[130]

Ainsi, tandis que le Philosophe est un fou doté d'une profonde sagesse, le Concierge est un homme normal en proie à la folie. Ils sont beaucoup plus proches l'un de l'autre qu'on ne pourrait croire,

---

[125] V. 377-378 ; cf. *supra*, p. 277.

[126] V. 965-966.

[127] Nous avons analysé leurs principaux arguments dans notre chapitre consacré à « La Reproduction ».

[128] V. 1651.

[129] Voir notamment (acte III, scène 4) la série de disputes qui opposent l'Alchimiste et, successivement, le Joueur, l'Astrologue et le Philosophe.

[130] Acte II, scène 5.

puisqu'après avoir entendu le Philosophe discourir sur les fous, les visiteurs le prennent « pour l'Administrateur de cette Comédie », jusqu'à ce qu'il laisse éclater sa mégalomanie. Cette conjonction des deux personnages sur la fonction d'« Administrateur » tend surtout à révéler que le Concierge en titre aurait sa place chez les fous.[131]

D'ailleurs son rôle va dans le même sens. Si l'on examine la construction des différentes scènes de fous, on constate que le processus est invariablement le suivant : un discours sensé est suivi de l'expression de la monomanie du malade. Or le Concierge ne se comporte pas autrement : la scène 5 de l'acte II le voit expliquer longuement à ses visiteurs les principales manies de ses pensionnaires, ainsi que leurs causes ; puis le discours s'infléchit et il laisse transparaître sa paranoïa (les entreprises des fous sur sa femme).[132] Le même thème est longuement développé à l'acte III : les scènes 2, 3 et 4 sont constituées par des monologues ou des dialogues dans lesquels est mis en oeuvre le processus analysé ci-dessus ; à la scène 4, le processus est corsé par le fait que l'affrontement des manies de chacun débouche sur de véritables bagarres, et que le Concierge et ses valets sont obligés d'intervenir pour les séparer. Ainsi, tant que les fous sont en scène, le processus est en quelque sorte interne et concerne seulement les fous tandis que le concierge se conduit en homme qui a toute sa raison. Mais dès qu'ils sont sortis et qu'il se retrouve seul avec ses visiteurs, sa paranoïa reprend le dessus : il entreprend d'expliquer pourquoi sa femme est amoureuse des fous, et discourt sur l'extravagance des femmes, leur obsession de la nouveauté et leur désir d'être aimées par tout le monde ; et, ajoute-t-il, si elles recherchent le contact des aliénés, c'est que les corps de ceux-ci passent pour aussi fertiles que leurs esprits sont stériles. Peut-être n'y aurait-il pas matière, au vu d'un tel discours, si délirant soit-il, à cataloguer le Concierge parmi les esprits dérangés. Mais ce discours n'est pas celui d'un homme sensé :

> TIRINTE
> Mais de qui tenez-vous ce beau raisonnement ?

---

[131]   Ce que laisse entendre dès la scène 2 du premier acte une répartie du valet au Concierge : « je dis que votre tête est l'Hôpital des fous » (v. 258).
[132]   Rappelons que la paranoïa ne se traduit pas seulement par le délire des grandeurs. Ce terme définissant une « hypertrophie du moi » (le sujet interprète tout par rapport à lui, se place au centre de tout), il est utilisé aussi, paradoxalement, pour désigner le délire de persécution (cf. C.G. Dubois, *Le Baroque*, p. 198).

LE CONCIERGE

C'est d'un fou de céans.

TIRINTE

Vous parlez sagement.[133]

Et, pour clore le tout, à peine est-il sorti que l'un de ses valets l'accuse d'être lui-même aussi fou que les fous parce qu'il se vante de tenir toute sa science d'auprès des fous.[134]

Assurément Beys ne manquait pas de savoir-faire : en mettant ainsi dans la même position de spectateurs un personnage atteint de démence et d'autres tout à fait normaux, il persuadait les spectateurs réels de l'absence de toute frontière entre la folie et la normalité et, par là-même, de la présence de fous parmi eux. La même idée est reprise dans le *finale* de la pièce,[135] mais d'un biais légèrement différent : le Concierge s'y présente à la fois du côté de la normalité — il parle des fous qui sont dans ses cages et invite les spectateurs à réfléchir sur leur prétendue sagesse —, et du côté de la déraison — ses fous *et lui*[136] ne sont que des copies de certains membres de l'assistance. Donc puisqu'il avoue être en même temps extérieur et intérieur au monde des fous, le public tout entier, dont il est le reflet, est aussi à cheval entre les deux mondes. De là à affirmer qu'il faudrait enfermer presque toute l'assistance, il n'y a qu'un pas :

LE VALET

Mais j'en entends aussi qui murmurent là-bas,
Non pas d'être logés, mais de ne l'être pas.

Si l'on met à part Matamore, « Prince des fous »,[137] certes, mais surtout fantoche purement verbal dont on a dit qu'il n'était « qu'un discours hyperbolique »,[138] il faut attendre jusqu'aux *Fous divertissants* de Poisson pour retrouver des scènes de folie théâtralisées. Mais leur signification, à l'image du climat général de l'époque, a

[133] Acte III, scène 4 ; v. 1129 sq.
[134] *Ibid.*
[135] Déjà cité ; voir *supra,* p. 281.
[136] « ... les Originaux des Illustres folies / Dont *nous* n'avons été que les simples copies. » Nous soulignons.
[137] *Illusion comique,* acte II, scène 7, v. 568 ; *éd. cit.,* p. 40. Les termes de fou et de folie sont fréquemment utilisés pour désigner Matamore : v. 482, 534, 540, 591, 683, 773. Mais du point de vue de la signification de la folie, la théâtralisation du personnage ne sert à rien, car ce n'est pas un type humain. Cf. *supra,* p. 282, à propos de la suppression du capitan dans la comédie de Beys.
[138] C.G. Dubois, *Le Baroque,* p. 199.

bien changé. Entre temps, « le soleil de la monarchie absolue (est monté) dans le ciel de l'Europe »[139] et l'on a procédé au « grand renfermement » des fous dans les asiles, pour reprendre l'expression de M. Foucault.[140] C'est Apollon qui règne, dieu de la lumière, symbole de la victoire de la sagesse sur la barbarie.

Il n'est plus question pour les dramaturges de convaincre leur auditoire que la folie n'a point de bornes : désormais, seuls les fous sont des fous et les murailles des hôpitaux tracent une frontière rigide entre le monde de la folie et celui des gens raisonnables. Le « Poète basque » ne finit-il pas par être envoyé aux « petites Maisons » ? M. Foucault a souligné qu'au moment où l'on fermait les portes des asiles s'est développée la coutume de venir assister au spectacle des « grands insensés », moyennant paiement : « On va voir le gardien montrer les fous comme à la foire Saint-Germain le bateleur qui dresse les singes. »[141] La folie a changé de statut social : vivante et présente partout dans la société jusqu'au début du XVIIe siècle, elle n'est plus à l'âge classique qu'objet de regard.[142]

On comprend mieux pourquoi, à l'époque baroque, Beys fut le seul à théâtraliser la mise en scène de la folie : on n'avait pas l'habitude, alors, de considérer la folie seulement comme un spectacle. En 1680, c'est devenu une chose normale. Le phénomène est perceptible au seul vu des intrigues des pièces de Beys et de Poisson. Chez Beys, ceux que nous avons appelés dans notre analyse « les visiteurs » ont échoué par hasard dans l'asile : c'est une histoire d'amour qui forme la trame de ses pièces ; les amoureux se cherchent dans l'hôpital, d'autres personnages essaient de les retrouver. C'est donc « par hasard » qu'ils rencontrent les fous.

A l'inverse, dans *Les Fous divertissants* c'est uniquement en tant qu'objets de spectacle que les fous sont présentés. Quant au concierge de l'asile, il joue le rôle de barbon amoureux, mais il n'est pas gagné par la folie de ses malades. L'intrigue peut donc se résumer ainsi : M. Grognard, concierge de l'hôpital, doit épouser une jeune fille, Angélique, qui aime « le bal, l'opéra, le jeu, la comé-

[139] M. Fumaroli, « Microcosme comique et macrocosme solaire », *art. cit.*, p. 102.
[140] *Histoire de la Folie.*
[141] *Histoire de la Folie,* p. 86 (coll. 10/18).
[142] *Ibid.,* p. 88 : « Pendant la période classique, on la montre, mais de l'autre côté des grilles ; si elle se manifeste, c'est à distance, sous le regard d'une raison qui n'a plus de parenté avec elle, et ne doit plus se sentir compromise par trop de ressemblance. »

die ». Pour lui faire oublier ces divertissements et se l'attacher en flattant ses goûts, il espère la distraire en lui offrant le spectacle de ses fous, qui ont la particularité d'être comédiens, musiciens, chanteurs et danseurs. Un dialogue en chansons constitue d'ailleurs le premier intermède. L'essentiel de l'acte II est consacré à la parade des fous, application systématique du procédé inventé par Beys.

Le seul piment apporté à l'action est le duo amoureux qu'Angélique chante avec son amant, Léandre, qui s'est fait passer pour fou afin de s'introduire auprès d'elle.[143] Mais là encore il s'agit d'un démarquage, puisque l'on retrouve la même situation que dans *Le Malade imaginaire*. Enfin, au troisième et dernier acte, quand Angélique s'est enfuie avec Léandre, les fous se révoltent, mettent en fuite le concierge et enferment les valets de l'asile ; et tout finit par des chansons... à l'intérieur de l'hôpital. Car Poisson n'est pas un contestataire : il n'imagine aucune transgression au « renfermement ». Les fous se révoltent ? mais ils restent bien sagement dans l'asile ; en attendant un autre concierge, et d'autres spectateurs.

3. *La théâtralisation du songe*

Il n'est guère de héros de tragi-comédie qui ne soit amené à se demander devant tel événement qui l'a particulièrement surpris, s'il est éveillé ou s'il fait un songe; car à l'époque baroque la plupart des pièces reposent peu ou prou sur le postulat « la vie est une songe ». La question que pose le vieil Amintor à la fin de *Célinde*, après que sous ses yeux la réalité a engendré une fiction qui est devenue elle-même réalité avant de se révéler finalement feinte, est quasiment un lieu commun dans le théâtre européen d'alors :

> Ma fille, n'est-ce point un songe qui me trompe dans l'illusion de tous ces objets présentés ?[144]

Comme l'indique la question d'Amintor, le songe consiste à prendre l'illusion pour la réalité. A ce titre la frontière entre le songe et la folie est très étroite : il est fréquent que le « dormeur éveillé » finisse par se demander s'il n'est point fou. Mais ce qui distingue le songe

---

[143]   Acte II, scène 9. M. Grognard, aussi aveugle qu'Argan, se réjouit du spectacle que lui offrent Angélique et Léandre : « Comme elle fait l'Amante et comme il fait l'Amant ! »
[144]   Acte V, scène 4.

de la folie, c'est, outre le caractère temporaire de la déraison qu'il occasionne, la question même que la victime se pose sur son état. Se demander si l'on est fou signifie très précisément que l'on n'est pas fou. Car le fou *accepte* l'illusion comme réalité, tandis que le rêveur *doute*. Le doute est au centre de la problématique du Songe :

> Il y a une chose sûre : c'est que parfois, je dors, parfois je veille. Mais le doute porte sur ceci : je ne sais jamais quand je dors.[145]

Le *cogito* cartésien est une tentative de résolution de ce doute fondamental transmis par l'humanisme. Mais le théâtre baroque ne cherche pas à apporter de réponse. Il se veut une simple illustration du thème : la vie est un songe.

La meilleure illustration proposée par le théâtre français de l'époque est la pièce de Brosse, au titre révélateur, *Les Songes des hommes éveillés*. Elle est aussi la seule comédie où les « songes » sont théâtralisés. Pourquoi cette singularité ? C'est que les scènes de rêve éveillé réclament encore moins que les scènes de folie l'interposition d'un regard. Car les fous, même dans leurs moments de sagesse, ne cessent jamais d'être fous. Il ne sont donc guère aptes à raisonner sur l'étrangeté de leur condition où le bon sens et la déraison sont étroitement mêlés. Dans les pièces de Beys, ce sont les spectateurs intérieurs qui s'en chargent, mâchant le travail, si l'on peut dire, au public. Par contre, lorsqu'un personnage « normal » est victime d'une illusion, il s'interroge lui-même sur son état. Toute intervention des témoins de la scène ne serait que redondance. De fait, dans *Les Songes*, les spectateurs des mystifications ne tirent aucune conclusion de ce qu'ils ont vu ; leurs commentaires vont à la qualité de la supercherie et au plaisir que le spectacle leur a offert. Entre deux mystifications, le mélancolique Lisidor (à la guérison duquel ces divertissements doivent aider), avoue que malgré sa tristesse il s'est bien diverti :

> Suivons-les ; mais devant il faut que je die,
> J'ai pris un grand plaisir à cette comédie,
> J'en ai ri de bon coeur.[146]

Telles sont donc les raisons pour lesquelles la voie ouverte par Brosse n'a plus été empruntée. Mais il reste à comprendre dans quel but le dramaturge a voulu théâtraliser trois mystifications successives.

---

[145] A. Michel, « Le théâtre et l'apparence : d'Euripide à Calderón », *art. cit.,* p. 14.
[146] Acte II, scène 5.

Les situations contenues dans ces trois comédies[147] sont rigoureusement semblables : trois personnages aux frontières du sommeil et de la veille à qui l'on fait vivre des aventures réelles mais si invraisemblables qu'au lieu de les juger irréelles ou feintes, ils s'accusent eux-mêmes de rêver.[148] Tout cela, selon R. Horville, est la « démonstration évidente de la relativité de la vérité et des contacts étroits existant entre le rêve, la vie et le théâtre ; conception déjà 'pirandellienne' d'un monde qui est incapable d'apporter sa caution à quelque réalité que ce soit. »[149] Mais cette démonstration est loin de n'avoir qu'un caractère général. Sa triple théâtralisation lui confère une portée supplémentaire. Car, en réponse à la question que nous posions plus haut, nous allons voir que l'utilisation du procédé du théâtre dans le théâtre trouve sa justification sur le plan de la signification de la pièce tout entière. Notons tout d'abord que ces trois divertissements n'ont guère qu'un seul spectateur, Lisidor : aux yeux des autres personnages il en est l'unique destinataire, et, de fait, il est le seul à n'avoir participé ni à l'élaboration ni à la représentation de ces « comédies ». Toutes trois préparent en effet la représentation de la pièce intérieure du dernier acte : malgré l'invraisemblance de la situation dans laquelle il va se trouver, il pourra se laisser convaincre par Clarimond qu'il rêve parce que les trois spectacles auxquels il a assisté l'ont disposé à prendre la réalité pour le rêve.

Plus importante encore est la signification externe de cette triple théâtralisation. De l'acte II à la fin de l'acte IV, le rôle de Lisidor consiste à regarder le déroulement des mystifications que Clarimond a mises sur pied, sans d'ailleurs lui en communiquer par avance la teneur. Il est donc exactement dans la position d'un spectateur ordinaire : le public oublie donc vite sa mélancolie pour ne plus voir en lui que son reflet scénique. Les commentaires et les questions que Brosse lui fait énoncer au cours des représentations sont d'ailleurs ceux que tout spectateur est amené à rouler dans sa tête ou à commu-

---

[147] Qui remplissent successivement la majeure partie des actes II, III et IV.
[148] La première victime est Cléonte qui s'était endormi dans la pièce où les autres personnages jouaient aux cartes ; la seconde est le paysan Du Pont que l'on avait vu sombrer dans le coma éthylique à la fin du premier acte ; la troisième est Lucidan, l'amant de Clorise, qui, dans sa chambre, s'efforçait de lire pour ne pas s'endormir.
[149] « Les niveaux théâtraux dans 'Les Songes des hommes éveillés' de Brosse », *art. cit.*, p. 118.

niquer à son voisin au même moment.[150] Or Lisidor, une fois solidement établi dans la position de représentant scénique du public, est victime à son tour, en tant que spectateur, d'une mystification qui le transforme en rêveur éveillé. Soulignons que le spectacle qui donne lieu à la mystification n'est pas un simple divertissement comme les trois précédents : il est présenté comme une véritable pièce de théâtre. Première conclusion qui doit venir aussitôt à l'esprit du public : aucun spectateur n'est à l'abri d'un rêve éveillé, et, inversement, tout spectacle est susceptible de faire douter les assistants de leur propre réalité. Plus importante sans doute est la seconde signification de cette théâtralisation. En tant qu'*alter ego* du public, Lisidor est un véritable symbole. Il est le symbole du spectateur *mystifié par l'illusion dramatique* qui s'éveille à la fin du spectacle pour retourner à sa réalité, cette réalité elle-même pouvant n'être après tout qu'un songe. La Fontaine n'a-t-il pas fait expliquer par l'un des personnages de sa *Psyché* pourquoi l'on faisait suivre les représentations sérieuses de comédies plus légères :

> (on) nous remet en l'état où nous étions avant le spectacle, afin que nous en puissions sortir *ainsi que d'un songe* ?[151]

---

[150]   Ainsi à l'acte IV, entre deux tours d'illusionnisme joués à Lucidan par Clorise, Lisidor interroge Clarimond : « Que lui dira Clorise, et par quelle autre ruse / Pourra-t-elle avouer ou blâmer son excuse ? » (scène 5).

[151]   Cité par J. Rousset, *L'Intérieur et l'extérieur,* p. 172. C'est J. Rousset qui souligne.

290

CHAPITRE III

La Révélation

La fortune de la thématique de l'illusion à l'époque baroque n'est compréhensible que si on la met en regard du fameux *topos* du *theatrum mundi*. Les vertiges de l'illusion dans lesquels se complaisent les contemporains s'expliquent par la certitude d'une réalité supérieure : Dieu. Tout n'est qu'illusion au regard de Dieu, parce que pour lui le monde n'est qu'un théâtre, la vie humaine, un rôle, et les hommes, les acteurs d'une pièce dont le dénouement est invariablement la mort. Si illusoire qu'elle paraisse, la vie humaine n'en a pas moins une signification, et cette signification est révélée au moment de la rupture de l'illusion que constitue la mort. Aussi, le théâtre, image de la vie, acquiert-il, par delà son pouvoir de reproduction ou d'illusion, valeur de révélation, en ce qu'il permet de dévoiler ce que représente la vie humaine au regard de Dieu. Rappelons que ce *topos* conserve la même valeur sans la référence transcendentale. Pour les sceptiques ou les libre-penseurs, l'illusion théâtrale n'est pas moins révélatrice de la vérité de la vie humaine : elle appelle seulement l'homme à jouer honnêtement son rôle, sans se laisser prendre aux apparences.

Ainsi, à l'époque baroque, nulle pièce n'est entièrement dépourvue d'intention morale. Même quand le dramaturge cherche à s'étourdir et à étourdir le spectateur dans les vertiges de l'illusion — ce qui est le cas le plus fréquent dans la comédie et la tragi-comédie — la signification ultime ne laisse pas de transparaître. Jouer avec l'illusion, l'accepter telle quelle, n'est pas nécessairement signe d'aveuglement : jouer avec sa folie, c'est être conscient de sa folie, c'est ne plus être tout à fait fou ; pareillement, la conscience de l'illusion révèle une certaine clairvoyance sur la réalité de l'existence humaine. Il est vrai que cette idéologie reste le plus souvent implicite. De même que les foules qui se pressaient au Globe ou à l'Hôtel de Bourgogne devaient ignorer l'essentiel de cette conception philosophique pour n'en retenir que les formules les plus fameuses (« All the world's a stage », par exemple), de même tous les dramaturges ne l'avaient sans doute pas présente à l'esprit. Dans la plupart des cas, en effet, les auteurs s'en tiennent aux jeux de l'illusion, ce qui est, somme toute, normal dans des pièces légères, surtout quand l'esthétique de l'époque a tendance à privilégier l'effet au détriment de ce qui le fonde.

Ce déséquilibre entre le jeu et le fondement du jeu, nous le retrouvons dans les oeuvres qui utilisent la structure du théâtre dans le théâtre. Sept pièces seulement utilisent cette structure dans le but de révéler explicitement une vision du monde ou des hommes. Il s'agit quelquefois d'une vision typiquement religieuse, plus souvent d'une vision profane, de tradition humaniste, qui tantôt démonte les processus de l'Illusion, du Songe et de la Folie, tantôt s'attache, presque didactiquement, à apprendre aux hommes à vivre sur la scène du monde. Toutes datent de la première moitié du siècle. Dans la seconde moitié, l'idéologie baroque recule, et il n'en subsiste, pour quelques années encore, que la traduction artistique et les jeux intellectuels qui en résultent. Le théâtre n'est plus le microcosme du théâtre du monde ; il n'est plus que spectacle en soi, et les pièces ne renvoient plus à autre chose qu'à elles-mêmes. Désormais la révélation que permet le spectacle intérieur sert seulement à permettre le dénouement du spectacle. Deux pièces, Le Pédant joué et L'Inconnu témoignent remarquablement de ce changement d'état d'esprit.

I. LA PERSPECTIVE SYMBOLIQUE :
LA DIVINE COMÉDIE

Seule l'Espagne, avec sa tradition du théâtre religieux représentée notamment par le genre de l'autosacramental, pouvait produire une oeuvre aussi symbolique que El Gran Teatro del Mundo. Comme le titre l'indique, il s'agit d'une illustration exemplaire du topos « le monde est un théâtre sous le regard de Dieu », l'utilisation du procédé du théâtre dans le théâtre ayant en outre permis l'adéquation parfaite de la structure dramatique au thème : un premier niveau avec Dieu (El Autor) et Le Monde, celui-ci se transformant en scène de théâtre pour que se développe l'action du second niveau constituée par la vie des hommes, et, une fois la pièce intérieure achevée, les acteurs se retrouvant face à Dieu pour être jugés. L'analogie entre le « théâtre du monde » et le monde du théâtre est très rigoureuse : face à l'Auteur-metteur en scène, les Acteurs disposent d'une grande marge de liberté. L'Auteur leur a fourni un canevas, représenté par le rôle qui leur est imparti (le Riche, le Pauvre, etc.) et soutenu par le « souffleur » (la Loi morale), à partir de quoi, s'aidant de leur libre-arbitre, ils doivent improviser. Enfin, un Spectateur (Dieu lui-même) est là pour juger de la manière dont les Acteurs s'acquittent de leur rôle.

Il était assurément difficile de reprendre le thème développé par Calderón : l'illustration du *topos* était trop parfaite et, surtout, il était impossible pour des dramaturges français de mettre Dieu même sur scène. Aux yeux d'une Eglise sourcilleuse envers le théâtre, une telle tentative aurait représenté un véritable sacrilège. De plus, la dramaturgie baroque française est centrée sur l'Homme. Certes l'homme est un acteur vain au regard de Dieu ; mais il tire sa force de cette conscience. Grâce à elle, il obtiendra de haute lutte le Royaume des Cieux où il fera une entrée triomphale. La tragédie de *Polyeucte* le démontre suffisamment, qui met l'accent sur l'élan du héros et laisse Dieu au second plan. C'est pourquoi, pour traiter le même thème, Desfontaines et Rotrou ont choisi d'aller de l'homme à Dieu et non l'inverse et se sont tournés pour cela vers le thème si souvent illustré sur les scènes des collèges jésuites, celui de l'acteur converti pendant une représentation théâtrale.

Mettre en scène un comédien professionnel approfondit la symbolique de l'oeuvre. Car, au regard de Dieu, le métier même de comédien est symbolique : en mettant sur le théâtre des actions vécues par des hommes ou humainement vraisemblables, il démontre le caractère théâtral de toute action humaine. Le choix de Genest en particulier est tout aussi significatif : par la représentation d'un faux baptême comme par celle d'un martyre, il s'agissait dans les deux cas de montrer que, s'il est sans conséquence d'imiter une action humaine ordinaire, il est impossible de « feindre » une action à laquelle Dieu se trouve mêlé, car elle se trouve tout aussitôt marquée du sceau de l'authencité. Autrement dit, la comédie cesse lorsqu'elle rencontre Dieu ; de la même façon, sur le théâtre du monde, l'homme qui a été touché par la Grâce cesse d'être un simple acteur pour devenir acteur de Dieu.[1] D'ailleurs, les deux dramaturges se

---

[1] Au sens propre du terme ici : celui qui *agit* en lieu et place de Dieu.

sont rejoints pour souligner cette « symbolique en deux temps », si l'on peut dire.² Sans revenir sur le rôle de la pièce intérieure dans le passage du monde du théâtre au monde divin, nous essaierons de voir ici quelles conséquences les différences entre les deux pièces intérieures de Desfontaines et de Rotrou peuvent avoir sur la signification d'ensemble de *L'Illustre comédien* et du *Véritable saint Genest*. Ces conséquences sont de deux sortes, selon qu'elles touchent les spectateurs intérieurs ou le public de la salle.

1. *Du côté de la scène*

Dans la tragédie de Desfontaines, Genest choisit de jouer une action qui n'est autre que sa propre histoire : aucun des spectateurs n'ayant vécu cette histoire, l'assistance ne pourra donc pas se sentir concernée par la conversion du comédien. Chez Rotrou, au contraire, Genest joue une action qui a été vécue par l'un des spectateurs. Il fait donc d'une action réelle une action théâtrale, pour la plus grande satisfaction du spectateur concerné :

> Oui, crois qu'avec plaisir je serai spectateur
> En la même action dont je serai l'acteur.³

Ces paroles sont à double sens. Pour qui connaît le *topos* du *theatrum mundi*, il est clair que Rotrou ironise sur le caractère théâtral de la vie humaine. Car si la représentation doit faire naître le doute chez Maximin (voit-il «l'effet même ou bien la comédie»?⁴), c'est que le vécu n'a pas plus de réalité que le théâtre au regard de Dieu. Ce qui provoquerait chez le chrétien de l'humilité enorgueillit au contraire le païen. L'ironie est d'autant plus forte que ce spectateur privilégié est non seulement le bourreau des chrétiens — c'est-à-dire

---

²   Ainsi le Genest de Desfontaines déclare à Dioclétian : « Ne pensant divertir, ô prodiges étranges ! / Que de simples mortels, j'ai réjoui des Anges, / Et dedans le dessein de complaire à tes yeux, / J'ai plu sans y penser à l'Empereur des Cieux » (*L'Illustre comédien,* acte III, scène 2) ; à quoi fait écho le Genest de Rotrou : « J'ai souhaité longtemps d'agréer à vos yeux, / Aujourd'hui je veux plaire à l'Empereur des cieux ; / Je vous ai divertis, j'ai chanté vos louanges ; / Il est temps maintenant de réjouir les Anges ; / Il est temps de prétendre à des prix immortels, / Il est temps de passer du théâtre aux autels ; / Si je l'ai mérité, qu'on me mène au martyre ; / Mon rôle est achevé, je n'ai plus rien à dire » (*Le Véritable saint Genest,* acte IV, scène 7 ; v. 1365-1372, *éd. cit.,* p. 953).

³   Acte I, scène 5, v. 307-308, p. 953.

⁴   *Ibid.,* v. 305-306.

celui qui leur permet d'accéder à travers le martyre à la vie authentique — mais aussi le symbole de la pseudo-volonté humaine (né berger, il est associé au principat par Dioclétian).[5]

Aussi, au moment de la conversion de Genest, Maximin, qui était déjà devenu un rôle théâtral, perd-il tout ce qui lui restait de « réalité » en se voyant dénoncé comme un simple personnage de la comédie du monde. Ce n'est donc pas un hasard si c'est lui qui prononce les derniers mots de la pièce — ce qui leur confère d'ailleurs une profondeur qu'ils n'auraient pas sans cela, et qu'ils n'ont pas dans le titre de la pièce de Lope dont ils sont la transposition :

> Et (...) il a bien voulu, par son impiété,
> D'une feinte en mourant faire une vérité.[6]

Il va de soi que cette transformation de Maximin en rôle vain sur le théâtre du monde se répercute sur les personnages qui lui sont liés : toute la cour de Domitian qui avait applaudi à ses victoires et aux effets de sa répression anti-chrétienne se trouve ainsi englobée dans sa déchéance. On voit que le choix du sujet de la pièce intérieure n'est pas de peu d'importance dans le traitement du *topos*. Sur ce plan, celle de Desfontaines n'apporte aucune révélation au public.

Mais ce n'est pas la seule conséquence. En faisant revivre son passé à Genest, celui d'un païen entouré de chrétiens qui cherchent à le convertir, Desfontaines a rendu indispensable l'intervention directe de la Grâce dans la conversion de l'acteur. En effet, à la différence du héros de Rotrou qui imite le plus exactement possible les chrétiens à la seule fin de faire valoir ses talents d'acteur, « l'illustre comédien » met en scène l'opposition entre le christianisme de sa famille et son paganisme, pour dénoncer le ridicule des croyances des chrétiens. En rejouant son propre personnage, il n'était pas nécessairement destiné à rencontrer Dieu. Certes, comme l'écrit J. Rousset, « ce passé représenté, revécu à travers le théâtre, se trouve recomposé, la scène le transforme, lui donne enfin sa vraie figure... il n'est pas sans conséquence de feindre dans l'univers de la feinte : au théâtre la feinte devient vérité »[7]. Mais est-ce vraiment la signifi-

---

[5] Nous entendons par « pseudo-volonté humaine » l'illusion « païenne » d'un total libre-arbitre : aux yeux des croyants, rien n'arrive qui ne soit voulu par Dieu.

[6] Il s'agit des deux derniers vers de la pièce. Maximin essaye de réconforter sa fiancée, Valérie, touchée par le destin tragique de Genest (acte V, scène 7, v. 1749-1750 ; *éd. cit.*, p. 1005).

[7] *La Littérature de l'âge baroque,* p. 72.

cation que Desfontaines a voulu donner à sa pièce ? non pas que nous doutions que le dramaturge ait eu à l'esprit cette conception de la transfiguration de la vie par le théâtre, ou de la révélation par le jeu théâtral du caractère fondamentalement fictif de la vie humaine. On peut penser, en effet, que Genest s'est si bien assimilé à son ancien moi en s'imitant lui-même, qu'il s'est laissé convaincre par les arguments de son père fictif, arguments chrétiens qui, soulignons-le, conservent à la scène comme dans la vie un caractère de vérité qu'ils ont *par essence*. Dans cette perspective le baptême n'est que l'aboutissement du cheminement ; à tous les sens du terme, le « coup de grâce ». En vérité, cette perspective n'est que suggérée : nous n'assistons pas comme chez Rotrou à la lente imprégnation de l'acteur par son rôle. C'est un éblouissement miraculeux qui le convertit :

> Où suis-je ? Qu'ai-je vu ? Quelle divine flamme
> Vient d'éblouir mes yeux et d'éclairer mon âme ?
> Quel rayon de lumière épurant mes esprits,
> A dissipé l'erreur qui les avait surpris ?
> Je crois, je suis chrétien, et cette grâce extrême
> Dont je sens les effets, est celle du Baptême.[8]

La suite d'interrogations des quatre premiers vers, et en particulier le « où suis-je ? », indique nettement la part de l'intervention divine dans la conversion du comédien. Cette prééminence est confirmée par le déséquilibre entre la courte pièce intérieure qui conduit Genest à l'état de grâce,[9] et les deux longs actes finals qui oublient le comédien pour montrer le drame du martyr.

Par contre, dans *Le Véritable saint Genest*, l'intervention divine est très secondaire. Elle ne fait qu'encourager le comédien dans une voie sur laquelle il s'était lui-même engagé,[10] et ce n'est qu'au moment où Genest essaie de se reprendre que le Ciel intervient. Toutefois, à cet endroit, rien n'est encore joué : légitimement, Genest envisage l'éventualité d'une farce jouée par un de ses compagnons.[11] Aussi, sans plus chercher à voir clair en lui-même, décide-t-il de

---

[8] Acte III, scène 2. Rappelons que c'est sur ces paroles que s'ouvre le deuxième acte de la pièce intérieure : le baptême n'a pas eu lieu sur scène ; il est censé s'être passé dans l'intervalle entre les deux actes. L'illumination n'en est que plus surprenante.

[9] Acte II, scène 2 - acte III, scène 2. La scène 1 nous a ramenés au niveau des spectateurs.

[10] Acte II, scène 4, v. 401-404 ; déjà cité, *supra,* pp. 253-254.

[11] *Ibid.,* v. 433-438, p. 958.

s'abandonner à son destin. Or ce destin est constitué par le déroulement de la pièce intérieure, c'est-à-dire par l'« imitation » du martyr Adrian à laquelle il se livre. On voit que, dans cette perspective, le rôle joué par le comédien de Rotrou est d'une autre portée que la réitération de sa vie par celui de Desfontaines.

Dans cette longue pièce intérieure,[12] Genest s'efforce donc d'imiter, le plus exactement possible, un chrétien qui marche au martyre. Notons bien que Rotrou n'a pas prêté à son héros — du moins avant le début de la pièce — les sentiments anti-chrétiens que Desfontaines avait fait exprimer par le sien.[13] Il n'est pas question pour Genest de dénoncer les agissements d'une secte nuisible et d'exalter Jupiter ou Hercule.[14] Il s'apprête simplement à jouer le rôle d'un martyr. Or ce martyr est un nouveau chrétien, c'est-à-dire un homme qui vient de se détacher des contingences terrestres pour accéder à la « vraie vie ». Son métier l'oblige donc à faire siennes les paroles d'un homme qui a dénoncé le monde dans lequel il vivait comme un monde fictif et dérisoire :

> Je méprise vos biens et leur fausse douceur
> Dont on est possédé plutôt que possesseur.[15]

De plus, ces paroles ont été *réellement* prononcées par Adrian, comme en témoigne l'approbation — pour l'instant silencieuse — du vice-empereur, spectateur de son propre vécu et garant de l'exactitude des faits. Genest doit donc s'assimiler à un personnage *vrai* qui a rejeté le monde faux de ses anciens maîtres et protecteurs ; et il doit le faire *sous les yeux* de ces mêmes hommes.

A cet égard la longue confrontation entre Adrian et Maximin que Genest joue avec son camarade Octave,[16] est d'une extrême importance. Car si Adrian a quitté le monde terrestre, Maximin est toujours présent ; et, comme Adrian, Genest se retrouve en face de lui puisque Maximin se trouve là non seulement en tant que spectateur, mais en tant qu'acteur (représenté par le comédien Octave), ainsi qu'il s'était plu lui-même à le souligner. De sorte que, si Maximin-

---

[12]   Acte II, scène 7 - acte IV, scène 7.

[13]   Tout au plus parle-t-il d'Adrian comme de « l'un de ces obstinés » (acte I, scène 5, v. 299, p. 953). Il ne fera allusion à sa haine passée pour les chrétiens qu'après sa conversion (acte IV, scène 7, v. 1335-1342, p. 990. Cf. acte V, scène 2, v. 1593-1598, p. 999).

[14]   Cf. *L'Illustre comédien*, acte I, scène 3, Rutile à Genest : « Rendez-les en un mot en tout point ridicules / Mais d'ailleurs exaltez Jupiter, nos Hercules. »

[15]   Acte II, scène 8, v. 609-610, p. 964.

[16]   Acte III, scène 2, pp. 967 sq.

spectateur n'intervient pas, c'est que son double scénique traduit exactement ses pensées. Genest-Adrian se voit donc accusé de trahison par Maximin *lui-même*, qui lui révèle en même temps son impuissance — et, partant, celle des dieux qu'il sert — à écraser les serviteurs de Dieu :

> Qu'entreprends-je, chétif, en ces lieux écartés,
> Où, lieutenant des Dieux justement irrités,
> Je fais d'un bras vengeur éclater les tempêtes,
> Et poursuis des chrétiens les sacrilèges têtes !
> Si, tandis que j'en prends un inutile soin,
> Je vois naître chez moi ce que je suis si loin ;
> Ce que j'extirpe ici dans ma Cour prend racine,
> J'élève auprès de moi ce qu'ailleurs j'extermine.[17]

Ces références au « mal » qui prend naissance dans la Cour impériale elle-même sont d'une très grande portée. Car Genest est à la fois le favori du chef de la répression chrétienne (dans le rôle d'Adrian), et le comédien favori des maîtres de la Cour de Nicomédie, la présence de Maximin dans ces deux situations parachevant la confusion. En résumé, quand Genest n'aurait pas été par lui-même sur la voie de « devenir » Adrian, les circonstances mêmes de la représentation du martyre d'Adrian, circonstances qui « abyment » le présent de Genest, l'y auraient conduit.

L'importance de cette scène est d'ailleurs confirmée par sa réduplication au niveau de la pièce-cadre : la discussion qui s'engage entre Dioclétian et Genest après l'interruption de la représentation est, *mutatis mutandis*, la même que celle qui avait opposé Maximin et Genest-Adrian dans la pièce intérieure. On y retrouve les thèmes de la supériorité de la puissance divine sur la puissance des Empereurs romains,[18] de l'admiration pour les martyrs chrétiens[19] aux côtés desquels Adrian et Genest se retrouvent après les avoir persécutés.[20] On peut remarquer que Rotrou fait avouer à Genest son entreprise passée de dénigrement des chrétiens *après coup*, afin de faciliter le fonctionnement de la réduplication. Nous découvrons ici

---

[17] *Ibid.,* v. 717-724, pp. 968-969. Le verbe « suivre » (v. 722) est employé ici au sens de *poursuivre.*
[18] Pièce intérieure : acte III, scène 2, v. 683 sq., p. 968. Pièce-cadre : acte IV, scène 7, v. 1331 sq., p. 989.
[19] Pièce intérieure : *ibid.,* v. 735 sq., p. 969. Pièce-cadre : *ibid.,* v, 1343 sq., p. 990.
[20] Pièce intérieure : *ibid.,* v. 745 sq., p. 969. Pièce-cadre : *ibid.,* v. 1335 sq., pp. 989-990.

l'autre fonction de la mise en abyme élaborée par Rotrou : tout en faisant naître l'illusion chez les spectateurs, elle révèle au comédien qu'il se trouve dans la même position que son personnage, et l'amène à se conduire de la même manière. Et c'est lorsque le héros qu'il représente sera parvenu à se « dépouiller » entièrement du monde, en se délivrant du souci de son héritage,[21] que Genest pourra passer « du théâtre aux autels ». Il se dépouillera d'abord de son rôle théâtral (« Adrian a parlé, Genest parle à son tour »),[22] puis de son rôle mondain (ce monde « est une comédie où j'ignorais mon rôle ».[23]

2. *Du côté de la salle*

Dévoiler la prise de conscience de la vanité du rôle « mondain » de l'homme, telle est la première fonction de la pièce intérieure dans *Le Véritable saint Genest*, et, à un moindre degré, dans *L'Illustre comédien*. A cette signification interne du *topos* du *theatrum mundi* s'en ajoute une autre, destinée à révéler l'aveuglement non plus des personnages de la pièce, mais du public tout entier. En réfléchissant sur les conditions d'enchâssement d'une fiction (romanesque ou dramatique) dans une autre, l'écrivain J.L. Borges a mis clairement à jour le fonctionnement pernicieux, et, par là-même, révélateur, du théâtre dans le théâtre :

> Pourquoi sommes-nous inquiets (...) que don Quichotte soit lecteur du Quichotte et Hamlet spectateur d'Hamlet ? Je crois en avoir trouvé la cause : de telles inversions suggèrent que si les personnages d'une fiction peuvent être lecteurs ou spectateurs, nous, leurs lecteurs ou leurs spectateurs, pouvons être des personnages fictifs.[24]

Si l'on tient compte des conditions idéologiques de la première moitié du XVIIe siècle, il faudra nuancer cette proposition en ajoutant à la notion d'inquiétude pure celle de rappel à l'ordre. En montrant Maximin spectateur de Maximin, Rotrou a assurément voulu signifier à ses spectateurs non pas qu'ils « pouvaient être » mais qu'ils *étaient* eux-mêmes des personnages fictifs. Ce qui, dans la perspec-

---

[21]   Acte IV, scène 4, v. 1197-1212, p. 985.
[22]   Acte IV, scène 5, v. 1246, p. 986.
[23]   Acte IV, scène 7, v. 1303-1304, p. 989.
[24]   *Enquêtes,* Paris, Gallimard, 1957, pp. 81-86 : « Magies partielles du Quichotte. »

tive du *theatrum mundi*, tend à rappeler au public qu'il ne devrait jamais se départir de cette inquiétude existentielle : les hommes ne sont que des personnages fictifs sous le regard de Dieu.

Dans les pièces apologétiques que sont *Le Véritable saint Genest* et *L'Illustre comédien*, le rappel à l'ordre est beaucoup plus effectif que dans la plupart des autres spectacles qui utilisent la structure du théâtre dans le théâtre. Il s'exprime essentiellement par la mise en lumière de la cécité des spectateurs intérieurs, incapables de comprendre le mouvement qui porte Genest vers une réalité supérieure et qui les dénonce en même temps comme acteurs d'une comédie qu'ils ne comprennent pas. Nous avons souligné dans le chapitre précédent l'insistance avec laquelle les deux dramaturges font admirer par les spectateurs l'art avec lequel le comédien « feint ». Au moment où la conduite de Genest frise l'invraisemblance ou la provocation, leur aveuglement est tel qu'ils n'y voient qu'un dépassement de l'acteur au lieu de sentir que c'est l'homme qui se dépasse et qui les dépasse.

Il est en effet très habile de la part de Desfontaines et surtout de Rotrou d'avoir montré que lorsque les hommes ne comprennent plus, ils essaient de se raccrocher à ce qu'ils connaissent — en l'occurrence l'art du comédien — plutôt que de s'efforcer d'imaginer autre chose, de tenter d'appréhender l'inconnu. Ici, la symbolique est évidente pour tout le public : dans la vie courante, les hommes sont acteurs sur la scène du monde, mais ils sont aussi spectateurs de la comédie que leur offrent les autres hommes, et ils se laissent prendre par ce spectacle illusoire ; en outre, incapables de sentir qu'un « acteur » se détache de leur théâtre, ils s'efforcent d'expliquer sa conduite en termes de « théâtre », et, quand ils n'y parviennent plus, ils l'accusent de *déraison* avant de le faire disparaître.[25]

Dans *Le Véritable saint Genest,* cet aveuglement des spectateurs est particulièrement mis en valeur par l'utilisation équivoque de la notion de *théâtre*. A la fin de sa longue profession de foi — prononcée sur scène, rappelons-le, et que les spectateurs considéraient encore comme du théâtre — Genest annonce qu'il « passe du théâtre aux autels » et conclut sur ces paroles ambiguës :

> Mon rôle est achevé, je n'ai plus rien à dire.[26]

[25] Il est évident que, par delà le *topos*, on retrouve le Mythe de la Caverne qui en est la source.
[26] Acte IV, scène 7, v. 1372, p. 990.

300

La réplique de Dioclétian (« Ta *feinte* passe enfin pour importunité ») indique clairement que la Cour n'a pas compris le sens que Genest attachait au mot « rôle » : elle pense que le comédien a cessé de « feindre » le personnage d'Adrian et qu'il a mis fin au spectacle. En vérité, comme ses paroles précédentes le laissaient entendre, Genest proclame que c'est sur le théâtre du monde que son rôle est terminé. Il n'a plus rien à dire en tant que « comédien-qui-tient-des-rôles ». Il ne parlera plus, dit-il à Marcelle du fond de sa geôle, que pour « publier » sa foi.[27]

Or, c'est après qu'il a quitté le théâtre du monde que les autres personnages ironisent à l'envie sur le nouveau rôle que Genest est en train de jouer. Le premier est Domitian :

> Préfet, prenez ce soin,[28] et de cet insolent
> Fermez les actions par un acte sanglant
> Qui des Dieux irrités satisfasse la haine ;
> Qui vécut au théâtre expire dans la scène.[29]

Puis vient le tour du geôlier :

> Si bientôt à nos Dieux vous ne rendez hommage,
> Vous vous acquittez mal de votre personnage,
> Et je crains en cet acte un tragique succès.[30]

Il est particulièrement ingénieux d'avoir plongé dans le même aveuglement deux personnages qui sont, au regard de l'échelle des valeurs humaines, aux antipodes l'un de l'autre. C'est ensuite Maximin, le vice-empereur, qui est rabaissé aussi au niveau du geôlier, Rotrou le faisant parler de « cet insolent » dont le préfet va « donner (...) au peuple un spectacle sanglant »,

> Si déjà sur le bois d'un théâtre funeste
> Il n'a représenté l'action qui lui reste.[31]

Enfin dans la dernière scène de la pièce, le Préfet Plancien (à mi-chemin, par sa fonction, entre les Empereurs et le geôlier), parachève l'assimilation de la conduite de Genest à un rôle de théâtre.[32] Et,

---

[27]   Acte V, scène 2, v. 1588, p. 999.
[28]   De faire expier le sacrilège par le sang de Genest.
[29]   Acte IV, scène 7, v. 1385-1388, p. 991.
[30]   Acte V, scène 4, v. 1619-1621, p. 1001.
[31]   Acte V, scène 5, v. 1663-1668, p. 1002.
[32]   « Par votre ordre, Seigneur, ce glorieux acteur / Des plus fameux héros fameux imitateur, / Du théâtre romain la splendeur et la gloire, / Mais si mauvais acteur dedans sa propre histoire / (...) / A du courroux des Dieux contre sa perfidie / Par un acte sanglant fermé la tragédie » (Acte V, scène 7, v. 1717-1724, p. 1004).

après avoir raconté en détail le supplice et la résistance de Genest, il explique qu'en ordonnant la décapitation il a « mis la tragédie à la dernière scène ».[33]

Il n'est pas tout à fait exact de dire, comme le fait J. Schérer,[34] que tous ces vers renvoient au principe selon lequel le monde est un théâtre. S'ils y renvoient, c'est de manière ironique : les Romains jouent sur la notion de théâtre car, à leurs yeux, Genest n'a pas cessé d'être un comédien ; il est un acteur qui s'est laissé prendre par son rôle et qui, partant, est devenu « mauvais ». Eux ne font pas référence au théâtre du monde car, à ce compte, ils devraient se considérer eux aussi, comme des acteurs et seraient bien près, dans cette perspective, de comprendre le détachement de Genest. La référence au *topos*, c'est le public de Rotrou qui doit la sentir. Le dramaturge lui lance un véritable clin d'oeil en espérant qu'il comprendra, lui, qu'un acteur qui se détache du monde ne devient pas un mauvais acteur, mais, bien au contraire, révèle aux autres leur modeste condition d'acteurs sur la scène du monde et sous le regard de Dieu.

Ce thème de la cécité des hommes est renforcé par la solitude dans laquelle Rotrou a placé son héros. Seul il a rencontré la vérité en jouant le personnage d'Adrian (dont la scène devait faire un personnage fictif, comme elle le fait de Maximin, mais que la conversion et le martyre ont rendu *vrai*) et s'est détaché à son tour de son rôle mondain, seul il accède au Royaume des Cieux. Face à cette mort en solitaire, la petitesse des hommes victimes des apparences et se complaisant dans les illusions qui les flattent n'en paraît que mieux. Sur ce point la signification de *L'Illustre comédien*, malgré la série de conversions qu'entraînent les paroles puis le martyre de Genest, n'est guère différente. Car seuls les comédiens, compagnons de Genest, sont convertis. La Cour, elle, ne comprend pas : elle s'étonne et s'irrite du courage des chrétiens et montre par là son aveuglement.[35]

On voit que les deux dramaturges parviennent au même résultat, mais par des démarches inverses : la mort solitaire du Genest de Rotrou fait ressortir l'aveuglement de la masse des autres hommes (comédiens et spectateurs) ; dans la tragédie de Desfontaines, la cascade de conversions et de suicides qui suit le martyre de Genest isole

---

[33] *Ibid.,* v. 1740, p. 1005.
[34] *Théâtre du XVIIe siècle* ; *éd. cit.* (tome I), p. 989, n. 1.
[35] Cf. le monologue de Dioclétian : acte V, scène 4.

les membres de la Cour et met en valeur la solitude spirituelle de ceux qui ne se détachent pas des illusions terrestres. D'où l'importance de la tirade finale de Dioclétian, découragé par le sentiment d'une réalité qui le dépasse et jusqu'à laquelle il ne peut se hisser :

> O Dieux, injustes Dieux, qui voyez mes ennuis,
> Qui voyez mes tourments et l'horreur où je suis,
> Modérez, inhumains, les horreurs que j'endure ;
> J'ai vengé vos autels, j'ai vengé votre injure,
> Et si vous ne voulez qu'on vous croie impuissants,
> Vous devez apaiser les tourments que je sens.
> Mais s'il faut, Dieux ingrats, enfin que je périsse,
> Achevez vos rigueurs, et hâtez mon supplice.[36]

Cette ultime déclaration de l'Empereur de Desfontaines nous conduit au dernier thème révélé par ces deux tragédies, celui de « la comédie au château », mis à jour par R. Chambers : « le thème de la comédie au château accuse donc ici[37] l'outrecuidance de l'homme qui veut remplacer Dieu, qui se donne un pouvoir suprême n'appartenant qu'au spectateur suprême du *theatrum mundi* ».[38] Devant l'Empereur qui les reçoit dans son palais, les comédiens doivent divertir la Cour et chanter les exploits de Maximin, mais surtout témoigner indirectement de cette toute-puissance impériale. Genest, en ressuscitant le passé, permet, en effet, à l'empereur, son maître, de commander non plus seulement aux vivants, mais aux morts.[39] Or le spectacle, destiné à rehausser les pompes de la fête impériale et à conforter les Empereurs dans leur sentiment de toute-puissance, remet précisément en question cette hiérarchie : Genest, par la bouche d'Adrian, puis par la sienne propre, proclame la supériorité du Seigneur sur les « faibles ennemis d'un pouvoir souverain » que sont les Césars et leurs troupes. Toutefois, loin de rejeter ce qu'il a adoré, il réaffirme son attachement à la gloire de ses maîtres et au destin de l'Empire ; seulement, il les soumet à Dieu :

> Mais où je vois s'agir de l'intérêt d'un Dieu
> Bien plus grand dans le Ciel qu'ils ne sont en ce lieu,
> De tous les Empereurs l'Empereur et le Maître,
> Qui seul peut me sauver, comme il m'a donné l'être,
> Je soumets justement leur trône à ses autels,
> Et contre son honneur ne dois rien aux mortels.[40]

[36] Acte V, scène 5. Ce sont les derniers vers de la pièce.
[37] Dans *Hamlet* et dans *Saint Genest*.
[38] *La Comédie au château*, p. 28.
[39] « Tu me fais en toi seul maître de mille rois » (acte I, scène 5, v. 244, p. 951).
[40] Acte V, scène 2, v. 1557-1562, p. 998.

Ainsi, devant Dieu, l'humble comédien et l'Empereur sont des acteurs aussi falots l'un que l'autre ; dès lors, l'acteur qui se détache du théâtre du monde n'a plus rien à voir avec ses anciens compagnons, fussent-ils ses maîtres. J. Morel a remarqué qu'une telle situation était « esthétiquement et socialement révolutionnaire ».[41] A notre sens, Rotrou — qui a dédié sa pièce à Mazarin — adopte une position simplement morale : il faut quelquefois rabaisser l'orgueil humain, pour la plus grande gloire de Dieu ; pour cela il suffit de rappeler — en particulier aux puissants de ce monde — que tous les hommes sont égaux devant Dieu. Ce qui ne signifie pas qu'il n'existe pas de hiérarchie sur terre : le pouvoir suprême des rois est l'image affaiblie de celui de Dieu, laisse entendre Rotrou à plusieurs reprises. On retrouve d'ailleurs la même idée dans la pièce de Desfontaines, exprimée de façon pessimiste car Dioclétian ne comprend pas les chrétiens, mais dont les rois très chrétiens peuvent retenir le début :

> Oui, malgré mes grandeurs et les pompes de Rome,
> Je connais, Aquilin, enfin que je suis homme,
> Mais homme abandonné, mais un homme odieux,
> Mais un homme l'horreur des hommes et des Dieux.[42]

Pour éviter ce désespoir et n'en retenir que la leçon d'humilité, il suffit de savoir que Dieu assiste au spectacle et qu'il lui donne son sens. Pour parler comme le Genest de Rotrou, c'est Dieu qui « tient la pièce ».[43]

II. LA PERSPECTIVE CATHARTIQUE : LA COMÉDIE HUMAINE

Le plus souvent, Dieu ne « tient » pas la pièce, et celle-ci ne déborde pas les frontières du théâtre du monde. Le référent divin existe encore dans la plupart des cas, mais il est occulté, et il est quelquefois impossible de distinguer ces spectacles de ceux qui relèvent de l'inspiration sceptique. Le monde est un théâtre sur lequel les hommes sont acteurs et spectateurs : chacun joue aux autres et à soi-même une comédie à laquelle tous se laissent prendre. Seuls ceux qui

---

[41] « Ordre humain et ordre divin dans 'saint Genest' de Rotrou », *Revue des Sciences Humaines,* t. XXXVII, No 145, janv.-mars 1972, p. 92.

[42] *L'Illustre comédien ou le martyre de saint Genest,* acte V, scène 5.

[43] Cf. la réponse de Genest à Lentule qui, ne comprenant pas pourquoi Genest ne disait plus son texte, avait lancé en direction du souffleur : « Holà, qui tient la pièce ? » (acte IV, scène 7, v. 1298 sq. ; *éd. cit.,* p. 988).

ont conscience de prendre part et d'assister à un spectacle illusoire peuvent assumer convenablement leur rôle. Jouer en sachant qu'on joue, c'est transformer l'incertitude radicale de la condition de l'homme en certitude intérieure ; c'est, lorsqu'on estime que Dieu est « caché » ou que l'on doute, s'égaler au Dieu-spectateur suprême.

D'où la fortune du *démiurge*: le démiurge est l'homme qui, magicien ou, plus simplement, honnête homme, a pris conscience de la comédie humaine et cherche à *guérir* ses congénères des illusions dans lesquelles ils se complaisent. Il reçoit les aveugles dans sa grotte ou dans son château et, après les avoir soumis au classique processus illusion-rupture de l'illusion, les renvoie, sinon guéris, du moins aptes à comprendre le monde et porteurs d'une nouvelle sagesse. Le démiurge joue un rôle proprement *providentiel* ; et ce, au double sens du terme : providence chrétienne et providence antique. Providence chrétienne, car il est l'élément fondamental de la triade opératoire du *theatrum mundi* : Auteur-Acteur-Spectateur. Auteur omniscient, il montre au Spectateur son alter-ego, l'Acteur, victime de l'illusion. Providence antique, car c'est lui qui décide au dernier acte de son spectacle de lever le voile afin de sortir l'Acteur — et le Spectateur avec lui — de son aveuglement. Le théâtre antique, écrit A. Michel, « c'est la lumière froide, au dernier acte, quand les dieux apparaissent pour dissiper le songe, et le confirmer en même temps. (…) C'est la naissance de la conscience dans l'illusion »[44]. Ce qui est la définition de la *catharsis*.

Le rôle cathartique du démiurge peut s'exprimer à travers deux démarches : la démarche psychodramatique, qui consiste à modifier la structure de la personnalité du « patient » en lui proposant un spectacle qui lui permet de prendre conscience de ses refoulements[45] et de les extérioriser ; et la démarche psychagogique, qui vise à instruire le spectateur considéré comme un élève ; l'une n'excluant pas l'autre. Ses moyens thérapeutiques ressortissant exclusivement au théâtre, le démiurge n'est rien d'autre qu'un auteur dramatique — nous en avons fait la démonstration inverse dans un chapitre précédent.[46] Partant, il est hors de doute que les différents dramaturges qui se sont proposés de mettre en scène la triade Auteur-Acteur-Spectateur — c'est-à-dire leur vision de la comédie humaine — ne se

---

[44]   « Le théâtre et l'apparence : d'Euripide à Calderón », *art. cit.,* p. 11.
[45]   Dans notre perspective, refoulements s'entend au sens d'« illusions ».
[46]   Voir *supra*, pp. 208 sq.

soient pris eux-mêmes pour des démiurges chargés de guérir leur public de ses illusions.

1. *La lutte contre l'illusion*

Le plus fameux démiurge du théâtre français est assurément celui de *L'Illusion comique*, pièce « dont le titre même unit pour les confondre l'expérience cathartique du théâtre à celle de l'Illusion ».[47] Il peut sembler paradoxal de faire d'Alcandre un « guérisseur » après avoir montré qu'il était le fondement de toute la dramaturgie de l'illusion à l'oeuvre dans cette comédie. Mais Corneille n'a pas écrit ce « caprice » dans le seul but d'amuser son public en le perdant dans les vertiges de l'illusion. La critique ne s'y est pas trompée, qui a vu dans cette pièce une défense en règle du théâtre et en Alcandre une métaphore de l'auteur dramatique. Mais il faut aller plus loin. Alcandre n'est pas seulement l'ordonnateur de deux spectacles théâtraux et l'apologiste d'un genre artistique à la recherche de ses lettres de noblesse. Il est véritablement *le démiurge* tel que nous l'avons défini plus haut. Il dispose ses sortilèges pour sortir le Spectateur de son errance : il est la conscience initiée qui présente à la conscience aveugle le spectacle du monde — « l'illusion comique » — et qui tâche à le faire naître à une réalité supérieure, celle du théâtre.

On retrouve en effet dans *L'Illusion* la triade fondamentale du *theatrum mundi* ; à tel point même que l'on peut considérer cette comédie comme le correspondant *profane* de la pièce de Calderón, *El Gran Teatro del Mundo*. L'Auteur, c'est Alcandre ; comme celui de Calderón, il est aussi metteur en scène et spectateur-juge. Pour déciller les yeux d'un simple mortel, le Spectateur, représenté par Pridamant, il lui présente le *spectacle de la vie humaine*, l'Acteur principal de ce spectacle étant Clindor, le fils de Pridamant. Plus exactement, et il faut insister sur ce point, l'Acteur est un « fantôme » ou un « spectre »[48] de Clindor ; cette nuance précise la parenté entre le pouvoir démiurgique du magicien et le pouvoir divin, qui dispose des âmes, du Spectateur suprême.

---

[47] M. Fumaroli, « Microcosme comique et macrocosme solaire », *art. cit.*, p. 100.
[48] Cf. acte I, scène 2, v. 152 ; *éd. cit.*, p. 14. Acte I, scène 3, v. 212, p. 18. Acte II, scène 1, v. 218, p. 19. Acte IV, scène 10, v. 1340, p. 94.

Mais le plus important, selon nous, réside dans le contenu du spectacle présenté par Alcandre. Car ce spectacle — et, curieusement, aucun critique ne l'a remarqué jusqu'ici — est une véritable *allégorie de la vie humaine.*[49] Il ne suffit pas en effet de voir en Clindor un *picaro* devenu comédien[50] préfigurant par certains côtés les héros de la maturité de Corneille. Du point de vue de l'Auteur, Clindor est le symbole de l'homme, de l'homme aveugle sur lui et sur le monde, et aux prises avec une « fortune » qui paraît capricieuse et qui, pourtant, le conduit d'une main sûre à son destin.[51]

Cet homme, nous le suivons de sa naissance jusqu'à sa mort — et sa résurrection. Clindor naît le jour où il s'est enfui de chez son père. C'est à ce moment que commence la *narratio* d'Alcandre. Après avoir rapidement passé — oralement — sur le lent mûrissement du jeune homme, constitué par ses aventures picaresques,[52] il met en scène son « fantôme » pour présenter les étapes marquantes de l'épanouissement de sa personnalité. Ce n'est pas un hasard si au fil des actes II, III et IV son rôle passe du comique au tragi-comique pour aboutir au tragique. Simple faire-valoir de Matamore au début, il présente en outre le visage d'un jeune homme qui découvre l'Amour. A l'acte suivant, il relègue son maître au second plan pour s'affirmer en tant qu'homme : il fait l'essai de sa séduction sur la suivante de sa maîtresse, tient tête à son rival et enfin, à l'issue d'un duel, il le tue. L'acte IV est celui de l'expérience de la mort : dans sa prison, à la veille de son exécution, il fait réflexion sur son destin, et, au cours d'une vision macabre, il se représente sa mort (« Et la peur de la mort me fait déjà mourir »).[53]

Mort à son ancien moi, il peut renaître, régénéré, à l'acte V : acteur inconscient sur le théâtre du monde, il est devenu acteur conscient de l'être sur le théâtre des hommes. Nul doute que si l'on poursuit l'allégorie, l'on verra un Clindor, homme de théâtre complet, et

---

[49] M. Fumaroli voit dans la pièce tout entière une allégorie de l'initiation pédagogique et psychagogique de la sagesse humaniste. Clindor n'est que le symbole de l'adolescence qui découvre peu à peu l'essence ludique de l'homme et du monde. Voir « Microcosme comique et macrocosme solaire », *art. cit.,* p. 101.

[50] Au reste, le thème du *picaro* s'explique dans une large mesure en référence au *theatrum mundi.*

[51] Les références aux « hasards », aux « accidents » et à la fortune de Clindor sont nombreuses (v. 148, 151, 1225 sq.).

[52] Acte I, scène 3, pp. 15 sq.

[53] Acte IV, scène 7, v. 1288, p. 90. Sur l'évolution de Clindor, voir aussi M. Fumaroli, « Rhétorique et dramaturgie dans *L'Illusion comique* de Corneille », *art. cit.,* pp. 124-127.

conscience parvenue au détachement suprême, faire part de son savoir à d'autres consciences aveugles en s'aidant de la magie cathartique du théâtre ; comme Alcandre. Et ainsi de suite, à l'infini.

Cette perspective allégorique nous aide à mieux comprendre le sens de l'illusion élaborée par Alcandre au Ve acte. Elle est la condition *sine qua non* de la réussite de la *catharsis* : le Spectateur est un homme, aussi ignorant de la comédie humaine qui se déroule sous ses yeux que l'Acteur qui la représente ; mais, tandis que l'Acteur accède à la « vérité » par l'expérience de la mort, le Spectateur y parvient par la conscience de l'illusion dont il a été victime. Pridamant a cru son fils assassiné ; mais ce n'était qu'un leurre. Alcandre a beau jeu de lui faire comprendre que le destin de son fils lui paraissait incompréhensible parce qu'il ignorait que la vie n'est qu'une pièce de théâtre. Son fils a compris avant lui, grâce à ce qu'il prenait pour des vicissitudes de la fortune, que tout n'était que théâtre, et que, partant, son destin était de *faire du théâtre*. D'où la réponse de Pridamant à Alcandre qui l'invitait à ne plus se plaindre de la « bonne fortune » de son fils :

> Je n'ose plus m'en plaindre : on voit trop de combien
> Le métier qu'il a pris est meilleur que le mien.
> Il est vrai que d'abord mon âme s'est émue :
> J'ai cru la Comédie au point où je l'ai vue ;
> J'en ignorais l'éclat, l'utilité, l'appas,
> Et la blâmait ainsi, ne la connaissant pas.
> Mais depuis vos discours, mon coeur plein d'allégresse
> A banni cette erreur avecque la tristesse.
> Clindor a trop bien fait.[54]

Accédant à la vérité, Pridamant meurt à son ancienne vie. Il est désormais un homme qui *sait*. Il est parvenu à une réalité supérieure, celle du théâtre, et ne peut plus vivre que par et pour le théâtre :

> Demain, pour ce sujet, j'abandonne ces lieux ;
> Je vole vers Paris.[55]

Il est temps pour le Spectateur de prendre congé de son initiateur. Et ses remerciements nous confirment que le démiurge est bien plus qu'une simple conscience éclairée : l'homme qui est parvenu au détachement suprême s'est hissé au rang de Dieu. Les derniers mots de la pièce, qui sont loin d'être univoques, ne laissent aucun doute à ce sujet :

[54] Acte V, scène 6, v. 1807-1785, p. 121.
[55] *Ibid.,* v. 1817-1818, p. 122.

> Mais, grand Mage, du moins croyez qu'à l'avenir
> Mon âme en gardera l'*éternel souvenir*.[56]

Telle est, assurément, la signification que Corneille a voulu transmettre à son spectateur cultivé. Pour que celui-ci la comprît, le seul mouvement de la pièce, ainsi que nous venons de l'analyser, suffisait. Pour le gros du public, il était nécessaire, sinon d'expliquer l'allégorie, du moins de la traduire ; c'est à quoi s'est employé le dramaturge dans la longue apologie du théâtre qu'il a fait prononcer par Alcandre.[57] Mais il était nécessaire aussi que le public fût préparé à comprendre cette apologie. Or il l'était par le même processus psychodramatique que celui qui a permis à Pridamant d'accéder à une conscience supérieure. Car si l'on se détache du plan allégorique pour ne considérer que le plan fonctionnel de la pièce, l'on constate que l'illusion dont Pridamant a été la victime au Ve acte n'est en fait qu'un *moyen* pour tromper le public réel du spectacle.[58] C'est en plongeant son public dans l'illusion et en lui faisant prendre conscience ensuite de son illusion que Corneille espère le guérir — comme Alcandre a guéri Pridamant — de ses préjugés envers le théâtre.

Le procédé du théâtre dans le théâtre permet donc une *double catharsis* : au mouvement cathartique classique — illusion-rupture de l'illusion — vient en effet s'ajouter le mouvement intérieur destiné à Pridamant et dont le public a été spectateur ; dans la mesure où Pridamant représente le double scénique du public, on peut parler de *catharsis* dédoublée. Et, de fait, l'apologie du théâtre prononcée par Alcandre s'adresse aussi bien à Pridamant qu'au public tout entier à travers lui.

Quelques années plus tard, l'honnête homme succède au magicien dans la galerie des démiurges. Dans son château, Clarimond accueille un autre type de malade : le Lisidor désespéré par la disparition de sa fiancée qu'il va s'employer à guérir est la figure même du *mélancolique*. Pour faire revenir son ami de cette sorte de folie que M. Foucault appelle « la folie de la passion désespérée »,[59] il n'a trouvé rien de mieux que de lui présenter une série de spectacles dont

---

[56] *Ibid.,* v. 1823-1824. Nous soulignons.
[57] *Ibid.,* v. 1781-1806, pp. 120-121.
[58] Cf. *supra,* p. 242.
[59] *Histoire de la folie, éd. cit.,* pp. 44-45. L'auteur distingue quatre types de folies littéraires: *la folie par identification romanesque* (Don Quichotte), *la folie de vaine présomption* (les Capitans), *La folie du juste châtiment* (Éraste dans *Mélite* ou Lady Macbeth), et celle *de la passion désespérée*.

la moralité est toujours la même : « la vie est un songe. » S'il parvient à le convaincre que la vie n'est qu'une suite de rêves éveillés et que l'on ne sait jamais quand on dort ou quand on rêve, Lisidor pourra croire à son tour que ce qu'il a vécu n'était qu'une illusion (aussi bien son amour pour Isabelle que la disparition de celle-ci), et se défaire enfin de sa mélancolie.

Puisque le thème « la vie est un songe » n'est que le corollaire du thème «le monde est un théâtre»,[60] il n'y a rien d'étonnant à ce que l'on retrouve la triade fondamentale du *theatrum mundi* : l'Auteur donne à voir au Spectateur une comédie dans laquelle l'Acteur est victime d'une illusion. Assurément, la méthode utilisée par le démiurge dans les trois premiers divertissements est beaucoup plus psychagogique que psychodramatique : il *enseigne* véritablement à son spectateur à se défier des illusions de la réalité tout en le convainquant que la vie est un songe ; Lisidor n'est jamais victime des illusions destinées aux acteurs. La psychagogie aurait-elle suffi à guérir le Spectateur ? ou bien Clarimond avait-il décidé, avant même d'apprendre l'arrivée inattendue d'Isabelle, d'utiliser la méthode, beaucoup plus efficiente dans le cas d'un malade, du psychodrame ? Question oiseuse, bien évidemment, dans la mesure où toute la comédie repose sur le retour d'Isabelle vivante, donc sur la guérison « naturelle » de Lisidor. Question qui, toutefois, méritait d'être posée puisqu'il apparaît que ces trois divertissements ne servent pas seulement à mettre en scène l'illusion et à préparer le rêve éveillé du dernier acte[61] ; il est certain qu'outre cette valeur purement fonctionnelle, ils sont les trois premières étapes d'une *révélation* ressortissant au thème du *theatrum mundi*. Les différents titres des oeuvres de Brosse — *Les Innocents coupables* (1645), *L'Aveugle clairvoyant* (1650) — indiquent d'ailleurs que les rapports entre les apparences et la réalité et, par là-même, entre le théâtre et l'existence ont toujours été au centre des préoccupations de Brosse.

Du seul point de vue thérapeutique, le retour d'Isabelle a rendu le spectacle psychodramatique du dernier acte parfaitement superfétatoire. Le but avoué de la représentation est, d'une part, d'amortir le choc que la vue d'Isabelle vivante ne peut manquer de produire sur le « malade », d'autre part de faire de Lisidor la dernière victime des

---

[60] La comédie que jouent les hommes sur le théâtre du monde n'a pas plus de réalité que le rêve.

[61] Sur cette question, voir *supra*, pp. 289 sq.

tours joués par Clarimond à ses hôtes.[62] Mais surtout, on trouve dans cet ultime spectacle une exacte transposition du *topos* du *theatrum mundi*. L'Auteur présente à son Spectateur la vie humaine ; certes il s'agit de la sienne propre, mais n'est-il pas vrai que toutes les vies se ressemblent ?

> Avez-vous la créance
> D'être seul que l'Amour ait mis en sa puissance,
> Et qu'un autre agité de ces désirs ardents
> N'ait jamais éprouvé de pareils accidents ?[63]

Par ailleurs, de même que l'on est à la fois acteur et spectateur dans la grande comédie humaine, c'est le double de Lisidor qui remplit la fonction d'Acteur sur la scène. Devenu spectateur de sa propre vie, il se met à douter de sa propre réalité. Où est le réel ? dans ce qu'il croit avoir réellement vécu ? Mais alors ce qu'il voit sur la scène ne doit être que fiction. Or, Clarimond lui soutient que la réalité est du côté de la scène. Dans ce cas, n'est-ce pas son passé qui était fiction ? N'est-il pas en train de rêver qu'il a vécu ce que les acteurs représentent ? Autant de questions qui plongent le Spectateur dans un trouble existentiel qui serait de nature à le guérir de sa mélancolie : tout est rêve, tout est fiction sur le théâtre du monde ; il n'y a donc pas lieu de se désespérer sur les événements qui nous arrivent. L'entrée d'Isabelle à la troisième scène du spectacle ne fait que confirmer cette signification : si celle qu'on croyait morte — on l'avait même *vue* disparaître dans les flots[64] — se révèle bien vivante, c'est qu'il faut renoncer définitivement à prendre les apparences pour la réalité.

La suite du jeu consiste à renforcer Lisidor dans l'opinion qu'il a de rêver : c'est son double scénique qu'Isabelle feint de reconnaître ; en outre cette actrice qui ressemble si fort à Isabelle avait été présentée par Clarimond avant le début de la pièce comme étant une de ses nièces. Isabelle serait-elle devenue un personnage de théâtre ? Et il faut attendre qu'elle s'adresse directement à lui — lui reprochant de « soupçonner ses yeux d'erreur et de mensonge »[65] — pour qu'enfin « la réalité se conforme au songe scénique ».[66] Le fait que la reconnaissance qui suit soit la répétition exacte de celle qui s'était déroulée sur la scène quelques instants plus tôt marque bien que peu de choses

[62] *Les Songes des hommes éveillés,* acte V, scène 1.
[63] Acte V, scène 3.
[64] Acte I, scène 4.
[65] Acte V, scène 5 (voir *supra*, p. 261).
[66] J. Rousset, *La Littérature de l'âge baroque,* p. 70.

séparent le songe — ou la scène — de la réalité. Ainsi, au coeur même de la certitude retrouvée, rappelle-t-on que l'on n'est jamais que dans un demi-sommeil, à mi-chemin entre le rêve et l'éveil.

Remarquons qu'aucune conclusion explicite n'est tirée par le démiurge, ni par aucun autre personnage, à la fin de la pièce. On ne trouve aucun souci prédicatoire chez Brosse. Il lui a suffi de faire ressortir l'ambiguïté des rapports entre la vie et le songe, entre le théâtre et la réalité. De même, le public n'a pas été associé aux différents psychodrames qui se sont déroulés tout au long de la pièce. A la différence de celui de *L'Illusion comique*, il n'en a été que le spectateur. Nul doute cependant que les ambitions de Brosse allaient jusqu'à espérer qu'en quittant la salle, le public finirait par douter de sa propre réalité ; qu'au coeur de sa certitude retrouvée à la fin du rêve éveillé que constitue le spectacle lui-même, il ressentirait la permanence du songe et du théâtre. Lorsqu'on a été le spectateur d'un spectateur mystifié par le spectacle de sa propre vie, n'est-on pas conduit à penser que l'on vit chaque jour le spectacle de sa propre mystification, et, qui plus est, sous le regard d'un autre spectateur — simple humain qui a accédé à une conscience supérieure, ou Spectateur suprême — ?

Toutefois, il faut remarquer que cette inquiétude existentielle qui sous-tend *Les Songes des hommes éveillés* ne débouche ni sur la marche triomphale vers la transcendance du Genest de Rotrou, ni, à l'inverse, sur le pessimisme « fin de siècle » d'un La Bruyère qui n'appréhende le monde que comme un théâtre où s'agitent des pantins désarticulés.[67] Ni optimiste, ni pessimiste, le dénouement des *Songes* nous montre que la vérité va de pair avec le rêve et la fiction (Isabelle est sur le théâtre, mais elle n'est pas fictive), que les illusions toujours renaissantes laissent par intermittences la place au réel, que la vie n'est que théâtre mais que le théâtre — à l'image d'Isabelle qui rejoint son amant par le biais de la scène — débouche sur la vie. Le monde de Brosse est celui de la comédie qui finit bien : à travers les réapparitions providentielles[68] et le bonheur des héros, elle enseigne non point la foi dans le théâtre — Clarimond n'est pas Alcandre et n'a joué aucun rôle dans le destin de Lisidor — mais l'acceptation joyeuse de la vie.

---

[67] *Les Caractères,* « De la Cour », § 99.
[68] Non seulement Isabelle a été sauvée miraculeusement du naufrage, mais l'on apprend, à la dernière scène de la pièce, que son frère, qui avait disparu lui aussi dans la tempête, est bien vivant (acte V, scène 5).

Plusieurs attitudes sont possibles en face de l'illusion : la briser, et c'est la reconnaissance tragique d'un monde supérieur dominé par Dieu ; l'utiliser, pour accéder au niveau de l'illusion consciente qu'est le théâtre ; en jouer, pour montrer qu'elle n'est pas incompatible avec la vérité ; et enfin la pousser jusqu'à son terme, la folie, à partir de quoi elle peut se défaire. Les deux pièces de Beys illustrent cette dernière attitude. Critiques et philosophes[69] ont souvent donné en exemple le dénouement de *L'Hôpital des fous* où la folie sert de révélateur à la vérité. Pour échapper à ses poursuivants, Méliane s'est réfugiée dans l'asile et se fait passer pour folle ; elle s'est en outre déguisée en homme et porte le nom de Clindor. Pour mettre fin aux quiproquos qui se sont noués au cours de l'action, elle feint, au cours d'une crise de folie elle-même feinte, de se prendre pour une femme, ce qui permettra aux autres personnages de comprendre la vérité. Toutefois, ce n'est pas là, selon nous, que réside le principal enseignement des pièces de Beys. Il est dans le rapport qui s'établit entre personnages sensés que l'on prend pour fous et personnages réputés fous que l'on prend pour sages ; en un mot, entre la sagesse et la folie. Nous avons déjà analysé ces rapports dans le chapitre précédent et nous n'y reviendrons pas, si ce n'est pour indiquer que Beys s'inscrit dans une tradition et paraît avoir voulu donner une véritable *illustration* du mot de Charron : « la sagesse et la folie sont fort voisines ».[70]

Par ailleurs, si l'on compare *L'Hôpital des fous* aux *Illustres fous*, on se rend compte que celle-ci est beaucoup moins gratuite que celle-là. Diffuse dans la première, la conception philosophique qui sous-tend l'action des deux pièces apparaît dans *Les Illustres fous* non seulement beaucoup plus complète, mais surtout bien plus explicite ; comme si Beys, au vu de la production dramatique contemporaine qui avait privilégié ce que J. Rousset appelle la « folie-jeu »[71]

[69]   J. Rousset, *La Littérature de l'âge baroque,* p. 56 ; M. Foucault, *Histoire de la folie,* p. 48.
[70]   Cité par J.F. Maillard, *Essai sur l'esprit du héros baroque,* p. 84. Le rattachement de Beys à cette tradition est particulièrement évident si l'on compare les commentaires des spectateurs sur le comportement des fous (voir *supra,* pp. 282-283) à celui du curé (s'adressant à Cardenio) sur Don Quichotte : « En dehors des niaiseries et simplesses que ce bon gentilhomme dit touchant ses folies, si on lui traite d'autres choses, il en discourt avec de très bonnes raisons et montre un entendement clair et agréable en tout : de façon que, ne lui parlant point de ses chevaliers, il n'y aura personne qui ne le juge de bon entendement » (Bibliothèque de La Pléiade, Paris, Gallimard, 1949, p. 296).
[71]   *Op. cit.,* p. 57.

aux dépens de la folie érasmienne,[72] s'était efforcé de se démarquer de ses rivaux ou imitateurs en rappelant que la folie humaine n'est que l'ignorance des hommes de leur condition d'acteurs sur le théâtre du monde. A cet égard, les réflexions du Concierge et de son valet sur les comédiens et le théâtre, absentes de *L'Hôpital des fous*, sont d'une importance capitale.

Nous avons vu en effet, en analysant ces réflexions,[73] que la frontière entre le théâtre et la folie est des plus ténues. Pour qu'un comédien devienne fou, il suffit qu'il cesse de se percevoir comme comédien, c'est-à-dire qu'il *devienne* le rôle qu'il aurait dû se contenter de jouer. De la même façon, pour qu'un philosophe devienne fou, il lui suffit de s'identifier à la philosophie elle-même (et s'il en vient à se prendre pour l'Auteur de la création, c'est que la philosophie prétend *tout* expliquer), oubliant que sur le théâtre du monde, il n'est qu'un acteur à qui a échu le rôle de philosophe. Si Beys n'avait pas récrit sa pièce dans cette perspective, il n'aurait pas ajouté aux commentaires qu'il fait prononcer par le Concierge et son valet sur les comédiens cette « remarque philosophique »[74] :

> Et comme la terre est un vaste échafaudage,
> Où chacun dit son rôle et fait son personnage,
> Pour la représenter ils ont dû faire choix
> De ce qui peut servir les Bergers et les Rois,
> Afin que leur théâtre où tant de peuple abonde
> Puisse être l'abrégé du Théâtre du monde.

Il est vrai que cette idée court un peu partout dans la production littéraire du temps. Mais dans une pièce qui théâtralise les scènes de fous et dont l'envoi final rappelle aux spectateurs qu'ils sont les « originaux des Illustres folies » qui leur ont été présentées sur la scène, le cliché reprend toute sa signification. Le monde est un théâtre et le théâtre contient le monde : sur le théâtre, les hommes sont fous mais ils contemplent la folie des autres sans s'apercevoir de la leur

---

[72] « Se connaître comme sujet de l'illusion, et persister cependant à partir de cet acte d'humilité, à poursuivre patiemment et fidèlement cette vérité sans laquelle l'illusion ne serait pas connue comme telle, ainsi peut se résumer la leçon du jeu de la Folie » (M. Fumaroli. « Microcosme comique et macrocosme solaire », *art. cit.*, p. 97).

[73] Voir *supra,* pp. 276-277.

[74] Expression de H.C. Lancaster (*op. cit.*, part. II, p. 737), qui paraît la considérer comme un simple lieu commun, puisqu'il la rattache à la tradition des « Ronsard, Shakespeare, et d'autres ».

propre ; cela signifie que sur le macrocosme que constitue le théâtre du monde les hommes sont des fous qui contemplent d'autres fous. Et la sagesse consiste à se reconnaître pour fou :

> Mais après avoir vu dans nos Illustres cages,
> Tant d'admirables fous, croyez-vous être sages ?

Telle est la leçon des *Illustres fous*, qui, remarquons-le, est en même temps la définition du *psychodrame*. Beys ne pouvait pas mieux témoigner — en souriant — de la haute conscience qu'il avait de la fonction de l'homme de théâtre.

2. *L'apprentissage de la sagesse*

Au premier abord, on pourrait considérer que la tragi-comédie de Gillet de la Tessonerie intitulée *Le Triomphe des cinq passions* ne se distingue pas des pièces que nous venons d'étudier. Un jeune Grec se rend chez un « Enchanteur » pour qu'il le guérisse de cinq passions qui accablent son esprit : la vaine gloire, l'ambition, l'amour, la jalousie et la fureur. Devant son impuissance à « le soulager par des raisons fortes et convaincantes », l'Enchanteur décide d'utiliser la technique du psychodrame :

> Il se résoud de faire un effort merveilleux, et de rappeler des Enfers les héros les plus signalés de l'Antiquité, pour lui montrer comme les passions qui le tyrannisaient alors étaient dangereuses, puisqu'elles avaient autrefois causé la perte de ces grands hommes qu'il lui voulait faire voir.[75]

A cinq reprises donc, le démiurge va présenter à Arthémidore les actions de cinq « Fantômes parlants » différents, agités chacun de l'une des passions qui accablent le jeune homme. Tite-Live, Tacite et Plutarque fournissent les sources[76] de ces *exempla* qui prétendent offrir au malade cinq reflets de lui-même et qui, tous, se terminent par la mort de l'un des protagonistes, comme le réclame toute bonne catharsis. Celle-ci est si efficace qu'au fil des actes Arthémidore voit s'évanouir une par une ses différentes passions, et que l'Enchanteur peut le féliciter, à l'issue de sa dernière évocation magique, d'avoir totalement « triomphé » de ses maux. Aussi juge-t-il bon de parachever la cure par une apologie de la *maîtrise de soi*.

[75] *Argument* du premier acte.
[76] H.C. Lancaster remarque que la matière historique fournie par les auteurs antiques est librement adaptée afin d'apporter une leçon (*op. cit.*, part. II, p. 400).

Mieux que tout, cette apologie, que Gillet a manifestement conçue comme le couronnement de sa pièce, dévoile la portée de cette tragi-comédie. Elle s'inscrit dans une perspective étroitement *moraliste* et ne ressortit nullement, comme les autres pièces « à révélation » , à une vision du monde. Certes, il s'agit d'apprendre à un homme à vivre parmi les autres hommes, mais tout se passe comme si les autres hommes, comme si le monde n'existaient pas. A l'issue du spectacle, le jeune homme — et le public à travers lui — a peut-être appris à vivre, mais il continue à ignorer *ce qu'est la vie*. En quelque sorte, Gillet enseigne la morale, et néglige la métaphysique qui, pourtant, est à sa source. Rotrou, Corneille, et autres Brosse, cherchaient avant tout à faire prendre conscience par leurs spectateurs de l'Illusion fondamentale de la « comédie humaine », partant du principe — issu de l'humanisme — que l'on n'atteint la sagesse que par la connaissance de soi et du monde.

Nous pensons qu'il faut voir dans la conception « étroite » de Gillet l'expression d'un certain recul de la fortune du *theatrum mundi*, sensible à la même époque (1642) dans les tragédies de Corneille qui traduisent un idéal de dépassement fondé sur la *seule volonté humaine*.[77] Il est vrai que Desfontaines, Rotrou et Brosse n'ont pas encore écrit leurs chefs-d'oeuvre ; mais à travers eux, le *topos* brillera de ses derniers feux. Le temps est à l'affirmation de l'homme. Ce qui importe, ce n'est plus tant d'accéder à une conscience supérieure née de « la reconnaissance de sa propre aptitude à l'illusion »,[78] que de parvenir à la maîtrise de soi. Cependant, pour y parvenir, les chemins diffèrent, et Gillet se situe à l'opposé de la problématique cornélienne.[79] Tandis que les héros tragiques de Corneille cherchent à se dépasser, celui de Gillet ne veut que se guérir des passions qui lui barrent la route de la sagesse.

Cette opposition des problématiques se retrouve au niveau de la dramaturgie. On connaît la réticence de Corneille à l'égard de la *catharsis* aristotélicienne: s'il a préféré l'admiration aux ressorts de la terreur et de la pitié, c'est qu'il voulait mettre en avant l'élan de la volonté humaine et non pas purger les passions de l'homme. Or Gillet, dont le dessein est clairement traduit dans le titre *Le Triomphe*

[77] En faisant abstraction des tragédies dites de la vieillesse.
[78] L'expression est de M. Fumaroli, « Microcosme comique et macrocosme solaire », *art. cit.,* p. 97.
[79] De la problématique tragique, s'entend, et non point de celle qui a présidé à la composition de *L'Illusion comique.*

316

des cinq passions, s'est livré à une scrupuleuse application des préceptes d'Aristote. Chacune des cinq tragédies qui composent sa pièce tend à éveiller chez le spectateur la terreur et la pitié,[80] en vertu du principe selon lequel « nous avons pitié de ceux que nous voyons souffrir un malheur qu'ils ne méritent pas, et nous craignons qu'il nous en arrive un pareil quand nous le voyons souffrir à nos semblables ».[81] L'Enchanteur veut en effet « rappeler (les) sens (d'Arthémidore) par des ombres vivantes »,[82] afin qu'il « tire du profit de leurs malheurs ».[83] D'une certaine manière, la guérison progressive d'Arthémidore, que nous voyons s'effectuer sous nos yeux à l'issue de chaque tragédie, est la démonstration du bien-fondé des préceptes d'Aristote.

On saisit ici le profit qu'a retiré Gillet de l'utilisation de la technique du théâtre dans le théâtre. Grâce à elle, le public *voit comment* s'accomplit sur un spectateur la purification des passions par la tragédie ; d'autant que Gillet a pris soin de faire revenir les deux protagonistes sur le devant de la scène à la suite de chaque « évocation » afin de montrer les réactions d'Arthémidore, « étonné » ou « touché vivement »[84] par les malheurs des « images parlantes » suscitées par l'Enchanteur. Ainsi le public peut à la fois subir lui-même les bienfaits de la cure, et comprendre, par l'intermédiaire de son double scénique, la manière dont elle s'opère.

Ce souci didactique qui paraît avoir animé la démarche de Gillet, et qui ne contribue pas moins que son idéologie à le distinguer des dramaturges qui ont voulu « révéler » une vision du monde plutôt qu'une morale, se retrouve, accentué, dans *L'Art de régner*. C'est sans doute le succès obtenu par *Le Triomphe des cinq passions* qui l'a poussé à écrire quelques mois plus tard cette pièce, qui repose sur la même structure que la précédente. Seule change la perspective qui passe de l'instruction morale à l'instruction politique. Avec cette

---

[80]   Nous n'entrons pas dans la question de savoir si la terreur et la pitié sont précisément les passions qui doivent être éliminées par le processus cathartique, ou si elles servent à purger aussi d'autres passions qu'elles-mêmes ; il semble qu'au XVIIe siècle, la définition d'Aristote ait été reçue en son acception la plus large. Sur cette question, voir notamment D. Barrucand, *La Catharsis dans le théâtre et la psychothérapie*, p. 69.

[81]   Aristote, *Poétique*, 1453 a 4-5 ; cité par D. Barrucand, *op. cit.*, p. 71.

[82]   *Le Triomphe des cinq passions*, acte I, scène 1.

[83]   Argument du premier acte.

[84]   Expressions utilisées respectivement dans les Arguments des deuxième et troisième actes.

pièce, dédiée à Bassompierre, qu'on avait pressenti, quelques mois avant sa mort, pour être le précepteur du jeune Louis XIV, Gillet ne prétendait à rien de moins qu'à participer à l'instruction du futur roi, alors âgé de cinq ou six ans. Sous nos yeux, donc, « Le Gouverneur » va apprendre au « Prince » à « régner dessus (lui)-même » afin de « régner sur autrui »,[85] et pour cela va s'efforcer de lui inculquer les cinq vertus fondamentales de tout chef d'Etat : justice, clémence, magnanimité, continence et libéralité. Dénué de tout pouvoir surnaturel, ce démiurge est contraint de requérir la contribution de comédiens professionnels (« Les merveilles de France et du siècle où nous sommes ») chargés de représenter les cinq histoires[86] illustrant les bienfaits des vertus royales. A l'entrée des acteurs, le Gouverneur et son élève *se mettent à un des coins du théâtre pour écouter*[87] et le quittent à l'issue de chaque tableau pour tirer une courte morale de l'*exemplum* qui a été produit.

Gillet a donc transposé la structure du *Triomphe*. Mais la conception du spectacle est différente. Ce n'est pas un psychodrame, mais une *psychagogie*. L'âme du prince est vierge ; il est encore à un âge où il importe plus d'être instruit que d'être guéri des passions qui ne sont encore qu'à l'état de germe. Aussi Gillet a-t-il habilement alterné les actions tragiques — des chefs périssent, songent au suicide ou sont privés de leur trône pour n'avoir pas fait preuve de telle ou telle vertu[88] — et les fins heureuses où les princes vertueux sont récompensés.[89] Le but est d'impressionner l'âme du jeune roi de façon tantôt positive, tantôt négative, afin qu'en voyant l'effet de telle vertu ou les malheurs que l'absence de telle autre entraîne, il soit à tout jamais convaincu que la sagesse royale repose sur les cinq vertus cardinales dont son maître lui a donné à voir les effets. L'entreprise de Polidore, le Gouverneur, a-t-elle eu autant de succès que celle de l'Enchanteur ? Sagement, Gillet semble penser que la psychagogie ne peut donner de résultat en une seule séance, à l'inverse du psychodrame ; et comme elle repose entièrement sur la

---

[85]   Acte I, scène 1.

[86]   Quatre sont tirées des *Vies* de Plutarque ; la cinquième (acte IV) de *Cassandre* de La Calprenède.

[87]   Acte I, scène 1, didascalie.

[88]   Le premier acte se termine sur l'assassinat du roi qui n'avait pas fait preuve de justice ; le troisième sur le suicide projeté par celui à qui a manqué la magnanimité ; et le dernier sur la déchéance du roi qui ignorait la libéralité.

[89]   Le second acte montre les bienfaits de la clémence, le quatrième, ceux de la continence.

confiance que l'élève témoigne à son maître, la pièce se conclut sur ce simple aveu de confiance :

Toujours mes sentiments s'accorderont aux vôtres.[90]

Assurément, cette pièce nous a entraîné aussi loin de la perspective cathartique que du *topos* du *theatrum mundi*. Il y a bien encore un démiurge, mais le spectacle repose sur lui de façon seulement formelle puisqu'il ne fait guère qu'introduire et conclure chaque spectacle et que le résultat final de son action n'est pas aussi convaincant que la conversion de Pridamant ou la guérison d'Arthémidore. Peut-on parler encore de révélation ? La leçon que prétend apporter Gillet est en effet bien mince : régner sur soi pour pouvoir régner sur autrui ; en outre, son destinataire se réduit à la classe politique. On voit que nous sommes loin de la pédagogie d'inspiration humaniste. Le vrai démiurge, tel que nous l'avons défini au fil des pages qui précèdent, aurait eu recours au *topos* du théâtre du monde pour enseigner les deux vertus fondamentales d'où découlent toutes les autres — vertus chrétiennes, qui plus est —, l'*humilitas* et la *caritas*. Nous découvrons donc jusqu'à quel point peut s'appauvrir la thématique liée à la structure du théâtre dans le théâtre : à l'illustration d'une morale utilitariste.

III. LA « RÉVÉLATION » INTERNE OU LA FAUSSE RÉVÉLATION

Nous pensons que la fortune du *theatrum mundi* au XVIe siècle et au début du XVIIe siècle est directement liée au système cosmogonique de la Renaissance. La représentation de la terre sous la forme d'un disque situé au centre du monde peut, à elle seule, justifier qu'on y ait vu symboliquement un plateau de théâtre. De plus, puisque la terre est le seul monde vivant existant, Dieu ne peut qu'avoir les yeux fixés sur elle et passer son temps à observer le spectacle que lui offre cette gigantesque scène de théâtre. On se doute que cette conception n'a guère dû être remise en question par l'affirmation de la rotondité de la terre, l'essentiel de la théorie résidant dans la position centrale, immobile et solitaire du monde. Dès lors, le *theatrum mundi* n'avait plus de sens pour les penseurs dont la cosmogonie fai-

---

[90] Acte V, scène 9 ; dernier vers de la pièce.

sait de la terre une planète tournant sur elle-même et perdue au milieu d'une infinité de systèmes solaires, et pour lesquels l'homme n'était plus une création privilégiée de la divinité mais une agglomération d'atomes à peine plus élaborée que la plante ou l'animal.

Il n'est pas question pour nous de prétendre que *Le Pédant joué* fut écrit par Cyrano de Bergerac en réaction contre le *topos* et, à travers lui, la cosmogonie de son temps. Parmi toutes les raisons qui démontreraient la vanité d'une telle interprétation, la position excentrée de la représentation intérieure et le rôle accessoirement démiurgique du valet italien nous paraissent être des arguments plus que suffisants. Il n'empêche que la représentation intérieure présente un schéma qui repose sur la triade fondamentale du *theatrum mundi*, Auteur-Acteur-Spectateur, et que cette récurrence appelle quelques réflexions sur l'évolution du procédé du théâtre dans le théâtre en ce milieu du XVIIe siècle.

Nous avons déjà montré que le valet Corbineli joue au Ve acte le rôle d'un démiurge : il organise la représentation (Granger l'a nommé « plénipotentiaire »), explique aux acteurs leur rôle, souffle son texte à l'un d'entre eux et met fin à la comédie quand il l'a jugé opportun. A côté de l'Auteur, Granger occupe sur la scène la double fonction d'Acteur et de Spectateur (comme l'homme sur le théâtre du monde). D'autre part, il ne contemple pas la représentation d'une histoire déjà accomplie, mais il assiste et participe à une action *en train de se faire* et, qui plus est, engageant sa propre vie en même temps que celle des autres acteurs (comme sur le théâtre du monde). Enfin, lorsqu'au dénouement, on lui aura révélé le sens de cette action, dont jusqu'alors il ignorait le but, il s'accommodera avec philosophie[91] de ce que cette comédie, qu'il avait trouvée bonne, corresponde à la réalité. Il y avait là matière à une parodie des multiples adaptations du *topos* au théâtre. Toutefois la persistance de ce schéma dans une pièce à caractère burlesque nous paraît revêtir une autre signification.

Si la structure persiste au moment où s'écroule l'idéologie qui en avait été le point de départ, c'est, semble-t-il, que la triade Auteur-Acteur-Spectateur est désormais sentie — au même titre que le couple illusion-révélation — comme un élément purement fonctionnel, et indispensable, du théâtre dans le théâtre. Le spectacle s'est replié sur lui-même, et a acquis une totale autonomie par rapport à ses fon-

---

[91] « Je me consolerai bien moi-même : O Tempora ! O Mores ! » (derniers mots de la pièce : *éd. cit.,* p. 239).

dements idéologiques. Au moment où se développe la mode des grands spectacles à machines — à laquelle le grand Corneille lui-même a jugé bon de sacrifier — qui, loin de faire appel à l'entendement, visent exclusivement à charmer les sens, la comédie ne renvoie plus au théâtre du monde, mais à son propre contenu.

C'est donc à une révélation tout intérieure que l'on assiste dans ce type de pièce : seul le spectateur intérieur est concerné, parce que la révélation ressortit uniquement à l'action de la pièce. Ainsi, dans *Le Pédant joué*, le processus de la mise en abyme permet au Notaire qui fait signer le mariage de Charlot et de Genevote d'appartenir aux deux niveaux de représentation ; la comédie intérieure terminée, on *révèle* à Granger qu'il a assisté à sa propre signature de l'acte de mariage de son fils, et que la fiction n'était que la réalité théâtralisée. Il en est de même dans *L'Amour Fantasque ou le juge de soi-même* de Fiot où le valet-démiurge, Padille, fait signer à Angélique, Spectatrice-Actrice, un acte véritable de mariage par l'intermédiaire d'une comédie intérieure au titre révélateur, « *La Supposition véritable* ».[92]

Il était inévitable que le degré zéro de la révélation apportée par la pièce intérieure apparût de la façon la plus manifeste dans une pièce destinée surtout au divertissement des sens, comme pouvait l'être une comédie à machines. Le spectacle final de *L'Inconnu* prétend, en effet, dénouer la comédie tout entière en révélant à l'héroïne, par le biais d'une mise en abyme allégorique, le nom de cet Inconnu qui la courtise. Mais, dans la mesure où l'Inconnu peut se dévoiler à tout moment, le recours à la pièce intérieure n'est nullement indispensable ; il s'agit seulement de rehausser la « cérémonie » du dévoilement par les splendeurs et les charmes d'un spectacle théâtral, comme l'auteur l'avait d'ailleurs souligné dans sa préface.[93] Ce spectacle est d'autant plus gratuit que la mise en abyme allégorique n'est, en fait, qu'un trompe-l'oeil. Si l'on se souvient que la curiosité de Psyché pour l'identité de son amant mystérieux fut cause de son malheur, on peut s'étonner que Thomas Corneille ait choisi une telle légende pour mettre en abyme l'action de sa pièce-cadre et dénouer de la façon la plus heureuse possible l'intrigue de sa comé-

---

[92] Fiot s'est, à l'évidence, souvenu de la pièce de Cyrano : Angélique est à la fois spectatrice, assise « sur un côté du théâtre », et actrice à qui l'*on souffle* sa réplique ; le Notaire qui fait signer l'acte de mariage dans la comédie appartient au niveau de la pièce-cadre.

[93] *Au lecteur.* Voir *infra,* p. 327.

die : la logique aurait voulu qu'en descendant du théâtre intérieur pour dévoiler à la Comtesse le portrait de son Inconnu, l'Amour eût déclenché quelque malheur. On peut penser que si Thomas Corneille avait écrit sa pièce quelques décennies plus tôt, il aurait eu recours à ce thème pour « révéler » les méfaits de la curiosité. Or, dans la mesure où les quatre premiers spectacles intérieurs sont destinés à exciter la curiosité de l'héroïne, la légende de Psyché devait nécessairement subir une adaptation qui la détournât de son sens primitif. Le résultat de cette adaptation est que la légende perd toute signification dans la pièce. Comme dans *Le Pédant joué*, la révélation renvoie seulement à l'action de la pièce-cadre.

Mais par rapport à la comédie de Cyrano, *L'Inconnu* témoigne d'une évolution supplémentaire. Dans celle-là, la révélation, toute interne qu'elle fût, s'opérait par l'intermédiaire de la triade héritée du *theatrum mundi*. Chez Thomas Corneille, elle s'accomplit de façon automatique, sans qu'intervienne un démiurge. Pourtant le valet du Marquis, La Montagne, organisateur des autres divertissements offerts par « l'Inconnu » à la Comtesse, en avait presque tous les caractères.[94] Or, au lieu de lui faire jouer le rôle d'Auteur, le dramaturge a préféré en faire l'acteur principal de la pièce intérieure ; et c'est en tant qu'acteur que La Montagne introduit le personnage de l'Amour, apposé là tout exprès pour donner à la Comtesse le portrait de l'Inconnu. La révélation a donc lieu *de l'intérieur* de la pièce enchâssée. Il est vrai que La Montagne, en introduisant le personnage de l'Amour, suggère aussi que l'Inconnu — qui n'a pas de réalité matérielle puisqu'il s'agit du Marquis — c'est l'Amour même ; en d'autres termes, que le Marquis, en créant ce personnage de l'Inconnu, voulait forcer la Comtesse à aimer l'amour, et par là-même à l'aimer, lui, qui se montrait amoureux d'elle. Mais doit-on encore parler de révélation ? Outre que c'est loin d'être dit en clair et qu'aucun personnage n'en tire la leçon, tout le monde ne sait-il pas qu'aimer c'est aimer l'amour ? Ainsi, par cette fausse révélation, nous débouchons sur une signification bien différente de toutes celles que nous venons d'étudier jusqu'ici : la pièce intérieure comme *décor*. La mise en abyme n'est ici aucunement un effet de miroir destiné à « montrer quelque chose » ; elle consiste en un simple redoublement visant à *augmenter* « *l'effet* ». Equivalent théâtral de la

---

[94] Du moins ceux du démiurge revu et corrigé par le valet italien.

Galerie des Glaces, *L'Inconnu* contient un miroir qui ne sert ni à reproduire, ni à tromper, ni à révéler, mais à accroître l'ampleur du spectacle et à *se* voir.

CHAPITRE IV

L'Autoreprésentation

Le fonctionnement pervers de la mise en abyme de *L'Inconnu* nous conduit donc à une signification qui marque une rupture complète par rapport aux précédentes. Certes, les jeux de miroirs y sont encore à l'oeuvre, mais sans autre but que leur simple existence. Le théâtre dans le théâtre, c'est donc aussi, et même, nous allons le voir, pour une large part, le théâtre qui joue à se représenter lui-même. La réflexion peut n'être ni reproductrice, ni trompeuse, ni révélatrice, mais simplement autosuffisante. C'est le cas pour tous les spectacles enchâssés qui remplissent une *fonction décorative*, et dont, finalement, la signification se réduit à cette fonction : renforcer le spectacle.

Mais la pénétration du spectaculaire dans la dramaturgie ne s'arrête pas là. Comme nous l'avons dit plus haut, la fonction métalinguistique, relativement discrète dans une pièce de théâtre ordinaire,[1] est pleinement à l'oeuvre quand le spectacle se dédouble. Aussi, par son fonctionnement même, le théâtre dans le théâtre est-il, partout et toujours, *autoreprésentation*, c'est-à-dire mise en avant de la théâtralité du théâtre.

Enfin nous avons constaté que plusieurs pièces encadrent des actions dramatiques qui jouent un rôle actif dans la progression de l'action principale, mais dont la signification relève aussi, à nos yeux, de la volonté, fortement ancrée chez les dramaturges du XVIIe siècle, d'offrir au public un « spectacle magnifique ». En effet, ces pièces ont beau intégrer de façon très étroite une deuxième action, celle-ci n'en apparaît pas moins, à y regarder de près, parfaitement superfétatoire, eu égard au but recherché, qui aurait pu être atteint par n'importe quel autre moyen dramatique que le procédé du théâtre dans le théâtre.

---

[1] Sauf quand elle opère sur le plan métaphorique ou au niveau du discours théâtral ; cf. B. Magné, *art. cit.*, pp. 103-106.

325

I. LE DÉDOUBLEMENT À FINALITÉ DÉCORATIVE

Ainsi pour toutes ces pièces, le renforcement de la théâtralité s'est effectué par le biais d'une *théâtralisation*. Nous disons qu'il y a théâtralisation toutes les fois qu'une action dramatique passe par le détour du théâtre dans le théâtre sans que ce détour soit nécessaire, toutes les fois qu'elle devient spectacle sans cesser d'être action dramatique.

Le théâtre dans le théâtre n'est pas le seul procédé de théâtralisation : toute mise en scène qui confère un caractère spectaculaire à un événement dramatique tend à la théâtralisation. C'est le cas de la pompe, du faste du décor, des machines[2] ; c'est aussi le cas de la mise en scène de la violence, que les dramaturges baroques ont affectionnée, depuis le simple meurtre jusqu'aux têtes coupées, en passant par les suicides en chaîne et les membres ou organes arrachés.[3] On pourrait croire que l'horreur ainsi théâtralisée fût capable de satisfaire la soif de spectaculaire des contemporains. Des dramaturges pourtant ont voulu aller plus loin et augmenter l'impact de telles scènes. Il leur a fallu les théâtraliser une nouvelle fois ; ils ont eu recours pour cela à la structure du théâtre dans le théâtre. Notre étude considèrera donc tour à tour la théâtralisation des scènes non chargées de spectaculaire, la *théâtralisation simple*, puis de celles qui en sont pourvues et auxquelles le théâtre dans le théâtre ne fait qu'apporter un surcroît de théâtralité, la *surthéâtralisation*.

1. La théâtralisation simple

Constituée par cinq spectacles différents qui rythment sa progression du premier au dernier acte, tout en paraissant y contribuer, *L'Inconnu* nous fournit peut-être le meilleur exemple du fonctionnement de la théâtralisation. Les quatre premiers divertissements offerts par l'Inconnu à la Comtesse sont destinés, sur le plan de la signification interne de l'action, à augmenter la curiosité de la Comtesse à l'égard de ce mystérieux amoureux et, si possible, à susciter

---

[2] Voir J. Schérer, *op. cit.,* pp. 160 sq.

[3] Voir R. Lebègue, « Paroxysme et surprise dans le théâtre baroque français (1966) » in *Etudes sur le théâtre français,* tome I, pp. 378-379 ; voir aussi, du même auteur, « Le théâtre de démesure et d'horreur en Europe occidentale aux XVIe et XVIIe siècles » (1951) ; *ibid.,* pp. 361 sq.

son amour. Mais on prendra garde à ne pas se laisser abuser par le crescendo psychologique que représentent ces divertissements : ils n'ont entre eux aucun lien thématique, et seulement deux sur quatre sont l'occasion pour l'Inconnu de faire passer un billet à la Comtesse.[4] Or, la remise du message ne nécessitait pas une telle mise en scène, d'autant que cela se fait au vu et au su de tous les autres protagonistes.

Ce souci du spectaculaire, particulièrement flagrant dans la comédie en abyme de l'acte V, nous venons de le voir, est d'autant plus éclatant que celle-ci participe à la progression de l'ensemble et que le dénouement passe par elle. En fait, lors de la première représentation de la comédie de Thomas Corneille, l'Inconnu se dévoilait *sans le détour* de la représentation intérieure. C'est après coup que l'auteur a intégré celle-ci à l'ensemble, pour des raisons qu'il nous expose lui-même dans sa préface :

> Vous trouverez ici le cinquième Acte plus rempli qu'il ne l'est dans la Représentation, où le Marquis se contente de promettre la Comédie à la Comtesse. J'en fais un Divertissement effectif qu'il lui fait donner sur le petit Théâtre, sous le titre de *L'Inconnu*. Il consiste en trois scènes fort courtes qui regardent l'embarras de Psyché enlevée par l'Amour dans un Palais magnifique, où rien ne manque à ses plaisirs que la satisfaction de connaître l'Amant qui prend soin de les lui procurer ; et comme cet Incident n'éloigne point l'Idée des Fêtes Galantes du Marquis, je m'en sers pour dénouer plus agréablement l'Aventure de la Comtesse.

Pour confirmer, s'il en était besoin, que c'est le souci de « l'agréable » qui a motivé l'enchâssement de tous ces spectacles, le dramaturge a composé un Prologue où l'on voit le « Génie de la France » faire admirer à la Muse Thalie toutes les facettes de son talent — les didascalies signalant au fur et à mesure de nombreux changements de décor. On ne pouvait mieux prévenir le spectateur que la comédie qu'il allait voir était fondée avant tout sur la technique et le spectaculaire.

Quoique l'intrigue de *La Belle Alphrède* de Rotrou soit moins ostensiblement gratuite, le fonctionnement de la théâtralisation appelle des remarques voisines. Nous savons tout d'abord que le ballet enchâssé joue un rôle actif dans la progression de l'action principale : un personnage ayant écrit un « cartel » dans lequel il exprimait sa fureur contre un autre personnage et son intention de le tuer,

---

[4] Acte I et acte III.

son compagnon imagine de se servir du ballet qui va être offert à l'occasion du mariage de son ennemi pour faire passer ce cartel. Il obtient ainsi de danser la première entrée du ballet et de distribuer ensuite les vers du ballet proprement dit à l'assistance. Arrivé à la hauteur du fiancé, il lui remet, au lieu du livret, le cartel rédigé par son ami et lui indique l'endroit où celui-ci l'attend.[5] L'auteur du stratagème fait certes valoir que le procédé est « sans risque et sans fortune » ; il insiste surtout sur le fait qu'il s'agit d'une « invention plaisante et non commune ».[6] Ces mots sont révélateurs parce qu'ils soulignent la gratuité de ce ballet. Car il n'y avait aucune nécessité à se servir de la représentation d'un ballet pour accomplir une telle action : le message pouvait être transmis de bien d'autres façons tout aussi sûres. Le détour par le théâtre dans le théâtre ne s'explique que dans la perspective de donner à cette action un tour amusant et original.

D'autre part, le ballet ne s'arrête pas une fois le message transmis. Au contraire, c'est à ce moment qu'il commence vraiment : une didascalie indique alors que *là le ballet se danse et le sujet est de deux Espagnols qui font les braves et qui sont enfin déconfits par deux Français.*[7] En définitive, l'essentiel du ballet est conçu non point pour faire avancer l'action, mais comme une fin en soi. La gratuité qui a présidé à son inclusion a été relevée par J. Schérer :

> Que Rotrou insère (le ballet) dans sa comédie par goût du spectaculaire plus que par besoin psychologique, c'est ce que révèle assez le sujet d'une des entrées, où des Espagnols sont humiliés par des Français : inadmissible si l'on prenait au sérieux la fiction théâtrale selon laquelle ce ballet est offert pour son mariage à un jeune Espagnol, le thème ne peut manquer de satisfaire le public français de Rotrou.[8]

Ainsi, rien, pas plus la psychologie que l'action, ne justifie l'introduction d'un tel divertissement. Il faut en chercher les raisons à l'extérieur de la pièce : recherche du spectaculaire, volonté de plaire à un public passionné de ballets.[9]

Les mêmes remarques valent pour toutes les pièces dans lesquelles le spectacle enchâssé est affecté d'une fonction instrumentale qui n'est pas renforcée par une mise en abyme, *Le Poète basque,*

---

[5]   Acte V, scène 6 ; *éd. cit.,* tome I, pp. 853-854.
[6]   Acte V, scène 1, v. 1522-1534, p. 847.
[7]   Acte V, scène 6, v. 1692, p. 854.
[8]   *La Belle Alphrède,* Notice, p. 1309.
[9]   Et passionné aussi contre l'Espagne.

L'Amour fantasque, Le Courtisan parfait. La pièce intérieure n'est jamais nécessaire malgré les apparences. Dans les comédies de Poisson et de Fiot, dominent le souci de renforcer le comique en le mettant sur une sorte de piédestal et, surtout, le goût du spectacle pour le spectacle ; dans celle de Gilbert, c'est le désir de déployer un grand luxe de mise en scène pour entourer l'aveu d'amour conçu dès le départ comme le point culminant de la pièce.

Cette mise en avant obstinée du spectacle et de la théâtralité du théâtre n'a pas épargné non plus les oeuvres qui contiennent une réduplication thématique. *Le Malade imaginaire* et *Le Mari sans femme*[10] ont beau privilégier le jeu entre la fiction et la réalité, cette illusion, dont nous ne sommes pas victimes, ne peut dissimuler le souci décoratif qui a sans aucun doute présidé à l'élaboration des scènes théâtralisées. Il est vrai aussi, si l'on prend le cas du *Malade*, que dramatiquement il fallait que les deux amants pussent se réaffirmer la persistance de leur amour et qu'il eût été maladroit de la part de Molière de casser le rythme de sa pièce par un tête à tête amoureux et par la disparition d'Argan sur lequel toute la comédie repose.[11] Dès lors théâtraliser l'inévitable aveu d'amour de toute comédie par un duo chanté devant Argan et la famille Diafoirus était un excellent moyen pour Molière de concilier tous ces impératifs. Et ce spectacle renforce d'autant plus la théâtralité de l'ensemble qu'étant le seul passage chanté véritablement intégré à l'action principale, il concentre sur lui, à cause de sa place centrale, une partie du spectaculaire des quatre divertissements chantés et dansés qui l'entourent.[12]

2. *La surthéâtralisation*

Sur l'ensemble de notre *corpus*, trois pièces seulement mettent en scène des assassinats. Que ceux-ci n'aient lieu ni avant, ni après le spectacle intérieur, mais à l'occasion de sa représentation n'est pas sans rappeler toutes ces tragédies anglaises dites « de la vengeance »

---

[10] Nous laissons de côté *Le Sicilien* où la courte chanson « en abyme » n'est pas créatrice d'illusion.
[11] Argan ne quitte la scène qu'à trois reprises, et, sauf en I, 2, pour quelques instants seulement.
[12] Deux le précèdent (le Prologue et le premier intermède), et deux le suivent (les deux derniers intermèdes).

qui utilisent le procédé du théâtre dans le théâtre.[13] Cette ressemblance découle de leur signification commune. S'il y a, comme nous l'avons indiqué plus haut, *théâtralisation* lorsqu'un acte de violence est non pas raconté mais commis sur scène, sous les yeux du public, on peut dire qu'il y a *surthéâtralisation* lorsqu'il est commis sur une scène intérieure, parce qu'il se déroule devant d'autres spectateurs (fictifs, ceux-là) dont le public peut suivre les réactions. Rappelons, afin de corroborer notre proposition, que, pour les contemporains, une exécution publique est un spectacle assimilé à un véritable représentation théâtrale. Quelques dramaturges ont d'ailleurs joué de la ressemblance entre ces deux types de spectacle. C'est Rotrou qui, dans *Le Véritable saint Genest*, fait ironiser le vice-empereur Maximin sur l'exécution du comédien :

> Je crois que le préfet, commis à cet office,[14]
> S'attend aussi d'en faire un public sacrifice,
> D'exécuter votre ordre, et de cet insolent
> Donner ce soir au peuple un spectacle sanglant,
> Si déjà sur le bois d'un théâtre funeste
> Il n'a représenté l'action qui lui reste.[15]

Et c'est Mareschal dont le héros, le duc de Bourgogne (*Le Jugement équitable de Charles le Hardi, dernier duc de Bourgogne*), fait annoncer une représentation théâtrale qui se trouve être une exécution capitale.[16] Ainsi la mise en scène d'un meurtre dans un fragment enchâssé permet de multiplier par deux le caractère spectaculaire de l'acte.

L'habileté de ce type de présentation tient, comme précédemment, au fait que la pièce intérieure, loin de paraître un moyen de renforcer le spectacle, se présente comme un adjuvant dramatique de l'action de la pièce-cadre. C'est ce que cherche à faire croire Baro dès l'avertissement de *Célinde*. Après s'être justifié d'avoir choisi d'introduire l'histoire de Judith et d'Holopherne,[17] il ajoute :

---

[13]   Voir A. Brown, « The Play Within a Play : An Elizabethan Dramatic Device », *Essays and Studies 1960* ; J. Fuzier, « La Tragédie de vengeance élizabéthaine et le théâtre dans le théâtre », *Revue des Sciences Humaines,* tome XXXVII, No janv.-mars 1972, pp. 17 sq.
[14]   Venger l'empereur et les dieux.
[15]   Acte V, scène 5, v. 1663-1668 ; *éd. cit.,* tome I, p. 1002.
[16]   Acte III, scène 5. Ce spectacle devait avoir lieu après un mariage et le « rôle principal » devait être tenu par le nouveau marié aux côtés d'un personnage mystérieux, qui s'est révélé plus tard être le bourreau.
[17]   C'était d'abord une question de commodité : pour introduire une pièce de trois cents vers sans narration préalable, il fallait choisir un sujet très connu. Ensuite

> Et certes, qui voudra prendre garde combien elle est juste à l'action
> pour laquelle je l'ai introduite, ne trouvera peut-être pas étrange que
> pour m'en servir j'aie franchi toute considération.

Cette déclaration liminaire est confirmée par l'examen de l'action de la tragi-comédie. La pièce intérieure joue un rôle actif dans la progression de la pièce-cadre, qu'il s'agisse pour Célinde de supprimer les obstacles à son union avec Lucidor, ou de se venger, sous le coup du désespoir, de l'homme qu'on veut lui faire épouser, Floridan. Enfin, pour que le spectateur n'ait pas le moindre doute sur la vraisemblance interne de l'assassinat, Baro fait expliquer après coup à l'héroïne qu'elle a pris « l'occasion aux cheveux, qui sans cela se fût infailliblement échappée ».[18] Il *faut* donc croire qu'il n'y avait pas d'autre moyen pour l'héroïne d'échapper au mariage imminent.

Toutes ces précautions ne suffisent pas à dissimuler l'évidence (à nos yeux, du moins ; les spectateurs de l'époque n'avaient pas de raison d'y regarder de si près). Il s'agit d'un *faux adjuvant dramatique*. Si Baro a introduit une pièce intérieure, ce n'est pas pour permettre à son personnage de commettre un assassinat : dans la mesure où son scénario prévoyait que Célinde devait commettre un meurtre — toute la fin de la pièce n'en est que la conséquence —, il pouvait choisir entre des centaines de situations dramatiques possibles. Il a donc opté pour le procédé du théâtre dans le théâtre, qui lui permettait d'augmenter le caractère spectaculaire du meurtre, la réaction horrifiée des spectateurs intérieurs devant se communiquer au public. En outre le choix du sujet n'est pas innocent : pourquoi Judith et Holopherne quand il y a tant d'autres assassinats dans la Bible et dans la tradition de la tragédie religieuse française ? en raison du caractère particulièrement spectaculaire du thème. Rappelons l'anecdote, rapportée par Frédéric Faber dans son *Histoire du théâtre français en Belgique*, selon laquelle, en 1549, une *Histoire* intitulée *Judith et Holopherne* a été représentée à Tournai devant Philippe II et a servi de prétexte à une exécution capitale : un travesti jouait le rôle de Judith et poignardait réellement un condamné à mort à qui, pour la circonstance, on avait confié le rôle d'Holopherne. Quoique le XVIe siècle ne fût pas à une horreur près, l'anecdote n'est peut-

---

un souci de vraisemblance : pour qu'un père de famille acceptât que sa fille monte sur une scène de théâtre (même privée), il était indispensable que le sujet soit religieux, de crainte que la re résentation d'amours profanes ne lui « laisse de mauvaises impressions dans l'ân   ».

[18]   Acte IV, scène 3. Cf. *supra,* p. 162, n. 72.

être pas authentique, comme le suggère R. Lebègue.[19] Mais dans ce cas, pourquoi l'avoir située dans une région occupée par les Espagnols, plutôt qu'en France ou ailleurs ? Car ce qui nous incline à penser qu'un tel événement a pu se produire, c'est que la contamination de la société par la théâtralité s'est opérée d'abord en Espagne, et plus fortement que dans les autres pays d'Europe.[20] Comme on le voit, il s'agissait de théâtraliser un événement déjà spectaculaire en lui-même. Placer la même scène sur le théâtre aboutit donc à une surthéâtralisation.

Malgré les différences considérables qui séparent la tragédie d'*Holopherne* et *Le Ballet des Quatre vents* dansé dans *Agarite*,[21] on retrouve la même signification dans les deux cas. Le ballet est destiné à permettre le meurtre du fiancé d'Agarite, comme l'indique l'argument de la scène :

> En cette scène est représenté le Ballet des Quatre-Vents, lequel est dansé pour faire tuer Lizène le soir de ses noces par un stratagème inventé par Célidor.[22]

Durval, qui a sans doute voulu expliquer que ce ballet, dansé le soir des noces, allait couvrir un assassinat machiné par Célidor, a incontestablement mal exprimé sa pensée en insistant sur la seule fonction dramatique de cette représentation. Toutefois, de même que dans le cas de *Célinde*, on ne se laissera pas abuser par l'argument de la nécessité dramatique. Dans un genre aussi peu embarrassé des vraisemblances que la tragi-comédie, un meurtre peut revêtir n'importe quelle forme. Ici encore, le détour par le divertissement interne, qui permet au public de découvrir la mort par les yeux des spectateurs intérieurs, révèle que l'auteur a choisi de renforcer le côté spectaculaire de son oeuvre. Une fois cette finalité posée, on notera la remarquable cohérence interne de cette scène, qui s'oppose à la gratuité

---

[19]   « Un bourreau à la Passion d'Arles » (1932), *Etudes sur le théâtre français,* tome I, pp. 53-54. Curieusement, J. Morel, qui rappelle l'anecdote dans l'*Histoire des spectacles* (p. 739), ne paraît pas la mettre en doute.

[20]   De fait, c'est aux Pays-Bas que fut représenté en 1636 un *Pseudo-Baudoin* du Père Chasseau, contenant une *pendaison* qui a lieu *sur la scène* (cf. A. Stegmann, *L'Héroïsme cornélien,* tome II, p. 34).

[21]   Une « action dramatique dialoguée » dans le premier cas, un ballet seulement dansé dans l'autre ; un meurtre manqué d'un côté, réussi dans l'autre ; et, surtout, la remarquable utilisation de la figure de la mise en abyme dans *Célinde,* totalement absente d'*Agarite*. S'il est vrai que Baro a inspiré Durval, il n'a guère fait que lui donner l'idée de la surthéâtralisation.

[22]   Acte III, scène 3.

absolue du ballet de *La Belle Alphrède*. Tout est ordonné autour de l'assassinat, et notamment le cartel qui prépare les coups de pistolets mortels et qui est lu par la future victime :

> Les pistolets que nous avons
> Représentent l'éclair, la foudre et le tonnerre,
> Et nos vases pleins d'eau montrent que nous pouvons
> Faire pleuvoir dessus la terre.

Comment expliquer que la voie ouverte en France par Baro et Durval n'ait pas été suivie par les auteurs de tragi-comédies, comme cela s'était passé en Angleterre, où une tradition s'était créée[23] ? Le seul autre cas où une exécution doit être accomplie sur une scène intérieure, la tragédie de Mareschal intitulée *Le Jugement équitable*, voit se produire le phénomène inverse : le théâtre et la décapitation elle-même ne sont que *décrits*.

Sans doute les dramaturges ont-ils jugé que le caractère spectaculaire de l'assassinat commis sur scène le dispensait d'être supporté par une figure comme le théâtre dans le théâtre qui, n'étant pas le moteur de la théâtralisation, ne faisait que surajouter de la théâtralité.

Aussi, s'il est bien probable que Baro et Durval ont donné à Corneille l'idée de faire assassiner le héros de *L'Illusion comique* au cours d'une représentation intérieure, l'emprunt a tourné court, ou s'est porté sur l'aspect « non décoratif » de la mise en scène. Car, en fait, l'un des aspects les plus intéressants de la représentation intérieur de *Célinde*, c'est qu'il s'agit d'un *faux* assassinat, élément créateur d'illusion sur laquelle l'auteur va jouer durant tout le reste de sa pièce : la thématique de l'illusion se superpose à la création du spectaculaire.

Corneille a accentué cet aspect : s'il conserve la réaction horrifiée du spectateur intérieur, c'est pour mieux nous tromper, *nous*, le public véritable, puisqu'il dévoile ensuite que le comédien qu'est devenu Clindor *jouait* le rôle d'un personnage qu'on assassine. Certes, le dramaturge n'est pas sans connaître les charmes que trouve le public de son temps à la mise en scène de la violence, et il ne néglige pas cet aspect. Mais il ne l'exploite pas autant que ses deux prédécesseurs chez qui le spectacle intérieur était destiné à rehausser l'effet produit par le meurtre : dans *L'Illusion*, le spectacle intérieur dure

---

[23]   J. Fuzier (*art. cit.*, p. 17) parle de plus de soixante pièces dans lesquelles la vengeance (au sens large) est liée au théâtre dans le théâtre.

depuis quatre actes déjà, et son pouvoir de « mise en valeur » s'est en partie émoussé ; l'assassinat de Clindor se déroule bien sur une autre scène, mais cela n'entraîne pas un phénomène de « sur-surthéâtralisation », car les spectateurs (fictifs et réels) apprennent *après coup* que c'était du théâtre. La différence de traitement démontre clairement, selon nous, ce qui sépare une pièce intérieure destinée à produire de l'illusion, de celles dont la finalité est de renforcer le caractère spectaculaire de l'ensemble qui l'enchâsse, et, éventuellement, de se faire le support de la même thématique.

II. THÉÂTRALITÉ ET MISE EN QUESTION DU THÉÂTRE

Dams les meilleurs des cas, on vient de le voir, la théâtralisation est secondaire en raison des liens entre la pièce-cadre et la pièce intérieure qui créent d'autres effets et auxquels le dramaturge s'attache principalement. Il n'en va pas de même pour toutes les pièces dans lesquelles le spectacle intérieur est un intermède simplement rattaché à l'action principale par le regard des personnages, et dont *l'unique fonction* consiste à renforcer le côté spectaculaire de l'ensemble. Mais précisément, n'étant là que pour le spectacle, ces divertissements enchâssés peuvent contribuer, de façon apparemment paradoxale, à mettre à nu le spectacle ; mise à nu d'où n'est pas toujours absent un certain recul critique.

1. *Dédoublement et fonction métalinguistique*

La particularité de cette fonction que nous avons nommée *décorative* est d'être coupée de tout élément référentiel qui assurerait un lien, si ténu soit-il, entre la pièce-cadre et le spectacle enchâssé. Celui-ci doit dès lors être considéré pour lui-même, spectacle autonome qui « décore » l'ensemble qui l'entoure mais n'y renvoie pas. A ce titre, l'écart est étroit entre la fonction d'un intermède ordinaire et celle d'un intermède enchâssé. Certes, le premier est considéré comme une interruption dans l'action dramatique principale alors que celui-ci prétend en assurer la continuité. Mais l'important est ailleurs.

A la différence d'un intermède ordinaire, un intermède enchâssé est, par le biais du regard des spectateurs intérieurs, explicitement désigné comme théâtre — ce en quoi il ne se distingue d'aucune des pièces dans la pièce que nous avons examinées jusqu'ici : on nous montre un spectacle et ses spectateurs et, selon le cas, on passe sous silence les réactions de ceux-ci ou, au contraire, on les présente ravis, effrayés, bernés par ce qu'ils contemplent ; d'autres fois, ce sont les acteurs que l'on nous montre, et le fonctionnement du phénomène théâtral est alors bien plus profondément mis à jour. Dans le cas des divertissements, les spectateurs sont dans l'ombre, les acteurs, chanteurs ou danseurs se confondent avec leurs personnages, mais le théâtre n'en est pas moins dénudé parce que *montré*. En outre, l'absence de toute fonction référentielle, qui d'ordinaire fait oublier le reste, laisse apparaître, derrière la fonction décorative, la fonction métalinguistique.

Que doit-on penser de cette fréquence avec laquelle des dramaturges, et Molière le premier d'entre tous, ont ainsi souligné la théâtralité de leur théâtre ? Il est vrai que le genre de la comédie en musique et de la comédie-ballet a rendu presque nécessaire la technique de l'enchâssement pour varier les introductions et, surtout, pour augmenter le caractère spectaculaire de cette catégorie dramatique qui se voulait spectacle total. Dès lors, on peut être amené à juger qu'il n'y a pas, le plus souvent, affichage volontaire du théâtre : la fonction métalinguistique se réduit à sa présence automatique et inséparable du phénomène du théâtre dans le théâtre.

Pourtant, plusieurs indices nous laissent entendre que les auteurs dramatiques du XVIIe siècle ont eu une conception suffisamment éclairée de leur art pour savoir jouer avec la théâtralité du théâtre. Le premier, sur lequel nous ne nous étendrons pas, réside dans l'extraordinaire exploitation du rapport réalité-fiction à laquelle certains se sont livrés.[24] Jouer sur l'illusion, c'est en effet utiliser la théâtralité dégagée par la mise en oeuvre du procédé. Le second indice, nous l'avons trouvé dans des variations sur la notion de théâtre qui entourent quelques enchâssements.

Dans les deux comédies de Beys, les scènes de fous auxquelles le regard des personnages « normaux » confère le statut de spectacles ont, tout comme les divertissements des comédies-ballets, une fonc-

---

[24] Nous renvoyons aux chapitres précédents. Rappelons simplement le *finale* de *L'Illusion comique* : en montrant Clindor et ses compagnons qui ramassent la recette de la soirée, Alcandre, personnage fictif lui-même, s'étend sur le caractère fictif de tout événement accompli sur une scène de théâtre (v. 1753-1760 ; déjà cités, p. 145).

tion décorative. Mais l'environnement de ces scènes met en valeur la fonction métalinguistique qui est ici à l'oeuvre. Déjà *L'Hôpital des fous* était placé sous le signe du théâtre : le Philosophe fou termine sa description de l'asile et de ses pensionnaires par une remarque très fortement théâtralisée :

> Et l'on vient en ce lieu comme à la Comédie.[25]

Plus loin, un des personnages qui l'a écouté s'étonne du balancement entre la sagesse et la folie dont est victime le Philosophe, ajoutant qu'il le prenait, avant son accès de mégalomanie, pour « l'Administrateur de cette Comédie ».

Cet aspect a été renforcé dans la refonte de la pièce, *Les Illustres fous*, qui baigne tout entière dans une atmosphère de spectacle. Le mot *illustre* dans le titre fait référence au théâtre, et surtout, l'une des nouveautés de la pièce (mis à part une simplification de l'intrigue amoureuse au profit des scènes de fous) réside dans l'introduction d'un *poète* (entendons d'un auteur dramatique) et d'un *comédien* fous qui se disputent longuement, chacun défendant les mérites de son métier et taxant l'autre de parasitisme.[26] Une autre nouveauté, non moins importante, est que le Concierge de l'hôpital se pique désormais d'être auteur dramatique. Il se vante d'avoir écrit une pièce qui a précisément pour titre « l'hôpital des Savants ou Les Illustres fous »,[27] exprime le désir de la mettre prochainement sur la scène, discute théâtre avec son valet.[28] On aura noté le caractère extrêmement théâtralisé d'une telle scène. En se prétendant l'auteur de la pièce qui est représentée et dont il n'est qu'un personnage, le Concierge se trouve être le siège d'une mise en abyme « spécieuse ».[29] Cette mise en abyme a beau ne pas être développée[30] : le simple fait d'être suggérée laisse assurément entendre que *Les Illustres fous* n'est que théâtre, et qu'elle l'est doublement puisqu'écrite par un personnage de théâtre.

Tout aussi remarquable est le jeu auquel s'est livré Chevalier dans *Les Amours de Calotin*. Seul de tous ses confrères il a situé sa pièce-cadre du côté des spectateurs (bancs sur le théâtre et loges) ; et,

---

[25]   Acte I, scène 4.
[26]   Acte V, scène 2.
[27]   Acte I, scène 2, v. 218.
[28]   Acte IV, scène 5, v. 1455 sq.
[29]   Selon la terminologie de L. Dällenbach. Il appelle ainsi toute réduplication qui prétend englober la fiction qui l'englobe.
[30]   Nous avons montré qu'elle est très difficile à réaliser au théâtre.

au beau milieu de l'illusion très forte ainsi créée, il introduit des personnages clairement désignés comme des personnages de théâtre : le Baron de la Crasse, tout droit sorti de la comédie de Poisson qui porte son nom, et surtout le Marquis de Mascarille, figure encore plus théâtrale que la précédente puisque ce nom apparaît dans plusieurs comédies de Molière pour désigner un valet — qui peut se faire passer pour un marquis, comme dans *Les Précieuses ridicules* — et qu'en outre on savait que c'était le nom de farce de l'acteur Molière. Le jeu se poursuit au début de la pièce intérieure : deux personnages appartenant à la fiction enchâssée viennent se planter devant nos spectateurs et leur adressent des quolibets pour les expulser ; après quoi la pièce intérieure commence vraiment. Ainsi la pièce-cadre a été dénoncée comme fictive à cause de ses personnages, et la pièce intérieure, explicitement désignée comme théâtre par sa position, contribue à renforcer la théâtralité de l'ensemble en commençant par se placer sur le niveau des personnages théâtralisés de la pièce-cadre : quant aux allusions réalistes à la querelle de *L'Ecole des femmes*, elles ne font que renforcer la confusion puisque cette seule référence à la vie réelle est une référence au théâtre.

Dans l'une de ses dernières pièces, Molière soulignera à son tour avec autant d'insistance la théâtralité de son théâtre. Au beau milieu de la pastorale enchâssée dans *La Comtesse d'Escarbagnas*, un personnage saute sur la scène intérieure pour dire leur fait à certains des spectateurs de la pastorale et se voit aussitôt reprocher de troubler la comédie. A quoi Molière lui fait répondre :

> Eh têtebleu ! la véritable comédie qui se fait ici, c'est celle que vous jouez.[31]

On aura garde de ne pas prendre ces paroles au pied de la lettre : elles ont certes une finalité interne, mais comment ne pas voir le clin d'oeil que nous adresse Molière en jouant ainsi sur le mot *comédie* ? Phénomène d'autoreprésentation, la pastorale enchâssée est, sitôt commencée, interrompue pour permettre à Molière de souligner non seulement la théâtralité de l'enchâssement mais aussi celle de la pièce-cadre. Et il y revient après la fin de la pastorale, dans la dernière scène où le héros, apprenant que les obstacles à son bonheur sont levés et qu'il peut cesser de feindre, déclare : « Ma foi ! Madame, voilà notre comédie achevé aussi »,[32] avant d'ajouter, approfondissant ainsi le jeu de mot :

[31] Scène VIII ; éd. cit., tome II, p. 969.
[32] Scène dernière (IX) ; pp. 971-972.

si vous m'en croyez, pour rendre la comédie complète de tout point, vous épouserez Monsieur Tibaudier et donnerez Mademoiselle Andrée à son laquais, dont il fera son valet de chambre.

On aura noté que Molière s'est permis de faire dicter *par son personnage* le dénouement de la comédie aux autres personnages, ironisant ainsi sur le caractère théâtral de toute comédie qui se termine obligatoirement par des mariages (des maîtres et, si possible, de leurs serviteurs).

2. *Un regard critique sur le théâtre*

Cette attitude de Molière à l'égard de son propre théâtre a conduit plusieurs chercheurs à s'interroger sur les arrières-pensées du dramaturge. Faut-il se demander, comme l'ont fait J. Rousset et J. Guicharnaud à propos respectivement du *Bourgeois gentilhomme* et des *Amants magnifiques,*[33] si les comédies-ballets n'offrent pas «une image et une critique de la fête sortie de la fête elle-même »[34] ? Faut-il voir là la trace du schéma illusion-rupture de l'illusion si cher au XVIIe siècle ? C'est ce que tend à penser J. Rousset qui écrit : « On compose un décor de splendeur pour le dénoncer splendidement comme décor. »[35] Si l'on prenait cette proposition au pied de la lettre, on pourrait en déduire que dans les comédies-ballets qui utilisent la technique du théâtre dans le théâtre la fonction métalinguistique vient finalement contester la fonction décorative en « dénonçant » le spectacle intérieur comme théâtre et décor.

Sans aller jusqu'à faire de Molière un adversaire sournois d'un théâtre conçu comme fête de société, type de spectacle auquel il a consacré toutes ses forces et dont il fut auprès du Roi l'un des grands ordonnateurs, on peut accepter de voir chez celui qui a porté son regard critique sur tout ce qui l'entourait des signes de sa claire conscience de la théâtralité de son théâtre. Nous en voulons pour preuve le *finale* de la pastorale enchâssée dans *Les Amants magnifiques*, comédie-ballet qui constitue aux yeux de J. Guicharnaud une apothéose du Divertissement. On y lit la didascalie suivante :

[33]   J. Rousset, *L'Intérieur et l'extérieur,* p. 180, J. Guicharnaud, *art. cit.,* pp. 40-41.
[34]   J. Rousset, *op. cit.,* p. 180.
[35]   *Ibid.,* p. 179.

Les Faunes et les Dryades recommencent leur danse, que les Bergères et Bergers musiciens entremêlent de leurs chansons tandis que trois petites Dryades et trois petits Faunes font paraître dans l'enfoncement du théâtre, tout ce qui se passe sur le devant.[36]

Spectacle à l'intérieur du spectacle enchâssé qu'il parodie, ce dédoublement burlesque sans action ni discours et, partant, réduit à sa pure fonction métalinguistique, se passe de commentaire.

[36] Troisième intermède ; *éd. cit.,* tome II, p. 674.

Conclusion

Le théâtre dans le théâtre, qu'on envisage ce phénomène du point de vue de son fonctionnement ou sous l'angle de ses significations, est le résultat de la rencontre d'éléments très divers survenue durant cette période des XVIe et XVIIe siècles que l'on appelle aujourd'hui l'âge baroque. Or, dans la mesure où il est apparu en des aires géographiques dont les réalités historiques et sociales étaient loin d'être les mêmes, il serait absurde d'expliquer sa fortune subite en fonction de ces seules réalités. Inversement, il est clair qu'il ne s'agit pas d'une forme à l'élaboration de laquelle a présidé un « grand architecte ». Le seul dénominateur commun que l'on peut placer sous ces éléments d'origine dramaturgique, philosophique, idéologique et esthétique est la notion de *vision du monde*. Or la vision du monde de l'âge baroque s'est exprimée essentiellement en termes de théâtralité et de dédoublement.

Le XVIIe siècle est le siècle du théâtre. Moyen d'expression artistique privilégié, genre littéraire goûté par presque toutes les classes de la société — de l'aristocratie au petit peuple des villes —, le théâtre est constitutif de la vision du monde de l'âge baroque. Car, si l'art dramatique se trouve ainsi projeté au premier plan, si l'ensemble de la production artistique paraît gagnée par le sentiment théâtral au point que l'on peut parler de théâtralité de l'art, c'est que le monde lui-même est perçu comme un théâtre ; un théâtre dont les hommes seraient les acteurs et les observateurs tout à la fois et Dieu le spectateur suprême. Le théâtre dans le théâtre ne doit être considéré ni comme une transposition de la réalité — les comédies « nuptiales », notamment, ne s'expliquent pas par la coutume d'offrir des spectacles à l'occasion des mariages —, ni comme un simple recours inventé par des dramaturges à la recherche d'effets théâtraux. Le théâtre dans le théâtre, c'est d'abord l'expression du théâtre du monde, et, partant, c'est le théâtre gagné par la théâtralité. C'est aussi l'expression d'une mentalité qui se complaît dans le même, le double : ressemblances et fausses ressemblances. Le théâtre dans le théâtre, c'est le théâtre qui se dédouble.

Aussi, quiconque veut étudier l'ensemble du théâtre du XVIIe siècle, se doit-il de faire une large part à ce procédé. Au reste, c'est à la faveur de la réévaluation récente de tout un pan de la littérature française du Grand Siècle que l'on s'est avisé que le théâtre dans le théâtre n'était pas une technique exclusivement élizabéthaine. Certes, en France, il n'apparaît dans aucun des chefs-d'oeuvre des Corneille, Molière, Racine. Faut-il s'en étonner ? La principale caractéristique des pièces maîtresses de ces trois écrivains est d'être conformes à une esthétique qui prescrit avant tout l'unité d'action, et qui concentre le plus possible l'attention du spectateur sur les principaux personnages. Une pièce intérieure, en introduisant une deuxième action dramatique, ne permet pas de répondre à cette double exigence ; même réduite à l'état d'un court divertissement, elle brise nécessairement l'attention. De ce point de vue, le procédé du théâtre dans le théâtre est fondamentalement incompatible avec la dramaturgie classique. Et Corneille en a été parfaitement conscient, qui, jugeant après coup son *Illusion comique*, a parlé de « monstre », de « caprice » ou encore de « galanterie extravagante » pleine d'irrégularités.[1]

Ainsi le théâtre dans le théâtre est renvoyé à l'esthétique qui l'a engendré, l'esthétique pré-classique, qui, au théâtre du moins, n'a pas fait naître des oeuvres aussi parfaites que l'esthétique classique. Mais nous ajouterons, paraphrasant J. Schérer,[2] que les meilleures pièces de ce premier XVIIe siècle peuvent éclipser bon nombre de productions classiques. Des réussites comme *Célinde, L'Illusion, Le Véritable saint Genest, Les Songes des hommes éveillés,* qui toutes quatre reposent sur l'utilisation du procédé, en sont la preuve la plus manifeste. Bien plus, dans la deuxième moitié du siècle, en pleine période classique, il est au centre de comédies tout à fait remarquables comme *L'Impromptu de Versailles, L'Inconnu* ou encore *Le Comédien poète.*

Au reste, ces trois pièces, comme d'autres moins importantes qui parurent à la même époque, nous ramènent à l'esthétique pré-classique. Le succès du procédé à l'époque classique est dû au fait qu'il représente la tentation du composite qui a toujours guetté la dramaturgie classique, même après la fin de la grande période baroque (1640), et qui réapparaît à travers le triomphe de la comédie-ballet, puis de l'opéra. Car s'il est vrai qu'au milieu du foisonnement

[1] L'Examen date de 1660, vingt-cinq ans après la première de la pièce.
[2] *Théâtre du XVIIe siècle,* I, Introduction, p. IX.

342

pré-classique se dessine une nouvelle esthétique qui cherche à discipliner cette profusion en s'appuyant sur des principes de cohérence et de vraisemblance, il faut souligner que cette esthétique classique « ne sera jamais tout à fait pure, parce qu'à la 'simplicité' elle joindra une nostalgie contraire de grandeur, d'éclat, de pompe ».[3]

Ainsi le théâtre dans le théâtre se survit durant l'époque proprement classique (1660-1680) parce qu'il correspond à ce qui reste d'« impur » dans le classicisme. Au deux bouts de la chaîne, deux oeuvres des frères Corneille, *L'Illusion comique* (1635) et *L'Inconnu* (1675) illustrent parfaitement le rapport qu'entretient le procédé avec les deux esthétiques. Dans la première, l'action passe sans cesse d'un plan à un autre, puis à un troisième — qui n'apparaît qu'après-coup — ; le temps lui-même paraît à la fois concentré et étendu, comme le lieu qui est à la fois unique et éclaté : construction décentrée et composite, *L'Illusion comique* repose tout entière sur une utilisation maximale du procédé du théâtre dans le théâtre. En introduisant cinq spectacles intérieurs, Thomas Corneille a fait, à son tour, du procédé le pivot de son *Inconnu*. Mais la perspective n'est pas la même : action « simple », temps et lieu uniques, cette comédie obéit aux grands principes de la dramaturgie classique. Le théâtre dans le théâtre, qui n'est même pas utilisé dans le but de susciter le trompe-l'oeil, sert seulement à rythmer le déroulement de l'action au moyen de spectacles qui confèrent à l'ensemble « grandeur, éclat, pompe ».

C'est pourquoi, sur les trois fonctions que peut assumer la pièce intérieure, la fonction décorative est présente du commencement à la fin du XVIIe siècle, alors que la fonction instrumentale ne se rencontre guère que dans la première moitié du siècle. Aussi les deux principaux aspects du « théâtre-miroir », l'illusion et la révélation, sont-ils exploités *avant* le début de l'ère classique. D'une certaine manière, la principale signification du théâtre dans le théâtre, celle qui se maintient tout au long du siècle et qui double toutes les autres significations pourrait s'exprimer par la notion de « *théâtre-décor* ». Certes, elle est loin d'être la plus féconde. Mais, répétons-le, elle seule explique la persistance du procédé sur la scène française au plus fort de l'âge classique.

[3]   J. Rousset, *La Littérature de l'âge baroque,* p. 76.

Le théâtre dans le théâtre connaît au XXe siècle une faveur à peu près égale à celle dont il avait été l'objet au XVIIe siècle. Non que les dramaturges aient jamais cessé de le pratiquer entre-temps[4] ; mais il ne s'agissait pas d'un phénomène aussi généralisé. Le théâtre de notre époque a retrouvé la liberté dont il jouissait à l'âge baroque, tout en se posant, à son tour, mais avec beaucoup plus d'acuité, des questions sur son essence, sa fonction, sa forme, sa réception. De même, l'homme du XXe siècle a une perception de sa place dans le monde qui le rapproche, par certains côtés, de son lointain ancêtre. Par dessus deux siècles de domination du monde, il se retrouve aussi démuni qu'à l'aube de l'ère moderne : simple acteur sur le théâtre du monde. On pourrait faire d'autres rapprochements, en expliquant, par exemple, pourquoi notre époque s'est prise subitement d'une telle passion pour le « baroque ».

Tous ces rapprochements, cependant, sont extrêmement périlleux, compte tenu de la situation spécifique de la mentalité de la fin de la Renaissance dans son contexte idéologique et esthétique. Ainsi, la prédilection affichée par les auteurs du Grand Siècle pour le thème du théâtre *sur* le théâtre ne revêt-elle pas les mêmes significations qu'aujourd'hui. C'est la théâtralité ambiante qui a induit le théâtre à se mettre en scène ; non pas particulièrement pour s'interroger sur son propre fonctionnement en tant que mode d'expression artistique, mais pour se montrer et se mettre en valeur : les « comédies des comédiens » sont, pour une part, des oeuvres ostentatoires. Elles reflètent aussi la conception qu'on avait du rôle du théâtre à l'époque : représentation du monde. Dès lors, il s'agissait moins de s'interroger sur une technique — l'absence de métalangage en est la preuve la plus manifeste — que de représenter simplement le monde du théâtre. Au XVIIe siècle, si l'on pouvait parler de « théâtre sur le théâtre », il n'était guère question de « théâtre du théâtre ».[5]

De même, si le thème du théâtre du monde persiste, pour une part, au XXe siècle, il y a loin de la problématique d'un Pirandello, d'un Anouilh, d'un Genet[6] à celle de Corneille, Rotrou et leurs contemporains. A l'époque baroque, l'homme pouvait bien se sentir démuni sur la scène de l'univers : la conscience d'une divinité supérieure lui évitait les angoisses métaphysiques de l'homme du XXe

---

[4] Cf. l'étude de R.J. Nelson, *Play within a Play.*
[5] Sauf dans *L'Impromptu de Versailles,* qui constitue l'exception.
[6] On lira avec intérêt les analyses de R.J. Nelson sur Pirandello et Anouilh (*op. cit.,* pp. 122-154).

siècle. En outre, il puisait dans son moi les forces nécessaires à son élan vital.[7] Le triomphe de Genest, qui a donné un sens à son rôle dans le monde en le dépassant pour devenir acteur de Dieu, symbolise remarquablement ce point de vue. En même temps, l'exemple de l'acteur Genest souligne l'une des perspectives dans lesquelles s'inscrit le succès du théâtre dans le théâtre sur la scène française du XVIIe siècle. Etant la transposition scénique de la thématique du *theatrum mundi*, la technique du théâtre dans le théâtre met tout particulièrement en valeur les thèmes de la confusion entre *être* et *paraître*, entre vivre et tenir un rôle, entre la réalité et le jeu, thèmes privilégiés aussi bien par la tradition humaniste que par la tradition religieuse.

Mais ces thèmes, qui se sont exprimés surtout dans la première moitié du siècle, à travers toutes les catégories de pièces, comédies des comédiens, comédies initiatiques, comédies au château ou nuptiales, comédies de fous, nous paraissent, en dernière analyse, secondaires par rapport au procédé du théâtre dans le théâtre proprement dit, c'est-à-dire conçu comme *technique* d'expression artistique. Au XVIIe siècle, cette technique est la traduction théâtrale de l'esthétique du dédoublement qui s'est manifestée dans d'autres domaines, comme le roman ou la peinture : rien ne va sans son double, le théâtre tout autant que les autres arts. On peint un tableau dans le tableau, on inclut un récit dans le récit, on enchâsse un spectacle dans un autre spectacle.

Or, curieusement, trois cents années plus tard, les préoccupations des artistes contemporains, pourtant fort différentes de celles de leurs lointains prédécesseurs, aboutissent à privilégier la même technique. Car c'est en tant que technique artistique que s'impose à nouveau le procédé du théâtre dans le théâtre : ce n'est plus seulement comme chez Pirandello ou Anouilh, ni même comme chez les partisans de la « distanciation » brechtienne.[8] C'est le procédé qui s'impose de lui-même. Nulle époque ne s'est passionnée comme la nôtre pour les divers modes de fonctionnement du langage et de l'écriture : la littérature se complaît dans les jeux formels, dans

---

[7]   Ce que C.G. Dubois a mis en lumière dans son chapitre intitulé « l'hypertrophie du moi » (*Le Baroque*) ; cf. aussi J.F. Maillard, *Essai sur l'esprit du héros baroque.*

[8]   Pour Brecht et ses émules, le théâtre dans le théâtre est avant tout destiné à désigner le théâtre comme tel : c'est un procédé de « distanciation », au même titre que les pancartes, les clowns, les marionnettes, les chansons…

l'intertextualité, et même, lorsque l'oeuvre se mire dans l'oeuvre, dans l'«autotextualité ». Car, dans la mesure où l'art ne prétend plus être la représentation du monde, il n'a désormais plus d'autre objet que lui-même. Dès lors, si l'oeuvre reflète quelque chose, c'est elle-même ou d'autres oeuvres. Particulièrement sensible dans l'écriture poétique et romanesque, cette formalisation de l'expression artistique n'a pas épargné le théâtre. Plus que jamais, la formule de Scudéry se trouve appliquée à la lettre : « le sujet de la comédie, c'est la comédie même. »

Appendice I

THÉÂTRE DANS LE THÉÂTRE ET JEU DE RÔLE

Comme nous l'avons dit dans notre introduction, il est nécessaire de distinguer les notions de théâtre dans le théâtre et de jeu de rôle, souvent confondues. Cette confusion est d'autant plus compréhensible que, dans les deux cas, on est en présence de personnages qui revêtent un masque et jouent un rôle en présence d'autres personnages. En outre, comme l'a fort justement fait remarquer B. Magné,[1] scènes enchâssées et scènes de déguisement sont très proches sur le plan symbolique. Dans les unes comme dans les autres, la fonction métalinguistique est à l'oeuvre, doublant la fonction référentielle, de sorte que ces scènes « se donnent à lire comme image symbolique de l'activité théâtrale »[2] puisqu'elles mettent à jour les rapports entre la réalité et l'illusion que le théâtre met en jeu.

Le théâtre dans le théâtre se distingue du jeu de rôle parce qu'il y a *enchâssement* du rôle joué dans l'action principale. Les personnages qui assistent à l'action jouée sont extérieurs à celle-ci, et en sont véritablement les spectateurs. Le théâtre dans le théâtre, c'est un jeu de rôle accompagné d'un changement de niveau dramatique, d'une *métalepse dramatique* (si l'on veut bien adopter la terminologie, désormais largement répandue, élaborée par G. Genette[3]).

Ainsi, comparons trois fameux jeux de rôle du théâtre de Molière aux trois premiers spectacles enchâssés dans *Les Songes des hommes éveillés* de Brosse avec lesquels ils partagent de nombreux points communs. Silvestre, dans *Les Fourberies de Scapin,*[4] Eraste dans *Monsieur de Pourceaugnac,*[5] Toinette dans *Le Malade*[6] jouent leur

---

[1] Art. cit., pp. 103-104.
[2] *Ibid.,* p. 104.
[3] *Figures III,* pp. 243-244 et 244, n. 4.
[4] Acte II, scène 4 : « avertissez votre Silvestre de venir vite jouer son rôle » (*éd. cit.,* tome II, p. 917) et scène 6 (pp. 922-923).
[5] Acte I, scène 4 ; *éd. cit.,* tome II, pp. 599-603.
[6] Acte III, scènes 8 et 10 ; *éd. cit.,* tome II, p. 1161 et pp. 1162-1165.

rôle en présence d'un personnage complice (respectivement Scapin, Sbrigani et Béralde) devant la dupe (Argante, Pourceaugnac et Argan) qui, ne se doutant pas qu'il y a un jeu dont elle est la victime, suit le personnage déguisé sur le terrain choisi par celui-ci. Or, dans les trois premières comédies des *Songes*, il y a chaque fois un personnage[7] qui se trouve confronté à d'autres personnages qui jouent devant lui un rôle sans qu'il le sache, soit qu'il ne les connaisse pas (c'est le cas du paysan Du Pont), soit qu'il ne puisse imaginer qu'ils se jouent de lui. Nous sommes donc bien en présence de jeux de rôle, comme dans les pièces de Molière. Pourtant ces comédies ressortissent au théâtre dans le théâtre : c'est qu'elles ont toutes pour *spectateur* au moins un personnage de l'action principale (Lisidor) qui se trouve totalement en dehors du jeu, et qu'en outre, étant explicitement présentées comme des spectacles, elles sont détachées de l'intrigue, au lieu d'en être partie intégrante.

Cette mise au point nous a semblé nécessaire pour éclaircir le statut, rendu fort ambigu par les hésitations de la critique, de la scène du procès des *Plaideurs*. Faute d'aller y voir de plus près, on s'en tient à l'opinion de V. Fournel[8] qui, dans son souci de réhabilitation de Cyrano de Bergerac, a cru lui faire honneur en lisant chez Racine un démarquage de la comédie intérieure du *Pédant joué*. Tout récemment, J. Prévot s'est contenté de rapporter cette opinion,[9] tandis qu'un peu plus tôt Ph. Butler avait écrit que « le jugement burlesque du IIIe acte n'est avec ses pseudo-avocats qu'une version modifiée du procédé, cher aux auteurs baroques, de la comédie dans la comédie ».[10]

Il est vrai que cette scène est présentée comme une comédie : la distribution des rôles d'avocats à L'Intimé et Petit-Jean, la présence d'un souffleur auprès de Petit-Jean (qui rappelle, comme l'avait remarqué Fournel, celle de Corbineli auprès de Paquier), le regard d'un spectateur amusé, Léandre. Tout théâtraux que soient ces éléments, ils ne permettent pas de parler de théâtre dans le théâtre. Cette scène ne s'accompagne pas, en effet, d'un changement de niveau dramatique : elle est rigoureusement dans la continuité des scènes précédentes ; Dandin ne joue pas le rôle d'un juge mais rend véritablement la justice, et même Léandre, en jouant le rôle du

---

[7] Cléonte (acte II), Du Pont (acte III) et Lucidan (acte IV).
[8] *La Littérature indépendante et les écrivains oubliés,* p. 124.
[9] *Cyrano de Bergerac, poète et dramaturge,* p. 139.
[10] *Classicisme et Baroque dans l'oeuvre de Racine,* p. 123.

public du prétoire, n'est pas assimilable à un spectateur qui prendrait le procès pour une comédie, d'autant qu'il interrompt quelquefois les plaideurs pour dialoguer avec eux. Et n'oublions pas que le procès se poursuit à la scène suivante, engageant cette fois l'avenir de plusieurs personnages de la comédie, sans qu'ait eu lieu la moindre métalepse dramatique.

Racine a lu assurément *Le Pédant joué* dont il a adapté avec bonheur l'épisode du souffleur ; mais c'est à Aristophane qu'il doit l'essentiel de la scène du procès. Et s'il a su conférer un tour si théâtral à cette scène, c'est grâce à l'utilisation de la technique du *jeu de rôle*. En faisant *jouer* à L'Intimé et Petit-Jean *des rôles* d'avocats (en robe), il a voulu souligner l'analogie entre l'activité théâtrale et la justice pour dénoncer celle-ci. Et, précisément, un tel objectif est incompatible avec l'utilisation de la technique du théâtre dans le théâtre qui aurait fait du procès un véritable spectacle et, par là-même, l'aurait complètement déréalisé.

Enfin, cette rapide étude des rapports entre le théâtre dans le théâtre et le jeu de rôle ne peut laisser de côté l'étonnante scène initiale d'*Amphitryon* pour laquelle Molière a mis en oeuvre les deux techniques. Au départ, aucun élément dynamique : c'est une scène d'exposition, constituée, qui plus est, par un monologue. Il fallait y présenter la couardise de Sosie, la situation des différents protagonistes au moment où l'action s'engage, et suivre la tradition qui voulait depuis Plaute que Sosie répétât le discours qu'il s'apprêtait à prononcer devant Alcmène. Tels sont les éléments avec lesquels Molière a dû composer : il fallait rester dans la tradition et faire oeuvre originale.

Sa première idée fut de transformer la répétition monologuée de Plaute en un dialogue[11] dans lequel Sosie se voit investi d'un double jeu de rôle : le sien et celui d'Alcmène, dont la présence est symbolisée par une lanterne déposée sur le sol. Faire faire l'exposition de sa pièce par un dialogue ainsi *joué* entre un personnage et sa lanterne constituait assurément la plus fine des moqueries à l'égard des sempiternelles expositions dialoguées que réclamait la perfection classique.[12] Mais l'idée de faire de ce faux dialogue une sorte de spectacle

---

[11]   G. Couton signale (Molière, *Oeuvres complètes,* tome II, p. 368, n. 1) que Molière a pu s'inspirer des *Facétieuses nuits* de Straparole : un vacher, devant faire un aveu à son maître, le répète devant un mannequin qu'il a fabriqué pour la circonstance.

[12]   Cf. J. Schérer, *op. cit.,* pp. 56 sq.

qui aurait Sosie lui-même pour public bouleverse les données initiales : les exclamations admiratives avec lesquelles il ponctue chacune des réponses de son double aux questions qu'il prête à Alcmène théâtralisent tout le passage. Certes, ici encore, il n'y a point de métalepse, mais Molière a réussi à suggérer une sorte de regard extérieur. Grâce à quoi, l'ensemble de la scène n'est plus perçu comme une simple exposition, mais comme une scène comique à part entière.

On comprend ce qui a dû pousser Molière à rendre cette exposition si spectaculaire : le désir d'imiter son illustre modèle tout en rivalisant avec lui, et, surtout, la crainte que cette scène ne fût écrasée par le voisinage du pompeux prologue qui la précède et de l'éblouissante rencontre entre Mercure et Sosie qui constitue la deuxième scène. Ainsi rehaussée, elle soutient la comparaison.

Appendice II

LISTE DES PIÈCES ÉTUDIÉES — PRINCIPALES CARACTÉRISTIQUES

(Nous donnons ici seulement la date, quelquefois approximative, de la représentation, lorsqu'elle a eu lieu ; pour la date d'édition, voir la bibliographie.)

1 CÉLINDE (1628), « Poème héroïque » de Baro.
   Action principale : actes I, II, IV et V, en prose.
   Action enchâssée : *Holopherne,* tragédie :acte III entier (lui-même divisé en trois actes) en prose.

2 LA COMÉDIE DES COMÉDIENS (1633), tragi-comédie de Gougenot.
   Action principale : les trois premiers actes en prose.
   Action enchâssée : intitulée *La Courtisane,* comédie d'intrigue : les trois derniers actes (ce qui fait un total de six actes) en alexandrins, chaque acte comprenant des stances, le plus souvent en octosyllabes.

3 LA COMÉDIE DES COMÉDIENS (1633), « Poème de nouvelle invention » de Scudéry.
   Action principale : les deux premiers actes en prose.
   Action enchâssée : *L'Amour caché par l'amour*, tragi-comédie pastorale : les trois derniers actes, en alexandrins, avec des stances en octosyllabes.

4 AGARITE (1633), tragi-comédie de Durval, en alexandrins.
   Action principale : actes I, II, III en partie, IV et V.
   Spectacle enchâssée : acte III, scène 3 : *Ballet des Quatre-Vents.*

5 L'HÔPITAL DES FOUS (1634), tragi-comédie de Beys, en alexandrins.
   Action principale : actes I (en partie), II, III (en partie), IV et V.
   Scènes enchâssées : scène 3 de l'acte I, scènes 2 à 5 de l'acte III.

6 L'ILLUSION COMIQUE (1635), comédie en cinq actes de Corneille, en alexandrins.
   action principale : actes I (en entier), II (scènes 1 et 9), III (scène 12), IV (scène 10), V (scènes 1 et 6).
   Premier enchâssement : actes II (scènes 2 à 8), III (scènes 1 à 11), IV (scènes 1 à 9) : l'« évocation magique ».
   Deuxième enchâssement: acte V, scènes 2 à 5 : fragment de tragédie.

7 LA BELLE ALPHRÈDE (1635), comédie en cinq actes de Rotrou, en alexandrins.
   Action principale : actes I, II, III, IV, V (scènes 1-4, 7 et suivantes).
   Spectacle enchâssé : acte V, scènes 5 et 6 : une pantalonnade suivie d'un ballet.

8 LA BELLE EGYPTIENNE (1640-41), tragi-comédie de Sallebray en alexandrins.
   Action principale : actes I à V.
   Spectacle enchâssé : un ballet qui termine la pièce.

9 LE TRIOMPHE DES CINQ PASSIONS (1641), tragi-comédie de Gillet, en alexandrins.
   Action principale : la première scène de chacun des cinq actes.
   Actions enchâssées : cinq courtes pièces en un acte : *Manlie, Pharasmane, Antioche, Martiane* et *Bisathie.*

351

10 L'Art de régner ou Le Sage gouverneur (1643), tragi-comédie de Gillet, en alexandrins.
Même structure que la précédente : cinq pièces intitulées *Minerve, Camille, Ptolémée, Oroondate* et *Persée*.

11 L'Illustre comédien ou Le Martyre de Saint-Genest (1644), tragédie de Desfontaines, en alexandrins.
Action principale : actes I, II (scène 1), III (scène 1 et fin de la scène 2, scènes 3 et suivante), IV et V.
Action enchâssée : actes II (scènes 2-4), acte III (scène 2) : l'histoire de Genest.

12 Le Véritable saint Genest (1645 ou 1646), tragédie de Rotrou, en alexandrins.
Action principale : actes I, II (scènes 1 à 6 et 9), III (scènes 1 et 8), IV (scènes 1, interventions dans les scènes 5-7, scènes 8 et 9), V.
Action enchâssée : l'histoire d'Adrian : actes II (scènes 7-8), III (scènes 2-7), IV (scènes 2-7).

13 Les Songes des hommes éveillés (1645 ou 1646), comédie en cinq actes de Brosse, en alexandrins.
Action principale : actes I, II (première et dernière scènes), III (*idem*, avec des interventions dans les autres scènes), IV (*idem*), V (scènes 1, 2 et dernière).
Actions enchâssées : parties des actes II, III, IV et V : trois « comédies » jouées à des personnages et une « pièce ».

14 Le Pédant joué (1650), comédie en cinq actes de Cyrano de Bergerac, en prose.
Action principale : actes I à IV et V en partie.
Action enchâssée : acte V, partie de la scène 10.

15 Les Illustres fous (1651), comédie en cinq actes de Beys, en alexandrins.
Action principale : actes I (en partie), II, III (scènes 1 et 5), IV et V (en partie).
Scènes enchâssées : actes I (scènes 3 et 4), III (scènes 2-4), V (scène 2).

16 La Comédie sans comédie (1655 ?), comédie en cinq actes de Quinault, en alexandrins.
Action principale : acte I et dernière scène de l'acte V.
Actions enchâssées : quatre pièces en un acte : une pastorale intitulée *Clomire*, une « pièce burlesque » (*Le Docteur de verre*), une tragédie (*Clorinde*) et une tragi-comédie en machines (*Armide et Renaud*).

17 La Comédie de la comédie ou Les Amours de Trapolin (1660-61), comédie en un acte de Dorimond, en alexandrins.
Action principale : les 5 premières scènes.
Action enchâssée : les 8 autres scènes : *Les Amours de Trapolin*, comédie.

18 Le Baron de la Crasse (1661-62), comédie en un acte de Poisson, en alexandrins.
Action principale : les six premières scènes et la dernière réplique de la pièce.
Action enchâssée : dix scènes : *Le Zic-Zac*, « petite comédie ».

19 Le Courtisan parfait (1663), tragi-comédie de Gilbert, en alexandrins.
Action principale : actes I, II, III (dernière scène), IV et V.
Action enchâssée : acte III, scènes 1 à 7 : *Le Triomphe d'Amour,* pastorale.

20 Les Amours de Calotin (1663), comédie en trois actes de Chevalier, en alexandrins.
Action principale : acte I et première scène de l'acte II.
Premier enchâssement : actes II (scènes 2 et suivantes) et III : *Les Amours de Calotin,* comédie.
Deuxième enchâssement : un ballet qui termine la comédie enchâssée.

21 L'Impromptu de Versailles (1663), comédie en un acte de Molière en prose.
Action principale : scènes 1 (en partie), 2, interventions en 3 et 4, 5 (en partie), 6 à la fin.

Scènes enchâssées : partie de la scène 1 : imitation des Grands Comédiens ; scènes 3, 4 et 5 (première moitié) : la répétition.

22 LA PRINCESSE D'ELIDE (1664), comédie-ballet en cinq actes de Molière, en alexandrins et en prose (à partir du milieu de la scène 1 de l'acte II).
Action principale : les cinq actes.
Spectacle enchâssé : le sixième et dernier intermède : chanson et danse d'un choeur de pasteurs et de bergères.

23 L'AMOUR MÉDECIN (1665), comédie-ballet en trois actes de Molière, en prose.
Action principale : actes I, II, III (scènes 1 à 7 et partie de 8).
Spectacle enchâssé : dernière scène de la pièce (en partie) : un ballet accompagnant une chanson.

24 LE MARI SANS FEMME (1666), comédie en cinq actes de Montfleury, en alexandrins.
Action principale : acte I (en partie), II, III (en partie), IV et V.
Chansons enchâssées : acte I, scène 6, et acte III, scène 9.

25 LE SICILIEN OU L'AMOUR PEINTRE (1667), comédie-ballet en un acte de Molière, en prose.
Action principale : scènes 1-7, 8 en partie, et 9-20.
Spectacle enchâssé : partie de la scène 8 : chanson d'Hali.

26 LE POÈTE BASQUE (1668), comédie en un acte de Poisson.
Action principale : scènes 1 à 9 et partie de la dernière scène qui appartient au deuxième « acte » de l'action enchâssée, en alexandrins.
Action enchâssée : scènes 10 et 11 intitulées actes I et II de *La Mégère amoureuse ou Le Blondin glacé près de la vieille en feu*, en octosyllabes.

27 MONSIEUR DE POURCEAUGNAC (1669), comédie-ballet en trois actes de Molière, en prose.
Action principale : actes I, II, III (scènes 1 à 7).
Spectacle enchâssé : scène 8 de l'acte III : chansons accompagnées de danses.

28 ELOMIRE HYPOCONDRE (sans doute jamais représentée), comédie en cinq actes de Le Boulanger de Chalussay, en alexandrins.
Action principale : actes I, II, III, IV (scène 1 et scène dernière), V.
Premier enchâssement : acte IV : *Le Divorce comique*, « comédie en comédie » en un acte.
Deuxième enchâssement : parties de la scène 4 de la « comédie en comédie » : déclamations publiques d'Elomire.

29 LES AMANTS MAGNIFIQUES (1670), comédie-ballet en cinq actes de Molière.
Action principale : actes I, II, III, IV et V, en prose.
Action et spectacles enchâssés : second intermède (fin de l'acte I) : une pantomime ; troisième intermède (fin de l'acte II) : une pastorale en chansons (et en vers) ; cinquième intermède (fin de l'acte IV) : une pantomime ; sixième intermède (fin de la pièce) : les Jeux Pythiens.

30 LE BOURGEOIS GENTILHOMME (1670), comédie-ballet en cinq actes de Molière, en prose.
Action principale : actes I (scènes 1 et partie de 2), II, III, IV (scènes 1 en partie, et suivantes), V.
Spectacles enchâssés : acte I, scène 2 en partie : « Dialogue en musique » ; premier intermède (fin de l'acte I) ; acte IV, scène 1 en partie : « Chansons à boire » ; quatrième intermède (fin de l'acte IV) ; le ballet final dit « Ballet des Nations ».

31 LA COMTESSE D'ESCARBAGNAS (1672), comédie en un acte de Molière, en prose.
Action principale : les neuf scènes de la comédie
Spectacle enchâssé : entre les scènes 8 et 9 s'intercalait la *Pastorale* qui n'a pas été conservée.

32 LE MALADE IMAGINAIRE (1673), comédie-ballet en trois actes de Molière, en prose.
Action principale : actes I, II (scènes 1-4, 5 en partie, 6-9), III.
Spectacles enchâssés : scène 5 en partie : l'« Opéra impromptu » (un récit suivi d'un dialogue chanté) ; second intermède (fin de l'acte II) ; troisième intermède (ballet final).

33 LE COMÉDIEN POÈTE (1673), comédie en cinq actes précédés d'un prologue, de Montfleury.
Action principale : le Prologue, la « Suite du Prologue » qui succède à l'acte I et la dernière scène de l'acte V, en prose.
Actions enchâssées : acte I (une crispinerie en sept scènes) ; actes II à V, après la « Suite du Prologue » (une comédie à l'espagnole) ; les deux pièces sont en alexandrins.

34 L'INCONNU (1675), comédie en cinq actes de Thomas Corneille.
Action principale : actes I (scènes 1-5 et début et fin de 6), II (scènes 1-6, début et fin de 7 et de 8), III (scènes 1-5, début et fin de 6, 7-8), IV (scènes 1-5, début et fin de 6, 7), V (scènes 1-3, début et fin de 4, scène huitième et finale), en alexandrins.
Spectacles enchâssés : acte I, scène 6 : un Dialogue chanté, une danse et une chanson en italien ; acte II, scène 7 : une « cérémonie » mythologique en musique et en machines suivie d'un Dialogue chanté ; acte III, scène 6 : danses et chansons présentées par une troupe de Bohémiens ; acte IV, scène 6 : un Dialogue chanté suivi d'une chanson ; acte V, scènes 5-7 (intitulées scènes 1, 2 et 3) : représentation de l'histoire de Psyché, en vers libres.

35 LES FOUS DIVERTISSANTS (1680), comédie en trois actes de Poisson, en alexandrins.
Action principale : actes I, II (scènes 1-2, partie des scènes 3-9), III.
Scènes enchâssées : acte II, scènes 2-8 : les divertissements offerts par les fous ; acte II, scène 9 en partie : l'« opéra impromptu ».

36 L'AMOUR FANTASQUE OU LE JUGE DE SOI-MÊME (1681), comédie en trois actes de Fiot, en alexandrins.
Action principale : actes I, II (scènes 1-3, début et fin de 4, 5), III.
Action enchâssée : acte II, scène 4 : *La Supposition véritable,* « petite comédie en un acte » (cinq scènes très courtes).

37 RAGOTIN OU LE ROMAN COMIQUE (1684), comédie en cinq actes de Champmeslé, en alexandrins.
Action principale : actes I, II, III, IV (scènes 1 et 11), V.
Action enchâssée : acte IV, scènes 2-10 : parodie de *Antoine et Cléopâtre* de La Chapelle.

38 LE RENDEZ-VOUS DES TUILERIES OU LE COQUET TROMPÉ (1685), comédie en trois actes précédés d'un Prologue, de Baron.
Action principale : les quatorze scènes du Prologue, en prose.
Action enchâssée : les trois actes du *Coquet trompé,* en alexandrins.

39 JE VOUS PREND SANS VERT (1693), comédie en un acte de Champmeslé, en alexandrins.
Action principale: scène 1 et scène dernière, interventions dans les autres scènes.
Spectacles enchâssés : partie des autres scènes : jeux et danses de la femme du héros et de ses amis sous les yeux du héros et de son beau-père.

40 LA CHUTE DE PHAÉTON (1694), comédie en un acte de Marc-Antoine Le Grand.
Action principale : première moitié de l'acte unique, en prose.
Action enchâssée : dernière moitié de l'acte, en vers alternés de huit et douze syllabes : parodie de l'opéra de Quinault, *Phaéton.*

Bibliographie

I. ÉDITIONS

1. Recueils d'oeuvres d'auteurs divers

1   *Ancien théâtre françois ou Collection des ouvrages dramatiques les plus remarquables depuis les Mystères jusqu'à Corneille,* éd. Viollet-le-Duc, Paris, A. de Montaiglon et P. Jannet (Bibliothèque Elzévirienne), 1854-57 (10 vol.).
2   *Commedia in commedia (La).* Testi del Seicento francese. Tre « pièces » di Baro, Gougenot, Scudéry (1629-1635). Testi, introduzione e note a cura di Lorenza Maranini, Roma, Bulzoni, 1974.
3   BALMAS E., *Comédies du XVIe siècle,* Paris, Nizet ; Milano, Viscontea, 1967.
4   FOURNEL Victor, *Les Contemporains de Molière. Recueil de comédies rares ou peu connues, jouées de 1650 à 1680,* avec l'histoire de chaque théâtre, des notes et notices biographiques, bibliographiques et critiques, Paris, F. Didot, 1863-75 (3 vol.) ; Genève, Slatkine Reprints, 1967 (3 vol.).
5   FOURNIER Edouard, *Le Théâtre français au XVIe et au XVIIe siècle, ou choix des comédies les plus curieuses antérieures à Molière,* avec une introduction, des notes et une notice sur chaque auteur, Paris, Laplace, Sanchez & Co, 1871 (2 vol.) ; Genève, Slatkine Reprints, 1970.
6   *Théâtre du XVIIe siècle,* textes choisis, établis, présentés et annotés par Jacques Schérer, Bibliothèque de la Pléiade, Paris, Gallimard, 1975 (1 vol. paru).

2. Recueils d'oeuvres complètes

7   CORNEILLE Pierre, *Oeuvres,* éd. Charles Marty-Laveaux, coll. « Les Grands Ecrivains de la France », Paris, Hachette, 1862-68 (12 vol.).
8   CORNEILLE Pierre, *Oeuvres complètes,* éd. André Stegmann, coll. « L'Intégrale », Paris, Le Seuil, 1963 (1 vol.).
9   CORNEILLE Thomas, *Le Théâtre de Thomas Corneille,* Amsterdam, 1701 (5 vol.).
10 CYRANO de BERGERAC Savinien, *Oeuvres comiques, galantes et littéraires,* éd. P.L. Jacob, Paris, Delahays, 1858 (2 vol.).
11 CYRANO de BERGERAC, *Oeuvres complètes,* texte établi et présenté par Jacques Prévot, Paris, Belin, 1977.
12 MOLIÈRE (Jean-Baptiste Poquelin, dit), *Les Oeuvres de M. de Molière revues, corrigées et augmentées,* éd. Vivot et Lagrange, Paris, Thierry, Barbin et Trabouillet, 1682 (8 vol.).
13 MOLIÈRE, *Oeuvres,* éd. Eugène Despois et Paul Mesnard, Paris, Hachette, 1873-1900 (13 vol.).
14 MOLIÈRE, *Oeuvres complètes,* texte établi, présenté et annoté par Georges Couton, Bibliothèque de la Pléiade, Paris, Gallimard, 1971 (2 vol.).

15 MONTFLEURY (Antoine Jacob dit), *Théâtre de Messieurs de Montfleury père et fils,* Paris, La Compagnie des Libraires, 1739 (3 vol.).

16 QUINAULT Philippe, *Le Théâtre de Monsieur Quinault,* Paris, La Compagnie des Libraires, 1739 (5 vol.).

17 ROTROU Jean, *Oeuvres de Jean Rotrou,* éd. Viollet-le-Duc, Paris, Desoer, 1820, (5 vol.).

3. *Pièces séparées*

18 BARO Balthasar, *Célinde, Poème héroïque,* Paris, F. Pomeray, 1629 (Ars. Rf. 5.426) ; éd. Lorenza Maranini, in *La Commedia in commedia,* Roma, Bulzoni, 1974.

19 BARON (Michel Boyron dit), *Le Rendez-vous des Thuileries ou Le Coquet trompé, comédie,* Paris, Th. Guillain, 1686 (Ars. Rf. 5.438).

20 BEYS Charles, *L'Hospital des fous, tragi-comédie,* Paris, Toussaint Quinet, 1635 (Ars. Rf. 5.491).

21 BEYS Charles, *Les Illustres fous, comédie,* Paris, Olivier de Varennes, 1653 (Ars. Rf. 5.839 [1]) ; éd. Merle I. Protzman, Baltimore, J. Hopkins Univ. Press, 1942.

22 BROSSE Le Sieur (l'aîné), *Les Songes des hommes esveillez, comédie,* Paris, Nicolas de Sercy, 1646 (Ars. Rf. 5.677).

23 CHAMPMESLÉ, Charles Chevillet de, *Je vous prens sans verd,* Paris, 1699.

24 CHAMPMESLÉ, *Ragotin ou le Roman comique,* La Haye, Moetjens, 1701-1702 (attribuée à La Fontaine) (Ars. Rf. 6.314).

25 CHEVALIER Jean, *Les Amours de Calotin, comédie,* Paris, de Sercy, Guillard et Trabouillet, 1664 (Ars. Rf. 5.807 et 5.808).

26 CORNEILLE Pierre, *L'Illusion comique, comédie,* Paris, François Targa, 1639 ; éd. Robert Garapon, S.T.F.M., Paris, Didier, 1957.

27 CORNEILLE Thomas, *L'Inconnu, comédie meslée d'ornemens et de musique,* Paris, Jean Ribou, 1675 (Ars. Rf. 2.737).

28 CYRANO de BERGERAC Savinien, *Le Pédant joué, comédie,* publiée dans *Oeuvres diverses,* Paris, Charles de Sercy, 1654 (Ars. Rf. 5.839 [2]).

29 DORIMOND (Nicolas Drouin, dit), *La Comédie de la comédie et Les Amours de Trapolin,* Paris, Jean Ribou, 1662 (Ars. Rf. 6.050).

30 DESFONTAINES Nicolas, *L'Illustre comédien ou Le Martyre de Saint Genest, tragédie,* Paris, Cardin Besongne, 1645 (Ars. Rf. 5.996).

31 DURVAL Jean Gillebert, *Agarite, tragi-comédie,* Paris, François Targa, 1636 (Ars. 8° B.L. 14.083).

32 FIOT Albert Henry, *L'Amour fantasque ou Le Juge de soi-même, comédie,* Rouen, J.B. Besongne, 1682 (Ars. Rf. 5.798 [2]).

33 GILBERT Gabriel, *Le Courtisan parfaict, tragi-comédie,* Grenoble, Jean Nicolas, 1668.

34 GILLET DE LA TESSONERIE Gidéon, *Le Triomphe des cinq passions, tragi-comédie,* Paris, Toussaint Quinet, 1642 (Ars. Rf. 6.194 [5]).

35 GILLET DE LA TESSONERIE Gidéon, *L'Art de régner ou Le Sage gouverneur, tragi-comédie,* Paris, Quinet, 1645 et 1646 (Ars. Rf. 6.194 [4]).

36 GOUGENOT, Le Sieur de, *La Comédie des comédiens, tragi-comédie,* Paris, 1633 ; éd. David Shaw, University of Exeter, 1974.

37 LE BOULANGER DE CHALUSSAY, *Elomire Hypocondre,* Paris, Charles de Sercy, 1670, in Molière, *Oeuvres complètes, éd. cit.,* tome I, Appendice II, pp. 1231-1286.

38 LE GRAND, Marc Antoine, *La Chute de Phaéton,* Lyon, 1694.

39 MOLIÈRE, *L'Impromptu de Versailles, comédie,* publiée dans *Les oeuvres de M. de Molière revues, corrigées et augmentées,* éd. Vivot et La Grange, Paris

Thierry, Barbier et Trabouillet, 1682, vol. VII, *Oeuvres posthumes de M. de Molière* (I) ; in *Oeuvres complètes,* éd. G. Couton, Bibliothèque de la Pléiade, Paris, Gallimard, 1971, tome I, pp. 669-698.

40 MOLIÈRE, *La Princesse d'Elide, comédie meslée de danse et de musique,* dans *Les Plaisirs de l'Isle enchantée,* Paris, Robert Ballard, 1664 ; in *Oeuvres complètes, éd. cit.,* tome I, pp. 769-819.

41 MOLIÈRE, *L'Amour médecin, comédie,* Paris, Théodore Girard, 1666 ; in *Oeuvres complètes, éd. cit.,* tome II, pp. 87-120.

42 MOLIÈRE, *Le Sicilien ou l'Amour peintre, comédie,* Paris, Jean Ribou, 1668 ; in *Oeuvres complètes, éd. cit.,* tome II, pp. 317-345.

43 MOLIÈRE, *Monsieur de Pourceaugnac, comédie,* Paris, Jean Ribou, 1670 ; in *Oeuvres complètes, éd. cit.,* tome II, pp.585-638.

44 MOLIÈRE, *Les Amants magnifiques, comédie meslée de musique et d'entrées de Ballet* ; publiée dans *Les Oeuvres de M. de Molière, revues, corrigées et augmentées, éd. cit.,* vol. VII, *Oeuvres posthumes de M. de Molière* (II) ; in *Oeuvres complètes, éd. cit.,* tome II, pp. 639-692.

45 MOLIÈRE, *Le Bourgeois gentilhomme, comédie-ballet,* Paris, Robert Ballard, 1670, (livret et comédie) ; Paris, Pierre LeMonnier, 1671 (comédie seule) ; éd. H.G. Hall, London, U.L.P., 1966 ; in *Oeuvres complètes, éd. cit.,* tome II, pp. 693-787 (livret et comédie).

46 MOLIÈRE, *La Comtesse d'Escarbagnas, comédie,* publiée dans *Les Oeuvres de M. de Molière, éd. cit.,* vol. VIII, *Oeuvres posthumes de M. de Molière,* (II) ; in *Oeuvres complètes, éd. cit.,* tome II, pp. 947-972.

47 MOLIÈRE, *Le Malade imaginaire, comédie meslée de musique et de danses,* dans *Les Oeuvres de M. de Molière, éd. cit.,* vol. VIII, *Oeuvres posthumes de M. de Molière* (II) ; éd. P.H. Nurse, Oxford, O.U.P., 1965 ; in *Oeuvres complètes, éd. cit.,* tome II, pp. 1073-1178.

48 MONTFLEURY (Antoine Jacob, dit), *Le Mary sans femme, comédie,* Paris, Pépingué, 1666 (La Haye, L. et H. Van Dole, 1696 [Ars. Rf. 6.559]).

49 MONTFLEURY, *Le Comédien poète, comédie,* Paris, Promé, 1674 ; publiée dans *Théâtre de Messieurs de Montfleury père et fils, éd. cit.* (Ars. Rf. 6.554).

50 POISSON Raymond, *Le Baron de la Crasse,* Paris, de Luyne et Quinet, 1662 (Ars. Rf. 6.668 et Rf. 6.669).

51 POISSON Raymond, *Le Poète basque, comédie,* Paris, Toussaint Quinet, 1669 et 1670 (Ars. Rf. 6.685).

52 POISSON Raymond, *Les Foux divertissans,* Paris, Jean Ribou, 1681 (Ars. Rf. 6.661 [2] et Rf. 6.689).

53 QUINAULT Philippe, *La Comédie sans comédie,* Paris, G. de Luyne, 1657 (Ars. Rf. 6.654) ; éd. J.D. Biard, University of Exeter, 1974.

54 ROTROU Jean, *La Belle Alphrède, comédie,* Paris, Sommaville et Quinet, 1639 ; in *Théâtre du XVIIe siècle, éd. cit.,* vol. I, pp. 793-864.

55 ROTROU Jean, *Le Véritable saint Genest, tragédie,* Paris, Toussaint Quinet, 1647 ; éd. E.T. Dubois, Genève et Paris, Droz-Minard, 1972 ; in *Théâtre du XVIIe siècle, éd. cit.,* vol. I, pp. 943-1005.

56 SALLEBRAY, *La Belle Egyptienne, tragi-comédie,* Paris, Sommaville et Courbé, 1642 (Ars. Rf. 7.112).

57 SCUDÉRY Georges de, *La Comédie des comédiens, Poème de nouvelle invention,* Paris, Augustin Courbé, 1635 ; éd. J. Crow, University of Exeter, 1975.

4. Ballets

58 *Ballet royal de la Nuict, divisé en quatre parties ou quatre Veilles, et dansé par Sa Majesté le 23 février 1653,* Paris, Robert Ballard, 1653 (Ars. 4° B. 3.770).

59 *Les Nopces de Pélée et de Thétis, comédie italienne en musique, entremeslée d'un ballet sur le mesme sujet, dansé par Sa Majesté,* Paris, Robert Ballard, 1654 (Ars. Ra. 3. 97).

60 *L'Amour malade, ballet du Roy dansé pour Sa Majesté, le 17 Janvier 1657,* Paris, Robert Ballard, 1657 (Ars. Ra. 3.103).

5. Pièces de référence, étrangères ou modernes

61 ANOUILH Jean, *Le Bal des voleurs, Léocadia* et *Le Rendez-vous de Senlis,* pièces roses, Paris, Calmann Levy, 1945.

62 ANOUILH Jean, *Colombe, L'Invitation au château, La Répétition ou L'Amour puni,* pièces brillantes, Paris, La Table Ronde, 1951.

63 ANOUILH Jean, *Pauvres Bitos ou le Dîner de têtes,* Paris, La Table Ronde, 1956.

64 ANOUILH Jean, *Cher Antoine, Ne réveillez pas Madame, Le Directeur de l'Opéra,* pièces baroques, Paris, La Table Ronde, 1974.

65 BEAUMONT et FLETCHER, *Le Chevalier de L'Ardent Pilon, (The Knight of the Burning Pestle),* coll. « Bilingue », Paris, Aubier-Montaigne, s.d. (1958).

66 CALDERON DE LA BARCA, *El Gran Teatro del Mundo,* in *Trois autos sacramentales,* coll. « Témoins de l'Espagne, textes bilingues », Paris, Klincksieck, 1957.

67 GENET Jean, *Le Balcon, Les Bonnes, Les Nègres,* in *Oeuvres complètes,* Paris, Gallimard (tomes IV et V).

68 KYD Thomas, *The Spanish Tragedy,* in *Five Elizabethan Tragedies,* London, Oxford University Press, 1938.

69 MEDWALL Henry, *Fulgens and Lucres. A Fifteenth-Century Secular Play,* éd. F.S. Boas and A.W. Reed, Oxford, Clarendon Press, 1926.

70 PIRANDELLO Luigi, *Six personnages en quête d'auteur, Chacun sa vérité, Comme ci (ou comme ça),* Paris, Gallimard, 1950 (vol. I).

71 PIRANDELLO Luigi, *Ce soir on improvise,* Paris, l'Arche, 1962.

72 SHAKESPEARE William, *Hamlet,* coll. Bilingue, Aubier-Montaigne, s.l.n.d. (Paris, 1958).

73 SHAKESPEARE William, *A Midsummer Night's Dream, Le Songe d'une Nuit d'Eté,* coll. Bilingue, Aubier-Flammarion, Paris, Aubier, 1968.

74 SHAKESPEARE William, *La Tempête (The Tempest),* coll. Bilingue, Aubier-Montaigne, s.l.n.d. (Paris, 1971).

75 TOURNEUR Cyril, *La Tragédie du Vengeur (The Revenger's Tragaedie),* Paris, Aubier-Montaigne, s.d.

6. Pièces contemporaines citées

76 BRUEYS-PALAPRAT, *Les Embarras du derrière du Théâtre,* in *Les Oeuvres* de Brueys, Paris, Briasson, 1735.

77 CHRESTIEN des CROIX, *Les Amantes ou La Grande Pastorale,* Rouen, Raphaël du Petit-Val, 1613.

78 DESMARETS de SAINT-SORLIN, *Les Visionnaires, comédie,* Paris, J. Camusat, 1638 ; éd. H.G. Hall, S.T.F.M., Paris, Didier, 1963.

79 MONTFLEURY (Antoine Jacob, dit), *L'Ambigu comique ou Les Amours de Didon et d'Enée,* Paris, Loyson, 1673.

80 PAPILLON Marc, *La Nouvelle tragi-comique* (1597) in *Comédies du XVIe siècle, éd. cit.*

81 TROTEREL Pierre, *Les Corrivaux,* publiée dans *Ancien Théâtre français, éd. cit.,* coll. VIII (B.N. Yf 8048).

II. ETUDES

1. *Histoire générale, histoire des idées, histoire de l'art*

a) Oeuvres

82 BÉNICHOU Paul, *Morales du Grand Siècle,* Paris, Gallimard, 1948 (rééd. coll. « Idées », 1971).
83 CHAUNU Pierre, *La Civilisation de l'Europe classique,* Paris, Arthaud, 1966.
84 CROCE Benedetto, *Storia dell etá barocco in Italia,* Bari, 1929.
85 CURTIUS, Ernst Robert, *La Littérature européenne et le Moyen-âge latin,* trad. franç., Paris, P.U.F., 1956.
86 DELUMEAU Jean, *La Civilisation de la Renaissance,* Paris, Arthaud, 1967.
87 D'ORS Eugenio, *Du Baroque,* trad. franc., Paris, Gallimard, 1935.
88 DUBOIS Claude-Gilbert, *Le Baroque. Profondeurs de l'apparence,* coll. « Thèmes et textes », Paris, Larousse, 1973.
89 EDELMANN Nathan, *Attitudes of Seventeenth Century France towards the Middle Ages,* New York, 1946.
90 *Folie et déraison à la Renaissance,* Bruxelles, Univ. de Bruxelles, 1976.
91 FOSSIER R., *Histoire sociale de l'Occident médiéval,* Paris, Colin, 1970.
92 FOUCAULT Michel, *Histoire de la Folie à l'Age classique,* Paris, Plon, 1961 (rééd. coll. 10/18, 1974).
93 FOUCAULT Michel, *Les Mots et les choses,* « Bibliothèque des Idées », Paris, Gallimard, 1966.
94 GALLEGO Julián, *Vision et symboles dans la peinture espagnole du Siècle d'Or,* Paris, 1968.
95 GOLDMANN Lucien, *Le Dieu caché,* Paris, Gallimard, 1955.
96 HATZFIELD Helmut, *Estudios sobre el barroco,* Madrid, éd. Gredos, 1964.
97 KERNODLE George R., *From Art to Theatre. Form and Convention in the Renaissance,* Chicago, University of Chicago Press, 1944.
98 LASSAIGNE Jacques, *La Peinture flamande. Le siècle de Van Eyck,* Genève, 1957.
99 LASSAIGNE Jacques, *Vélasquez. Les Ménines,* Fribourg, Office du Livre, 1973.
100 LE GOFF Jacques, *La Civilisation de l'Occident médiéval,* Paris, Arthaud, 1964.
101 MOUSNIER Roland, *Paris au XVIIe siècle,* Paris, C.D.U., 1961.
102 MOUSNIER Roland, *Les XVIe et XVIIe siècles,* Paris, P.U.F., 1961.
103 PANOFSKY Erwin, *La Perspective comme forme symbolique. Essais divers,* Paris, Minuit, 1975.
104 REVUE DES SCIENCES HUMAINES, *Le Baroque,* Numéro spécial, juillet-décembre 1949.
105 RIZZA Cecilia, *Barroco francese e culture italiana,* Cuneo, Stabilimento tipografico editoriale « Saste », 1973.
106 TAPIÉ Victor-L., *Baroque et classicisme,* Paris, Plon, 1957.
107 VIAL F. et D., *Idées et doctrines littéraires du XVIIe siècle,* Paris, 1939.
108 WARNKE Frank J., *Versions of the Baroque,* New-Haven, Yale Univ. Press, 1972.
109 WÖLFFLIN Henri, *Renaissance et Baroque* (1888), trad. fr. coll. « Le Livre de Poche », Paris, Plon, 1967.
110 WÖLFFLIN Henri, *Principes fondamentaux de l'histoire de l'art* (1915), trad. fr. coll. « Idées/Arts », Paris, Gallimard, 1952.

111 YATES Frances A., *Theatre of the World,* London, Routledge and Kegan Paul, 1969.

b) Articles

112 CERNY Vaclav, « Origines européennes des études baroquistes », *Revue de Littérature Comparée,* janv.-mars 1950.
113 GÁLLEGO Julián, « Le tableau à l'intérieur du tableau », in *La Sociologie de l'art et sa vocation interdisciplinaire,* Paris, Denoël-Gonthier, 1976, pp. 157-170.
114 HOBSON Marian, « Du *theatrum mundi* au *theatrum mentis* », *Revue des Sciences Humaines,* 167, 1977, n° 3, pp. 379-394.
115 MARINO Adrian, « Essai d'une définition de la notion de baroque littéraire », *Baroque,* n° 6, pp. 43-61.
116 VILANOVA Antonio, « El Tema del Gran Teatro del Mundo », *Boletín de la Real Academia de Buenos-Letras de Barcelona,* XXIII, 1950, pp. 153-188.

2. *Histoire et esthétique de la littérature et du théâtre*

a) Oeuvres

117 ADAM Antoine, *Histoire de la littérature française au XVIIe siècle,* Paris, Domat, 1948-1956 (5 vol.) ; rééd., Paris, Del Duca, 1962.
118 ADAM Antoine, *Le Théâtre classique,* coll. « Que sais-je ? », Paris, P.U.F., 1970.
119 ARTAUD Antoine, *Le Théâtre et son double,* Paris, Gallimard, 1944.
120 ATTINGER Gustave, *L'Esprit de la commedia dell'arte dans le théâtre français,* Neuchâtel, 1950.
121 AUBAILLY Jean-Claude, *Le Théâtre médiéval, profane et comique,* Paris, Larousse, 1975.
122 AUBIGNAC (François Hédelin, l'abbé d'), *La Pratique du théâtre,* Ed. Pierre Martino, Paris, Champion, 1927.
123 BALMAS E., *La Commedia francese del Cinquecento,* Milano, Viscontea, 1969.
124 BAR Francis, *Le Genre burlesque en France au XVIIe siècle,* Paris, d'Artrey, 1960.
125 BARRUCAND Dominique, *La Catharsis dans le théâtre et la psychothérapie,* Paris, Epi-s.a., 1970.
126 BLANCHOT Maurice, *Tableau de la littérature française de Rutebeuf à Descartes,* Paris, Gallimard, 1962.
127 BJURSTRÖM Per, *Giacomo Torelli and Baroque Stage Design,* Stockholm, Almqvist & Wiksell, 1961.
128 BOWEN Barbara C., *Les Caractéristiques essentielles de la farce française et leur survivance dans les années 1550-1620,* University of Illinois Press, Urbana, 1964.
129 BOWERS F.T., *Elizabethan Revenge Tragedy 1587-1642,* Princeton University Press, 1940.
130 BRAY René, *La Formation de la doctrine classique en France,* Paris, Hachette, 1927.
131 BUFFUM Imbrie, *Studies on The Baroque from Montaigne to Rotrou,* New-Haven and London, Yale University Press, 1957 ; Paris, P.U.F., 1957 (2e éd., 1964).
132 CARRÈRE Félix, *Le Théâtre de Thomas Kyd. Contribution à l'étude du drame élizabéthain,* Toulouse, Edouard Privat, 1951.
133 CHAMBERS Ross, *La Comédie au château. Contribution à la poétique du théâtre,* Paris, J. Corti, 1971.

134 CHAPPUZEAU Samuel, *Le Théâtre français* (1674), éd. G. Monval, Paris, 1875.

135 CHESHIRE David, *Theatre, History, Criticism and Reference*, London, Clive Bingley, 1967.

136 CHEVALIER Paule, *Le Thème de la folie et de l'extravagance dans le théâtre comique et tragi-comique au XVIIe siècle (1630-1650)*, thèse 3e cycle, Lettres, Université de Paris X, 1972, dactyl.

137 CHRISTOUT Marie Françoise, *Le Ballet de cour de Louis XIV (1643-1672)*, Paris, Picard & Cie, 1967.

138 CIORANESCU Alexandre, *Bibliographie de la littérature française au XVIIe siècle*, Paris, C.N.R.S., 1966.

139 COHEN Gustave, *Le Théâtre en France au Moyen-âge*, Paris, Rieder, 1931.

140 DABNEY, Lancaster E., *French Dramatic Literature in the Reign of Henri IV. A Study of the Extant Plays Composed in French between 1589 and 1610*, Austin (Texas), The University Cooperative Society, 1952.

141 DÄLLENBACH Lucien, *Le Récit spéculaire. Essai sur la mise en abyme*, Paris, Seuil, 1977.

142 DEIERKAUF-HOLSBOER Sophie Wilma, *L'Histoire de la mise en scène dans le théâtre français de 1600 à 1657*, Paris, 1933.

143 DEIERKAUF-HOLSBOER Sophie Wilma, *Le Théâtre du Marais*, Paris, Nizet, 1954-58 (2 vol.).

144 DEIERKAUF-HOLSBOER Sophie Wilma, *L'Histoire de la mise en scène dans le théâtre français à Paris de 1600 à 1673*, Paris, Nizet, 1960.

145 DEIERKAUF-HOLSBOER Sophie Wilma, *Le Théâtre de l'Hôtel de Bourgogne 1548-1680*, Paris, Nizet, 1968-70 (2 vol.).

146 DELCOURT Marie, *La Tradition des comiques anciens en France avant Molière*, Liège-Paris, Droz, 1934.

147 DESCOTES Maurice, *Le Public de théâtre et son histoire*, Paris, P.U.F., 1964.

148 DUCHARTRE Pierre-Louis, *La comédie italienne*, Paris, 1924.

149 [DUMUR Guy, éd.], *Histoire des spectacles*, Encyclopédie de la Pléiade, Paris, Gallimard, 1965.

150 FOURNEL Victor, *La Littérature indépendante et les écrivains oubliés*, Paris, Didier, 1866, Genève, Slatkine Reprints.

151 FOURNEL Victor, *Le Théâtre au XVIIe siècle, La comédie*, Paris, 1892, Genève, Slatkine Reprints, 1970.

152 GARAPON Robert, *La Fantaisie verbale et le comique dans le théâtre français du Moyen-âge à la fin du XVIIe siècle*, Paris, A. Colin, 1957.

153 GARDAIR Jean-Michel, *Pirandello, Fantasmes et logique du double*, « Coll. 'Thèmes et Textes' », Paris, Larousse, 1972.

154 GENETTE Gérard, *Figures III*, Paris, Seuil, 1972.

155 [GENOT Gérard, éd.], *Pirandello 1867-1967*, coll. « Situations », Paris, Minard, 1968.

156 GINESTIER Paul, *Valeurs actuelles du Théâtre classique*, Paris, Bordas, 1975.

157 GINESTIER Paul, *Vers une science de la littérature. Esthétique des situations dramatiques*, Paris, Presses Universitaires, 1961.

158 GIRDLESTONE Cuthbert M., *La Tragédie en musique (1673-1750), considérée comme genre littéraire*, Genève-Paris, Droz, 1972.

159 GOUHIER Henri, *L'Essence du Théâtre*, Paris, Plon, 1943.

160 GROSSVOGEL, David L., *The Self-Conscious Stage in Moderne French Drama*, New York, Columbia University Press, 1958.

161 GUICHEMERRE Roger, *La Comédie avant Molière*, Paris, A. Colin, 1972.

162 HERRICK Marvin T., *Tragicomedy, its Origin and Development in Italy, France and England,* Urbana, The University of Illinois Press, 1955.
163 [JACQUOT Jean, éd.], *Le Lieu théâtral à la Renaissance,* Paris, 1964.
164 [JACQUOT Jean, éd.], *Le Baroque au théâtre , théâtralité du Baroque, Actes de la 2e session des Journées Internationales d'Etudes sur le Baroque* (1966), Montauban, C.N.R.S., 1967.
165 [JACQUOT Jean, éd.], *Dramaturgie et société,* Paris, C.N.R.S., 1968 (2 vol.).
166 [JACQUOT Jean, éd.], *Le Théâtre tragique,* Paris, C.N.R.S., 1970 (3e éd.).
167 [JACQUOT Jean, KONINGSON Elie, éd.], *Les Fêtes de la Renaissance,* Paris, C.N.R.S., 1975 (3 vol.).
168 JULLIEN Adolphe, *Les Spectateurs sur le théâtre : établissement et suppression des bancs sur les scènes de la Comédie-française et de l'Opéra,* Paris, A. Detaille, 1875.
169 KONINGSON Elie, *L'Espace théâtral médiéval,* coll. « Le Choeur des Muses », Paris, C.N.R.S., 1975.
170 LANCASTER Henry Carrington, *Le Mémoire de Mahelot Laurent et autres décorateurs de l'Hôtel de Bourgogne,* Paris, Champion, 1920.
171 LANCASTER Henry Carrington, *A History of French Dramatic Literature in the XVII th. Century,* Baltimore, John Hopkins Press et Paris, P.U.F., 1929-1942.
172 LANSON Gustave, *Esquisse d'une histoire de la tragédie française,* Paris, 1927 (nouv. éd.).
173 LARTHOMAS Pierre, *Le Langage dramatique,* Paris, A. Colin, 1972.
174 LAWRENSON Thomas E., *The French Stage in the Seventeenth Century : A Study in the Advent of the Italian Order* ; Manchester, Manchester University Press, 1957.
175 LAZARD Madeleine, *La Comédie humaniste au XVIe siècle et ses personnages,* Paris, P.U.F., 1978.
176 LAZARD Madeleine, *Le Théâtre en France au XVIe siècle,* Paris, P.U.F., 1980.
177 LEBÈGUE Raymond, *La Tragédie religieuse en France,* Paris, Champion, 1929.
178 LEBÈGUE Raymond, *La Tragédie française de la Renaissance,* Bruxelles, Office de Publicité, S.A., 1954 ; Paris, S.E.E.S., s.d.
179 LEBÈGUE Raymond, *Le Théâtre comique en France de Pathelin à Mélite,* coll. « Connaissance des lettres », Paris, Hatier, 1972.
180 LEBÈGUE Raymond, *Etudes sur le théâtre français,* Paris, Nizet, 1977-78 (2 vol.).
181 LEMAZURIER Pierre, *Galerie historique des acteurs et des actrices du théâtre français depuis 1600 jusqu'à nos jours,* Paris, 1810 (2 vol.).
182 LERIS Antoine de, *Dictionnaire portatif, historique et littéraire des théâtres,* Paris, C.A. Jombert, 1963.
183 LINTILHAC Eugène, *Histoire générale du théâtre en France,* Paris, Flammarion, s.d. (1908).
184 LOUKOVITCH Kosta, *La Tragédie religieuse classique en France,* Paris, Droz, 1933.
185 MC GOWAN M.M., *L'Art du Ballet de cour en France (1581-1643),* Paris, C.N.R.S., 1963.
186 MAILLARD Jean-François, *Essai sur l'esprit du Héros Baroque (1580-1640). Le même et l'autre,* Paris, Nizet, 1973.
187 MANNONI Octave, *Clefs pour l'imaginaire,* Paris, Seuil, 1969.

France. Comment s'est opérée la substitution de la tragédie aux mystères et aux moralités », *R.H.L.F.*, 1903, pp.177-231 et 413-436.

242 LEBÈGUE Raymond, « La Comédie italienne en France au XVIe siècle », *Revue de Littérature Comparée*, janvier-mars 1950.

243 LEBÈGUE Raymond, « Persistance, altération, disparition des traditions dramatico-religieuses en France » in *Dramaturgie et société*, Paris, C.N.R.S., 1968

244 LEBÈGUE Raymond, « Le Moyen-âge dans le théâtre français du XVIIe siècle : thèmes et survivances », *XVIIe siècle*, n° 114-115, 1977, pp. 31-42.

245 LECLERC Hélène, « Le siècle de l'invention théâtrale », *Revue d'Histoire du Théâtre*, III, 1951, pp. 392-399.

246 LECLERC Hélène, « La Scène d'illusion et l'hégémonie du théâtre à l'italienne », in *Histoire des spectacles*, Encyclopédie de la Pléiade, Paris, Gallimard, 1965, pp. 580 sq.

247 LOUGH J., « The size of the Theater public in XVIIth Century Paris », *French Studies*, I, 1947, pp. 143-148.

248 MAROTTI Ferruccio, « Structure de l'espace scénique dans les représentations théâtrales d'après les traités italiens du XVIe au XVIIIe siècle », in *Les Fêtes de la Renaissance*, Paris, C.N.R.S., 1975.

249 MATHIEU Michel, « Distanciation et émotion dans le théâtre liturgique du Moyen-âge », *Revue d'Histoire du Théâtre*, 1969,2.

250 MOREL Jacques, « Le Théâtre français », in *Histoire des spectacles*, Encyclopédie de la Pléiade, Paris, Gallimard, 1965.

251 NADAL Octave, « La scène française, d'Alexandre Hardy à Corneille », in J. Tortel, *Le Préclassicisme français*, Paris, 1952.

252 PERMAN R.C.D., « The influence of the Commedia dell'arte on The French theater before 1640 », *French Studies*, IX, 1955, pp. 293-303.

253 PLARD Henri, « Adaptations de *La Tragédie espagnole* dans les Pays Bas et en Allemagne (1595-1640) », in *Dramaturgie et Société*, pp. 633-653

254 PURKIS Helen, « La décoration de la salle et les rapports entre la scène et le public dans les marcarades et les intermèdes florentins, 1539-1608, in *Les Fêtes de la Renaissance*, Paris, C.N.R.S., 1975.

255 ROUSSET Jean, « Le comédien et son spectateur », *Ecriture 13*, 1977, pp. 132-143.

256 ROY Donald H., « Acteurs et spectateurs à l'Hôtel de Bourgogne : vers une notation de la communication théâtrale », in *Dramaturgie et Société*, pp. 287-296.

257 SCHÉRER Jacques, « La Littérature dramatique sous Henri IV et Louis XIII » et « Littérature dramatique sous Louis XIV » in *Histoire des Littératures*, Encyclopédie de la Pléiade, Paris, Gallimard, 1963.

258 STEGMANN André, « Le rôle des Jésuites dans la dramaturgie française du début du XVIIe siècle », in *Dramaturgie et société*, pp. 445-456.

259 « Le Thème du miroir », *Cahiers de l'Association Internationale des Etudes françaises*, 11, 1959.

260 TRUCHET Jacques, « Note sur la mort-spectacle dans la littérature française du XVIIe siècle », *Topique*, revue freudienne, 11-12, 1973, pp. 281-298.

261 VANUXEM Jacques, « Le décor de théâtre sous Louis XIV », *XVIIe siècle*, n° 39, 1958, pp. 196-217.

262 VANUXEM Jacques, « La scénographie des fêtes de Louis XIV auxquelles Molière a participé », *XVIIe siècle*, n° 98-99, 1973, pp. 77-90.

263 VILLIERS André, « Illusion dramatique et dramaturgie classique », *XVIIe siècle*, n° 73, 1966, pp. 3-35.

264 WEIMANN Robert, « Le déclin de la scène indivisible élizabéthaine : Beaumond, Fletcher et Heywood », in *Dramaturgie et société*, pp. 815-828.

3. *Etudes critiques sur les dramaturges du XVIIe siècle et leurs oeuvres*

a) Oeuvres

265 ALCOVER Madeleine, *La Pensée philosophique et scientifique de Cyrano de Bergerac*, Genève, Droz, 1970.

266 BLANC André, *Le Théâtre de Dancourt*, Paris, H. Champion, 1977, (2. vol.).

267 BRAY René, *Molière, homme de théâtre*, Paris, Mercure de France, 1954.

268 BUIJTENDORF J.B., *Philippe Quinault*, Amsterdam, 1928.

269 BURNET Mary Scott, *Marc-Antoine Le Grand, acteur et auteur comique (1673-1728)*, Paris, 1938.

270 BUTLER Philip, *Classicisme et Baroque dans l'oeuvre de Racine*, Paris, Nizet, 1959.

271 CAIRNCROSS John, *New Light on Molière : Tartuffe ; Elomire Hypocondre*, Paris, 1956.

272 CLERC Ch., *Un Matamore des lettres : la vie tragi-comique de Georges de Scudéry*, Paris, Spes, 1929.

273 CURTIS A. Ross, *Crispin Ier. La Vie et l'oeuvre de Raymond Poisson, comédien-poète du XVIIe siècle*, Toronto, Univ. of Toronto Press ; Paris, Klincksieck, 1972.

274 FEDERICI Carla, *Réalisme et dramaturgie. Etude de quatre écrivains, Garnier, Hardy, Rotrou, Corneille,* Paris, Nizet, 1974.

275 FISCHLER Eliane, *La Dramaturgie de Thomas Corneille*, Thèse Lettres, Université de Paris III, 1977, dactyl.

276 FORSYTH Elliott, *La Tragédie française de Jodelle à Corneille (1553-1650) — Le thème de la vengeance,* Paris, Nizet, 1962.

277 GARAPON Robert, *Le Dernier Molière*, Paris, C.D.U. et S.E.D.E.S. réunis, 1977.

278 GROS Etienne, *Philippe Quinault, sa vie et son oeuvre*, Paris, Champion, 1926.

279 GUICHARNAUD Jacques, *Molière, une aventure théâtrale*, Paris Gallimard, 1963.

280 GUTWIRTH M., *Molière ou L'invention comique. La métamorphose des thèmes et l'invention des types*, Paris, Minard, 1966.

281 HERLAND Louis, *Corneille par lui-même*, coll. « Ecrivains de toujours » , Paris, Seuil, 1956.

282 [HOWARTH W.D. and THOMAS Merlin], *Molière : Stage and Study. Essays in honour of W.G. Moore*, Oxford, Clarendon Press, 1973.

283 [JOHNSON Jr. Roger, NEUMANN Editha S. and TRAIL Guy T.], *Molière and the commonwealth of lettres : patrimony and prosperity*, Jackson (Mississipi), Univ. Press of Mississipi, 1975.

284 KNUTSON H.C., *The Ironic Game : A study of Rotrou's Comic Theater*, Berkeley, 1966.

285 MONGRÉDIEN Georges, *Cyrano de Bergerac*, Paris, Berger-Levrault, 1964.

286 MOORE Will Grayburn, *Molière, A new criticism*, Oxford, Clarendon Press, 1949.

287 MOREL Jacques, *Jean Rotrou, dramaturge de l'ambiguïté*, Paris, A. Colin, 1968.

288 NADAL Octave, *Le Sentiment de l'Amour dans l'oeuvre de Pierre Corneille*, coll. « Bibliothèque des Idées », Paris, Gallimard, 1948.

289 NELSON Robert Jay, *Immanence and Transcendence : the Theater of Jean Rotrou (1609-1650)*, Colombus, Ohio State Univ. Press, 1970

290 ORLANDO Fr., *Rotrou, Dalla Tragicommedia alla Tragedia*, Turin 1963.

291 PELLISSON Maurice, *Comédies-ballets de Molière*, Paris, Hachette, 1914 ; coll. « Les Introuvables », Paris, éd. d'aujourd'hui, 1976.

292 PIANFETTI Alice Thor, *The Theater of Nicolas Drouin, dit Dorimond, a contemporary of Molière*, unpub. dissert., Fordham University, 1975.

293 PRÉVOT Jacques, *Cyrano de Bergerac, poète et dramaturge*, Paris, Belin, 1978.

294 REYNIER Gustave, *Thomas Corneille, sa vie et son théâtre*, Paris, 1892.

295 RIVAILLE Louis, *Les Débuts de Pierre Corneille*, Paris, Boivin, 1936.

296 SERBAN Nicolas, *Les Comédies de Corneille : Etude historique et littéraire*, Paris, 1923.

297 SWEETSER Marie-Odile, *La Dramaturgie de Corneille*, Genève-Paris, Droz, 1977.

298 STEGMANN André, *L'Héroïsme cornélien, Genèse et signification*, Paris, A. Colin, 1968, 2 vol.

299 VAN BAELEN Jacqueline, *Rotrou, le héros tragique et la révolte*, Paris, Nizet, 1965.

300 VERHOEFF Han, *Les Comédies de Corneille, une psycholecture*, Paris, Klincksieck, 1979.

301 WADSWORTH Philip A., *Molière and the Italian theatrical tradition*, Columbia, French litterature Publications Co., 1977.

b) Articles

302 BOUDARD R., « Retour à Quinault », *Mémoire de la Société de Creuse*, XXXIII, 1959, pp. 539-549.

303 BRODY Jules, « Esthétique et société chez Molière », in *Dramaturgie et société*, pp. 307-326.

304 CHRISTOUT Marie-Françoise, « Molière en fête. Les comédies-ballets », *Médecine de France*, octobre 1973, pp. 43-50, 60.

305 CIORANESCU Alexandre, « Calderón y el Teatro Clásico francés », *Estudios de literatura española y comparada*, Madrid, 1954.

306 DAWSON F.K., « Gillet and the Ethique de la Gloire », *French Studies*, X, 1956, pp. 11-19.

307 ENGEL Claire-Eliane, « Connaissait-on le théâtre anglais en France au XVIIe siècle ? », *XVIIe siècle*, 3e trimestre, 1960, pp. 1-15.

308 GARAPON Robert, « Rotrou et Corneille » , *Revue d'Histoire Littéraire de la France*, octobre-décembre 1950, 50e année, n° 4, pp. 385-394.

309 GARAPON Robert, « Les monologues, les acteurs et le public en France au XVIIe siècle », *Dramaturgie et société*, Paris, C.N.R.S., 1968.

310 GARAPON Robert, «Sur l'occupation de la scène dans les comédies de Molière », in *Molière : Stage and Study*, Oxford, Clarendon Press, 1973.

311 GILLOT Hubert, « Rotrou et le théâtre d'imagination au XVIIe siècle », *Revue des Cours et Conférences*, XXXIV, 1933, pp. 577-590 et 673-687.

312 GOLSMITH Bobra Ballin, « Molière's 'Défense et illustration' : *La Critique de L'Ecole des femmes* », *French Review*, April 1977, pp. 688-697.

313 HALL H. Gaston, « Molière's comic images » in *Molière : Stage and Study*, Oxford, Clarendon Press, 1973.

314 HOWARTH W.D., «La notion de la catharsis dans la comédie française classique», *Revue des Sciences Humaines*, t.XXXVIII, No 152, oct.-déc.1973.

315 HOWARTH W.D., « Anouilh and Molière », in *Molière : Stage and Study,* Oxford, Clarendon Press, 1973.

316 HUBERT Judd David, « Le réel et l'illusion dans le théâtre de Corneille et dans celui de Rotrou », *Revue des Sciences Humaines,* n° 91, juil.-sept. 1958, pp. 333-350.

317 LEBÈGUE Raymond, « La tragédie 'shakespearienne' en France au temps de Shakespeare », *Revue des cours et Conférences,* 15 juin-30 juillet 1937.

318 LEBÈGUE Raymond, « Le Théâtre baroque en France », *Bibliothèque d'Humanisme et Renaissance,* t. II, 1944.

319 LEBÈGUE Raymond, « Corneille connaissait-il le théâtre anglais ? », in *Etudes sur le théâtre français,* t. II.

320 LEBÈGUE Raymond, « Paroxysme et surprise dans le théâtre baroque français », in *Etudes sur le théâtre français,* t. I.

321 LEBÈGUE Raymond, « Rotrou, dramaturge baroque », *Revue d'Histoire Littéraire de la France,* octobre-décembre 1950, 50e année, n° 4, pp. 379-384.

322 LEBOIS André, « Mais qui était Charles Beys ? », *XVIIe siècle,* 1966, pp. 74-100.

323 MAGNÉ Bernard, « Fonction métalinguistique, métalangage, métapoèmes dans le théâtre de Molière », *Cahiers de littérature du XVIIe siècle,* 1, janvier 1979.

324 MAURICE-AMOUR Lila, « Comment Lully et ses poètes humanisent dieux et héros », *C.A.I.E.F.,* 17, mars 1965, pp. 59-95.

325 MAURICE-AMOUR Lila, « Rythme dans les comédies-ballets de Molière », *Revue d'Histoire du Théâtre,* avril-juin 1974, pp. 128-130.

326 MÉLÈSE Pierre, « Rotrou et Molière », *Revue d'Histoire du Théâtre,* II, juillet 1950, pp. 259-263.

327 MONGRÉDIEN Georges, « Molière et Lully », *XVIIe Siècle,* 1973, n° 98-99, pp. 3-16.

328 MOREL Jacques, « Le jeune Corneille et le théâtre de son temps », *Information littéraire,* nov.-déc. 1960.

329 PEDERSEN John, « Le joueur de rôles. Un personnage typique des comédies de Corneille », *Revue Romane,* II, 1967, pp. 136-148.

330 PELLET Eléanor, « A Forgotten French Dramatist, Gabriel Gilbert », *Johns Hopkins Studies in Romance Languages and Literatures,* XIII, 1931, pp. 1-349.

331 PINTARD René, « Charles Beys, gai poète et libertin », *Revue d'Histoire Littéraire de la France,* juillet-septembre 1964, pp. 451-453.

332 PRIVITERA J., « Charles Chevillet de Champmeslé, Actor and Dramatist, 1642-1701 », *Johns Hopkins Studies in Romance Languages and Literatures,* XXXII, 1938, pp. 11-179.

333 REISS Timothy J., « Un théâtre de l'homme dans — ou devant ? — le monde », *Baroque,* 6, 1973, pp. 37-42.

334 SPYCKET S., « Thomas Corneille et la musique », *XVIIe siècle,* 1954, pp. 442-455.

335 TRUCHET Jacques, « *Le Roman comique* de Scarron et l'univers théâtral », in *Dramaturgie et Société,* Paris, C.N.R.S., 1968, pp. 259-266.

336 VAN ERDE J., « Quinault, the Court and the Kingship », *Romanic Review,* LIII, 1962, pp. 174-186.

337 VILLIERS André, « Le comédien Molière et l'expression du tragique », *Revue d'Histoire du Théâtre,* janvier-mars 1974, pp. 27-48.

4. Etudes consacrées au procédé du théâtre dans le théâtre ou aux oeuvres dans lesquelles il apparaît

a) Oeuvres

338 MARKS J., *L'Illusion comique*, Manchester Univ. Press, 1944.

339 MERSMANN Antonie, *Das « Schauspiel im Schauspiel » im französischen Drama des XVII Jahrhunderts*, Munster, 1925.

340 NELSON Robert James, *The Play within a Play in French Dramatic Literature. Different Conceptions of the Theater Defined throught the Study of a Dramatic Technique*, unpub. diss., Columbia Univ., 1955.

341 NELSON Robert James, *Play within a Play. The Dramatist's Conception of his Art : Shakespeare to Anouilh*, New-Haven, Yale Univ. Press, 1958, Paris, P.U.F., 1958.

342 RICHARD Annie, *L'Illusion comique de Corneille et le baroque*, Paris, Hatier, 1972.

343 VEDVIK Jerry Donald, *A Study of the play within the play during the reigns of Louis XIII and Louis XIV*, unpub. dissert., University of Missouri, 1965.

b) Articles

344 ALCOVER Madeleine, « Les Lieux et les temps dans *L'Illusion comique* », *French Studies*, (vol. XXX), octobre 1976, n° 4.

345 AULD Louis E., « Theatrical illusion as theme in *Les Amants magnifiques* », *Romance Notes*, Autumn 1974, pp. 144-155.

346 BESNARD-COURSODON Micheline, « De Circé à Pandore — Lecture politique du *Véritable saint Genest* », *Poétique* n° 35, septembre 1978.

347 BOULÊTREAU François, « *L'Illusion comique* de Corneille et *Le Véritable saint Genest* de Rotrou, pièces d'actualité ? » *Impacts*, 1975, n° 2, pp. 33-41.

348 BROOKS Williams S., « The Théâtre du Marais, Quinault's *Comédie sans comédie*, and Thomas Corneille's *Illustres ennemis* », *French Studies*, July 1973, pp. 271-277.

349 BROWN Arthur, « The Play within a Play. An Elizabethan Dramatic Device », *Essays and Studies, 1960,* published for the English Association by John Murray, London, 1960.

350 CHEVALLEY Sylvie, « *L'Impromptu de Versailles*, 1663-1971 », in *Molière, Stage and Study*, Oxford, Clarendon Press, 1973.

351 CHRISTOUT Marie-Françoise, « *Les Noces de Pélée et de Thétis*, comédie italienne en musique entremêlée d'un ballet dansé par le Roi (1654) », *Baroque,* n° 5, 1972, pp. 59-62.

352 COSNIER Colette, « Un étrange monstre : *L'Illusion comique* », *Europe*, avril-mai 1974, pp. 103-113.

353 CUCHE François-Xavier, « Les trois illusions de *L'Illusion comique* », *Travaux de linguistique et de littérature*, IX, 2, 1971.

354 DEFAUX Gérard, « Rêve et réalité dans *Le Bourgeois gentilhomme* », *XVIIe siècle*, 1977, n° 117, pp. 19-33.

355 DICKSON Jesse, « Non-sens et sens dans *Le Bourgeois gentilhomme* », *French Review*, February 1978, pp. 341-352.

356 FASANO Giancarlo, « L'Illusione retorica », *Saggi et ricerche di lett. franc.*, XII, 1973.

357 FORESTIER Georges, « L'actrice et le fâcheux dans les 'comédies des comédiens' du XVIIe siècle », *Revue d'Histoire Littéraire de la France*, 3, mai-juin 1980, pp. 355-365.

358 FRANÇOIS Carlo, « Illusion et mensonge », *L'Esprit créateur*, 1964, pp. 169-175.

359 FUMAROLI Marc, « Rhétorique et dramaturgie dans *L'Illusion comique* », *XVIIe siècle*, n° 80-81, 1968, pp. 107-132.

360 FUMAROLI Marc, « Microcosme comique et macrocosme solaire : Molière, Louis XIV et L'Impromptu de Versailles », *Revue des Sciences Humaines* , t. XXXVII, n° 145, janv.-mars 1972, pp. 95-114.

361 FUZIER Jean, « La Tragédie de vengeance élizabéthaine et le théâtre dans le théâtre », *Revue des Sciences Humaines*, t. XXXVII, n° 145, janv.-mars 1972, pp. 17-33.

362 GAIFFE Félix, « Quelques notes sur les sources du *Saint-Genest* de Rotrou », *Revue Universitaire*, XXXVIII, avril 1929, pp. 327-336.

363 GILULA Dwora, « La cérémonie de remise du diplôme de médecin au *Malade imaginaire* », *The Hebrew University Studies in Literature*, Autumn 1978, pp. 250-272.

364 GRIVELET Michel, « Shakespeare et 'The Play within the Play' », *Revue des Sciences Humaines*, t. XXXVII, n° 145, janv.-mars 1972, pp. 35-52.

365 GUICHARNAUD Jacques, «Les trois niveaux critiques des *Amants magnifiques* », in *Molière : Stage and Study*, pp. 21-42.

366 HALL H.Gaston, « On a quatrain in Rotrou's *Le Véritable saint-Genest* », *Studi francesi*, settembre-dicembre 1970, pp. 478-481.

367 HORVILLE Robert, « Les niveaux théâtraux dans 'Les Songes des hommes éveillés' de Brosse (1646) », *Revue des Sciences Humaines*, t. XXXVII, n° 145, janv.-mars 1972, pp. 115-124.

368 JACQUOT Jean, « Le Théâtre du monde » de Shakespeare à Calderón, *Revue de Littérature Comparée*, t. XXXI, n° 3, juil.-sept. 1957, pp. 341-372.

369 KNOWLSON James R., « *Le Malade imaginaire* : the 'invention nouvelle' of Cléante », *The Modern Language Review*, january 1963, pp. 69-70.

370 KOCH Ph., « Corneilian Illusion », *Symposium*, XIV, 1960, pp. 85-59.

371 LAWRENSON Thomas E.. ROY Donald, SOUTHERN Richard, « Le *Mémoire* de Mahelot et l'*Agarite* de Durval. Vers une reconstitution pratique », in *Le Lieu théâtral à la Renaissance*, pp. 363-376.

372 LEBÈGUE Raymond, « Un bourreau à la Passion d'Arles », in *Etudes sur le théâtre français*, t. I.

373 LEBÈGUE Raymond, « Cet étrange monstre que Corneille a donné au théâtre », in *Etudes sur le théâtre français*.

374 MICHEL Alain, « Le Théâtre et l'apparence : d'Euripide à Calderón », *Revue des Sciences Humaines*, t. XXXVII, n° 145, janv.-mars 1972, pp. 9-16

375 MONGRÉDIEN Georges, « La bataille des Impromptus entre Molière et Antoine Montfleury », *Revue Générale Belge*, mars 1969, pp. 69-79.

376 MOREL Jacques, « Ordre humain et ordre divin dans 'Saint Genest' de Rotrou », *Revue des Sciences Humaines*, t. XXXVII, janv.-mars 1972, pp. 91-94.

377 MOURGUE Odette de, « *Le Bourgeois gentilhomme* as a Criticism of civilization », in *Molière : Stage and Study*, pp. 170-184.

378 NADAL Octave, « L'Illusion comique », B.R.E.F., 93, février 1966, pp. 2-9.

379. NICHET Jacques, « La critique du théâtre au théâtre : Aristophane, Molière, Brecht », *Littérature*, 9, février 1973, pp. 31-46.

380 NICOLICH Robert N., « Classicism and Baroque in *Le Bourgeois gentilhomme* », *French Review,* Special issue n° 4, spring 1972, pp. 21-30.

381 PINEAU J., « La constellation des personnages dans *Le Malade imaginaire,* (Propos méthodologiques) », *La Licorne*, n° 2, 1978, pp.135-143.

382 POINSATTE Anne-Marie, « Naissance de l'illusionisme baroque, *La Célinde* de Baro », *L'Information littéraire*, sept.-oct. 1974, pp. 167-173.

383 POMPEJANO Valeria, « Il tema della follia ne *L'Hospital des Fous* di Charles Beys », *Quaderni del Seicento francese*, Bari-Paris, 1974, 1, pp. 137-150.

384 RUBBIN David Lee, « The hierarchy of illusions and the structure of *L'Illusion comique* », in *La Cohérence intérieure*.

385 RYNGAERT J.P., « *Le Véritable saint Genest* de Rotrou : la construction d'un rêve collectif », *XVIIe siècle*, n° 96, 1972, pp. 11-20.

386 SACY Samuel S. de, « *L'Illusion comique* », *Mercure de France*, avril 1958, pp. 731-736, mai 1958, pp. 147-152.

387 SELLSTROM Donald A., « *L'Illusion comique* of Corneille : the Tragic scenes of Act V », *Publications of Modern Language Association*, LXXXI, 1956.

388 SEZNEC Alain, « *Le Saint-Genest* de Rotrou : un plaidoyer pour le théâtre », *The Romanic Review*, October, 1962, pp. 171-189.

389 SOGLIUZZO A. Richard, « Theater of the theater : Molière [*L'Impromptu de Versailles*] and Pirandello [*Questa sera si recita a soggetto*] », in *Molière and the commonwealth of letters : patrimony and prosperity.*

390 WALTERS Gordon B. Jr., « Society and the theater in Corneille's *L'Illusion comique* », *Romance Notes*, spring 1969, pp. 324-331.

Index

I. — INDEX DES NOMS

Les noms des auteurs dramatiques sont en lettres capitales ; ceux des personnages sont en italique, et ceux des écrivains et des critiques en romain (y compris ceux des auteurs dramatiques en position de critiques).

373

374

376

II. — INDEX DES ŒUVRES

Les titres des pièces de notre *corpus* sont en petites capitales

378

Table des matières

Composition:
René Perrin – Notre-Dame 22 – CH-2013 Colombier

Imprimé en Suisse